集 刊 名：形象史学

主办单位：中国社会科学院古代史研究所文化史研究室

主　　编：刘中玉

2021 年冬之卷

总第二十辑

古文字与中华文明传承
发展工程专项资助集刊
CSSCI 来源集刊

形象史學

中国社会科学院古代史研究所文化史研究室 主办

刘中玉 主编

2021年
冬之卷
（总第二十辑）

中国社会科学出版社

图书在版编目(CIP)数据

形象史学. 2021年. 冬之卷：总第二十辑/刘中玉主编. —北京：中国社会科学出版社，2021.11

ISBN 978-7-5203-9544-1

Ⅰ. ①形… Ⅱ. ①刘… Ⅲ. ①文化史-中国-文集 Ⅳ. ①K203-53

中国版本图书馆CIP数据核字(2022)第018628号

出 版 人　赵剑英
责任编辑　李凯凯
责任校对　闫　萃
责任印制　王　超

出　　版　中国社会科学出版社
社　　址　北京鼓楼西大街甲158号
邮　　编　100720
网　　址　http://www.csspw.cn
发 行 部　010-84083685
门 市 部　010-84029450
经　　销　新华书店及其他书店

印刷装订　北京君升印刷有限公司
版　　次　2021年11月第1版
印　　次　2021年11月第1次印刷

开　　本　787×1092　1/16
印　　张　20.25
字　　数　397千字
定　　价　128.00元

凡购买中国社会科学出版社图书，如有质量问题请与本社营销中心联系调换
电话：010-84083683

目　录

一　前沿动态

二　文本研究

三 图像研究

栏目主持 练春海

四 地图研究

栏目主持 成一农

一

前沿动态

青州龙兴寺北朝背屏式造像的插榫与莲座

■ 郑　岩（北京大学艺术学院）

在山东青州龙兴寺窖藏出土的大批佛教造像中，纪年最早的是北魏永安二年（529）韩小华造像（图1）[1]。这铺带背屏的三尊像高55厘米，佛和菩萨皆立于宽大的莲蓬上，莲蓬周边为下覆的花瓣，底部设长方形基座，整铺造像用一块石头雕出。与这种做法不同，还有一些造像的莲蓬下制为柱状榫（图2），安插在另一块石头雕成的覆莲瓣状基座上。窖藏内即出土有单独雕凿的莲座残块（图3）[2]。

图1　山东青州龙兴寺出土北魏永安二年（529）韩小华造像

青州市博物馆提供

图2　山东青州龙兴寺出土北齐佛像

青州市博物馆提供

1　山东省青州市博物馆：《青州龙兴寺佛教造像窖藏清理简报》，《文物》1982年第2期。

2　近年青州龙兴寺造像展览中的莲座多为新配。

图3 山东青州龙兴寺出土北朝覆莲座

青州市博物馆提供

单体造像体量有限，要稳妥地安置在莲座上并不难。但令人困惑的是，一些大型背屏式三尊像并不采用韩小华造像整石雕造的做法，而是以另外一石雕刻莲座后，再进行组装。该窖藏出土最大的一件背屏式三尊像为东魏时期的作品，复原后高度近3米（图4、图5），沉重的造像全部收束在主尊佛像所踏莲蓬根部这一个支点上。对照两胁侍菩萨下部的弧形轮廓，可推知已失去的莲花座不会太大。如此以小承大，极难安置平稳。

图4 山东青州龙兴寺出土东魏背屏式三尊像

青州市博物馆提供

图5 山东青州龙兴寺出土东魏背屏式三尊像正立面图

郑岩绘图

现存美国波士顿加德纳美术馆（Isabella Stewart Gardner Museum）的东魏武定元年（543）骆子宽造像的莲座下有长方形基座[1]，与造像主体分开雕凿后再组装为一体（图6）。这种形式比一个单体莲花座稳定得多，不失为复原龙兴寺大型背屏式三尊像另一个可参考的方案。但即使如此，两块巨石的衔接部位仍局限于一个点上，与用单独一石雕刻的韩小华造像、青州西王孔古庙北魏正光六年（525）贾智渊妻张宝珠造像（图7）相比[2]，其稳定性仍差得远。

工匠选择分体制作，并不是因为石材大小的局限。骆子宽造像残高77厘米，复原后高度大约1米，只是龙兴寺中型造像的高度；从龙兴寺三尊像背屏底部内弧的边缘来看，单体的莲花底座并不会在很大程度上增加造像的高度。分体制作的方式如此不合常规，其目的究竟何在呢？要回答这个问题还缺乏直接的证据，我只是尝试性地提出一些思考的路径。

图6　加德纳美术馆藏东魏武定元年（543）骆子宽造像

https://www.gardnermuseum.org/experience/collection/11370

1　Édouard Chavannes, "Six Monuments of Chinese Sculpture," *Ars Asiatica* (1914), pp. 13–19.

2　鲁文生主编：《山东省博物馆馆藏精品》，山东友谊出版社，2008，第295页。

图7 山东青州西王孔庄古庙北魏正光六年（525）张宝珠造像

山东博物馆提供

可以首先考虑的是当时造像的生产机制。青州出土造像数量极多，除龙兴寺窖藏和张宝珠造像外，还有七级寺等地的发现，附近的临朐明道寺、白龙寺，以及惠民、博兴、广饶、临淄、诸城、安丘等地，都有较多北朝石造像出土。这些造像不可能出自同一作坊，即使在青州一地，也应有不同的工匠群体。各个作坊之间可能有一定的合作与交流，但同时也必然存在竞争。一些匠师凭借高超的技术和独特的样式，在竞争中脱颖而出，承接下资费不凡的订件。这种机制激励着匠师们不断探索，知难而进，创作出更富有新意的作品。龙兴寺分体制作的背屏式造像远比整体制作的造像更为新奇，工匠严格地计算过造像的重量和重心，从侧面看，佛像头光和身光所形成的背屏有着微妙的弧度，上部逐渐减薄，以求稳固；下部的双龙与莲花变化多端，内弧的边缘美轮美奂，呼应着莲座浑圆的形体，也消解了造像的沉重感。这种“炫技”式的作品费工费力，显然不是为了追求生产效率的最大化，但会增加工匠在市场中的声望，博取资财丰厚的供养人的青眼。而能够向寺院进献造像精品的人，自然就拥有更多的功德。青州龙兴寺在北朝时期级别极高，其功德主包括外戚娄定远等显贵。而与青州比邻的

图8 山东临朐小时家庄白龙寺出土北魏普泰二年（532）造像

山东省文物考古研究所、苏黎世大学东亚美术史系、山东临朐山旺古生物化石博物馆：《临朐白龙寺遗址发掘报告》，文物出版社，2015，第57页

临朐县寺头镇小时家庄村西山前台地上的白龙寺，则是一处规模极小的乡间兰若（图8）[1]。以两处寺院遗址出土的造像相比较，就不难理解寺院等级、供养人阶层和工匠造像水平之间的差别。

除了上述社会因素，更深层的原因应是特定的宗教观念。一个早期分体制作的造像的故事，见于梁释慧皎《高僧传》等书[2]。据记载，东晋咸和年间，丹阳尹高悝于张侯桥浦里掘得一尊西域金像，"无有光趺，而制作甚工"，其梵文题记称，造像是阿育王第四女所造。当运载佛像的牛车路过长干巷口时，牛不复前行。御者奉命任牛所往，到达了长干寺。高悝便在该寺安置佛像。不久，临海县渔人张系世在海口"得铜莲花趺，浮在水上"。莲花趺安在造像足下时，"契然相应"。五位西域僧人前来拜见高悝，称曾在天竺得阿育王像，后在战乱中遗失。他们梦见像出江东，为高悝获得，故远来礼拜。五人面对长干寺的金像"歔欷涕泣，像金放光，照于堂内"。咸安元年（371），交州合浦采珠人董宗之又在海底发现了一片铜佛光。这些残块被集中起来，与金像"孔穴悬同，光色一重。凡四十余年，东西祥感，光趺方具"。这个故事真实与否并不重要，重要的是它反映了一种宗教观念：金像自身具有超凡的力量，这种力量能够驾驭牛车，能使沉重的莲花座漂浮在水面，能与虔诚的礼拜者互动，能战胜距离和时间，将失落的铜背光、莲座与金像召唤、拼合在一起。在现实世界，这种力量要靠艺术家的才智与技术传达出来，而故事中所讲的分散与聚合，便转换为艺术的技法与语言。

美国旧金山亚洲美术馆所藏后赵建武四年（338）鎏金铜释迦牟尼像（图9、图10）是现存纪年最早的金铜造像实物，与高悝所见金像的年代相仿佛，佛像和方座通高39.7厘米，为一体铸造，但方座前面有三个小孔，有研究者认为可能用来安装莲花或狮子等插件，其头顶的孔洞可能用以插入华盖，后脑勺附加的榫说明原有分铸的头光。西域金像的传说也许正是源于对这类金铜造像的视觉感受。许多小型金铜造像为一体铸造，但在6世纪前后，的确也流行多个构件组合而成的造像。1999年西安市未央区六村堡大刘寨出土的北魏比丘惠津造铜鎏金三尊像通高35厘米（图11）[3]，其中的佛、菩萨、莲座、背光等7个构件分体铸造后，再进行组装，插在莲瓣下方圆座两侧的龙和莲花、梗、叶，与青州背屏式三尊像中菩萨

1　山东省文物考古研究所、苏黎世大学东亚美术史系、山东临朐山旺古生物化石博物馆：《临朐白龙寺遗址发掘报告》，文物出版社，2015。

2　（梁）释慧皎撰，汤用彤校注：《高僧传》，中华书局，1992，卷十三《晋并州竺慧达》，第478页。这一故事又见《集神州三宝感通录》（《大正新修大藏经》，第52卷，2106号，卷中，第414页a—b）和《法苑珠林》[（唐）释道世著，周叔迦、苏晋仁校注：《法苑珠林校注》，中华书局，2003，卷三一《观佛部第三・感应缘》，第455页]。

3　于春：《长安地区北魏佛教造像的形制特征》，《考古与文物》2015年第6期。

图9 旧金山亚洲美术馆藏后赵建武四年（338）鎏金铜释迦牟尼像

William Watson, *The Arts of China to AD 900*, Yale University Press, 2000, p. 115

图10 旧金山亚洲美术馆藏后赵建武四年（338）鎏金铜释迦牟尼像局部

张帆摄影

脚下的浮雕在题材和风格上都极为相似，只是因为材质不同，前者采用了透雕技法，显得更为灵巧。端方旧藏、今存美国波士顿美术馆的隋开皇十三年（593）范氏造像传为河北赵县早年出土，通高76.5厘米，由一佛、二菩萨、二声闻、二缘觉、二力士，以及狮子、香炉、飞天、菩提树、璎珞、莲花座、双重方形佛床等组成，采用大量分铸的构件组合，是这一时期更为出色的作品（图12）[1]。与之相似的例子还有1974年西安八里村出土的开皇四年（584）宁远将军武强县丞董钦造像（图13）和上海博物馆藏一铺七尊像[2]。这三件作品表现的皆是以阿弥陀佛为中心的净土世界，斑斓的色彩、精巧的机械构造与准确雅致的造型相配合，使得这个理想的极乐世界不再是一种虚无缥缈的概念，而变得可观可触。用石材

1 Kojiro Tomita（富田幸次郎），"A Chinese Bronze Buddha Group of 593 A. D. and Its Original Arrangement，" *Boston Museum Bulletin* 43（June 1945），p. 19.

2 李柏华：《隋代三件阿弥陀佛整铺造像之解析》，《文博》2010年第2期；张建宇：《海外藏河北金铜佛像举要》，《民族艺术》2015年第3期。

图 11　陕西西安大刘寨出土北魏比丘惠津造铜鎏金三尊像

陕西历史博物馆提供

图 12　波士顿美术馆藏隋开皇十三年（593）范氏造像

William Watson, *The Arts of China to AD 900*, p. 149

制作的青州背屏三尊像可能借鉴了金铜造像的造型与技术，整铺造像仿佛从一朵红莲中生出，举重若轻，显示了工匠杰出的技艺；繁复、精密、机巧，也是宗教神显、变现所必不可少的特征，这样，在分离与聚合的种种手段中，“人工”与“天工”便难解难分。

考虑到造像安置时所遇到的技术挑战，我们还可以从仪式的角度理解这种结构。一尊出于凡人之手的造像，只有经过点睛、开光等程序，才能被信众视作具有神性的偶像，在此之前，则不具有任何宗教力量。唐人张鷟《朝野佥载》卷五记，武周证圣元年（695），受武则天宠爱的薛怀义在洛阳明堂北造功德堂，其中有高达九百尺的夹纻大像，当五月十五起无遮大会时，怀义“掘地深五丈，以乱彩为宫殿台阁，屈竹为胎，张施为桢盖。又为大像金刚，并坑中引上，诈称从地涌出”[1]。

《妙法莲华经·从地涌出品》讲佛灭度之后，“娑婆世界三千大千国土，地皆振裂，而于其中有无量千万亿菩萨摩诃

1　（唐）刘餗、（唐）张鷟撰，程毅中、赵守俨点校：《隋唐嘉话 朝野佥载》，中华书局，2005，第 115—116 页。

图13 陕西西安八里村出土开皇四年（584）
董钦造像局部
郑岩摄影

萨，同时涌出”[1]。南朝梁时，沈约写有《佛记序》一文，神化梁武帝萧衍护持佛教的事业，文中收集历代佛教感应事迹，也多见“山裂水开，时时瑞像来现，或塔由地踊，或佛降因空”等辞藻[2]。薛怀义为取悦武则天一番操作，使金刚像魔幻登场，显示“涌出”是一种超自然的神迹。这当然是一个特别的例子，但是，开光仪式是制作一铺造像的最后环节，却是不争的事实。

我们不妨设想一下龙兴寺背屏式三尊像安放现场的景象：在一片经声佛号中，经过特殊的技术控制，宏伟的三尊像插榫与莲座精准对接，无枘凿之乖，而有符节之合。这仿佛如薛怀义从深坑中引出金刚像，不仅具有了一种仪式感，而且也被观者理解为一种神迹。现场的道俗士女细察莲瓣与莲蓬的结合处，欲歙欲张，若即若离。这种不确定感中蕴含的可能性，在图像中发展为对神迹、神变精彩的视觉转换——游龙口中吐发的莲梗生出花瓣，此为一变；花芯中生出另一级妙曼的花苞、梗茎和莲蓬，再是一变；莲蓬上承托亭亭玉立的胁侍菩萨，又是一变……远而望之，佛与菩萨相好具足，金碧增饰，斑斓晃曜，大放光明；背光边缘诸伎乐的演奏，也与佛堂内的箫管宝铎融为一体！

诚然，佛教艺术研究的“正道”是基于理性的实证，以上种种推测，不免有异想天开之嫌。但是，从佛教内部来看，一尊造像的诞生，便是宗教力量与艺术力量融汇的结果，否则，它们在整个礼仪系统中就毫无意义。当年的信徒，不正是在这两种力量的激发下，意乱神迷地走进一个精神世界的吗？

1 《大正新修大藏经》，第9卷，262号，第39页c—40页a。

2 （唐）道宣：《广弘明集》，《大正新修大藏经》，第52卷，2103号，卷十五，第201页b。

摄伏与融纳

——试论西藏阿里札达东嘎2号窟法界语自在曼荼罗壁画的神系结构*

■ 廖 旸（中国社会科学院民族学与人类学研究所铸牢中华民族共同体意识研究基地）

西藏阿里地区是藏传佛教后弘期律藏上路弘传的发源地，当时涌现出大译师仁钦桑布（Rin chen bzang po，958—1055）等高僧大德，对佛教经典的翻译与传播、佛教实践的开展与推行做出重大贡献，视觉艺术文化的璀璨明珠随即散落在雪域最高的山野。就学术史而言，1935年8月25日藏学家图齐（Giuseppe Tucci，1894—1984）造访东嘎（Dung dkar 白海螺）开启了这座石窟的考察之门。[1] 1992年西藏自治区文物普查关注到坐落在阿里地区札达县象泉河谷的皮央·东嘎石窟，1994年四川大学考古专业与西藏自治区文管会合作再次调查，2013年该遗址列入第七批全国重点文物保护单位。[2]

皮央·东嘎石窟保存着重要的早期绘塑。东嘎主要遗存在Ⅰ区1—3号窟，其中1、2号窟规模较大，从画风、样式来看绘制年代相去不远。目前的研究对两窟做整体考虑，参考类似风格、出现相同人物服饰的作品年代，结合相对有限的藏文

* 本文为国家社科基金重大项目“西藏阿里后弘期初的佛教遗存与多民族交融研究”（项目编号19ZDA177）的阶段性成果。2012年王瑞雷教授、2020年熊文彬教授项目团队在田野考察中慨予热忱帮助与协作，另得Amy Heller、夏吾卡先、魏文、王传播、朱德涛、杨晓东、李婷等师友襄助赐教，难以尽述，并致谢忱。

1 Tucci, *Santi e briganti nel Tibet ignoto. Diario della spedizione nel Tibet occidentale 1935* (Milano: Ulrico Hoepli, 1937), 172 - 174. 他盛赞遍覆周壁、包括高悬窟顶的壁画之精美，初步判断绘制于15世纪。

2 霍巍、李永宪：《西藏阿里东嘎、皮央石窟考古调查简报》，《文物》1997年第9期；四川大学中国藏学研究所等编著：《皮央·东嘎遗址考古报告》，四川人民出版社，2008。较早的西方调查记述例见Thomas J. Pritzker, “A Preliminary Report on Early Cave Paintings of Western Tibet,” *Orientations* 27, No. 6 (1996): 26 - 47；1997年诺伊曼（Helmut F. Neumann）提交的会议论文汉译见耿江萍译，廖旸校：《西藏西部东嘎石窟再现11世纪壁画》，载张长虹、廖旸主编《越过喜马拉雅——西藏西部佛教艺术与考古译文集》，四川大学出版社，2007，第28—45页。诺伊曼文中套斗顶窟即1号窟、坛城顶窟即2号窟，对年代的判断如该文题目所示。

历史文献，多主张年代在11—12世纪。[1]其中，2号窟原12尊泥塑尊像仅存零星残件，但窟形和壁画保存相对完好，尤其是窟顶为四重同心圆柱体层叠的立体结构，空间庞大，诸神像多清晰可辨（图1），充分展示了当时的造型风格与图像志特征。曼荼罗承载着密教的宇宙模式（cosmology）和神系结构，完整、庞大、复杂的曼荼罗体系是藏传佛教后弘期初早期出现的新现象、对佛教艺术的重大贡献；出现在窟顶尤具特殊意义，彰显出对宗教时空的精心设计与营造。因此，深度解读2号窟窟顶曼荼罗是全面领悟阐释当时佛教文化艺术的必由之径。

图1 法界语自在曼荼罗（大部）

东嘎2号窟窟顶壁画

1 相关讨论散见于多篇论著中，例见Deborah E. Klimburg-Salter，"Style in Western Tibetan Painting：The Archaeological Evidence，" *East and West* 46，no. 3/4 （1996）：320；《西藏阿里东嘎、皮央石窟考古调查简报》，第18—20页。王瑞雷梳理了主要文献及其观点，见《西藏西部东嘎1号窟法界语自在曼荼罗图像与文本》，《敦煌研究》2013年第5期，第61页脚注1。

一 东嘎2号窟窟顶壁画法界语自在曼荼罗的图像解读

佛教艺术学者通过图像志特征，判断窟顶表现法界语自在曼荼罗（梵 dharmadhātuvāgīśvaramaṇḍala，藏 chos kyi dbyings gsung gi dbang phyug gi dkyil 'khor）。[1] 该曼荼罗由四重院构成，契合窟顶的四重结构。从以妙音（梵 Mañjughoṣa，藏 'Jam pa'i dbyangs）菩萨或称法界语自在文殊为主尊的内院37尊核心结构看，该曼荼罗属金刚界（vajradhātu）系，该系以《金刚顶经》（Vajraśekharasūtra）为根本经典。而具体到法界语自在还可追溯到另一个重要文本即《圣妙吉祥真实名经》（Āryamañjuśrī-nāmasaṃgīti）。此经叙及七个主要的曼荼罗，法界语自在居首，出自第四品“幻网现证菩提次第”（māyājālābhisaṃbodh-ikrama）。此品仅三颂即第25—27颂，且第26颂包括12母音，第27颂为真言化的顶礼文句，列作为文殊化身的“六密咒王”之名，即金刚利、断烦恼、般若智化身、智身、语自在与阿啰跛者曩五字文殊。四个汉译本中沙啰巴（1259—1314）与释智［慧］（西夏或元）译本直接音写26、27两颂全文，与藏译本一致，同时也遵循着佛经汉译实践中的原则，陀罗尼以其秘密而不翻；施护（？—1017）译本译出了第26颂中除元音之外的其他文字，音写第27颂；针对第27颂惟金总持（活动于11世纪）译本以意译为主、保留了少量真言（顶礼五字文殊部分）。今人悉译如下：[2]

> ［25］言词主尊宣偈颂，颂中具六密咒王。彼是无生之法有，无二相应而现前。
>
> ［26］a ā i ī u ū e ai，o au aṃ aḥ安住于心。三身无分别诸佛，我是佛即智化身。
>
> ［27］嗡金刚利断烦恼，般若智化身智身。辩自在五字文殊，我今向汝作皈依。

至于具体的曼荼罗结构、诸尊特征、仪式进程等，则详述于仪轨文本，为世所重者二：

1.《虚空无垢善清净法界智慧心

---

1 较早提出这一主张的可举出诺伊曼前揭文。

2 梵汉校译及注释见谈锡永译著，冯伟强梵校：《〈圣妙吉祥真实名经〉梵本校译》，全佛文化，2008，第85—90页。涉及音写的两颂梵文原文见 Alex Wayman（trans. & annot.），*Chanting the Names of Mañjuśrī: The Mañjuśrī-Nāma-Saṃgīti, Sanskrit & Tibetan Texts*（Boston-London: Shambhala，1985），66：
［26］a ā i ī u ū e ai o au aṃ aḥ sthito hṛdi/ jñānamūrtir ahaṃ buddho buddhānāṃ tryadhvavartināṃ//
［27］oṃ vajratīkṣ ṇaduḥkhacchedaprajnājñānamūrtaye/ jñānakāyavāgīśvara arapacanāya te namaḥ//

髓》[1]（以下简称 *GSDJ*），系文殊称（梵 Mañjuśrīkīrti，藏 'Jam dpal grags pa）对《真实名经》密意的注释；该标题本身即与经中咒鬘字面吻合，[2] 可以领会其间关联。收入北京版丹珠尔时题作《法界语自在文殊曼荼罗仪轨》[3]。江孜白居寺大塔第三层第六大殿主体壁画表现该曼荼罗，下方藏文题记称其为虚空无垢大曼荼罗，明言图像所据即 *GSDJ*。[4]

2. 无畏藏护（Abhayākaragupta，约活动于 11—12 世纪）汇纂曼荼罗仪轨集《究竟瑜伽鬘》（以下简称 *NSP*）之第 21 品。[5] 此文本早已得到学者的重视，梵藏文本经多位大家对勘译注引证，日本学者的专题研究还以线描形式展示了尼泊尔加德满都谷地的图像传统。[6]

目前所知其他相关文本均未偏离以上二仪轨。享"遍知一切"美誉的高僧布顿（Bu ston Rin chen grub，1290—1364）熟悉 *GSDJ* 与 *NSP* 21 两种体系，在其著述中声明主要采用前者，但未见给出缘由，仅列述二者的若干差别。[7] 他的取向直接引导了夏鲁寺东无量宫以及白居寺大塔

1　梵 *Gaganāmalasupariśuddhadharmadhātujñānagarbha*，藏 *Nam mkha 'dri ma med pa shin tu yongs su dag pa chos kyi dbyings kyi ye shes kyi snying po*. Tōh. 2589，德格版丹珠尔通帙第一六七（ngu）。

2　依月贤称（Candrabhadrakīrti）对《真实名经》的释论，咒鬘（mantravinyāsa）为六密咒王心咒之缀合，末句 sarvadharma gaganāmalasupariśuddhadharmadhātujñānagarbha āḥ 即五字文殊近心咒。梵文转写与注释见 Wayman，*Chanting the Names of Mañjuśrī*，113。

3　P3416，*'Jam dpal chos dbyings gsung dbang gi dkyil cho ga*，那塘版（N2212）、甘丹寺藏金汁写本丹珠尔（GT1420）等标题相同。

4　［意］图齐著，魏正中、萨尔吉主编：《梵天佛地》第 4 卷第 1 册"江孜及其寺院·佛寺总论"，上海古籍出版社—意大利亚非研究院，2010，第 178 页；第 2 册"题记"，第 67（藏文）、220—221（转写）、355（汉译）页。这段题记书写于殿内北壁东段（塑像右侧）壁画下方，图齐记主尊为白文殊。该殿以塑像主尊而被称为宝生佛殿。

5　Tōh. 3141. 梵 *Niṣpannayogāvali*，藏 *rDzogs pa'i rnal 'byor gyi phreng ba.* 印度大班智达 * Sarvajñaśrībhadra 译，Ratnarakṣita、Revendra 和 Chag lo Shākya'i dge slong 校。第 21 品题作 *Chos kyi dbyings gsung gi dbang phyug gi dkyil 'khor*，德格版丹珠尔通帙第一七七，fols. phu 125r5 - 133r1. 该书研究成果相当可观。存世相关版本的讨论见 Gudrun Bühnemann and Musashi Tachikawa，*Niṣpannayogāvalī*: *Two Sanskrit Manuscripts from Nepal*（Tokyo: The Centre for East Asian Cultural Studies，1991）；其在藏传佛教中的情形见杨清凡：《无畏生护与曼荼罗仪轨在西藏的译传：以〈金刚鬘〉与〈究竟瑜伽鬘〉文本为中心》，《故宫博物院院刊》2018 年第 3 期。

6　长野泰彦、立川武藏编：《国立民族学博物馆研究报告别冊》7"法界语自在マンダラの神々"，日本：国立民族学博物馆，1989。其中附森雅秀基于梵文本、参考藏译本所做和译；译注中详列 *NSP* 21 与包括 *GSDJ* 在内的其他相关文本的不同。

7　《夏鲁寺西北东南无量宫所置曼荼罗等之目录》（Zha lu'i gtsug lag khang gigzhal yas khang nub ma/ byang ma/ shar ma/ lho ma rnams na bzhugs pa'i dkyil 'khor sogs pa'i dkar chag）第三部分，收入 *Bu ston rin chen sgrub gsung 'bum* 17（tsa）（[lHa sa]:［Zhol par khang］,［2000］）；《真实名曼荼罗庄严》（mTshan brjod kyi dkyil 'khor gyi bkod pa），除其文集外还排印收入《戏剧学与工艺学》（Zlos gar dang bzo rig），青海民族出版社，2003。王瑞雷从布顿论述出发、对 *GSDJ* 与 *NSP* 21 之间关系及带来的图像异同给予高度关注。见《夏鲁寺东无量宫殿曼荼罗配置及法界语自在曼荼罗研究》，首都师范大学，硕士学位论文，2012。

的该题材壁画绘制。[1]《续部总集》汇纂139种曼荼罗，是藏文文献中仪轨之集大成者，其中第40种即219尊法界语自在曼荼罗[2]，标题已揭示以 *GSDJ* 为渊源，[3]而副标题“智者喜宴”则同于布顿撰仪轨[4]的副标题，致敬布顿的意图昭彰。俄尔寺唐卡组画奉《续部总集》为圭臬进行绘制，该组画奠定轨范，故为图像志研究者所熟知。[5]

除夏鲁寺、白居寺大塔壁画等卫藏地区的重要图像材料外，就藏西存世作品而言，法界语自在曼荼罗图像还保存在今拉达克的阿济寺（’A lci）集会殿东壁北侧[6]、芒久（Mang rgyu）[7]、塔布寺（Ta pho）集会殿[8]、松达寺（gSum mda’chung）集会殿[9]、那果寺（Na go）译师殿[10]、拉隆（La lung）以及西藏阿里聂拉康（Nyags lha khang）南壁[11]、札达

1 因此，图齐在记述白居寺大塔宝生佛殿时，根据题记强调 *GSDJ* 为曼荼罗壁画所本，但在诸尊图像志描述时实则直接引用布顿《真实名经曼荼罗庄严》，中译本译者注明与画面不吻合之处。

2 内院、外院四门均为四摄，实则223个形象。

3 *Nam mkha’ ltar dri ma med pa gsung gi dbang phyug gi sgrub dkyil dbang chog dang bcas pa mkhas pa’i dga’ ston*, in Blo gter dbang po（1847 - 1914. compl.）, *rGyud sde kun btus* VI（影印自德格印版，Delhi，1971）.

4 *Chos kyi dbyings gsung gi dbang phyug gi dkyil ’khor gyi cho ga mkhas pa’i dga’ ston*，收入 *Bu ston rin chen sgrub gsung ’bum* 14（pha）. 该仪轨开篇首句（nam mkha’ ltar dri ma med pa shin tu yongs su dag pa chos kyi dbyings kyi ye shes kyi snying po’i dkyil ’khor chen po’i cho ga mkhas pa’i dga’ ston chen po zhes bya ba）记录的主标题其实与藏译本 *GSDJ* 标题近同，完全有理由认为今之主标题“法界语自在曼荼罗仪轨”为后拟。类似地，可以考虑那塘等版丹珠尔中收录的 *GSDJ* 藏译本今题亦后拟。换言之，《续部总集》中该曼荼罗的主、副标题其实均沿袭了布顿仪轨，*GSDJ* 一系传承的主要脉络清晰。

5 Bsod nams rgya mtsho, *The Ngor Mandalas of Tibet*, rev. Musashi Tachikawa et al.（Tokyo: The Centre for East Asian Cultural Studies, 1991）. 其中法界语自在曼荼罗见“Listings of the Mandala Deities,” 74 - 78.

6 Peter van Ham, *Alchi - Treasure of the Himalayas: Ladakh’s Buddhist Masterpiece*（Munich: Hirmer Verlag, 2018）, 114 - 121.

7 Peter van Ham, *Heavenly Himalayas: The Murals of Mangyu and Other Discoveries in Ladakh*（Munich - Berlin - London - New York: Prestel Verlag, 2010）, 74 - 78.

8 Deborah Klimburg-Salter, *Tabo. A lamp for the Kingdom*（Milan: Skira Editore, 1997）, 113 - 119; Idem, “The *Dharmadhātu-vāgīśvara- mañjúśrī-maṇḍala*, Tabo ’Du khaṅ,” in *Tabo studies II: manuscripts, texts, inscriptions, and the arts*, eds. C. A. Scherrer-Schaub and E. Steinkellner（Roma, 1999）, 299 - 320; Peter van Ham, *Tabo-Gods of light: The Indo-Tibetan Masterpieces*（Munich: Hirmer Verlag, 2015）, 146 - 148.

9 Klimburg-Salter, *Tabo. A lamp for the Kingdom*, fig. 116.

10 Christian Luczanits, “The Depiction of Hindu and Pan-Indian Deities in the Lo tsa ba *lHa khang* at Nako,” in *South Asian Archaeology 1999*: Proceedings of the Fifteenth International Conference of the European Association of South Asian Archaeo-logists, held at the Universiteit Leiden, *5 - 9 July, 1999, ed. Ellen M. Raven（Egbert Forsten-Groningen*, 2008）, 493 - 506.

11 四川大学中国藏学研究所：《西藏阿里象泉河流域卡孜河谷佛教遗存的考古调查与研究》，《考古学报》2009年第4期；张长虹：《西藏阿里聂拉康的法界语自在曼荼罗》，载艾瑞卡·福特等主编《8—15世纪中西部西藏的历史、文化与艺术》，中国藏学出版社，2015，第134—152页。

托林寺红殿、古格故城白殿等地。毗邻2号窟的东嘎1号窟[1]、不远处的3号窟[2]同样表现了这一题材。通过探讨图像以及相应的仪轨文本，研究者们不断完善着对这一题材的认识，克林堡—萨尔特（Deborah E. Klimburg-Salter）由此提醒应客观描述视觉材料："提到塔布寺（Tabo），这尤其重要，因为我们发现几乎所有的图像志——如金刚界曼荼罗和法界语自在文殊曼荼罗——在很大程度上能够关联到已知的文本资源，但并不准确。"[3] 诺伊曼对曼荼罗的建筑细节、神系结构及怛特罗体系等的讨论主要依据 *NSP* 21，同时富于洞见地提出：

> 东嘎的法界语自在坛城很可能是以一部已佚（抑或至今尚未发现）的早期著作或是口头传承作为基础的。但是相信文字与口传相互结合也是可能的：这幅坛城中诸神和他们的布置可能渊源于某部怛特罗（tantra），而诸神的颜色和特征持物则遵照口传。这还可以解释东嘎、塔波寺、松达寺的法界语自在坛城之间在细节上存在的一些差异，比如面部的颜色与多臂天神手中各持物的位置。[4]

东嘎2号窟该曼荼罗壁画的结构兼顾了仪轨的要求与窟顶的空间条件：中台九尊位于窟顶中心、最高处的水平面上，方形城墙、四门及各院护门（第三院门神例外）、四隅供养诸神画在第一层的水平面上；而四院之眷属则置于环带状的立面圆周。图2示意诸尊编号与位置，[5] 下文提及诸尊时名号后所注数字即其编号。鉴于针对该曼荼罗的图像志研究与图像实例个案分析已相当丰富，本文接下来对诸尊不做逐一辨识、引证，仅针对东嘎2号窟壁画具体情形做适当补充。

---

1 相关讨论详见王瑞雷：《西藏西部东嘎1号窟法界语自在曼荼罗图像与文本》，第60—66页。

2 3号窟规模相对较小，周壁壁画保存状况欠佳，但 Helmut F. 和 Heidi A. Neumann 夫妇明确判断出相对保存略好的左侧壁（按：该文按观众视角称为右壁，本文概以空间主尊为本）表现法界语自在曼荼罗，见"Wall Paintings of the Dungkar Caves Three and Four: Iconography and Style," *Orientations* 45, No. 5 (2014): 67.

3 Klimburg-Salter, *Tabo. A Lamp for the kingdom*, 13.

4 诺伊曼：《西藏西部东嘎石窟再现11世纪壁画》，第32页。

5 编号依循2号窟壁画诸尊在 *GSDJ* 叙述曼荼罗部分中出现的顺序排拟，亦为观想、诵咒召请供养等仪式环节的先后次序。藏传佛教艺术曼荼罗二维图像的逻辑方位东方（图1蓝地扇形区域）表现在下、西方（图1红地扇形区域）表现在上。循此惯例，图1—图2中主尊妙音头朝东。文中所述、图中所注曼荼罗方位均为逻辑方位，与实际方位有别，不再逐一说明。请留意四方的相互关系亦不同寻常，循东南西北之序为左绕（逆时针）而非常见的右绕（顺时针），笔者拟另文讨论，本文从略。

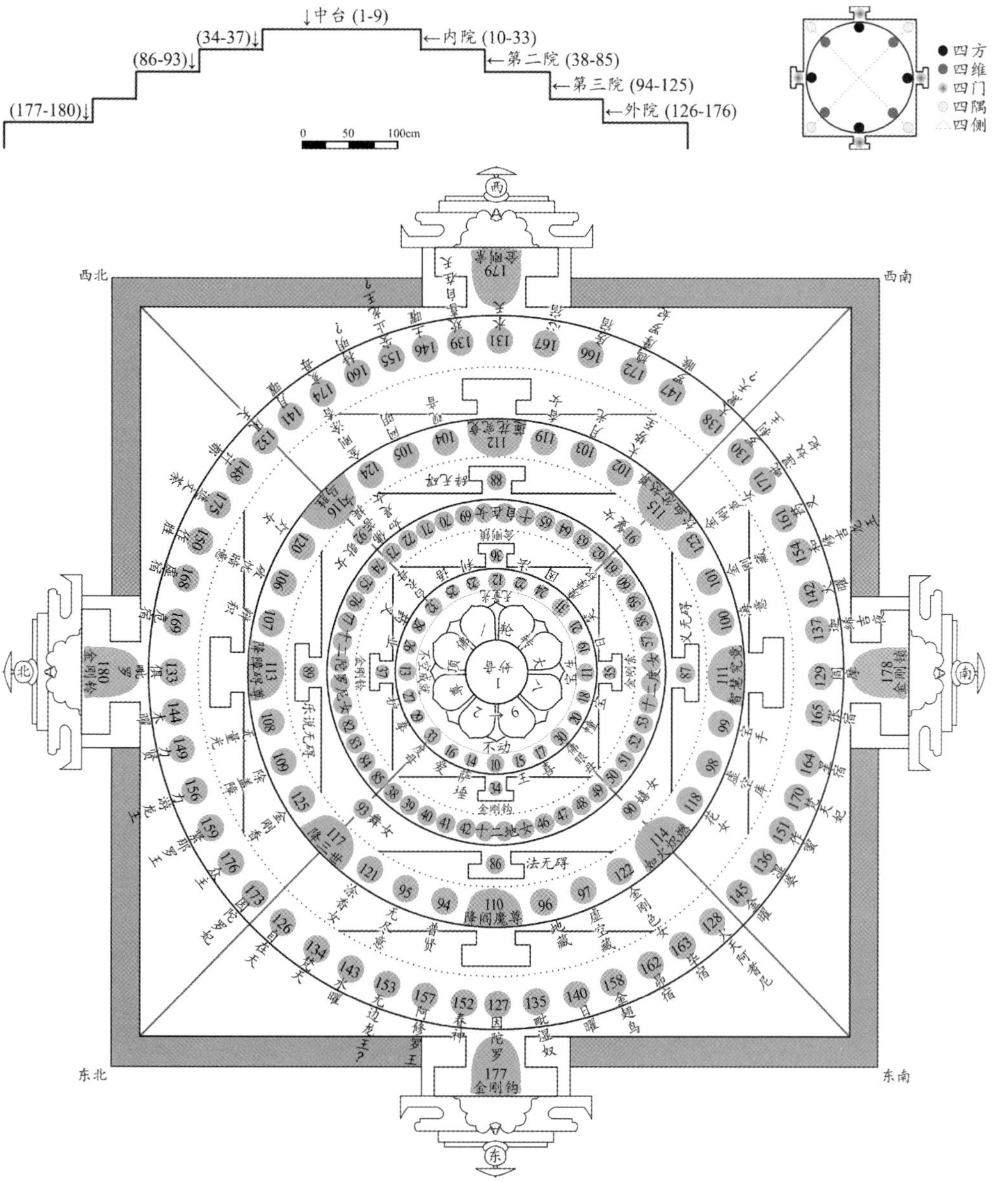

图2 东嘎2号窟窟顶壁画法界语自在曼荼罗诸尊位置示意

图中标记方位为曼荼罗中逻辑方位

（一）内院/金刚藏院（vajragar - bhamaṇḍala）

法界语自在曼荼罗包括四重院，此院亦称中院（madhyamaṇḍala）。居中勾勒八叶重瓣杂色莲花，绘中台妙音菩萨（1）与八佛顶转轮（2—9）（图3），莲外描绘转轮王七政宝（主兵宝残，马宝毁。图4）。立面环带绘四方佛（10—13）并其四亲近菩萨（14—29），四维为四佛母

图3　内院中台妙音菩萨（1）与八佛顶尊（2—9）

东嘎2号窟窟顶法界语自在曼荼罗壁画局部，上为东

女宝（11点方位）

珠宝（1点方位）

主藏臣宝（近3点方位）

象宝（8点方位）

轮宝（6点方位）

主兵宝（4点方位）

图4　内院围绕八转轮等的转轮王七政宝（其六）

东嘎2号窟窟顶法界语自在曼荼罗壁画局部，以西为12点方向

(30—33)。再外水平面上描绘城墙[1]、四门（toraṇa）与作为门神的金刚钩、索、锁、铃四摄（34—37)。主尊妙音的形象与两种仪轨文献均有不同，需要扩大视野追寻其图像来源与意义。[2] 八大转轮情况类似；其相关仪轨不如妙音的文献丰富，目前只有 *GSDJ* 和 *NSP* 21 两系文献可以依凭，但都与 2 号窟有不同处。*GSDJ* 记八大转轮（'khor los sgyur ba brgyad）均金色，举右手持轮，左手安然置于座；*NSP* 21 记八大佛顶尊（gtsug tor brgyad po）均黄色，持物、姿势同上。2 号窟此八尊坐莲花之上的双狮座，手印与仪轨契合，身色却有所不同：虽然一身尽毁、三身残损，至少可看出存在四身红色身相者。[3] 作为对比，1 号窟此八尊身相统一，呈现女性特征（例见后文图 32)，各自身光轮中现转轮王七政宝，暗示其转轮的身份。[4] 另一个需要注意之处是八尊位置的排布：他们避开正向。鉴于四方四维是曼荼罗布局绝对的主流，邻近的东嘎 1、3 号窟等也莫不如此，此处特殊安排将来还有深究的必要。

四佛（10、15、20、25）与其亲近菩萨（11—14、16—19、21—24、26—29)、佛母（30—33）同样为此院重点，[5] 其中四佛、四佛母均为四面八臂形象。佛母如常规安排在四维，特征持物与对应的佛相同；其中无宝生佛对应的佛母，东南隅佛眼母（30）实际上作为佛部母、与居中的妙音呼应，因此佛眼母的形象在一定程度有助于还原妙音残损的部分：她身相、面色与妙音相同，左手除经箧外还可见到弓与铃；二主手当胸，遗憾的是手部细节今已难辨，对比其他佛、佛母的特征，相信应右持杵、左握羂索。而四佛与菩萨的位置则顺应环带状的空间限制做线性化处理。通常的图像上佛居中，从其前（画面上为下方）右绕排列四亲近（图 5a、图 5b)；这里采取佛居中、菩萨居两侧的做法，次序则循内侧右、左、外侧右、左（图 5c)。还应注意，无论采取线性序列还是二维架构的视觉表现，观想的场景都是眷属面对主尊坐立。

---

1 八段城墙从靠近门的内侧向外，依次排列五身天女坐像，头后挽大发髻，分别持镜、乐器（琴、号等)、白螺（内盛香水)、食子、织物，象征色声香味触五妙欲。其他各院城墙内亦绘类似人物或器物。

2 东嘎 2 号窟壁画上的妙音形象与众不同，饶富意味。笔者拟另文探讨，本文暂搁置不论。

3 八佛顶尊还出现在 122 尊现证菩提大日如来曼荼罗第二院、九佛顶曼荼罗内院当中八辐轮上，身色均有变化。略见 *The Ngor Mandalas of Tibet*, 25 and 72.

4 1 号、2 号窟壁画上此八尊像的右手当胸托圆形物，缺乏“轮”的细节描绘。不排除这种可能性：画师们把仪轨描述的 'khor lo 理解为“圆”而非作为武器或者佛法象征的“轮”。聂拉康曼荼罗中此八尊持物刻画出图案化的轮辐等细节，与主尊文殊二主手所持法轮（取代了仪轨描述的转法轮印）类似，可做对照。该处八尊坐下未见表现狮子，且左手皆悬置腰侧。

5 另 *GSDJ* 记述四佛母领四部共计十六尊女菩萨，排列格局亦同于四佛与各自的四亲近菩萨。笔者见闻寡陋，目前未见图像实物。

a

b

金刚因(24) 金刚法(22) 无量光佛(12) 金刚利(23) 金刚语(25)

c

图5 西方无量寿佛会

a:《金刚界九会大曼荼罗》(仁和寺版)局部,《大正藏图像部》卷1,第896页图。深底尊号为笔者所加。

b: 东嘎1号窟左侧壁法界语自在曼荼罗壁画局部。

c: 东嘎2号窟窟顶法界语自在曼荼罗壁画局部。红地为另加。

(二)第二院(dvitīyamaṇḍala)/陀罗尼曼荼罗(dhāraṇīmaṇḍala)

此院主要为若干重要佛学修为观念、途径、次第及陀罗尼的人格化,且统一化现为女性,形象展示密教发展过程中的一个重要趋势。其身色持物有别,画师也用心将她们的姿态表现得有所变化,不过仍呈现出统一的特征,即皆二臂,左手仍保留各自的特征持物,右手上则绘出所处方位对应部族的三昧耶:东之十二地女(38—49)均持东方金刚部的象征物金刚杵,南十二度女(50—61)持宝部的如意宝,西十自在女(62—71)以及如是女（72. Tathatā）[1] 和佛菩提女（73. Buddhabodhi）持莲花，北十二陀罗尼女（74—85）则持交杵。[2] 例外者如十二度女中第六位慧度女（梵 Prajñāpāramitā 般若波罗蜜多，藏 Shes rab kyi pha rol tu phyin pa/ma），未见持宝。对比图 6 的两位女神：她们挽大圆发髻、戴单叶宝冠，左侧的禅度女（54）如 *GSDJ* 所记“纯蓝如虚空，左手持白莲花”，壁画上白莲茎叶花头之墨钩轮廓勉力可辨，多色宝珠如花苞点缀短枝；慧度女（55）形貌端严，契合“金色，右手作法轮印，左手持《般若》经箧”（fols. ngu 159v7 - 160r1. 布顿等所述相同）。而在 *NSP* 21 中，她与众不同，“慧度女多二手……持上置《般若》经箧的莲花，另二臂结转法轮印”（fol. phu 127r1 - 4），是为般若佛母（梵名同慧度女，藏 Yum chen mo）常见的四臂形象。特殊对待展现出般若在佛教思想中的重要地位。

图6 十二度女其五禅度女（54）、其六慧度女（55）

东嘎 2 号窟窟顶法界语自在曼荼罗壁画局部

1 *GSDJ* 直接描述“如意宝（yid bzhin nor bu）之水晶色……”（见表 2），阙尊名。布顿《真实名曼荼罗庄严》修正为“如是女具宝水晶之白色”（de bzhin nyid nor bu tshon shel gyi mdog can dkar po）。

2 这种安排体现的是方位以及从方位引申的象征意义，并不意味着部属。如十二陀罗尼女中准提（Cundā）、尊胜佛母等从佛部大日化现，但陀罗尼女整体安排在不空成就佛所掌的北方、右手均持羯磨部三昧耶交杵。

在金刚界系曼荼罗中，此院可视为法界语自在曼荼罗的另一处不共特征，亦可追溯到前引《真实名经》第26颂：从12个母音生出天女，递次为四方佛与佛母等。实际上，第43—45颂随即提及十度和十地等：[1]

[43] 十波罗蜜多能得，十波罗蜜多安住。十波罗蜜多清净，十波罗蜜多理趣。

[44] 十地自在之怙主，安住于彼十地中。具十智清净我性，十智清净受持者。

图7 歌女(92)

[45] 十行相十义义利，寂默主十力遍主。行相无余成利益，于十行相大自在[2]。

上引文强调与十相关的名数。类似地，《所作集》（Kriyāsaṅgraha）之大日曼荼罗具十地女、十度女、十自在女、十陀罗尼女。[3] 克什米尔僧人法护（963—1058）于北宋真宗景德元年（1004）入华后所译经的类似表述中，陀罗尼增至十二，可见当时佛教世界的观念体系：[4]

善男子！云何是菩萨无量法云含润任持广大法雨？如世间风无其边际，而彼风轮广大安固，普遍任持一切世界，……悉能任持一切正等正觉之云，流注广大无碍法雨，于一切世界悉能成办佛功德法，如其所说须弥山等世间差别之相，即是百福胜相。**十地**、**十波罗蜜多**、十三摩地、**十二陀罗尼**、六通、**十自在**、十力、四无所畏、四无碍解、十八不共法，大悲心等一切佛菩萨法，悉能任持具足。

1 汉文今译及梵文、校注见《〈圣妙吉祥真实名经〉梵本校译》，第121—127页。

2 此颂针对十行相（daśākāra）与十力（daśabala）。注意十力为佛所拥有，文字的先后表达出阶位、境界的不同。“自在”（vaśa）一词意为掌控、支配，与十自在（daśavaśitā）相关，故移录于此。释智［慧］即译作“作诸利益无有遗，具有十种大自在”（《圣妙吉祥真实名经》，《大正藏》卷20，第827页）。

3 Marie-Thérèse de Mallmann, *Introduction à l'iconographie du Tântrisme Bouddhique* (Paris, 1975), 79.《所作集》编纂者、尼泊尔人Kuladatta活动年代大抵与无畏藏护接近，孰先孰后学界有不同观点。

4 1019—1023年法护、释惟净译：《除盖障菩萨所问经》卷第八，《大正藏》卷14，第723—724页。

引文中加粗的部分与曼荼罗第二院四方女神象征的观念大致相当，四无碍解（catasraḥ pratisamvidaḥ）的人格化女神形象（86—89）表现在该院四门。此外，第三院的金刚藏菩萨（101）左手持十地经箧——鉴于般若如此重要而诸神特征持物中般若经箧如此常见，可推知十地系经论也非同凡响。换个角度，这种广摄无遗的观念体系也渗透到图像象征体系当中。作为五方佛坐骑的五种动物便被赋予了这样的寓意，如东方阿閦佛的大象象征十力；西方阿弥陀佛的孔雀象征十自在[1]，体现出这组观念与弥陀的关系，而十自在女就安排在西方，从这样的细节可体会位置安排背后严密的象征体系。传统上六度发展到十度、再到十二度，这种增益可视为佛教理念的扩展和进阶。从顺序上看，十地为菩萨修为阶位，十二地是在十地前后分别加胜解行地、普光地，臻普光地则成佛；十自在亦体现菩萨之掌控，其后附加的佛菩提女等从字面上看已可理解到趋向于佛。以上为大乘观念，而陀罗尼则为密乘所重视。因此无论各方成员的次第[2]，还是四方的整体安排，均标志着修为的循序渐进。

附带提及，西北隅歌女（藏 glu ma）通常持乐器，如日本保存的唐密体系图像中，她常吹箫笛或弹奏竖箜篌；这些乐器本身体现了唐乐的特点，也相应地成为其三昧耶形。而在 2 号窟，歌女（92，图 7）持 pi wang 及琴弓。pi wang 本指渊源于南亚次大陆、有两个共鸣箱的七弦琴（梵 vīṇā），在西藏则指二弦的拉奏乐器，[3] 这一细节的演化在壁画上得到真实的反映。对比同样以歌乐闻名的紧那罗（见图 24 中），所执乐器显然不同，歌女之琴已经在地化。

（三）第三院（tṛtīyamaṇḍala）/法界曼荼罗（dharmadhātumaṇḍala）

此院的核心为贤劫十六菩萨、八忿怒尊[4]以及两组供养女神。菩萨（94—109）每方各四尊。忿怒尊（110—117）四面

---

1 《梵天佛地》第 4 卷第 1 册，第 115 页。藏传佛教艺术理论中还有其他观点，如以南方宝生佛之马象征十自在的理解，见丹巴饶旦著，阿旺晋美译：《西藏绘画》，中国藏学出版社，2006，第 125 页。

2 其中十二陀罗尼的选择与排列的内在逻辑尚不清晰，待考。在印度埃罗拉石窟第 12 窟第 3 层（Ellora Cave 12.3）可能表现有十二陀罗尼女但未能逐一比定，见 G. H. Malandra，“The Buddhist Caves at Ellora”（Ph. D. diss.，University of Minnesota，1983），369 – 372。按埃罗拉石窟遗址涵盖佛教、印度教、耆那教，第 12 窟开凿于 8 世纪中叶。

3 从语源角度看 pi wang 与“琵琶”应同源，见 Berthold Laufer，“Loan-Words in Tibetan，” *T'oung Pao*，Second Series 17，no. 4/5（1916）：512 – 513. 它也作为弦乐器的集合名词，有单弦（pi wang rgyud gcig pa）、多弦（rgyud mang）、三弦（rgyud gsum）之分（见张怡荪主编：《藏汉大辞典》，民族出版社，1985，第 1616—1617 页），其乐理与演奏方式不尽相同。

4 曼荼罗（包括 *NSP* 21）中常见十忿怒尊（daśakrodha）。东嘎 2 号窟壁画并未表现上方顶髻转轮王（Uṣṇīṣacakravartin）、下方损美王（Sumbharāja），与 *GSDJ* 的描述吻合。

八臂且呈立姿，需占用较大空间，可能出于空间的考虑，他们的位置从仪轨规定的四门四隅调整到四方四维。原应安排在四门正向的金刚色女、声女、味女、触女（122—125）转而安排到四维忿怒尊的右胁侧，而原四隅的花香灯涂四供养天女（118—121）则安排在其左侧。香女（121）是个例外，她和菩萨调换了位置，从而出现在西方莲花究竟（112）右侧，应系设计布局时疏失。

贤劫十六菩萨的形象标准统一，惟观自在菩萨（102，图8）戴阿弥陀佛像宝冠。[1] 图像与主要的两篇曼荼罗仪轨基本相同，偶有出入：如网明菩萨（105）左手所持莲花上竖着杵，并非 *GSDJ* 和 *NSP* 21 所称的日轮（nyi ma'i dkyil 'khor）。类似地，月光（104）所持莲花上找不到月轮，而且他右手持剑、并非两个文本记载的金刚轮。虚空藏（97）左手如 *GSDJ* 所言持宝幢，而非 *NSP* 21 主张的如意宝（cintāmaṇi）。无量光菩萨（106）需要另议，他垂下的右手似拈一枚珠状物，看起来既非 *GSDJ* 之 sna tshogs rdo rje “交杵”，亦非 *NSP* 21 之 sna tshogs padma “杂色莲花”[2]。但该尊题记（见后文表 2）则明示为杵。对比塔布寺图像，可找到与无量光菩萨右手持物类似的法器，有学者谨慎地提出，它也出现在金刚手法器的顶端。[3] 换言之，鉴于金刚手菩萨如其名一概持杵，不排除该法器为金刚杵的某种表

图8 观音（102，左）、网明（105，中）、金刚涂香（124，右）

东嘎 2 号窟窟顶法界语自在曼荼罗壁画局部

1 南方虚空库（98）与智慧究竟（111）之间的尊像残损较为严重，推测为宝手菩萨、编号为 99。

2 梵 viśvapadma，森雅秀译为“二重莲华”（《国立民族学博物馆研究报告别冊》7，第 245 页），可能指重瓣或仰覆莲花。图文对证宜理解为杂色，如金刚业度女（61）的该持物即表现为单层、至少红青白三色。

3 相关图文见 Van Ham，*Tabo - Gods of Light*，144 - 145.

现形式的可能性。另外一个问题是这些菩萨的位置；忽略前文提及的和香女换位这一特殊情况，其他菩萨循轨范居四方，但各方内四菩萨的排列顺序尚未琢磨出规律。按二仪轨叙述各方四菩萨的相对先后次序编号，壁画空间中排列为东 2—1—3—4、南 1—2—3—4、西 2—3—1—4、北 3—2—1—4，相互不同。

（四）第四/外金刚部院（caturtha/bāhya-vajrakulamaṇḍala）

外院四门重复出现金刚钩索锁铃（177—180；同内院四门 34—37），在周绕环带中布置世间诸天（lokadeva）共计 51 尊，除一身漫漶太甚而外，大多保存良好。将他们安置在外院是曼荼罗的常见做法，金、胎两界大曼荼罗堪称典范；他们也借此对密教神系的迅速扩张做出显著贡献。佛教文献中多有提及他们护持庇佑信众的职责与神通，《真实名经》长行部分“六轮功德·第四轮功德”讲道：[1]

> 复有梵天、因陀罗、因陀罗弟[2]、噜捺罗（Rudra，按即湿婆）、那罗延天（Nārāyaṇa）、永童子天[3]、大自在天、迦絺吉夜、大黑天、欢喜自在天、阎摩、水天、俱毗罗、鬼子母等十方守护世间者，恒常昼夜不断〔护持〕。若行、若住、若坐、若卧、若睡、若醒、若入定出定、若独处群居，乃至于村邑、城市、聚落、原野、国土、王城之中，或于门厢、车道、大街、城门、巷陌、四衢道、三岔路、城邑间、市场、店铺、小屋之中，乃至于舍宅、山泽、河流、森林、稠林〔等处〕；于不净非不净，昏沉掉举〔等时〕，皆恒时以种种作最胜守护、救护与密护，且于昼夜作最胜妙乐。复次，天、龙、药叉、乾闼婆、阿修罗、金翅鸟、紧那罗、摩睺罗伽（mahoraga）、人非人（manuṣyamanuṣyāś，即紧那罗），或曜宿、母天（mātṛ）、众主，或七母天，或药叉女、罗刹女、毗舍遮女（piśācyas），皆共其诸军将眷属俱，向彼作守护、救护与密护。又于彼身，注入精神力用，施与无病之力而令其延寿。

二仪轨文献中这些泛印度神众具体的尊神名号与数量（见表 1）为 89 尊，置于同一尊位上的妃或其他眷属小神则未计入内。在艺术实践中这个群体还在扩充。1668 年（NS 788），尼泊尔 Kāntipur（加

1 《〈圣妙吉祥真实名经〉梵本校译》第 379—382 页给出这一段的汉文今译及梵文、校注。本文在此基础上对诸天译名等细节略作修订。

2 Upendra，指毗湿奴、特别是其侏儒（Vāmana）化身。下文提到的那罗延天指毗湿奴。

3 Sanatkumāra，从梵天心念所生四子之一、湿婆之兄，被认为是人类最古老的祖先。

德满都古名）王 Pratāpa Malla（1641—1674 年在位）在著名的斯瓦扬布大塔前立起一块雕刻有法界语自在曼荼罗的金板，诸尊名号悉数铭刻在其边缘。据铭文可知，该曼荼罗结构共计 252 尊，多于藏地流传仪轨文本所述之 219 尊，其中世间诸天还包括 Ādityatyetya 等天以及若干山神计 110 尊。[1] 然而这个数字并非巅峰，仅以藏西后弘期早期艺术而论，（不计护门之神）东嘎 1 号窟壁画外院为 129 尊；阿济寺环形排列 144 尊；那果寺译师殿更高达 152 尊，包括护世四天王、八罗刹、八大仙（ṛṣi）等，紧那罗、金翅鸟、持明的行列也有补充。卢恰尼茨（Christian Luczanits）在研究后者时指出，*GSDJ* 提到“应画其他诸天亦住无量宫（gzhal yas khang，指曼荼罗）”，暗示这种态度为描绘更多世间诸天开方便之门。[2] 放眼其他体系的曼荼罗或相关仪式实践，节怛哩巴（Jetāripa，活动于 10 世纪）著作中提到“密咒乘中七十二位净种护神”[3]，另存七十五[4]、八十八神[5]等说。恶趣清净曼荼罗亦常见于当时的藏西，按文本外院聚集 112 尊世间天众。[6] 这些神系中都出现了护世四天王；那果寺曼荼罗将他们补充到外院诸天行列中自是顺理成章。

诸天有着清楚的组合关系，尽管偶尔未直接给出组合的冠名；组合关系也充分体现了泛印度文化的影响。仪轨文本提示梵天等众应从东北开始次第周绕，从东北护神自在天所属的八大护方神开始逐尊描述，接下来是梵天等大神、九曜、力贤四神等，大致可分为 10 组。其中第⑩组以七母天为主，七位母神均是男性大天的配偶，多从名号即可判断，其中 Rudrāṇī（湿婆妃）对应 Rudra 亦称湿婆或大自在天（136）；鸠摩罗妃（172，梵 Kaumārī）对应鸠摩罗（Kumara）亦即迦絺吉夜（137）。至于亥母（174）对应的 Varāha、

1 Hemaraj Sakya, *Svayambhū Mahācaitya: The Self-arisen Great Caitya of Nepal*（Svayambhu Vikash Mandal, 2004）, 194 - 196. 其中所列第 18 组为 22 天（列 21 尊名号）、大多数未见于 *GSDJ* 与 *NSP* 21；第 24 组为八山神，其中计入金翅鸟、紧那罗、五髻等。

2 见 Luczanits: “The Depiction of Hindu and Pan-Indian Deities in the Lo tsa ba *lHa khang* at Nako,” 494.

3 天竺胜诸冤敌节怛哩巴上师述，持咒沙门莎南屹啰译:《圣像内置总持略轨》，收入《大乘要道密集》卷四，北京大学出版社，2012。

4 gtsang rigs kyi mgon po bdun cu rtsa lnga. 此主张数见于萨迦派上师的著作中，如 Grags pa rgyal mtshan（1147 - 1216）, *Arga'i cho ga dang rab tu gnas pa don gsal ba*，收入 *Sa skya bka 'bum* 11（Krung go'i bod rig pa dpe skrun khang, 2007）.

5 包括“八大天、八大龙、八大曜、二十八宿、四大天王、九大怖畏、十五镇方天、八大守土神”。其中有重复者，如部分大天亦镇方神；撰制吉祥王菩萨或称邪引天“乃八大天之一，又算镇方神数，又为八大守土神之一”。见（清）工布查布述:《造像量度经续补》之四护法像，《大正藏》卷 21，第 948 页。

6 *The Ngor Mandalas of Tibet*, 56 - 58. 编者注该曼荼罗之世间诸天（编号 98—209）包括 75 净种怙主、药叉、罗刹、药叉女以及山神、树神、城神、寒林小神众。

表 1　法界语自在曼荼罗外金刚部院神系结构与序列

	①八方护神		②八大天		⑩七母天等
126	ĪśānaK3，**自在天**（东北）	134	Brahmā **梵天** ························	··170	Brahmāṇī **梵天妃**
127	Indra **因陀罗**（东）	135	Viṣṇu **毗湿奴**		Rudrāṇī 噜捺罗妃 = 湿婆妃
128	Agni **火天**（东南）	136	Maheśvara **大自在天** = 湿婆 噜捺罗	171	Vaiṣṇavī **毗湿奴妃**
129	Yama **阎摩**（南）	137	Kārttikeya **迦絺吉夜** = Kumāra	172	Kaumārī **鸠摩罗妃**
130	Nairṛti **罗刹主**（西南）	138?	Mahākāla **大黑天**	173	Indrāṇī **因陀罗妃**[1]
131	Varuṇa **水天**（西）	139	Nandikeśvara **欢喜自在天**	174	Vārāhī **亥母**
132	Vāyu **风天**（西北）			175	Cāmuṇḍā **遮文荼**
133	Kubera 俱毗罗（北）	176	Gaṇapati 众主		Bhṛṃgīriṭi 卜力哩帝
	③九曜		④力贤四神		⑤八大龙王
140	Aditya **日曜**	149	Balabhadra **力贤**	153?	Ananta **无边**
141	Candra **月曜**	150	Jayakara **作胜**	154	Vāsuki **和修吉**（广财）
142	Maṅgala **火曜**	151	Madhukara **作蜜**	155?	Takṣaka **安止**
143	Budha **水曜**	152	Vasanta **春神**	156	Karkoṭaka **力游**
144	Bṛhaspati **木曜**				Padma 莲花
145	Śukra **金曜**				Mahāpadma 大莲
146	Śanaiścara **土曜**				Śaṅkhapala 护螺
147	Rāhu **罗睺**				Kulika 具种
148	Ketu **计都**				
	⑥阿修罗王		⑦其他天龙八部类		⑧药叉王与鬼子母
157	Vemacitri 净心	158	Garuḍendra **金翅鸟王**	161	Pūrṇabhadra 满贤
	Bali 具力	159	Druma Kinnarājendra **大树紧那罗王**		Māṇībhadra 宝贤
	Pralhāda 极喜		Pañcaśikha 乾闼婆王五髻		Dhanada
	Vairocana 遍照	160?	Sarvārthasiddha **持明王义成**		Vaiśravana 多闻子

	⑨二十八宿 nakṣatra							
								Civikuṇḍalī
	娄	胃	**昴**（162?）	**毕**（163?）	觜	参	井	Kelimālī
	鬼	柳	**星**（164）	**张**（165）	翼	轸	角	Sukhendra 门王
	亢	氐	**房**（166?）	**心**（167?）	尾	箕	斗	Calendra 行王
	牛	女	**虚**（168）	危（169）	室	壁	奎	Hārītī 鬼子母

＊　尊名与排列顺序主要依据 *GSDJ*（fols. ngu 164r－166r），唯第⑩组位置做特别调整以便于同第②组对应。东嘎 2 号窟壁画中出现的诸天字体加粗，编号数字则为其在图 2 中的逻辑序号。

1　*GSDJ* 藏文措辞为 dbang mo，意即天主之妃，以其配偶帝释天为三十三天主之故。藏译 *NSP* 21 直接记帝释天与妃为 dbang po、dbang mo。请注意 dbang po 与东北护神 dbang ldan 自在天、dbang phyug chen po 大自在天的区别。

遮文荼（175）对应的阎摩，不在八大天之列。表1将第②组与第⑩组并置以展示其间关系。诸天身色、持物、坐骑等图像志特征多有列示，本文不再赘述，仅说明两点：首先，壁画诸天51身，不足89之数，既可能如诺伊曼思考的、依凭其他文本或口传，也可能受制于窟顶空间与诸尊身量而做剪裁。其次，从其他同题曼荼罗图像遗存来看，除八方护神护守各自方位、分散均匀布置以外（那果寺宿曜分布在左右两端与外院四隅），其他各组神多聚集出现（例见图9）。东嘎2号窟显然没有遵循这一做法，这增添了图像辨识的难度。下文将尝试探讨诸尊的选择与安置有无规律。

图9　法界语自在曼荼罗外院诸天位置示意

底图为俄尔寺金刚鬘组画唐卡Ⅻ，16世纪，美国弗吉尼亚美术博物馆藏，obj. no. 91. 510

图11 七母天与毗罗跋陀罗、众主

红砂石，26.67×89.53×12.7厘米。印度中央邦，9世纪。美国洛杉矶郡立艺术博物馆藏，Gift of Paul F. Walter（M.80.157）。图片来自 https：//collections. lacma. org/node/244443

图12 大天与妃

图13 大自在天(136)

图14 众主(176)

仪轨的处理吻合。鉴于其他大天均得到表现，多紧随方位护神之后（布局见图15），颇疑西南隅罗刹主左侧、壁面残毁的一尊为大黑天。

对诸大天、包括他们在佛教文化语境中的图像志研究有成熟丰富的成果，而对欢喜自在天[1]和遮文荼的介绍相对较少，这里扼要补充。东嘎2号窟壁画中的欢喜自在天（图16左）坐大鼓上、双脚踏之，从颈上悬鼓至腰间双手击打、右手上还可见鼓槌。泛印度神祇体系中众神之间往往有错综复杂的紧密联系，而在借用过程中若过滤掉了铺陈神际关系的神话传说，缺乏对文化背景的了解，可能导致难以真正把握图像表现。针对欢喜自在天，需要理解他与湿婆的联系：他的名字就直接令人联想到湿婆的标志性坐骑

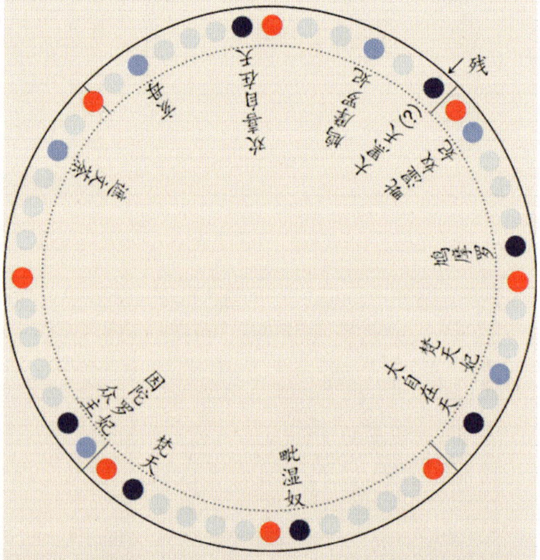

图15 大天（深蓝）、母天（浅蓝）位置分布

1 藏 dGa' byed dbang phyug. 系统介绍见 Marina V. Orblskaya and Marina V. Orelskaya, "Nandikeśvara in Hindu Mythology," *Annals of the Bhandarkar Oriental Research Institute* 78, no. 1/4 (1997): 233 – 248.

东嘎 2 号窟壁画　　欢喜自在天与公牛难提（14 世纪早期—15 世纪）1

图 16　欢喜自在天

公牛难提（Nandi 欢喜，参见图 16 右）与湿婆的别名大自在天；他持双面小鼓（ḍamaru）——这本身就被认为是大神湿婆的造物；有的艺术作品中表现他击鼓作乐，湿婆化身舞王（Naṭarāja）起舞。

至于七母神的最后一位，*NSP* 21 描述遮文茶（Camuṇḍī，藏译本转写梵文）骑饿鬼（梵 preta）[2]，身红色，四臂，左右手持小刀[3]和颅钵，余二手合掌。[4] *GSDJ* 中这一尊为 dga' byed ma “欢喜天女”，色红，骑饿鬼，持 kātira 和颅钵（fol. ngu 165v7）。2 号窟画面上找到一位女神红色身相，侧身，以裸人形为座，竖右膝，托右肘，右手持锋利匕首，举左手托颅钵（图 17 左）。按 *GSDJ* 所记之 kātira 当为梵文转写，字面类似 kaṭira，为一种铜盘，用于盛放混合有酥油与茶的面粉；该壁画像旁题记写作 ka to ra（见表 2），指用红

1　印度安得拉邦 Lepakshi 的 Virabhadra Temple 石柱浮雕。照片由荷兰人 J. E. Lohuizen de Leeuw（1919—1983）摄于 1956 年，莱顿大学科恩研究所（Instituut Kern，Universiteit Leiden）藏，P-006596。

2　德格版藏译本作 ri dags “鹿”（fol. phu 131r7），对比梵文和图像可知应作 yi d[w]ags “饿鬼”。

3　原文作 kartri，应读 kartrī，同于 kartrikā，意为小刀或剪刀，见 V. S. Apte，*The Practical Sanskrit-English Dictionary*（rev. and enl. ed.，Poona：Prasad Prakashan，1957-1959），540.

4　梵文本作 pretopari cāmuṇḍā raktā caturbhujā kartrikapālabhṛ t savyetarā kṛ tāñjaliḥ（《国立民族学博物馆研究报告别册》7，第 271 页），可供查考藏译中对梵文术语的转写。

铜或黄铜等打造的浅盆或盘[1]，与仪轨吻合。不过对比图像，可读作 kaṭṭāra“匕首”或 kartari“钺刀”。[2] 有意思的是，东嘎2号窟、白居寺大塔（图17右）等处对应序位女神图像标注的藏文名号为 rgan byad ma“妪相母”，字面迥然不同。[3] 按遮文荼曾战胜阿修罗大将 Caṇḍa“暴恶”和 Muṇḍa“秃顶”并斩其首，Cāmuṇḍā 或 Cāmuṇḍī 即从这二者之名合并简化而来。印度本土文化中的遮文荼是迦梨（Kālī 黑母，或称摩诃迦梨）名号之一，迦梨对应大黑天，溯源至湿婆的破坏力。这些事迹勾勒出的遮文荼是一位象征世界毁灭与死亡的女神，她能带来疫病，形容孱羸枯槁且狰狞：凸出的牙齿，戴骷髅头鬘，围虎皮，以饿鬼甚至以尸为座，能召死尸作战故得名起尸鬼；持物之一是 muṇḍa，亦即切下来的人头或颅骨。[4] 此外，遮文荼有红色化身（Raktacāmuṇḍā）。对照图11右数第2尊的特征（脚下为豺，另一图像志元素），可确知“妪相母”译名针对其形象的老迈。[5] 那塘、北京等版丹珠尔收有其成就法（梵 Camuṇḍāsādhana，藏 rGan byad ma'i sgrub thabs），从梵藏文标题可确定词汇对应关系。该成就法非常简短，描述她身红色，头发缠结，龇犬牙，三目，右手持钺刀，左手持颅钵饮血，身披人皮、燃炽焰，戴人头鬘，骑死人尸，处身寒林。[6] 东嘎1号窟（图17中）致力于刻画枯干见骨的身形、满脸的苍老褶皱，乃至鼓腹而饥苦的饿鬼。这些举措在2号窟壁画上大幅度弱化，纤瘦的腰身多少保留了对其身形的理解。

画师的这种美化也体现在亥母形象上（174，图18）：简练的线条、点睛之笔的衣饰打造出的身姿冲淡了亥面这一异形可能导致的不安。密教中金刚亥母也是相当重要的神祇，尤其在上乐系教法中，加上“金刚”字样标志着对亥母的改造。宋代

1　《藏汉大辞典》，第3页。

2　2号窟壁画上最接近的持物是火曜（142，见图19）右手所执匕首（对应 *GSDJ* 的描述 chu gri 而非 *NSP* 21 所记之钺刀 gri gug），它割下了火曜左手持送口中的人头。

3　Réne de Nebesky-Wojkowitz 指出 rGan byed（!）ma 是食儿童尸体的可怕妇人，可能是遮文荼的一种化身，见 *Oracles and Demons of Tibet*（The Hague：Mouton & Co.，1956），45 n. 10；汉译见谢继胜译：《西藏的神灵和鬼怪》，西藏人民出版社，1993，第51页及脚注①。

4　参见 David R. Kinsley，*Hindu Goddesses：Visions of the Divine Feminine in the Hindu Religious Tradition*（Berkeley－Los Angeles－London，University of California Press，1988），147－148.

5　印度教图像志传统中遮文荼的一面二臂身形为 Kṣamā，面容老迈，据 Margaret Stutley，*The Illustrated Dictionary of Hindu Iconography*（London-New York：Routledge，2019），“Camunda”词条以及书中散见的相关描述。图齐曾简单介绍骑骡子的热玛提（Rematī）等恶相女神与遮文荼这一身形的相似与融合现象，见《梵天佛地》第3卷第2册“西藏西部的寺院及其艺术象征·扎布让”，第50页。

6　《中华大藏经·丹珠尔》对勘本第48卷，中国藏学出版社，1999，第964页。

东嘎2号窟壁画(175)　　东嘎1号窟壁画　　白居寺吉祥多门塔三层六号大殿壁画（廖旸、杨鸿蛟摄）

图17 遮文荼

图18 亥母(174)
东嘎2号窟

译经中遮文荼音译作“左扪尼”（对应 Cāmuṇḍī），同时注明“号金刚迦梨”[1]：这里“迦梨”意味着对她在泛印度文化中身份的认知，而“金刚”同样是对她完成改造、纳入佛教神系后获得的身份证。按无垢友《真实名经注·名义作明灯》，七母天包括梵天妃、四位无夫之妇（khyo med ma bzhi）以及湿婆（ma hā de ba 大天）的三位配偶即噜捺罗妃、亥母与妪相母（rgan byod mo），[2] 亦有助于丰富对欢喜天女/妪相母的认识。

附带讨论一下卜力哩帝：作为八大天之一，在东嘎 2 号窟壁画中却并未表现，需要思考。实际上七母天与湿婆教关系紧密，卜力哩帝是湿婆眷属众（gaṇa）中的重要人物；而众主（Gaṇapati 誐那钵底，一名 Gaṇeśa 象头神）为湿婆之子，望名可知亦是眷属众的首领，他往往出现在七母天之后，可能因此将身份类似的卜力哩帝与他安排在一起。*GSDJ* 仅仅在描述七

1 （宋）施护译：《一切如来真实摄大乘现证三昧大教王经》，《大正藏》卷 18，第 373 页。该经为金刚界系曼荼罗的根本经典《金刚顶经》的汉译版本之一。

2 Vimalamitra, *mTshan yang dag par brjod pa'i 'grel pa mtshan don gsal bar byed pa'i sgron ma*（Tōh. 2092），德格版丹珠尔通帙第一五一，fol. tshi 36v5 – 6.

母天之后提到其名，言下之意应属于一组，此外再不置一词，颇有突兀之感。作为对比，鬼子母虽然是在八大药叉之后附带提到，但介绍了其图像特征，同时她本人是药叉女，其夫般遮迦（Pañcika）身为药叉首领或曰大将，排位合乎情理。*NSP* 21 记“卜力哩帝黝黑（梵 kṛṣṇaḥ，藏 nag mo shin tu）消瘦，四臂，二手持数珠和水瓶，二手合掌”（藏译本 fol. phu 131r6）。需要注意的是对肤色“黑”的表述：从 *NSP* 藏文本全篇的措辞来看，nag po 用于男神、nag mo 用于女神。白居寺大塔等图例中卜力哩帝的形象确具女性特征（仅二臂、无合掌）。这样看来，*NSP* 21 梵文本中他的名字记作bhṛAṅgī，-ī 通常为阴性名词结尾，译者校者或由是将之理解为女神？进一步推测，*GSDJ* 的作者或译者可能有所疑虑，故语焉不详。2 号窟曼荼罗的设计者为同样的疑问所困扰，故而在壁画上将卜力哩帝有意“遗漏”。

③九曜（Navagraha. 140 – 148）

藏传佛教图像中的宿曜形象较多引用泛印度体系，[1] 东嘎 2 号窟（图 19）亦不例外，堪作代表。可注意日曜所乘马车简单表现为四轮之上的平板状坐具，与古格故城白殿壁画一样省略了拉车的七马。又如土曜，现存画面上部残，仅可见一人物坐一体表满是斑点的动物身上。结合其位置与坐骑的信息，可判断其为土曜：“土曜黑色，持杖、骑龟（rus sbal）”（*GDSJ*，fol. ngu 164v7）。盖行星中土曜行步最为迟缓，恰堪比拟于龟速。只是画师可能对龟的形态不甚了解，斑点的原型其实是龟壳纹理。东嘎 1 号窟中土曜身色黑，龟如出一辙。不过，九曜序列仍有讨论空间。按照最常见的线性序列，仪轨文献叙述先按七曜直日顺序举出日月火水木金土七曜，再及罗睺与计都，通常图像表现也循此形成行列（例见图 9）或布置二维曼荼罗。[2] 东嘎 2 号窟壁画九曜位置大不相同，遵循其他星学体系，笔者拟另文讨论，故不赘叙。在此仅尝试强调：这一个案充分表明，仪轨文本的权威性固然难以质疑，西藏的信徒与画师仍乐于借鉴其他文化，勇于做更多的尝试，从而进行补充、调整或修改。

④ 力贤四神（149—152）

力贤、作胜、作蜜、春神四神（图 20）关系紧密如兄弟，将他们联系起来的是欲天（Kāmadeva）——他们均是欲天的眷属。[3] 欲天主掌爱恋欲乐，持弓

---

1 相关讨论例见廖旸：《陕西蓝田水陆庵诸圣水陆殿两铺塑像的图像考察——兼论印藏体系星神形象的传播》，《形象史学》2019 年第 13 辑；Jeffrey Kotyk，“Research Note on Brahmanical Deities in Mikkyō Astrological Art,” *Journal of Asian Humanities at Kyushu University* 4（2019）：101 – 108.

2 二维空间中的各种布局参见廖旸：《从黑水城星曜曼荼罗看汉藏夏之间的文化勾连》，《敦煌研究》2018 年第 4 期，图 2a – f。

3 Benoytosh Bhattacharyya，*The Indian Buddhist Iconography Mainly Based on the Sādhanamālā and Cognate Tāntric Texts of Rituals*（Calcutta：Firma K. L. Mukhopadhyay，1958），378.

计都(148)

月曜(141)

土曜(146)

罗睺(147)

木曜(144)

水曜(143)

金曜(145)

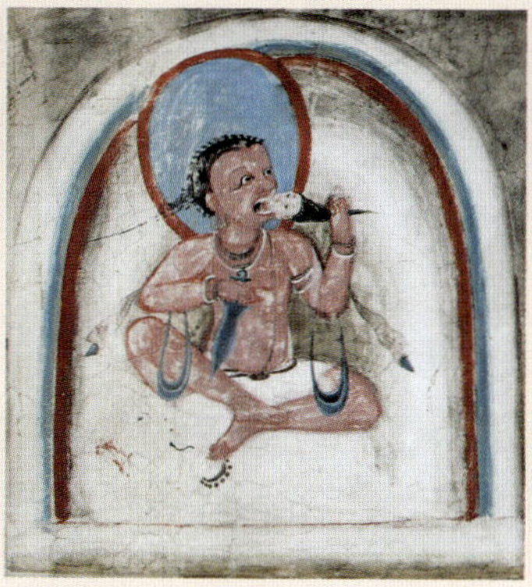

火曜(142)

日曜(140)

图19 九曜

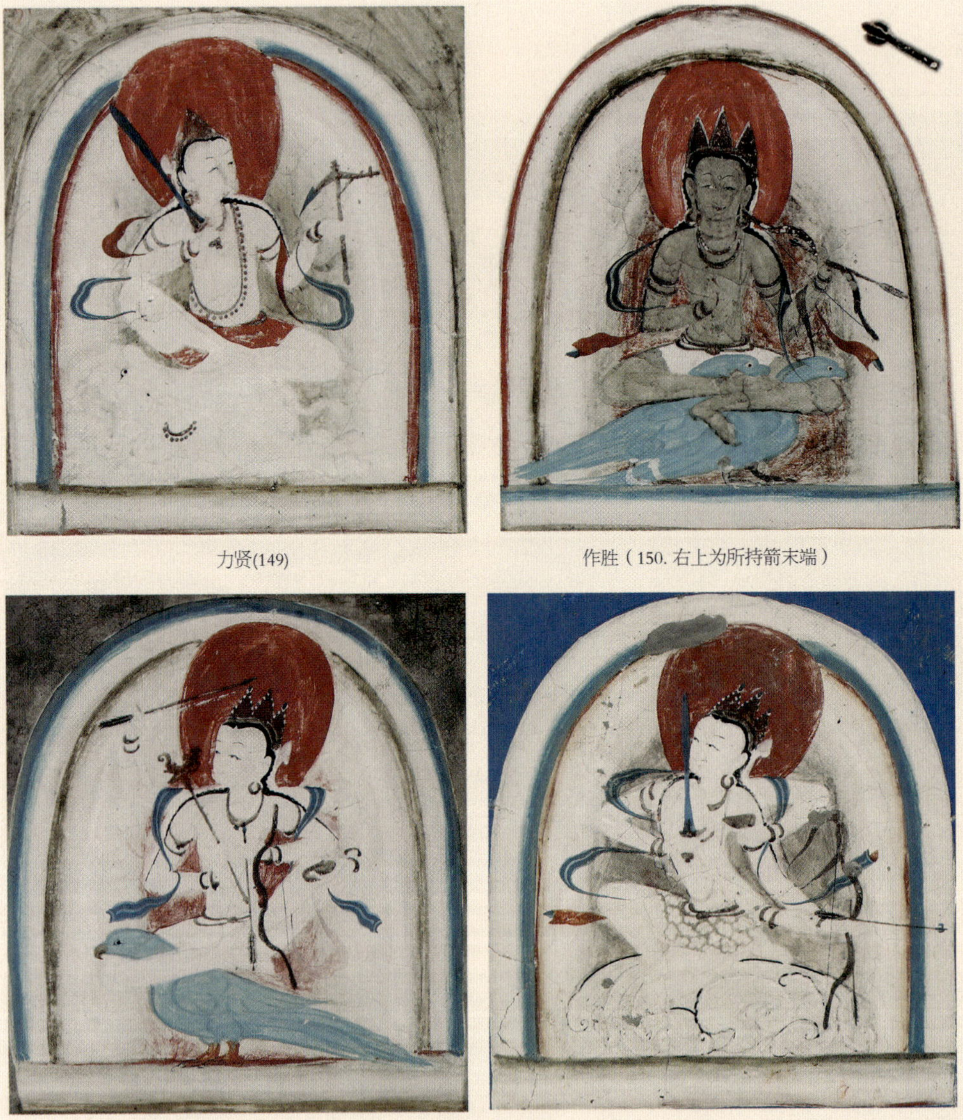

力贤(149)　作胜（150. 右上为所持箭末端）

作蜜(151)　春神(152)

图20　力贤四神

箭，驾鹦鹉车（参图 22）。眷属四神在不同程度上沿袭其图像特征，如作胜绿色身，持弓箭，坐布谷鸟车（kokilaratha），与欲天形貌的相似度颇高。不过东嘎 2 号窟壁画上作胜直接坐于鸟身；而且仅二臂，与仪轨文献记载为四臂显有不同。[1]

1　*NSP* 21 明确记为四臂，二右手持花鬘与箭，二左手持饮器（梵 caṣaka，藏 btung ba'i snod）与弓。*GSDJ* 未提臂数，但四件持物大致相同，饮器表述为陶杯（kham phor）。

东·无边龙王(?)(153)

南·和修吉龙王(154)

西·安止龙王(?)(155)

北·力游龙王(156)

图21 八大龙王(其四)

四神中唯力贤不持弓箭，左手上的犁暗示该神溯源可能司农事；而“力贤”是大力罗摩（Balarūma）的别名，印度教毗湿奴派视其为毗湿奴十化身之九，耆那教中同名者为一类神祇，亦称大力天（Baladeva），图中象座正是力量的象征。另外，力贤表现为白色，契合题记，也与 *NSP* 21 的记载相同，而非 *GSDJ* 所记之黑色（对照见后文表 2）。力贤是克里希那（Kṛṣṇa 黑天）之兄，传说毗湿奴以一白

图22 欲天与湿婆（约1820）[1]

图23 阿修罗王(157)

一黑两根头发化生这两兄弟，所以力贤白皙而克里希那黝黑；[2] 由此看来，东嘎2号窟表现为白色有根有据。

⑤ 八大龙王其四（153—156）

龙王（图21）容易辨认，他们头顶现七蛇头，亦不至于混淆于西方护神水天与妃（对照图10）。外金刚部各部类诸天中，此前大天大曜等均尽量悉数表现，较少阙漏，而龙王则八选其四，对比仪轨数量开始削减。*NSP* 21 未逐一描述；*GSDJ* 所载稍详（fol. ngu 165r3 – 5）：

> 八龙王各有七蛇头，双手合掌。无边和具种二者是梵天种（按：婆罗门阶层），红色，火天之子；广财和护贝二者是王种（按：刹帝利阶层），黄色，因陀罗之子；安止和大莲二者是首陀罗种（按：平民阶层），黑色，风天之子；力游和莲花二者是吠舍种（按：商人阶层），白色，水天之子。他们也和眷属画在一起。

借助题记，可确认居南侧者为和修吉（意“广财”），北为力游。鉴于他们两两成组、共计四组，而南、北两龙王根据壁画题记明确可知选择的是第二、第四组中首先被提到的成员，循此轨则可推测东

1 纸上水粉颜料、金。大英博物馆藏，2007,3005. 12。© The Trustees of the British Museum，2020年10月26日访问于馆方网站。

2 John Dowson，*A Classical Dictionary of Hindu Mythology and Religion*（New Delhi：D. K. Printworld，2000），42.

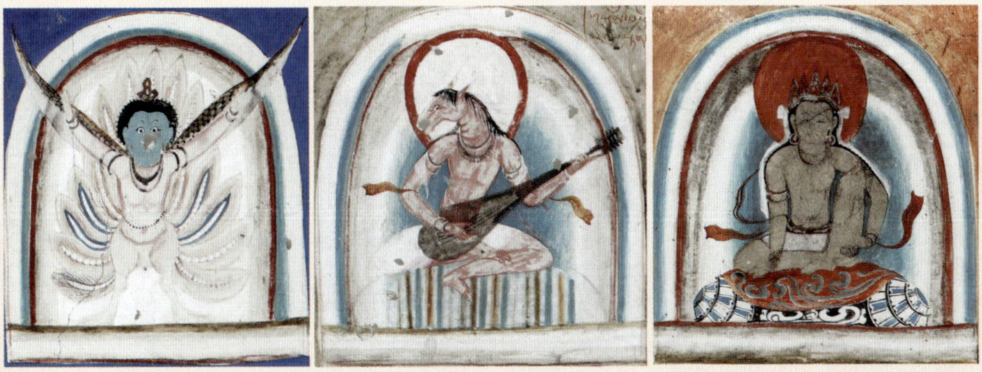

金翅鸟王(158)　　大树紧那罗王(159)　　持明王(?)（160）

图24 其他天龙部类

择无边，西择安止。不过，他们的身色与 *GSDJ* 的描述（*NSP* 21 未言及）很难吻合，仪轨文本间亦互有分歧，[1] 暂且存疑。推测本身缺乏图像志意义，不过在一定程度上有益于思考其他组神的选择原则。

⑥阿修罗王其一（157）

仪轨文献列四大阿修罗王均黑色、持剑与盾；壁画仅表现了一位（图23），未寻得可供进一步确认其名号的细节。

⑦其他天龙部类（158—160）

此类神祇中（图24），鸟喙、展翼的金翅鸟（158）和马头、抱琴的乐神紧那罗（159）颇有辨识度。接下来，*GSDJ* 称“画五髻乾闼婆王金色，具足庄严，周绕众乾闼婆王；画持明自在王一切义成色如纯金，具足庄严，周绕众持明王”（fol. ngu 165r7 – v2），*NSP* 21 称“五髻乾闼婆王黄色，二手演奏琴（vīṇāṃ vādayati）；持明王一切义成身白色，持花鬘”（藏译本 fol. phu 132r1 – 2）。在2号窟壁画中未能比对出这样的神像。而曼荼罗西侧有一黄色身相者（图24右），既不能辨识出持物、亦难与其他图例类比，通盘考虑或为其一（编为160），留待探讨。鉴于乾闼婆作为香音神的身份广为人知，画师也熟谙琴的图像表现，而该像未见琴或其他乐器，本文倾向于暂定为持明。持明有时被解释为擅长咒术的神；参考对其持花鬘的记载以及出现的位置可知他和乾闼婆等同为半神（upadeva），佛教艺术中他往往持花鬘翔空在佛头上两侧，英文论著常描述为 garland-bearer 之类，而汉文则称之为飞天。

⑧八大药叉其一（161）

仔细观察图25坐姿人物，左手当胸

1　例如，（宋）法贤译《幻化网大瑜伽教十忿怒明王观想仪轨经》中无边和具种龙王黑色，安止金色，大莲赤金色，力游白色，和修吉红莲花色，护贝和莲花亦白色（《大正藏》卷18，第587页）；恶趣清净曼荼罗附属的八龙王围绕金刚手的曼荼罗中无边龙王居东、青色，和修吉居东南、白色，安止居南、红色，力游居西、黄色（*The Ngor Mandalas of Tibet*，69；其他四龙王本文略过）。

图25 药叉(161)

攥猫鼬脖颈，为药叉无疑。右手所持椭圆状物按仪轨当作俱缘果（bījapūraphala）[1]。壁画大药叉仅此一身；仪轨文本虽列述八尊身色，并不足以定名。

⑨二十八宿其八（162—169）

藏传图像多循仪轨所述描绘“二十八宿均着衣佩饰、合掌，画作女形”（*GSDJ*，fol. ngu 165v5－6），从其总量和举手合十过顶的整齐划一姿态很容易找出这一群体，各尊仅身色有别而已。东嘎2号窟并未绘制这样的群体，故对诸宿（图26）的辨识也有赖于题记：在北侧确定虚、危之后，通过了解她们的特征和数量，可以在其他三侧找到她们的同伴。众所周知针对二十八宿印度和中国均有深厚悠久的星学与文化传统，二十八宿按其空间位置分在四方，各有七宿。*GSDJ*[2] 与 *NSP* 21 的叙述均始于始于娄宿（梵 aśvinī，藏 tha skar），盖因娄宿当春分之白羊座，作为黄道零点亦即一年之始，意义重大。不过，印度更古老的传统却以昴宿（梵 kṛttikā，藏 smin drug）列在首位，三国时代译汉的《摩登伽经》等亦以昴宿为第一（《大正藏》卷21，第404页）。湿婆之子迦絺吉夜由昴宿抚养长大并从其得名。按照昴为首宿的体系，东嘎2号窟曼荼罗外院南侧壁画描绘的星、张正是南方七宿前二宿，北侧的虚、危则是北方前二宿；由此可以推测其余两方也选择表现各自七宿中居首的两宿。

在尝试逐尊识别外院诸天后可以感受到，其安排难称精密无瑕，但毫无疑问经充分考虑：首先确定四方四维护神位置，然后大天、九曜、力贤四神或龙王四尊，东北、东南、南、西等反映了这种各组依次尽量均匀安排在各方位的尝试，其余方位大致也可揣摩。但文本叙述大天并非一气呵成（图像最后应缺卜力哩帝），从龙开始又削减数量，因此壁画需要做适

1 此据 *NSP* 21。俱缘果又意译作子满果，即香橼（Citrus medica，Linn.）。*GSDJ* 此处转写梵文 pañcapura“五城”，似一地名。壁画上药叉题记相关描述并不完整（见表2），然参考字形，颇疑记作 bījapūra，斯是正解。壁画对此果的描绘相对简略，不过椭圆形果实的顶部画出密集的圆点，似欲强调“子满”之义。

2 *GSDJ* 列述宿时次序出现小错乱，先危宿、后虚宿（fol. ngu 165v5）。对照来看，*NSP* 21 文字描述无误。

图26　二十八宿（其八）
东嘎2号窟窟顶法界语自在曼荼罗局部

当调整，如第②组大天没安排到北方，第④组力贤四身就从北方开始，而且安排了两身；月曜调整到西北，和计都分别居西北护神风天的左右两侧，等等。直到最后第⑨组、代表二十八宿的八宿位置也相对清晰，两两并肩出现在正方（东方除外）护神的左侧。经过大局策划和细节微调，外院诸天（126—176）环带壁画始于东北自在天（126），终于众主（176）、因陀罗妃（173），对比各组集中排列、依次旋绕一周的线性序列（图9），可见东嘎2号窟窟顶立体曼荼罗经营方位的用心。

二　题记与涂鸦

法界语自在曼荼罗的判定可以从辨识主尊得到指引，仪轨文献也对整体结构与诸尊做了清晰描述。如上文所示，唯一相对棘手的是外金刚部院；其余以十二陀罗尼女为例，尽管其形象未必常见，但是按方位、循顺序，不难掌握排列规则、逐尊确定身份。

东嘎1、2号窟供养人名号与发愿文题记漫漶，目前缺乏直接的历史信息证据，期待将来在科技手段等的帮助下能够复原。不过，尊像榜题多有保留，《皮央·东嘎遗址考古报告》附录占堆抄录整理的“东嘎Ⅰ区第2号窟壁画菩萨名号藏、汉文对照”，具列四壁菩萨装形象榜题框中所记名号。榜题框中的神祇名号、佛传情节、功德愿文可视为正式的书写，而东嘎1、2号窟还保存有不少在神像光轮外（通常在其右上侧）壁面上直接书写的文字，采用无头体藏文，字迹、书写方式和行文本身相对随意，对图像志研究

图27 摩利支、山居叶衣与除毒陀罗尼女
东嘎1号窟壁画

却有着重要价值，需予关注。举1号窟左侧壁法界语自在曼荼罗壁画一处细节（图27）为例，纵向从上到下的三尊按其位置可知分别是第二院的摩利支、山居叶衣与除毒（Jāṅgulī 穰虞梨）三位陀罗尼女，头侧分别题写 dmar khub pa“红、针线”、ljang lo ma sbomr“绿、茂密树叶”、kar dug snye“白、毒药［花］簇”。字迹相对潦草，拼写也较随意，出现缩略等情况（如摩利支陀罗尼女题记中的 khub pa 为 khab dang skud pa 的缩写，除毒陀罗尼女的持物应作 dug gi me tog gi snye ma），但简明扼要抓住了最核心的图像志特征，由此可与图像和仪轨文本相互印证。

2号窟窟顶曼荼罗壁画现存题记共94条（其中少数文字不可辨；另3处仅见分隔纵线），主要保存在各院的南北侧，第二院还延展至西侧，外院东西侧也有所留存。如果有条件近距离观察或辅以科技手段，相信会有更多发现。相对而言，现存题记长短不一（表2），短则一字、多记尊像身色，长可四五行（图28、图29a）。画师起稿后以藏文音节在特定区域内标记颜色、指点学徒设色是作坊合作之常规，但详记各种特征、指导起稿的做法则相当罕见。一方面，窟顶分层的立体曼荼罗空间在尊像之间以及光轮之上留出了一定空间；另一方面，参访信众不能近距离观察窟顶壁画，画师在绘制过程中也许有更放松的心态。相对来说，南、北侧浅底红字，犹可见；而东侧蓝地、西侧红地，敷色较重，虽存有一定痕迹，但可能在重敷曼荼罗各侧底色时抹掉了一些题记或题记的部分（通常是上部）。图28毗湿奴妃的四行题记之上还可见到一行字迹，被边缘线覆盖，起首或 khyab... g ... 字样，与现存字迹部分重复，可能覆盖后重写。第二院南门义无碍女（87. 图 29a）、西门辞无碍女（88）相应题记写在门外，对照门楼对侧，在粉刷底色时可能“手下留情”。与东嘎 3 号窟同尊的尊号榜题 don so so」yang dag par」rig pa //（图 29b）相比，字体、边框、内容大不同。

上文已经提到，辨识诸宿形象的核心证据就是虚危两宿的题记。以虚宿（mon gre）为例，对应题记为 mon gre ser mo shi nga（!）stan khri，有两处可以留意：措辞上身色黄色为 ser mo、表明虚宿的女神身份，这个字面特点前文讨论卜力哩帝时已举过 *NSP* 在颜色用词上区分性别的例子；[1] 再就是 shi nga（应读作 shing）stan khri“木座”，明确了坐具，也在一定程度上暗示取坐姿。壁画选择表现的八宿均坐在铺设敷布的有腿坐具上，看起来与木座相合。但 *GSDJ* 完全不涉及虚宿或二十八宿群体的坐姿和坐具。*NSP* 21 表示“另外应知诸天居车（shing rta）上”（fol. phu 132r6），shing stan 与 shing rta 发音较为接近，或可考虑其间衍变。再如杖正作 dbyug pa，而梵天妃（170）、毗湿奴妃（171）题记中均出现 dbyig pa，参考仪轨文本和画面表现，可知 dbyig 这里表达的并非常见义珍宝、财货[2]，而是杖。

表 2 显示，壁画题记往往直接摘录自 *GSDJ* 的表述，用了简写的方式以提醒要点：dkar po 略作 kar，ral gri 略作 ral，rdo rje 略作 rdo，转写梵文时 padma 略作 pad，utpala 略作 ud，等等。偶见多音节缩写。*GSDJ* 描述身色采用一些比喻，如金刚笑（19）、胜解自在女（68）与无量光菩萨（108）“白如莲藕”，金刚幢（18）、禅定度女（55）、金刚声女（123）“蓝如虚空”，宝莲度女（50）“身色红如红莲花”，方便度女（57）“身色绿如粟[3]”，等等；有时只譬喻而不明言。题记与 *NSP* 21 的做法接近，倾

图 28 毗湿奴妃（171）身右上方题记

1 如同样是黑色，描述男性 nag po ↔女性 nag mo。类似的，白色 dkar po↔dkar mo，红色 dmar po↔dmar mo，等等。*GSDJ* 也可看到 nag mo 的四处用例，除直接用在女性名号中（rdo rje nag mo）的两处外，还用于描述阎摩和毗湿奴的身色（fol. ngu 164r5、v2），显然对性别未作严格区分。

2 《藏汉大辞典》，第 1955—1956 页。另，梵天别名 dbyig gi snying“宝藏”、毗湿奴别名 dbyig gi lte ba“宝脐”，后者令人联想到毗湿奴脐生莲花、花上生梵天、再从梵天生出世界。字面关系亦可玩味。

3 藏 pri yang ku，对应梵 priyaṅgu（植物学名 Setaria italica）。方便度女处以之形象化地指称绿色，而无边门陀罗尼女（80）、张宿（165）处则指黄绿。另：藏族画师理解的粟穗形象见胜解自在女（68）左手持物。

a.东嘎2号窟义无碍女(87, 4行题记位于南门外右侧虚线标记处）

b.东嘎3号窟义无碍女及身左上方名号榜题

图29 东嘎2号、3号窟无碍女及相关题记

向于省略或者替换比喻，措辞简明直接且实用：这样力度女（59）“日之色”、宝炬陀罗尼女（75）“莲花刚玉（padmarāga）之色”[1] 记作红，智度女（60）与准提（81）、增慧陀罗尼女（82）“色如秋月”记作白，智自在女（70）“蓝宝石之色”记作青。如是女（72）题记照抄为“水晶色”，壁画上肤白。表 2 在同义、字面不同处加下划线。不过，题记也并非唯简是务：如大天妃在仪轨中仅记与对应的大天类似，一句带过；东嘎 2 号窟壁画上梵天妃、毗湿奴妃、帝释天妃的题记则列出身色持物坐骑等要点，方便画师起稿描绘。

继续着眼于描述身色的题记与视觉

1　实际上莲花刚玉属蓝宝石，呈粉橙色，记为红色稍欠准确。padma 为红莲花，推测由此理解为红色。

表现之间的关系，来观察对仪轨类文本的实际使用，乃至题记写者与画师的各自的理解，还有收获。留意破一切忧暗意菩萨（106）的身色：两种仪轨文献皆记为藏红花之色，题记写者理解为黄色[1]；而画师实际采用的颜料更接近红色。*GSDJ* 记净治一切业障陀罗尼女（83）“色如 ma rkad 宝”，按对应 ma rkad 布顿写作 mar gad（《真实名曼荼罗庄严》，第 301 页），均应为梵文 marakata“祖母绿”的转写。题记则作 dmar“红”，应自 mar 望文生义而来；画面白中略带浅红。*GSDJ* 描述义无碍女身色时采用了同一比喻，题记该尊身色部分漫漶，书写者的理解不得而知，但此尊身相（图 29a）显然画为绿色。

不仅如此，在一些壁画底色敷设较薄的地方，可以看到曼荼罗建筑构件的量度格线。极个别的地方可见涂抹痕迹，并未精心掩饰。外院北门顶上描绘卧鹿法轮，可以观察到最初的赭色起稿偏外，画师向内做了调整，其中一侧在定稿时又向下移动些许，三重画迹清楚展示了绘画的过程（图 30）。再如第三院东门降阎摩尊（110）六面，面部五官甚至局部轮廓都做了修改，但原来的笔迹没有得到有效的遮盖（图 31）。

类似的例子可以举出东嘎 1 号窟法界语自在曼荼罗中台之大上生佛顶，侧脸向左即主尊妙音菩萨位置，右侧脸上可见上下两只眼睛（图 32）。大自在天（136）同样令人感到意外，其光轮外右上侧有一赭色线描半侧面头像，比较可知应该是练笔尝试勾勒该天头部轮廓，其稍阔的面部量度、弓形眼睛的画法似乎有尼泊尔或波

图 30　对鹿法轮

东嘎 2 号窟窟顶法界语自在曼荼罗外院北门门楼局部

1　藏红花（gur gum）花色紫，生活中用其红色雌蕊晒干泡水、呈金黄色，亦用作奢侈的金黄染料。*GSDJ* 记智慧究竟（111）“黄如花蕊（ge sar）”，有助于领会藏族对颜色的理解。

图31 降阎摩尊（局部）

图32 大上生佛顶
东嘎1号窟法界语自在曼荼罗局部

图33 大自在天（局部）与身光外头像涂鸦

罗艺术的特点，有别于东嘎2号窟人物的主流表现技法，亦可留心（图33）。鸠摩罗妃（173）与房宿（167）的光轮之间缝隙处可见竖掌线描，指尖细线延绵至上方偏房宿一侧、勾勒出火焰，而这一细节并非二者图像练笔。

表 2　东嘎 2 号窟窟顶法界语自在曼荼罗诸尊尚存题记及*GSDJ* 相应部分对照表 *

方位序号	尊号(全图序号)	曼荼罗题记	译文	*GSDJ* 图像志描述
内　院				
东北	度母(33)	d(o)n . d grub pa dang 'dra	类似于不空成就	sgrol ma ni **don yod** par **grub pa dong 'dra**'o/
东南	佛眼母(30)	. . . 」. . . . . . . l / nyi ma'i 'od . . .	……日光……	spyan ni 'jam pa'i dbyangs dang 'dra'o/
南 1	金刚幢(18)	大字痕迹 s.	……	rdo rje rgyal mtshan sku mdog nam mkha' ltar sngo bsangs/ phyag gnyis yid bzhin nor bu'i rgyal mtshan bsnams pa'o/
南 3	宝生佛(15)	身右坐骑马之头部外侧小字 ser/ nag/ kar/ dmar/」 rdo/ ral/ mda'. . . //」 以下似尚存两行字迹,难以确认	黄,黑,白,红,杵,剑,箭,……(按:应为钩)	rin chen 'byung ldan ni **gser** gyi mdog can rin po che'i dbu rgy-an mnga' ba/ zhal **ser** po dang/ **nag** po dang/ **dkar** po dang/ **dmar** po dang ldan pa phyag brgyad pa/ rdo rje'i skyil mo krung gis rta'i gdan la bzhugs pa/ phyag g.yas rnams na **rdo** rje dang/ **ral** gri dang/ **mda'** dang/ lcags kyu bsnams pa/ phyag g.yon rnams na yid bzhin gyi nor bu'i rgyal mtshan dang/ dril bu dang/ gzhu dang zhags pa bsnams pa'o/
南 4	金刚日(17)	光轮有黑、深红两色痕,疑为字迹,不辨		(无法比对,从略,下同)
南 5	金刚笑(19)	黑色大字 kar	白	rdo rje bzhad pa ni sku mdog padma'i rtsa ltar **dkar** ba/ so'i phreng ba gnyis dang ldan pa'i rdo rje gnyis pa bsnams pa'o/

* 除四隅外，序号为方位及该方内左起逆时针计数。对照中，曼荼罗题记内容不见于*GSDJ* 的文字加粗表示；*GSDJ* 内容见于题记的加粗；二者吻合、但字面不同的均加下划线。

藏文转写通例：( ) 根据痕迹可推测的字符、音节；[ ] 原文阙略；{ } 赘； + 未能辨认的音节；. 未能辨认的字符；. . . 未能辨认的多个音节或段落；」换行标记

续表

方位序号	尊号(全图序号)	曼荼罗题记	译文	*GSDJ* 图像志描述
			内　　院	
西南	摩摩枳(31)	顶行靠内、为黑字;下方、偏外写至少4行红色小字 ... skyod pa dang 'dra」 ral rdo .... 」.....」......」.....	……类似于(不)动。剑、杵……	mā ma kī ni mi **bskyod pa dang 'dra**'o/ 1
北 4	金刚护(27)	ser	黄	rdo rje srung ba sku mdog **ser** po phyag gnyis kyis rdo rje go cha bsnams pa'o /
北 5	金刚拳(29)	kar	白	rdo rje khu tshur sku mdog **dkar** po phyag gnyis kyis rdo rje khu tshur bsdams nas bzhugs pa'o /
			第　二　院	
南 1	十二度女	/ pha rol (tu phy)ir pa bcu gnyis /	十二度女	lho phyogs su **pha rol tu phyir pa bcu gnyis** . . . . . .
南 1	宝莲度女(50)	光轮上方墨书小字 d(m)ar g.yas thams cad nor bu /」pad s. zla kyil	红,右[手持]诸宝。莲(上)月轮	rin po che padma'i pha rol tu phyin pa ni padma dmar po ltar sku mdog **dmar** po phyag g. yon pas **padma**'i **steng** du **zla** ba'i **dkyil** 'khor bsnams pa'o/
南 2	布施度女(51)	位置在各度女顶上、光轮外 dmar kya 'bru dang rin sna tshogs snye ma	浅红,谷物和诸宝穗	sbyin pa'i pha rol tu phyin pa sku mdog **dmar skya**/ phyag g.yon pas **'bru dang rin** po che **sna tshogs** pa'i **snye ma** bsnams pa'o/

1 不动佛图像志特征为:mi bskyod pa ni //utpala sngon po'i mdog can zhal bzhi pa // phyag brgyad pa rdo rje'i skyil mo krung gis glang po'i gdan la bzhugs pa / rin po che'i dbu rgyan can / zhal dang po khro bo sgeg pa / zhal g. yas pa gdangs shing drag po / zhal g. yon pa tshems kyi sgros gnon pa / zhal rgyab ma mchog tu gdug pa thams cad skrag par mdzad pa / phyag g. yas pa rnams na **ral** gri dang / **rdo** rje dang / mda' dang / lcags kyu bsnams pa / phyag g. yon rnams ni sdigs mdzub bsgreng ba dang / dril bu dang / gzhu dang zhags pa bsnams pa'o //

续表

方位序号	尊号(全图序号)	曼荼罗题记	译文	*GSDJ* 图像志描述
南 3	持戒度女(52)	kar / a sho ka me tog gi 'g(o) l(c)ogs」mda' (应作 'dab) ma dang bcas pa /	白,带叶无忧花穗	tshul khrims kyi pha rol tu phyin pa sku mdog **dkar** po phyag g. yon pas **a shwa**(! 应作 shwo) **ka'i me tog gi mgo lcogs 'dab ma dang bcas pa** bsnams pa'o/
南 4	忍辱度女(53)	. . . r . . . d kar(参考仪轨文献或可还原为 ser pad dkar)	(黄,白莲)	bzod pa'i pha rol tu phyin pa **gser** gyi mdog can phyag g. yon pas **padma dkar** po bsnams pa'o/
南 6	禅定度女(55)	sng(o) / pad kar	青,白莲	bsam gtan gyi pha rol tu phyin pa nam mkha' ltar **sngo** bsangs phyag g. yon pas **padma dkar** po bsnams pa'o/
南 7	慧度女(56)	ser / phyag (g. ya)s kyis ch(o)s kyi mkhor lo'i phyag」rgya dang ldan ba'o / g. yon gyis gleg bam	黄,(右)手法轮印,左经箧	shes rab kyi pha rol tu phyin pa **gser** gyi mdog can phyag g. yas kyis **chos kyi 'khor lo'i phyag rgya dang ldan pa'o**/ /phyag **g. yon gyis** shes rab kyi pha rol tu phyin pa'i **glegs bam** bsnams pa'o/
南 8	方便度女(57)	ljang / pad kar steng rdo. . .	绿。白莲上杵	thabs kyi pha rol tu phyin pa pri yang ku ltar sku mdog **ljang** gu phyag g. yon pas **padma dkar** po'i **steng** du **rdo** rje bsnams pa'o/
南 9	愿度女(58)	sngo /　ud steng ral	青。青莲上剑	smon lam gyi pha rol tu phyin pa utpala **sngon** po lta bu'i mdog can phyag g. yon gyis **ut**pala'i **steng** du **ral** gri bsnams pa'o/
南 10	力度女(59)	dmar /　glegs bam	红。经箧	stobs kyi pha rol tu ph yin panyi ma'i mdog can phyag g. yon gyis shes rab kyi pha rol tu phyin pa'i **glegs bam** bsnams pa'o/
南 11	智度女(60)	kar /」rin sna ts(o)gs 'bras bus rgyan pa'i by (ang chub)」shing (ya)l ga	白。饰以诸宝果实的(菩提)树枝	ye shes kyi pha rol tu phyin pa ston ka'i zla ba lta bu'i mdog can phyag g. yon pas **rin** po che **sna tshogs** kyi **'bras bus brgyan pa'i byang chub** kyi **shing** gi **yal ga** bsnams pa'o/
南 12	金刚业度女(61)	sna tshogs / sna pad	杂色。杂色莲	rdo rje las kyi pha rol tu phyin pa sku mdog **sna tshogs** pa phyag g. yon pas **sna** tshogs **padma** bsnams pa'o/

续表

方位序号	尊号(全图序号)	曼荼罗题记	译文	*GSDJ* 图像志描述
西	西方？	西1右上侧,西侧十二自在女的整体安排 nub phy(o)gs / g. y. . . ┘. . .	西方。右(或左)……	**nub phyogs** su dbang bcu . . . phyag **g. y**as na padma bsnams pa/ g. yon na bsnyems pas rang gi mtshan ma bsnams par rim bzhin du bri bar bya/
西1	寿命自在女(62)	头顶题记已难辨		(略)
西3	资具自在女(64)	s(e)r / yid rin rgyal tshan	黄。如意宝幢	yo byad la dbang ba sku mdog **ser** po phyag g.yon na **yid** bzhin gyi nor bu **rin** po che'i **rgyal mtshan** bsnams pa'o/
西5	生自在女(66)	可见零星被涂抹的笔划,未能辨认		(略)
西6	神通自在女(67)	ljang / . . .	绿。……	rdzu 'phrul la dbang ba sku mdog **ljang** gu phyag g.yon na padma'i steng du nyi ma dang zla ba'i dkyil 'khor bsnams pa'o/
西7	胜解自在女(68)	ka. . .	(白)……	mos pa la dbang ba padma'i rtsa ba ltar mdog **dkar** pa/ phyag g. yon na me tog pri yang ku'i snye ma bsnams pa'o/
西8	愿自在女(69)	ser /	黄。	smon lam la dbang ba **gser** gyi mdog can phyag g.yon utpala sngon po bsnams pa'o/
西9	智自在女(70)	sngo / . . .	青。……	ye shes la dang ba mthon ka chen po'i mdog can/phyag g.yon na utpala sngon po'i steng du ral gri bsnams pa'o/
西10	法自在女(71)	dmar (s)kya / . . . pad ste(ng) bum . . .	浅红。……莲上瓶	chos la dbang ba sku mdog **dmar skya**/phyag g.yon na **pad-ma**'i **steng** du **bum** pa bzang po bsnams pa'o/
西11	如是女(72)	{m} tshon sh(e)l . . . (遭涂抹)	水晶色	yid bzhin nor bu'i **tshon shel** gyi mdog can/ phyag g.yas na padma dkar po bsnams pa'o/ /phyag g. yon na rin po che'i s-hing gi yal ga bsnams pa'o/
北	十二陀罗尼女	g. yon **thams cad** rang gi mtshan ma 'dzin pa /	左[手]均持各自的特征	gzugs bcu gnyis. . . phyag **g. yon** gyis dkur brten pas **rang gi mtshan ma** bsnams par rim bzhin du bri bar bya'o/

续表

方位序号	尊号(全图序号)	曼荼罗题记	译文	*GSDJ* 图像志描述
北 1	具宝陀罗尼女(74)	ser 'bras snye ma	黄,谷穗	nor ldan gyi gzungs ni g **ser** gyi mdog can/ phyag g. yon na, **bras** kyi **snye ma** bsnams pa'o/
北 2	宝炬[1]陀罗尼女(75)	dmar / yid nor rgyal [m]tshan	红。如意宝幢	rin chen sgrol(!) ma'i gzungs ni padma rū ga'i mdog can/ phyag g.yon na **yid** bzhin gyi **nor** bu'i **rgyal mtshan** bsnams pa'o/
北 3	尊胜陀罗尼女(76)	kar nor chu shel bum/	白,水晶宝瓶	gtsug tor rnam par rgyal ba'i gzungs ni sku mdog **dkar** po/ phyag g. yon na **nor** bu **chu shel** gyi **bum** pa bsnams pa'o/
北 4	摩利支陀罗尼女(77)	dmar(s)kya / . . .	浅红,……	'od zer can gyi gzungs ni sku mdog **dmar skya**/ phyag g. yon na khab dang skud pa bsnams pa'o/
北 5	山居叶衣母陀罗尼女(78)	身色和持物写在不同的红框内 ljang / lo ma sb(o)m . . .	绿,叶簇……	ri khrod lo ma can gyi gzungs ni/ sku mdog **ljang** gu phyag g.yon na **lo ma sbom** pa bsnams pa'o/
北 6	除毒陀罗尼女(79)	持物描述部分可见红框 kar / dug gi me tog . . .	白,毒花……	dug sel ma'i gzungs ni sku mdog **dkar** po phyag g. yon na **dug gi me tog** gi snye ma bsnams pa'o/
北 7	无边门陀罗尼女(80)	可见红框 ljang ser pad ma steng gter bum	黄绿,莲花上宝藏瓶	sgo mtha' yas pa'i gzungs ni sku mdog pri yang ku ltar **ljang ser**/ phyag g. yon na **padma** dmar po'i **steng** du mi zad pa'i **gter** chen po'i **bum** pa bsnams pa'o/
北 8	准提陀罗尼女(81)	kar phreng ba 'phyang ba'i bum pa	白,悬数珠之瓶	sku la byed ma'i gzungs ni ston ka'i zla ba lta bu'i mdog can/ phyag g.yon na **phreng ba 'phyang ba'i bum pa** bsnams pa'o/

1 此陀罗尼见于(北凉)昙无谶译《大方等大集经》卷第四等文献,《大乘集菩萨学论》(T. 1636)译名为宝光明。*NSP* 21 中此尊名作梵 Ratnolkā、藏 rin chen skar mda' ma,白居寺大塔宝生佛殿法界语自在曼荼罗中此尊题记为 rin chen sgron ma'i gzungs,均意“宝炬[陀罗尼]女”;比较之下,*GSDJ* 及布顿等作 rin chen sgrol ma“宝度母”,疑误抄 sgron 为 sgrol。

续表

方位序号	尊号(全图序号)	曼荼罗题记	译文	GSDJ 图像志描述
北 9	增慧陀罗尼女(82)	kar ud sngo steng ral	白,青莲上剑	shes rab 'phel ba'i gzungs ni ston ka'i zla ba nya ba lta bu'i mdog can phyag g. yon na **ut** pa la **sngo**n po'i **steng** du **ral** gri bsnams pa'o/
北 10	净治一切业障陀罗尼女(83)	dmar / rdo rtse gsum pas mtshan pa'o pad ma dmar kya	红,饰三股杵的粉红莲花	las kyi sgrib pa thams cad rnam par sbyong ba'i gzungs ni nor bu ma rkad lta bu'i mdog can/ phyag g. yon pa na **rdo** rje **rtse gsum pas mtshan pa'i padma dmar skya** bsnams pa'o/
北 11	无尽慧宝箧陀罗尼女(84)	dmar / rin za ma tog	红,宝箧	ye shes mi zad pa'i za ma tog gi gzungs ni/ sku mdog **dmar** po phyag g. yon na **rin** po che'i **za ma tog** bsnams pa'o/
北 12	具一切佛法藏陀罗尼女(85)	ser . . .	黄……	sangs rgyas thams cad kyi chos kyi mdzod dang ldan pa'i gzungs ni **gser** btso ma'i mdog can phyag g. yon na kha dog sna tshogs pa'i sgrom bu bsnams pa'o/
南门	义无碍女(87)	身右、门外空隙处墨书小字,粉刷后尚存痕迹:. . . par r(ig)g pa + +」mar . . . . rin . . . 」. . . pa sems dpa'(sk)yil mo」(k)rung	(义无碍女色如祖母绿……)宝……菩萨趺坐	don so so yang dag **par rig pa** sku mdog **mar**[a]kata lta bu phyag na **rin** po che'i zhags pa bsnams pa/ rgyan thams cad kyis brgyan pa **sems dpa'i skyil mo krung** gis bzhugs pa'o/
西门	辞无碍女(88)	情形类上:dmar skya phyag na mtha' gnyis su」pad mas tshan pa'i lcags sgro(g)」bdan dang rgyan las bsogs (pa)」snga ma bzhin no	浅红,手持两端莲花标记的铁锁链,座、饰物等同前	nges pa'i tshigs so so yang dag par rig pa sku mdog **dmar skya/ phyag na mtha' gnyis su padmas mtshan pa'i lcags sgrog** bsnams pa/ **gdan dang rgyan la sogs pa** ni **snga ma bzhin no/**
西南隅	鬘女(91)	dmar kya」phyag na rin po che ki phreng ba」snams pa	浅红,手持宝鬘	phreng ba ma sku mdog **dmar skya/phyag na rin po che'i phreng ba bsnams pa/** bzhugs tshul la sogs ni sgeg mo dang 'dra'o/

续表

方位序号	尊号(全图序号)	曼荼罗题记	译文	*GSDJ* 图像志描述
第 三 院				
南 4 (南门)	智慧究竟(111)	焰光之上左右两侧均可见到至少 3 行墨书,保存较多,字迹较小、增加了辨认难度。其中左侧(与海意菩萨之间)存红色细线勾勒的横长边框,末行可见 lcags kyu 字样。鉴于海意不持钩,推测两侧可能都是智慧究竟的题记	……钩……	shes rab mthar byed ge sar ser po lta bu'i mdog can/ zhal bzhi pa phag brgyad pa/ zhal dang po sgeg pa/ zhal g. yas pa gdan-gs shing 'jigs su rung ba/ zhal g. yon pa zhi ba/ zhal rgyab ma shin tu drag cing gtum pa/ phyag g. yas na bzhugs par byed pa'i zhags pa bsnams pa/ de las gzhan pas rdo rje dang ral gri dang mda' bsnams pa/ phyag g. yon pas thugs ka'i phyogs su **lcags kyu** dang bcas pa'i sdigs mdzub bsgreng pa la brtson pa de las gzhan par dril bu dang mdung thung dang gzhu bsnams pa/ sbrul gyis brgyan pa/ mi bskyod pa'i cod pan can/ rol pa'i stang stabs kyis nyi ma'i dkyil 'khor la bzhugs par bri'o/
南 5	海意(100)	光轮外、身右上方可见数个较大红字痕迹		(略)
南 6	金刚藏(101)	sngo rdo glegs	青,杵、箧	rdo rje snying po sku mdog utpala **sngon** po'i 'dab ma lta bu phyag g. yas na **rdo** rje bsnams pa/ phyag g. yon na sa bcu ston pa'i **glegs** bam bsnams pa'o/
南 7	金刚声女(123)	sngo	青	rdo rje sgrol ma [1] nam mkha' ltar **sngo** bsangs/ phyag na rdo rje pi wang bsnams pa'o/
西南	饮血忿怒尊 (115)	身右、焰光之上可见至少 5 行黑色小字、零星可辨;身左涂刷西方红地、现不见字迹。从相对完整的字句如 pad ma'i nang na 等来看,有可能相当完整地抄录了*GSDJ* 之类仪轨中的相关描述	……莲花内……	khro bo chen po rdo rje khrag 'thung. . . yang phyag g. yon na snying gi **padma'i nang na** ma hā māṃ sas bkang ba'i ka pā la bsnams pa/ . . .

1 原文如此。布顿《真实名曼荼罗庄严》作 rdo rje sgra;按佛教名数以及曼荼罗中色声香味四供养女的固定组合,应作 sgra"声"。

续表

方位序号	尊号(全图序号)	曼荼罗题记	译文	*GSDJ* 图像志描述
西北	马胜(116)	题记红字,书于其身左上角,相对特殊 ral mda' dan [1] gzhu + mdung」 + tang theg (?) sna pad / sgeg drag tshangs」 spyi bo ljang ku m (ch) u dang spyi par btsus nas gyen du 'degs	剑、箭、幡、弓、?、矛、?(天杖?)、杂色莲。悦乐、可怖、梵天[头]。顶[面]绿,抬嘴举顶 [2]	rta mchog sku mdog ljang gu zhal bzhi pa zhabs bzhi pa phyag brgyad pa/ zhal dang po khro bo sgeg pa'i nyams dang ldan pa/ spyan gsum pa/ zhal g. yas drag po/ zhal g. yon tshangs pa'i gdong dang ldan pa/ spyi bo'i zhal ljang gu mchu dang spyi bo'i gtsug nas gyen du 'degs pa/ phyag g. yas kyis ba dan gsum pa lta bu'i sna tshogs rdo rje dang bcas pas 'degs pa'i tshul du mdzad pa/ phyag g. yon na kha ṭwāṃ ga sna tshogs padma bsnams pa/ phyag g. yas pa'i gnyis pas ba dan gsum pa lta bus gyen du slong ba'i tshul du mdzad pa/ phyag g. yon pa'i gnyis pa na mdung thung bsnams pa/ yang phyag g. yas kyi gnyis na ral gri dang mda' bsnams pa/ g. yon gyi phyag gnyis na dbyug pa dang gzhu bsnams pa/ g. yon brkyang ba'i gnas pas bzhugs pa/ g. yas pa gcig gis dbang po dang dbang mo mnan pa/ gnyis pas dga' ba mo dang mgu ba mo mnan pa/ g. yon gyi dang pos brgya byin dang khyab 'jug mnan pa/ gnyis pas rgyal bar byed pa dang 'dod pa'i lha mnan nas bzhugs par bri'o/
北 2	破一切忧暗意(106)	还可见到被涂抹的个别字迹(字形类似 sta);可以确认先后写了两次 ser	黄	mya ngan gyi mun pa thams cad nges par 'joms pa'i blo gros gur gum gyi mdog can phyag g. yas na 'od 'phro ba mang po 'khrugs pa'i rdo rje rtse lnga pa bsnams pa/phyag g. yon na mdung thung bsnams pa'o/
北 3	辩积(107)	ser g.yas se gol」 g.yon pad steng ral	黄,右弹指(梵 cchoṭikāṃ),左莲上剑	spobs pa brtsegs pa **gser** gyi mdog can phyag **g. yas** kyis **se gol** brdebs par brtson pa phyag **g. yon** na **padma**'i **steng** du **ral** gri bsnams pa'o/

1 此处明显有一纵线,比照他处,原设计应书北 1 灯女题记。可能因西侧红地涂抹较重,西北隅护神马胜的题记改写到北侧即其身右上方,从而占用了灯女题记位置。

2 *NSP* 21 明确指出马胜四面之顶面为马头(图像参见『国立民族学博物馆研究报告别冊』7,第 174 页以及古格故城白殿);另四面颜色各各不同。《真实名曼荼罗庄严》记 spyi bor rta mchog mchu dang spyi bo gcus nas gyen du 'degs pa,顶面亦作马首,可以参考。相对而言,表现马头转侧昂首则马嘴向上,容易理解。

续表

方位序号	尊号(全图序号)	曼荼罗题记	译文	*GSDJ* 图像志描述
北 4（北门）	降障碍尊(113)	sprin sngo sgeg **drag**{ }**'i rgod**(?) g. yas ral mda' lcags」 g. yon sdig zhags cas/ gzhu dril sbrul rgyan sang rgyas」 cod (p)an	云之青色，悦乐、**忿怒、顽冥**(?)，右剑、箭、钩，左怖指羂索、弓、铃，蛇饰、佛宝冠	khro bo bgegs mthar byed **sprin sngon** po'i mdog can/ zhal bzhi pa/ phyag brgyad pa/ zhal **sgeg** pa la sogs pa'i nyams dang ldan pa/ phyag g. yas dang g. yon gnyis kyis rdo rje bc-ings pas dril bu bsnams pa/ phyag **g. yas** rnams na **ral** gri dang **mda'** dang **lcags** kyu bsnams pa/ phyag **g. yon** rnams na **sdigs** mdzub **zhags** pa dang **bcas** pa dang/ **gzhu** dang **dril** bu bsnams pa/ sku la **sbrul** gyis **brgyan** pa/ **sangs rgyas** kyi **cod pan** can g. yon brkyang bas tshogs kyi bdag po mnan nas bzhugs pa bri'o/
北 5	无量光(108)	'od dkar pad ma」 bum g. yas rdo	[无量]光白，莲[上]瓶，右杵	**'od** dpag tu med pa sku mdog padma'i rtsa ba ltar **dkar** ba/ phyag **g. yas** na sna tshogs **rdo** rje bsnams pa/ phyag g. yon na padma'i steng du **bum** pa bsnams pa'o/
北 6	除盖障菩萨(109)	可见方框痕迹，但题记并未严格写在框内……(涂抹痕迹) ud pa[1] la sngon po **'dra**」 g. yas ral g. yon」 ba dan sna tshogs rdo[ ] rjes」 mtshan pa	似青莲花之青色，右剑，左装饰交杵的幡	sgrib pa thams cad rnam par sel ba **utpa la sngon** po'i 'dab ma'i mdog can phyag **g. yas** na **ral** gri bsnams pa/ phyag **g. yon** na **sna tshogs rdo rjes mtshan pa**'i **ba dan** bsnams pa bri bar bya
北 7	金刚香(125)	sna tshogs ro	杂[色]，[持]香	rdo rje ro sku mdog **sna tshogs** pa phyag na **ro**'i snod bsnams pa'o/
外　　院				
东 1（东北）	自在天(126)	处分界线上，右端为东方蓝地覆盖 dbang ldan kar lag. . . 」 thal nyis rtse sum dang tho(d)」 stan khyu mchog (u)」 ma **khyo 'dra**	自在天白色，手……合掌，二[手持]三股戟和颅钵，公牛座，(乌)**摩类似夫**	**dbang ldan** mdog **dkar** po ral pa dang cod pan yod pa/ khaṭ wām ga **rtse gsum** pa **thod** pa 'dzin pa/ **lag** pa **gnyis** kyis **thal** mo sbyar nas mgor bzhag pa ste/ bcom ldan 'das la phyag 'tshal ba/ **khyu mchog** la zhon pa/ lha mo **u ma** dang bcas pa dkyil 'khor la mngon du phyogs par bri'o/

1　pa 补写在 ud 后音节符的下方。

续表

方位序号	尊号(全图序号)	曼荼罗题记	译文	*GSDJ* 图像志描述
东 2	梵天(134)	光轮上方有浅淡字迹,位置、大小、写法等均与他处题记不同。以下该侧题记状况类似 pad phreng byug (s) py(i) (bl) ugs	莲、数珠、杖、瓶	tshangs pa mdog ser po gdong bzhi pa lag pa bzhi pa/ lag pa gnyis na **pad** ma dang **phreng** ba thogs nas phyag 'tshal ba'i thal mo sbyar te/ 'jog pa de las gzhan pa gnyis kyis dbyug pa dang spyi blugs 'dzin pa/ ngang pa la gzhon pa chung ma dang bcas pa'i 'khor gyis bskor bar bri'o/
东 3	水曜(143)	mda(') [g] zhu	箭、弓	gza' lag ni mdog ser po lag na **mda' gzhu** thogs pa padma la 'dug pa'o/
东 6	春神(152)	可能写的是. l por da zhu,或许可还原为 ral phor mda' gzhu	剑、陶碗、箭、弓	dpyid kyi lha mdog dkar po lag na **mda'** dang **gzhu** dang/ kham **phor** dang **ral** gri thogs pa sprin la zhon pa'o/
东 8	毗湿奴(135)	khor dung dbyig zhu	轮、螺、杖、弓	khyab 'jug mdog nag mo lag pa bzhi pa g. yas dang g. yon gnyis kyis **'khor** lo dang **mdung**(! 应作 dung) thogs nas spyi bor thal mo sbyar te 'jog pa/ de las gzhan pa gnyis kyis sha ra'i **gzhu** dang **dbyug** pa 'dzin pa nam mkha' lding la zhon pa chung ma dang bcas pa'i 'khor gyis bskor bar bri'o/
东 13 (东南)	阿耆尼(128)	(b) lu zar byug pa . . .	注杓、杖……	me lha mdog dmar po lag pa bzhi pa/ g. yas gnyis na **blugs gzar** dang **dbyug pa** thogs pa/ g. yon gnyis phreng ba dang gundhe thogs par skyes la zhon pa chung ma dang bcas pa bri bar bya'o/ /phyag 'tshal ba'i thal mo ni thams cad kyi thun mong ma yin pas so sor ma smras so/
南 1	金曜(145)	多行题记,仅剩下一点: pa ba sangs」'phreng . l」bum	金曜,[持]数珠、? (净瓶)[1],[坐]瓶	**pa ba bsangs** mdog dkar po **phreng** ba dang <u>gundhe</u> thogs pa **bum** pa la 'dug pa'o/
南 3	作蜜(151)	第一行大部被边缘线覆盖 . . . rgyal mtshan」 mda' gzhu kham phor <u>stan</u> n(e tsho)	……幢、箭、弓、陶碗,鹦鹉座	sbrang rtsir byed pa mdog dkar po lag na chu srin gyi **rgyal mtshan** dang/ **mda'** dang **gzhu** dang **kham phor** thogs pa **ne tsho**'i khri la <u>zhon pa</u>'o/

1 根据 *GSDJ* 描述,金曜持物之一为 gundhe,似梵文转写,亦为火天阿耆尼之持物(见上行)。壁画题记此处. l 可能是对应的藏文词。根据壁画上阿耆尼、金曜两像的图像特征,此物似净瓶(梵 kuṇḍa, kuṇḍi 或 kuṇḍikā)。梵文本 *NSP* 21 两处均作 kamaṇḍalu. 布顿《真实名曼荼罗庄严》作 spyi blugs 即灌顶等仪式用瓶。

续表

方位序号	尊号(全图序号)	曼荼罗题记	译文	*GSDJ* 图像志描述
南 4	梵天妃(170)	tshang pa mo ni tshangs pa dang 'dra」**mo ser gdong bzhi lag bzhi」pad 'phreng**[1] **dbyig pa」s. i(spyi) blugs stan ngang pa**	梵天妃和梵天相似,**妃黄,四面四臂,莲、数珠、杖、瓶,鹅座**	tshangs pa ma ni tshangs pa dang 'dra bar bri'o/(梵天描述见表中前文,与梵天妃题记之身色、面臂数量、持物、座等描述吻合)
南 5	星宿(164)	(ch)u . . . (s)**tan khri**	(星宿)……**座**	**mchu** mdog dkar po/
南 6	张宿(165)	(g)re ljang s(e)r ma **sh(i) nga**(应作 shing) **stan khri**	(张宿)黄绿,**木座**	**bre** mdog pri yang ku ltar **ljang ser**/
南 7(南方)	阎摩(129)	(shin rje) …」stan ma he chung ma khy(可能表达 **khyo 'dra**). . .	阎摩……,牛座,妃(**类似夫**)……	**gshin rje** mdog nag mo dbyug pa dang mdung thung thogs pa/ **ma he** la zhon pa **chung ma** dang bcas pa bri'o
南 8	迦絺吉夜(137)	. . . 」nyis. . . nyis khyim bya dang dril. . . 」stan(?)	……二……二[手持]鸡和铃……座……	gzhon nu kārti ka mdog dmar po byis pa'i gzugs can gdong drug pa/ lag pa drug pa lag pa **gnyis** kyis thal mo sbyar ba byas la/ yang lag pa **gnyis** na mdung thung dang rdo rje thogs pa/ yang gnyis na **khyim bya dang**/ **dril** bu thogs pa rma bya la zho zhon par bri'o/
南 9	火曜(142)	(ma) . . . 」stan [g]la[ng] po	(火曜? 红?)……(象)座	mig dmar ni mdog dmar po la lag pa g. yas pa na chu gri thogs pa/ lag pa g. yon pa na mi mgo za bar byed pa **glang po** che la zhon pa'o/
南 10	和修吉龙王(154)	n(o)r rgya. . . 」thal	广财(即和修吉)……[合]掌	(. . . klu'i rgyal po brgyad de gdengs ka bdun bdun dang ldan pa/**thal** mo sbyar ba byas pa bri'o/ . . .)/**nor rgyas** . . . ni rgyal rigs te/ mdog ser po brgya byin gyi bu'o/
南 11	药叉(161)	+ + (dge 'dzin?) s(e)r b. . . pu ra dang n…」thogs pa	□□(黄),持(俱缘果)和(猫鼬)	gnod sbyin rnams kyang lag na panytsa **pu ra** dang **ne'u le thogs pa'o**/[2]

1 此处有 1—2 个音节宽度的涂抹痕迹。

2 此处所引为八大药叉的共同特征,原文其后列述各自名号与身色。nor bu bzang po、rnam thos sras、sgo'i dbang po、sbyong pa'i dbang po 四位均为黄色身相,但难比定题记名号。

续表

方位序号	尊号（全图序号）	曼荼罗题记	译文	*GSDJ* 图像志描述
南 12	毗湿奴妃（171）	khyab 'jug ma **nag lag bzhi**」 **gnyis 'khor dang p. ir thal**」 **gzhu dang dbyig pa stan**」 **mkha' lding** /（见图 28）	毗湿奴妃**黑，四臂，二［手持］轮和?、［合］掌，弓和杖，金翅鸟座。**	khyab 'jug ma ni khyab 'jug lta bu'o （仅指出毗湿奴妃类似毗湿奴，关于毗湿奴的具体描述见表中前文）
南 13（西南）	罗刹主（130）	(s)r(i)n . . . ral phub stan . . . 」chung ma **khyo 'dra**	（罗刹主）……剑、盾，……座。**妃类似夫**	srin po'i bdag po mdog sngon po lag na **ral** gri dang **phub** thogs pa/ mi ro la zhon pa **chung ma** dang bcas pa bri'o/
西 5	心宿（167）	心宿身右上部、与房宿之间可见纵线（题记界线），偶似可见深红笔画，难于辨识		（略）
西 6	水天（131）	可见纵线		（略）
西 7	欢喜自在天（139）	可见纵线		（略）
西 11	亥母（174）	至少能看到 3 行字迹与起首的分隔符/，上为西方红地覆盖。末行可识别出首字 nya	……鱼……	phag mo ni mdog nag po ste/yi dags la zhon pa/**nya** rlon pa dang/thod pa lag na thogs pa'o/
西 12	月曜（141）	可见不同行的零星字迹		（略）
北 1	计都（148）	**bzhag** rings nag ral sbrul」zha[gs th]ogs （方座上墨书三字类似梵字，未能辨识）	计都（?）黑，持剑、蛇索	mjug **rings** mdog **nag** po **ral** gri dang **sbrul** gyi **zhags** pa **thogs** pa'o/
北 2	遮文荼（175）	**rgan byad ma** dmar stan yi dags」 ka to ra dang thod pa thogs pa	妪相母红，饿鬼座，持 katora 和颅钵	dga' byed ma ni mdog **dmar** po **yi dags** la zhon pa/ **kā ti ra dang thod pa** lag na **thogs pa**'o?

续表

方位序号	尊号(全图序号)	曼荼罗题记	译文	*GSDJ* 图像志描述
北 3	作胜(150)	rgyal byed ljang me tog 'phreng」 mda' gzhu ko ki la'i(shing) rta la」 zhon ba	作胜绿色,花鬘、弓、箭,乘布谷鸟车	**rgyal** bar **byed** pa mdog **ljang** gu **me tog** gi **phreng** ba dang/ **mda'** dang **gzhu** dang kham phor thogs pa/ **ko ki la'i shing rta la zhon** **pa**'o/
北 4	虚宿(168)	mon gre ser mo **shi nga**(应作 shing) **stan khri**	虚宿黄色,**木座**	mon gri mdog **ser po**
北 5	危宿(169)	mon gru nag(mo **shing**) **stan khri**	危宿黑色,**木座**	mon gru mdog **nag po**/
北 6(北方)	俱毗罗(133)	lu(s) ser [g.]yas [1] kyu [g.]yon byo. +」mi stan chu[ng] ma . . .	[丑]身黄色,右手钩、左手(杖),人座,妃……	**lus** ngan po **gser** gyi mdog can **g. yas** na lcags **kyu** thogs pa/ **g. yon** na **dbyug** ba thogs pa **mi** la zhon pa **chung ma** dang btsas par bri'o/
北 7	木曜(144)	zla . . . steng」[2] phur bu kar(ph)reng ba s(py)i lugs」stan pad	(第 2－3 行)木曜白,数珠、瓶,莲座	**phur bu** mdog **dkar** po lag na **phreng ba** dang **spyi blugs** thogs pa **pad** ma la gnas pa'o/
北 8	力贤(149)	stobs bzangs kar ral」thong pa stan [g]lang po	力贤白,持剑、犁铧,象座	**stobs bzang** mdog nag po **ral** gri dang gshol thogs pa **glang po** che la zhon pa'o/
北 9	力游龙王(156)	stobs kyi rgyus gdengs(ka bd)un thal(sb)yar	力游七蛇头,合掌	(八大龙王合掌的共同特征见前引和修吉条)**stobs kyi rgyu** . . . ni rje'u rigs te/ mdog dkar po chu lha'i bu'o/

1　ser 后上方标记 +、下方补写 yas。

2　题记较为模糊,第一行、第三行似经涂抹,从上下文看可能系原错写为月曜(zla ba)相关内容,后修改。

续表

方位序号	尊号(全图序号)	曼荼罗题记	译文	*GSDJ* 图像志描述
北 10	大树紧那罗王(159)	为外院内侧边缘线所覆盖,仅剩若干字母底部。参考仪轨推测为(ljon pa dmar) . . .	(树红)……	mi 'am ci'i rgyal po **ljon pa** ni mdog **dmar** skya/ lag na pi wang thogs pa rgyan thams cad kyis brgyan pa/ mi 'am ci'i rgy-al po du mas yongs su bskor bar bri'o/
北 11	众主(176)	第一行字顶部有所覆盖,可辨笔触 tshogs bdag lag bzhi」glang po{ }'i ga gdong gnyis na」la pug[1] dang la tu nyis rtse」gsum pa dang dgra sta sbrul se」r[2] [ ]la stan b[y]i ba	众主四臂,象头,二[手持]萝卜和甜丸子[3],二[手持]三股戟和斧。蛇为神线,鼠座	**tshogs** kyi **bdag** po ni mdog dkar po **lag** pa **bzhi** pa/ **glang po** che'**i mdog** can lag pa g. yas dang g. yon pa **na la du dang la phug** thogs pa/ de las gzhan pa **gnyis** na mdung **rtse gsum dang dgra sta** thogs pa/ **sbrul ser la** khar thogs pa/ **byi** la la zhon pa/tshogs ru mas yongs su bskor ba bri bar bya'o/
北 12	因陀罗妃(173)	第一行字前部遭覆盖 . . . (dbang) ma n(i) rgya byin lta bu{ }'o」mo ser rdo stan glang po	……因陀罗妃如帝释天,妃黄,杵,象座	**dbang** po **ma ni brgya byin lta bu'o**// (附帝释天:brgya byin mdog **ser** po **rdo** rje thogs pa/ **glang po** che dkar po la zhon pa chung ma dang bcas pa bri'o/)

1 正作 phug,蒙熊文彬教授指点,古藏文中 pa、pha 二者可以互换。

2 此行首音节 ra 上方标记一长点,结合上下文可能表示它是上一行末尾 sa - 的后加字。

3 藏 la du,转写自梵 laḍḍu[ka],系以经过粗磨的米、麦、豆或玉米粉拌以香料,用酥油炸制的丸子状甜食。壁画上众主下左手横过胸前、在右膝处握一褐色圆状物,即此。

三 法界语自在曼荼罗外金刚部院——佛教神系中的泛印度诸神

（一）世间诸天神系的扩展

东嘎石窟群壁画中法界语自在曼荼罗地位独特。1997 年日本学者森雅秀提出，对旨在探讨该曼荼罗在瑜伽部续之曼荼罗系统中居于何种地位的研究而言，东嘎 1、2 号窟壁画遗存的重要性可能超过阿济寺、松达寺 12 世纪的作品。[1] 诚哉斯言，发人深省。1 号窟中它独占一壁，无有其匹；3 号窟中除窟顶外，周壁应尽悉表现这一曼荼罗；[2] 2 号窟中它覆盖窟顶，与周壁菩萨装千佛共同构建的宗教时空，荫庇着走进窟中的每一位信徒。为充分探讨曼荼罗所承载的密教观念与仪礼实践，在前贤与同人对仪轨文献、同题艺术作品中诸尊以及布局已经做了相当充分研究的基础上，本文尝试利用东嘎 2 号窟壁画个案做进一步解读，重点则是世间诸天。它们置身外金刚部院，既可以视为边缘、低阶，也可以视为神系结构的基础、与信众民生关系更密切的部分。学术史上诸天常被溯源到婆罗门教或印度教。换个角度看，他们根源于南亚次大陆，为该区域印度教、佛教、耆那教等古老的宗教信仰共享，呈现丰富面貌，共建神灵体系，故目前学界倾向于从“泛印度”（pan-Indian）的角度予以阐释和把握。

佛出生前仙人占相，出生后往谒天祠，他求道苦行等经历都与古印度多种宗教信仰相关，降伏印度教、耆那教等“外道”的神变故事亦是佛传中的精彩篇章。从原始佛教历小乘入大乘，泛印度诸神都活跃在求法闻法等场合。如紧那罗王，（姚秦）鸠摩罗什曾译《大树紧那罗王所问经》（T. 625），而此前（东汉）支娄迦谶已译出该经（T. 624），音译其梵名作伅真陀罗。至于鬼子母等，在佛教文化中留下脍炙人口的故事并广为传播。早期密宗孔雀、楞严（白伞盖）等大陀罗尼均广涉梵释诸部，结合其他宗教实践，持诵真言召请善神、降伏恶魔正是真言神通力的重要来源。在形成以曼荼罗为标志的成熟体系后，佛教美术中的泛印度神祇引人瞩目，学者们也从这个角度给予了关注。[3] 巴达恰里亚（Benoytosh Bhattacharyya）针对 *NSP* 的研究就相当注意印

1 汉译见霍巍译：《印度密教美术与皮央·东嘎遗址》，载《越过喜马拉雅》，第 62 页。

2 前引诺伊曼文侧重介绍遗存相对略多的左侧壁，表现有南方宝生佛等。综合余壁残痕，除左侧壁宝生佛、西方阿弥陀佛而外，可推测右侧壁表现东方阿閦佛、北方不空成就佛，正壁则绘妙音。

3 与本文直接相关且富启发性的讨论见卢恰尼茨前揭文。另 2016 年 5 月 7—8 日在北京举办的藏区考古与艺术新发现报告会上，张长虹作题为“西藏阿里东嘎 2 号窟法界语自在曼荼外围印度教和泛印度教诸神辨析”的报告，期待其成果的发表。从金刚界系文本出发的讨论见森雅秀：「金剛界マンダラのヒンドゥー神」，『空海の思想と文化：小野塚幾澄博士古稀記念論文集』上，ノンブル，2004，第 523—543 页。

度教与佛教诸神的关系。[1] 在著名的文殊图像志专题研究中，德马尔曼（Marie-Thérèse de Mallmann）如是解读法界语自在曼荼罗的四重结构（未提及第三院），也格外重视印度教诸神：

> 的确，在《究竟瑜伽鬘》中其（按：法界语自在）曼荼罗构成了佛教教义的真实汇总。它涵纳并集成的概念借自如《文殊师利根本仪轨》（借用了八佛顶王 Uṣṇīṣarāja）或《一切如来真实义摄》（Sarvatathāgatatattvasaṃgraha。借用了诸金刚女° vajrī 和十六亲近菩萨[2]）般悠久的传统；借自哲学（52 个抽象概念的人格化[3]）；甚至借用了印度教，因为它融合了来自印度教神系的 89 尊神灵。[4]

为了适应汇总、涵纳、集成的趋势，神系结构在不断扩展。法界语自在曼荼罗的核心为金刚界曼荼罗，可先参考金刚界系曼荼罗自身的发展。聚焦外金刚部院，初步定型的金刚界曼荼罗（图 34）遴选 20 天，对方位护神的位置安排不甚着意，大天的选择并不充分，而毗那夜迦即众主的数量之多又令人感到意外。相形之下，法界语自在曼荼罗外院世间诸天分类清晰，东嘎 2 号窟在进一步选择过程中的意图亦可揣摩，即完整表现方位护神，尽可能完整地表现大天、大曜与母天等，至于其他部类天众与二十八宿显然次一等，如八大药叉仅选取其一。而东嘎 1 号窟等实例则进一步扩大世间诸天队伍，如加入八大仙——神话传说中具有魔力神通的苦修者。卢恰尼茨明确判断出那果寺壁画完整表现八大仙，并思考了其与恶趣清净系金刚界大曼荼罗的关系。[5] 直接涉及的文本与观念等需要具体讨论，从理路上还可考虑《文殊师利根本仪轨》等经典。火天阿耆尼作为护方神的一员，在曼荼罗中相当常见，而东嘎 2 号窟壁画上他格外羸瘦的形象，令人联想到因苦修而清癯的仙人；《文殊师利根本仪轨》中火天正是八大仙中的一员。在东嘎 1 号窟、那果寺以及托林寺红殿等处，补入的仙人就安排在他周围，进一步证实了这种

1　Bhattacharyya, *Niṣpannayogāvalī of Mahāpaṇḍita Abhayākaragupta*（Baroda：Oriental Institute，1972，2nd ed. repr.），20－22.

2　原文 Vajra°，指内院四佛各自的四亲近，其梵文名号均冠以 vajra－字样。德马尔曼关于他们的讨论见*Étude iconographique sur Mañjuśrī*，153－160.

3　按指第二院作为十二地等观念人格化的女神、四方计 48 尊，以及四门的四无碍女。参见 De Mallmann，*Étude iconographique sur Mañju śrī*（Paris：École Française d'Extrême-Orient，1964），165－173.

4　*Étude iconographique sur Mañjuśrī*，15. 作者对印度教神重要性的强调见第 179—183 页。另：同氏同时期的相关成果见"Divinités hindoues dans le tantrisme bouddhique，" *Arts Asiatiques* 10，no. 1（1964）：67－86.

5　Luczanits，"The Depiction of Hindu and Pan-Indian Deities in the Lo tsa ba *lHa khang* at Nako，" 499.

关联。在图像学追求的意义阐释与语境复原的工作中，更多以文殊为名的经典进入研究视野，应予追踪。目前阶段我们难以追究到底来自哪个文本，更重要的是看到图像背后的文化共识。

（二）力贤四神与欲乐之维

世间诸天当中，力贤四神引人注目——盖他们为欲天眷属，而佛教对这一系观念态度与思想的转变是密教发展过程中的关键环节之一。前文提及欲天持弓箭、驾鹦鹉车。细究之，他持甘蔗为弓体、蜜蜂为弓弦的甘蔗弓（ikṣukodaṇḍa）以及点缀着五种香花的五支箭，旁边往往还侍立着持青莲花的妃欢喜天女（Rati）与持着摩羯幢的侍从。力贤四神的持物、坐骑等标记了他们与欲天的特殊紧密关系；此外，他们之间也可能存在个人联系，如春神被认为是欲天之友（一说欲天与欢喜天女之子）。东嘎 2 号窟壁画上力贤的图像志特征仅强调他与农耕文化的关系以及暗示他大力罗摩的身份，而各种文本记载中同样强调他继承了弓箭这一对持物。《华严经·普贤行愿品》众集赞颂梵释八部五通仙，对力贤的描述如下（加粗为神名，下画线为图像志特征，为笔者所加，下同）：[1]

图34 成身会

金刚界九会大曼荼罗（石山寺版）局部。《大正藏图像部》卷1别纸。名号为笔者所加

图35 “阇夜羯啰摩度羯啰”

《梵文炽盛光佛顶陀罗尼诸尊图会》（日本京都东寺宝菩提院藏本）图像No.196，《大正藏图像部》卷4，第135页

1 （唐）罽宾国三藏般若译：《大方广佛华严经》卷第二十五“入不思议解脱境界普贤行愿品”，《大正藏》卷 10，第 775 页。

力贤三十三天主，威势能破修罗军；

由昏欲箭中其心，十力智光恒普照。

图20中作胜所持箭头不是尖刃（对比作蜜所持箭）或金刚杵头（春神所持），而呈花瓣状[1]，指向明确。欲天的别名Kusumāyudha“花为器仗”、Puṣpadhanus“花弓”、Puṣpaśára/Puṣpabāṇa“花箭”均指向其弓箭；至于别名Makaraketu“摩羯幢”出现在《摩诃婆罗多》等印度经典文学作品中，[2] 标记出他的另一种特征持物，该幢为作蜜所承袭。文本与图像均体现出当时藏族有机会了解泛印度神祇的符号特征与对应的图像表现。比较起来，作胜、作蜜出现在楞严咒中，但是室町时代图绘楞严咒的日本画师并不了解这几位神（甚至并不知道音写的梵文的含义），因此笔下表现的是一位展轴的僧人形象（图35）。

而以花箭、摩羯幢为线索，在密教神系中可以找到更多相关的神灵：如金刚界曼荼罗中的金刚爱、金刚欲菩萨（图36），金刚萨埵曼荼罗中粉红色、持弓搭花箭的金刚意生（藏rDo rje yid las

金刚欲

《金刚界九会大曼荼罗·理趣会》（仁和寺版）图像No. 298“计里乞罗金刚”。《大正藏图像部》卷一，第966页

金刚爱

《金刚界九会大曼荼罗·理趣会》（仁和寺版）图像No. 299“爱乐金刚”。《大正藏图像部》卷一，第967页

图36 金刚欲（左）与金刚爱（右）画像

1 藏传佛教中花鬘弓箭的象征意义见罗伯特·比尔著，向红笳译：《藏传佛教象征符号与器物图解》，中国藏学出版社，2007，第129—130页。

2 *Monier-Williams Sanskrit—English Dictionary*（1899），771.

byung ba)[1]，以及作明佛母（Kurukullā. 图 37)、唐密中地位显赫的爱染明王等。白居寺大塔法界语自在曼荼罗中金刚爱菩萨的身相持物堪称完美诠释（图 38)。前文提到 *GSDJ* 中 dga 'byed ma“欢喜天女”取代遮文荼，而在藏文翻译成例中[2]这个词可以对应 Rati 即欲天妃，进一步加强了这个神系中欲天的地位——尽管他自己并未现身。不过，金刚界九会大曼荼罗中

图 38　金刚爱菩萨

白居寺吉祥多门塔第 3 层第 6 殿宝生佛殿法界语自在曼荼罗壁画局部（墨书榜题：rdo rje chags pa/）

图 37　作明佛母

发现于黑水城遗址，俄国圣彼得堡艾尔米塔什博物馆藏，XX－2386。图片来自馆方网站

理趣会表现以金刚萨埵为主尊的十七尊，其中计里乞罗金刚（即金刚欲[3]）对应的内供计里枳多金刚女之梵名 Kelikilā 本身就是欲天妃欢喜天女的一个名字；因此从其名字意涵 Kelikila“娱乐者”到匹配关系，这一对可以考虑是佛教版欲天与妃。在佛经中不难找到相关图像志特征的描述与阐释：

欲金刚持金刚弓箭，射阿赖耶识

1　例见白居寺大塔三层第一号大殿（无量寿佛殿）西壁北段。图齐亦特别强调了这一持物的图像志渊源，见《梵天佛地》第 4 卷第 1 册，第 168 页。

2　例见 Henk Blezler，*Kar gliṅ Źi khro：A Tantric Buddhist Concept*（Leiden，1997），52 and 62.

3　理趣会中台围绕主尊金刚萨埵的四亲近菩萨象征欲、触、爱、慢，未见异议；但各文本对于计里乞罗金刚的身份认识有所不同，如将之判为触金刚、怀抱五股杵。本文无意究竟，按照“欲金刚身赤色，持金刚箭……爱金刚身青色，持摩羯幢”（胜贤记、守觉辑：《秘钞》，《大正藏》卷 78，第 511 页）统一图文关系。

中一切有漏种子，成大圆镜智。……**爱金刚**者持摩羯幢，能净意识缘虑于净染有漏心，成妙观察智。[1]

[**金刚爱**][2] 以悲愍故，以爱念绳普缚众生。未至菩提终不放舍。亦如摩羯（含悲义也）大鱼吞啖所遇。一入已更无免者。所以此摩羯幢而现其爱缚舍离俱幻平等智身。[3]

显然，经过佛教不断的改动润饰，源自欲天的弓箭和摩羯幢含义已与印度文化中的原型拉开距离。蔗弓花矢衍变为金刚弓箭，在图像上箭头之花更换为金刚杵头。爱染明王法则用火箭，而装饰过的箭射所爱者心、额等五处，仍留下欲天之五箭的痕迹。[4] 古希腊神话中，爱神厄洛斯（Eros，罗马神话中名为丘比特 Cupid）即以射金箭让人心生爱恋而闻名，[5] 由于这层美好浪漫的寓意，他的弓或箭有装饰花的情形。综观力贤、作胜、作蜜、春神四尊，无论是名字、持物象征还是视觉表现，如蔗甜，如花香，红肤色，沐春风……充满了甜蜜的气息。此外，不难理解"作蜜"本身是蜜蜂之意；从蜂针、玫瑰花刺到欲天/爱神之箭，文化之间的种种现象意味深长。

（三）摄伏与融纳——佛教神系中的泛印度教神格的多重性

仍从欲天谈起：他并非密教阶段才进入佛教神系；在佛教的世界模式——三界即欲界、色界、无色界——中他是欲界之主（Kāmeśvara），汉传佛经亦称其为天子魔（或译天魔，Devaputramāra）、他化自在天（梵 Paranirmitavśavartin，欲界第六天、亦其最高层）。如《大智度论》即主此说，释曰："魔王常来娆佛，又是一切欲界中主，夜魔天、兜率陀天、化乐天皆属魔王。复次天世界则三界天皆摄是天中，一切欲界魔为主"。[6] 胎藏界曼荼罗外金刚部院表现的他化自在天手双手分

---

1 （唐）不空译：《金刚顶瑜伽金刚萨埵五秘密修行念诵仪轨》，《大正藏》卷 20，第 538 页。

2 原文作"悲愍金刚爱菩萨"。

3 昙寂撰：《大日经住心品疏私记》引《十七尊义》，《大正藏》卷 60，第 556 页。

4 见慈怡主编：《佛光大辞典》，佛光出版社，1988，第 1501 页"火箭"条。其图像志研究详见 Roger Goepper, *Aizen-Myōō: The Esoteric King of Lust, an Iconological Study*, *Artibus Asiae* Supplementum (vol. 39, 1993).

5 参见 Catherine Benton, *God of Desire: Tales of Kamadeva in Sanskrit Story Literature* (SUNY Press, 2006), 128 – 129. 作者推测公元前 4 世纪亚历山大来到印度，以及前 3 世纪旃陀罗笈多（Candragupta）治下古印度与古希腊的交流使得欲天与厄洛斯互相影响。关于爱神之箭形成过程的新研究成果可见 Cristóbal Pagán Cánovas, "The Genesis of the Arrows of Love: Diachronic Conceptual Integration in Greek Mythology," *The American Journal of Philology* 132, No. 4 (2011): 553 – 579. 百余年前学者们已注意到厄洛斯与天魔/欲天之间的关系，例见 Albert Grünwedel, *Buddhist Art in India*, trans. Agnes C. Gibson (London, 1901, rev. & enl.), 95.

6 龙树造、（姚秦）鸠摩罗什译：《大智度论》，《大正藏》卷 25，第 134—135 页。扰佛之魔亦称波卑夜（pāpīyas 恶），讹作波旬。

图39　马胜（116）

东嘎2号窟窟顶法界语自在曼荼罗壁画第二院西北

持弓箭，其三昧耶亦为弓箭，可从图像元素感知二者的关联。[1] 说到魔军扰佛，作为释迦在菩提场证道成佛的前奏，可以说总是佛传图像中最富想象力的场景之一。有的作品中魔王身后随从或诱佛魔女举持摩羯幢。[2] 在佛成道后，幢转而充当佛法降魔的标志，称胜幢，至今还树立在寺院殿塔[3]乃至藏式民居的屋顶四隅，以象征

1　唐密体系的图像参见《大悲胎藏大曼荼罗》（仁和寺版）图像 No. 334，《大正藏图像部》卷1，第795页；藏传图像参见久美却吉多杰编著：《藏传佛教神明图谱·护法神》，青海人民出版社，2012，第198页。

2　例见 Joanna Williams, "Sārnāth Gupta Steles of the Buddha's Life," *Ars Orientalis* 10（1975）：180－181，figs. 2，4，and 13. 作者溯源至马鸣菩萨造《佛所行赞》（Buddhacarita）以解释摩羯幢何以作为魔王特征。

3　廖旸：《藏传佛教艺术中的狮柱塔及其演变》，载沈卫荣主编《文本中的历史——藏传佛教在西域和中原的传播》，中国藏学出版社，2012，第392—393页、图15—图16。

慑服天子魔为首的四魔。胜幢形式多样，[1] 仅以大量留存的藏西同时期擦擦来观察，摩羯幢被选择作为塔建筑的要素之一。从欲天标志到佛法象征，降魔这一关键环节带动了摩羯幢意义的转变。

前文提到楞严咒诵及作胜与作蜜，完整陈述表达的是以金刚橛（杵）禁断作胜、作蜜等所造之明咒，[2] 换言之他们是降伏的对象。而在法界语自在曼荼罗中，他们实现了身份的转化，作为外金刚部院天众一员成为倚重的对象。但这并非全部。第三院西北之马胜（Paramāśva. 116. 图 39）四面八臂，四足下各二神。文本记载有所不同，图像不足以判定画师的理解。综合来看左足下踏四男神、右足下踏四女神，大致为配偶（图中相同的身色的男女神可能即这种关系）但不绝对，包括因陀罗、毗湿奴、欲天或力贤四神中的某些神祇（最多出现作蜜、作胜、春神三位），以及对应的因陀罗妃、吉祥天女即毗湿奴妃、欲天的两妃欢喜天女与喜乐天女。[3]

（四）过顶合十——对泛印度诸神形象的改造

摄伏与包容并举的进程中神形象的修改是必要环节。以湿婆为例，作为印度教最为崇敬的三大神（trimūrti）之一，其子众主和迦絺吉夜均跻身大天之列，其宗教地位自然无须多言。壁画（图 13、图 33）上我们看到他四臂、三目——正是第三目曾经放火把欲天烧为灰烬。竖右膝坐白色公牛难提，禅带绕

1 罗伯特・比尔：《藏传佛教象征符号与器物图解》，第 14—16、182—183 页。

2 jayakara madhukara sarvārthasādhaka kṛtāṃ，vidyāṃ cchindayāmi kīlayāmi.（元）天竺俊辩大师唧哃铭得哩连得啰磨宁及译主僧真智等译《大白伞盖总持陀罗尼经》意译为“令胜及作蜂蜜与令义昔成所造明咒以此决断，将杵击之”（《大正藏》卷 19，第 405 页）。《真实名经》注疏之一称他们三者为三兄弟（trayo bhrātaras，其中第三位名 Sarvārthasiddhikara），见 Anthony Tribe，*Tantric Buddhist Practice in India：Vilāsavajra's commentary on the* Mañjuśrī-nāmasaṃgīti（London and New York：Routledge，2016），104 and 197. 这令人联想到《大乐金刚不空真实三麽耶经》中的“末度迦罗天三兄弟等”［（唐）不空译，《大正藏》卷 8，第 785 页］；该经注疏称该三兄弟是梵王、那啰延、摩醯首罗（按即梵天、毗湿奴、大自在天）之异名［（唐）不空译：《大乐金刚不空真实三昧耶经般若波罗蜜多理趣释》卷下，《大正藏》卷 19，第 616 页］，此说为《大日经》等之注疏所沿袭，疑误。

3 *GSDJ* 中因陀罗（即帝释天）以 dbang po、brgya byin 之名出现两次；*NSP* 21 中未出现毗湿奴、因此吉祥天女无匹配。布顿《真实名曼荼罗庄严》尝试做了若干调整（见下表），可见西藏高僧注意到其中的问题。

<table>
<tr><th>文本</th><th colspan="2">右足一</th><th colspan="2">右足二</th><th colspan="2">左足一</th><th colspan="2">左足二</th></tr>
<tr><td>GSDJ</td><td>dbang po
因陀罗</td><td>dbang mo
因陀罗妃</td><td rowspan="3">dga' ba mo
rati
欢喜天女</td><td rowspan="3">mgu ba mo
= tshim mo
prīti
喜乐天女</td><td rowspan="3">brgya byin
= dbang po
indra
因陀罗</td><td rowspan="2">khyab 'jug
毗湿奴
madhukara
作蜜 sbrang</td><td rowspan="3">rgyal bar
byed pa
jayakara
作胜</td><td rowspan="2">'dod pa'i
lha 欲天
vasanta 春神</td></tr>
<tr><td>布顿</td><td rowspan="2">dbang mo
indrāṇī
因陀罗妃</td><td rowspan="2">dpal mo
śriya
吉祥天女</td></tr>
<tr><td>NSP 21</td><td>rtsir byed pa</td><td>dpyid kyi lha</td></tr>
</table>

右膝与腰并缚结——这一点揭示出他的根本，亦即大雪山（被认为即我国西藏阿里普兰县的冈仁波齐）的瑜伽苦修者。禅带这一修行用具常见于大成就者像，在他身上看到、可以间接体会他作为苦修者们的引导者与保护神的身份。但其他标志性特征，如蛇饰、发髻冠（jaṭāmakuṭa）、新月等却见不到了，取而代之的是金属质感的耳珰、臂钏、腕钏、项饰，半侧头上可见三叶高宝冠，冠叶宽大，边缘缀蓝白相间的宝珠，黑发沿两臂外垂至肘部，天衣绕肩肘飘卷，与其他天人菩萨无异。[1] 最直接的改造是其手印。除了当胸倒持标志性的三股戟，他的两只手高举过顶，合十礼敬曼荼罗中央的主尊——印度教最尊崇的几位大神均作此礼，比常见的胸前合十作礼更为虔敬，显系刻意为之。经过接受和改造之后，其形象符合藏地审美取向：座下公牛难提表情生动讨喜。神像包括坐骑均为白色，示意清净与公正，下裙颜色浅淡，不留意甚至会忽略，渐淡的蓝色光轮、深蓝流畅的天衣与浅蓝沉稳的禅带、难提的蓝色短牛角和倒持的三股戟蓝色利刃，充分展示了色彩语言的细致魅力，天衣背面的橙色、宝冠的暗红与头光敷设的红色则做了很好的对比，递进式地强调出人物形象。

类似地，在罗睺、药叉等形象的塑造上也做了缓冲，焰发、龇牙、蹙眉、髭须、蛇饰、兽皮裙、骷髅或鲜人头鬘等元素均罕见，大大缓和了形容的暴戾，甚至有几许文雅气息，相形之下持匕首、把人头送到嘴边的火曜以及青肤、露齿、持剑与盾的罗刹主是仅有的另类。和菩萨们所戴两重、共计五叶的宝冠相比，供养天女和世间诸天（持明例外）所戴宝冠为三叶或独叶，依次标记他们在神系中的不同地位。

佛教的发展一直伴随着对泛印度诸神的改造，如冠“金刚”字样作为尊名或密号即是神系迅猛扩展时代的常规手法，前文提及荼吉尼号金刚迦梨、亥母称金刚亥母即是例证。在这方面，东嘎2号窟的法界语自在曼荼罗没有更多线索。白居寺大塔的同题壁画中，梵天妃榜题名号作 rdo rje zhi ba ma“金刚寂女”，阎摩妃作 rdo rje dus ma“金刚时女”，火天作 rdo rje me lha“金刚火天”而其妃作 rdo rje ’bar ba ma“金刚炽燃女”，因陀罗妃榜题名号 rdo rje khu tshur ma“金刚拳女”……留下了清晰印记。[2]

佛教再传藏地之时，教法与本土信仰以及初传时已产生影响的法门会有碰撞，势在必然。但当新的教法深入人心、不需要再着意强调佛教的征服与胜利，

1 东北自在天（图10左下）大体类似。东嘎1号窟壁画自在天像则强调发髻冠、新月等，可作对比。

2 白居寺上列名号题记依据的仪轨可以考虑众生镜纂集《金刚阿阇梨所作集成》（Jagaddarpaṇa，*Vajrācārya-kriyāsamuccaya*），藏译本相关部分见 *rDo rje slob dpon gyi bya ba kun las btus pa*（Tōh. 3305），德格版丹珠尔通帙第一七八，fol. bu 154。众生镜活动年代比 *NSP* 纂集者无畏藏护晚约一个世纪，两文本内容有重合之处。

保持庞大神系结构的同时仪轨开始简化。例如，起初佛顶尊明显有各自特征，而法界语自在曼荼罗中的八大转轮则趋于一致；诸龙王曾有所区别，唐时“东方三首、身长三肘；南方五首，身长五肘；西方七首，身长七肘；北方八首，身长八肘；中央九首，身长九肘”[1]，而法界语自在曼荼罗中则一概七首（图21）。在这种情况下，颜色也许是最后一道标记，但若颜色缺乏明确宗教象征意义，有时候就会变得敷衍。再如二十八宿，形象的塑造原本基于非常宏深的天文学观察和星学认知，图像志特征异常丰富，响应着背后的多元文化。而在曼荼罗中一概女性化，乘骑一致，东嘎2号窟壁画只是调整了她们的姿态而已。再到后来的图像（包括星曜曼荼罗等）中，她们的个性特征进一步消泯，人人过顶合十，作为一族同类共襄盛事。随着从折伏摄受到包容认同的推进，过顶合十泛化，以之表达心悦诚服的意图也逐渐转淡。早期密教文本与图像的传播可能并行，因此诸尊形象特征鲜明，且与南亚次大陆文化吻合度高，展示出对泛印度诸神的认识水平。除了文献明确表述的特征，显然还有丰富的细节表现来自图像传统。但后来趋于做有意的简化，可能还存在应对模本逐渐散佚缺失而采取的不得已之举。了解密教发展过程中相伴的视觉体系演变趋势，可以更准确地判断东嘎2号窟壁画的历史定位。

小　结

东嘎2号窟窟顶曼荼罗题记文字相当简要，可以认为它们当初是留给画者的要点。书写者也许是作坊的师傅，也许是精通仪轨的阿阇梨。书写的目的不在于向参访信众说明尊格，也不在于表达礼敬或者用于胜住（藏 rab gnas）开光。画师中流传的图像志样本就经常在白描线稿旁注明尊号、身色、手印或持物、坐骑等图像志细节，无论是保存在日本的“唐本”（图5a），还是尼泊尔等地存世的范例莫不如此。但实地成画后留下这样的痕迹仍相当罕见，极大丰富了该窟壁画在美术史研究中的材料价值。尽管从历史和宗教语境来看，在当时的文化传承中口头传统和文本记载同样重要，毕竟口传难以在历史长河中留存至今，保持历史原貌。类似口诀的这些题记为进一步探讨创造图像的依据提供了全新的线索。前文讨论过遮文荼持匕首而非仪轨与题记规定的铜盘，或可归因于对梵文术语记录理解的分歧。但无论如何，如果指导意图如此鲜明的仪轨、题记最终和图像仍存在不同，那

1　（唐）善无畏译：《尊胜佛顶真言修瑜伽轨仪》卷下第十一“祈雨法品”，《大正藏》卷19，第381页。

除了诺伊曼提出的其他文本、口传等可能性，对图像传统自身也必须高度重视。

在佛教本身的发展进程中，对其他信仰的包容和积极学习始终是重要的推动力；在传播过程中，对当地神灵体系的选择性接纳也是在地化的直观标志。今日反思佛教在中国历史进程中的积极作用，汉传、藏传佛教的影响范围远远超出字面的人群，无疑是中华民族共同体形成中的重要凝聚力。对泛印度神祇的统摄包容，从一个层面充分展示出佛教追求圆融的取向，他们会聚在一堂以曼荼罗为重要环节的法事活动中，在外院发挥结界护法的功能，共同服务于仪式实践的宗教主旨。

法界语自在曼荼罗及其背后佛教义理与实践的重要性，一方面在于它坚持并统摄了经过在多地域、多人群、多文化中传播并长时间发展后形成完善的佛教核心理念，另一方面又展示出不断拓展的创新尝试。如前所述，法界语自在曼荼罗根源于《圣妙吉祥真实名经》，布顿文集中《法界语自在曼荼罗仪轨·智者喜宴》紧随在《［圣妙吉祥］真实名经广释·文殊称所作摄义》[1] 之后，侧面反映出法界语自在曼荼罗植根于《真实名经》。对该经宗教性质的认识存在不同看法。密续法门被分为四部即事、行、瑜伽以及无上瑜伽，其中最上之无上瑜伽续又细为父续、母续和不二续。一方面，《真实名经》与属瑜伽续部的《金刚顶经》关系密切；而另一方面，它和《时轮续》并列不二续。再者，亦有学者主张它为大乘文本。[2] 它先后四次汉译（T. 1187—1190）；早在吐蕃前弘期已译藏[3]、亦见于敦煌藏文文献，后弘期仁钦桑布是该经藏译者之一；他还翻译了被认为与法界语自在曼荼罗相关的另一个文本即《幻化网续》[4]。阿里地区科迦寺（Khor chags）维修中发现了《真实名经》的片段，学者认为其年代早于12世纪建寺，非常接近仁钦桑布译

---

1 *mTshan yang dag par brjod pa'i rgya cher 'grel pa 'jam dpal grags pas mdzad ba'i bsdus don.* 另：《智者喜宴》之后列《法界语自在曼荼罗赞》（Chos kyi dbyings gsung gi dbang phyug gi dkyil 'khor la bstod pa），第433—439页。

2 Anthony Tribe, "Mañjuśrī and 'The Chanting of Names' (*Nāmasaṃgīti*): Wisdom and its Embodiment in an Indian Mahāyāna Buddhist Text," in *Indian Insights: Buddhism, Brahmanism and Bhakti*, eds. Peter Connolly and Sue Hamilton (London: Luzac Oriental, 1997), 109 – 136.

3 《旁塘目录》420号，《登迦目录》438号。相关版本信息见 Adelheid Herrmann-Pfandt, *Die Lhan Kar Ma: Ein früher Katalog der ins Tibetische übersetzten buddhistischen Texte Kritische Neuausgabe mit Einleitung und Materialien* (Wien: Österreichische Akademie der Wissenschaften, 2008), 252 – 253.

4 *Māyājālatantra.* 藏文二译，仁钦桑布译本为 *rGyud kyi rgyal po chen po sgyu 'phrul dra ba*（Tōh. 466）。汉译见法贤译《瑜伽大教王经》（T. 890）。法贤所译《幻化网大瑜伽教十忿怒明王观想仪轨经》（T. 891）可联系到曼荼罗第三院四方四维诸神（东嘎2号窟壁画编号110—117）。

本原貌。[1] 在探索东嘎 2 号窟窟顶所绘法界语自在曼荼罗等图像遗存的进程中，希望能够捕捉到大译师力倡之下的时代风气。《真实名经》自汉、藏文还翻译为西夏文[2]、回鹘文、蒙古文[3]等语种，西夏时为党项、藏族僧人的必修功课。现存多件回鹘字汉语注音本，回鹘文、婆罗谜字对照本（新疆吐鲁番胜金口遗址出土，TII S 25。德国国家图书馆藏，U4703i）[4]，白兔年（1591）梵藏汉蒙四体合璧木刻版（乌兰巴托国家图书馆藏）[5] 等，再次直观而雄辩地展示出佛教承载的多民族文化的交融。

藏译本《真实名经》“可能是所有藏传佛教教派中最受尊崇、持诵最多的密续文本。德格版甘珠尔中它正是续部（rgyud 'bum）的第一篇，还排在时轮经典之前。它仅由 160 颂加上若干真言句子组成，却覆盖了庞大的知识体系，如果丹珠尔中的注疏可信。”[6] 从中三颂即衍生出法界语自在曼荼罗。即便东嘎 2 号窟壁画对外金刚部院神众进行缩减，共计 180 尊，依然展示出一个庞大的神系。神系扩充的实质是宗教文化乃至知识体系的扩充，而曼荼罗主尊文殊的身份有重新认识的必要，这位以“大智”而闻名的菩萨名下汇聚着多种知识与技艺。从佛经翻译史来看，时代相近的法贤（？—1001）等人译汉之密典就大量涉及治病、安胎、星命等方面的实用知识，[7] 与藏传佛教五明到十明的知识架构扩展相呼应。《文殊师利根本仪轨》亦有类似篇章，表达出开放的态度，同样是对非佛教实践进行吸纳和修改的典范：那些皈依佛教的神祇的真言在佛教体系中的“合法化”，被归因于它们其实都是文殊的教法。[8] 印度教对佛教、

1　Giacomella Orofino, "From Archeological Discovery to Text Analysis. The Khor Chags Monastery Findings and the *Mañjuśrīnāmasaṃgīti* Fragment," in *Western Tibet and the Western Himalayas: Essays on Archeology, Art, Literature and History*, eds. Amy Heller and Orofino (Leiden-Boston: Brill, 2007).

2　林英津：《西夏语译〈真实名经〉释文研究》，台北：“中研院”语言学研究所，2006。

3　萨仁高娃、海梅、乌力吉巴雅尔：《蒙藏文合璧〈圣妙吉祥真实名经〉研究》（mongɣol tübed qabsurɣaɣsan < qutuɣtu manjusiri-yin ner-e-yi üneker ügülekü̈i neretü sudur > -un sudulul），民族出版社，2015。

4　此外木头沟遗址出土的 U 4712、4713（T III M 198）为回鹘文刻本，行间夹写婆罗谜字；前者以汉文标记页码。相关文献信息散见于荣新江主编：《吐鲁番文书总目·欧美收藏卷》，武汉大学出版社，2007。

5　影印见 Raghu Vira (ed.), *Mañjuśrī-Nāma-Saṅgīti in Mongolian, Tibetan, Sanskrit and Chinese, and Sekoddeśa in Tibetan and Mongolian* (New Delhi: International Academy of Indian Culture, 1962).

6　Alex Wayman, *Chanting the Names of Mañjuśrī: The Mañjuśrī-Nāma-Saṃgīti, Sanskrit & Tibetan Texts* (Boston-London: Shambhala, 1985), 36.

7　赵洪联：《中国方技史》，上海人民出版社，2013，第 619—631 页。该书第 631—644 页对藏传亦有涉及。

8　详见 Alexis Sanderson, "The Śaiva Age — The Rise and Dominance of Śaivism During the Early Medieval Period," in *Genesis and Development of Tantrism*, ed. Shingo Einoo (Institute of Oriental Culture, University of Tokyo, 2009). 聚焦《文殊师利根本仪轨》的讨论见第 129—132 页。

尤其是密教的关键影响，在学术史上不乏经典著作。举印度教中湿婆信仰一系为例，上乐对湿婆的继承显而易见；[1]类似关系显然还可以追溯到大乘时代，例如观音与湿婆。[2] 视野能否切实扩大到汉地盛行的文殊信仰、泛印度文化等，是学术研究的当务之急。

---

1 David B. Gray, *The Cakrasamvara Tantra: A Study and Annotated Translation* (New York, 2007), 43, fn 165 on 54.

2 Claudine Bautze-Picron, "From Śiva to Avalokiteśvara in Eleventh-Twelfth-Century Manuscripts from Eastern Bengal," in *Śaiva Iconography: A Facet of Indian Art and Culture*, eds. Sudipa Ray Bandyopadhyay & Swati Mondal Adhikari (Kolkata: Sharmistha Banerjee, 2018), 13 - 23；周广荣：《观音与湿婆——南亚宗教文化交流、互鉴例示》，《世界宗教文化》2018 年第 6 期。

辛亥革命之男女图像*

■［美］梁庄爱论（Ellen Johnston Laing）著（美国密歇根大学中国研究中心）

■ 边　鹏 译（天津美术学院）

引　言

19 世纪末 20 世纪初，许多民众在孙中山（1866—1925）等领导下试图推翻清政府。他们认为清政府抵触改革，无力把中国带入现代世界；朝廷任人唯亲，将重要官职分配给皇族，而多数汉人被少数满人统治，积怨已久。反政府情绪酝酿多年，很多煽动者被俘并被处决，其中包括 1907 年被处死的女革命烈士秋瑾（1875 年生）及其表兄徐锡麟（1873 年生）。[1]

* 原文“Picturing Men and Women in the Chinese 1911 Revolution”刊于《男女》（*NAN NÜ*）2013 年第 15 卷第 2 期。本译文系国家社科基金艺术学项目“中国近代战事题材年画研究”（17CF200）阶段性成果，经作者梁庄爱论（Ellen Johnston Laing）校阅并授权发表。译文对原文个别文字做了修正，有的以译者注说明。

笔者感谢两位匿名读者的有益意见，还有密歇根大学亚洲图书馆中文采编部李春芳（Chun Fangli）的帮助，以及梁瑞超艾伦（Richard Alan Laing）和罗德尼·佐尔格（Rodney Sorge）耐心解释军事问题。

1 关于秋瑾有大量中文文献。英文资料则包括：翟林奈（Lionel Giles）：《秋瑾的一生：译自中文》（The Life of Ch'iu Chin：Translated from the Chinese），载《通报》（*T'oungPao*）1913 年第 14 卷；艾思柯（Florence Ayscough）：《中国妇女：昨天和今天》（*Chinese Women：Yesterday and Today*），波士顿：霍顿·米夫林出版公司，1937，第 135—177 页。关于秋瑾较新的传记，见房兆楹（Fang Chao-ying）：《秋瑾》（*Ch'iu Chin*），载恒慕义（Arthur W. Hummel）编《清代名人传略》（*Eminent Chinese of the Ch'ing Period*），华盛顿：美国政府印刷局，1943—1944，第 169—171 页；冉玫铄（Mary Backus Rankin）：《清末妇女的崛起：以秋瑾为例》（The Emergence of Women at the End of the Ch'ing：The Case of Ch'iu Chin），载卢蕙馨（Margery Wolf）、罗克珊·维特克（Roxane Witke）编《中国社会女性》（*Women in Chinese Society*），斯坦福：斯坦福大学出版社，1975，第 39—66 页；鲍家麟（Chia-lin Pao Tao）：《秋瑾》，见刘咏聪（Clara Wing-chung Ho）编《中国妇女传记辞典（清代卷）》（*Biographical Dictionary of Chinese Women*, 1644 - 1911），纽约州阿蒙克：M. E. 夏普出版社，1998，第 174—176 页。关于秋瑾的评论贯穿于季家珍（Joan Judge）：《历史宝筏：过去、西方与中国妇女问题》（*The Precious Raft of History：The Past, the West, and the Woman Question in China*），斯坦福：斯坦福大学出版社，2008。其他有关徐锡麟的资料参见《革命人物志》第 3 集，台北：中国国民党党史史料编纂委员会，1969，第 402—425 页。秋瑾和徐锡麟被频繁提及于冉玫铄：《早期中国革命者：上海和浙江的激进知识分子（1902—1911）》（*Early Chinese Revolutionaries：Radical Intellectuals in Shanghai and Chekiang*），马萨诸塞州剑桥市：哈佛大学出版社，1971。

其他推翻帝国政府的尝试均告失败，最重要的例子就是 1911 年 4 月由黄兴（1873—1916）[1] 领导的广州起义的失败。始于 1911 年 10 月湖北武昌的革命，因据中国历法六十年一轮回的干支系统，当年是辛亥年，被称为辛亥革命。这场革命推翻了清帝国统治，建立了共和政府。[2]

随着革命的进行，商业化的通俗印刷业通过石版画和木版画，向市民提供革命中重要事件的插图，还有男女参与者的肖像。2011 年香港历史博物馆的一场名为“走向辛亥革命之路”的展览含有几件 1911 年的石版画和木版画，并载于展览图录中。该图录聚焦于确定题材，而非这些版画的艺术要素。[3] 本文力图通过评价辛亥革命的参与者如何在石版画和木版画中被形象地呈现给民众，来填补这一研究空白。视觉性和艺术性上，中国的石版画和木刻画都非常复杂，要理解这些版画的重要视觉组成部分，需从几个层次上对其考察。本文有两个目标。首先，评估了石版画和木版画中辛亥革命的事件和参与者是如何被视觉识别并呈现给公众的。在这个过程中，一些个人和事件被虚构描述。其次，研究清楚地表明，在军事和其他公共空间中，女性形象在当时和革命之后是很普遍的，这可能不像以前一些学者所认为的那样“可耻”。

考虑到不熟悉辛亥革命的读者，革命概要介绍如下。这样做的目的并非完整呈现这次起义，而是提供足够的信息，使此文读者能够理解所绘系何人何事以及为什么。接下来是关于本研究所讨论的三幅石版画及木版画中所绘人物的介绍，仔细分析能表明一些肖像的来源。然后从图像的构图安排和在早期或同期版画中可能起源的角度，来细致考量这些石版画和木版画。辅助图案及其对总体信息的重要性也得以解释。这篇文章回顾了那些拥护革命事业的女性，尤其是女军的贡献，不仅分析其在版画中的外貌，而且还有将之联系在一起的大背景。最后部分让我们仔细看一下对两位女性——曹道新［1891（？）—?］和徐武英——的崇拜，解释她们在版画中的肖像为何如此受欢迎。

武昌起义与辛亥革命梗概

1911 年 4 月广东起义失败后，革命运动扩大，并计划于 10 月 6 日袭击湖北

---

1 关于黄兴的传记，见薛君度（Chün-tu Hsüeh）:《黄兴与中国革命》（*Huang Hsing and the Chinese Revolution*），斯坦福：斯坦福大学出版社，1961。

2 对辛亥前事件及辛亥革命的综述，见冉玫铄:《早期中国革命者》，载芮玛丽（Mary Clabaugh Wright）编《革命中的中国：第一阶段 1900—1913》（*China in Revolution*: *The First Phase* 1900－1913），纽黑文和伦敦：耶鲁大学出版社，1968。

3 《走向辛亥革命之路》，香港：香港历史博物馆，2011。

武昌。[1] 然而，由于准备不足，计划被推迟。10 月 9 日在武昌，一枚炸弹意外爆炸，10 月 10 日晚，起义正式发动。武昌城很快被革命军控制。湖广总督瑞澂（1914 年卒?）[2] 和统制张彪逃离该城。[3] 三日内，武汉三镇（包括汉口和汉阳）被革命军控制。黎元洪（1864—1928）被胁迫说服，成为临时政府的大都督；黄兴主管革命武装，汤化龙（1874—1918）领导湖北革命力量。[4] 清廷遂遣陆军大臣廕昌（1855—1928）和海军提督萨镇冰（1859—1951）分率陆海军进剿。[5] 10 月 14 日，袁世凯（1859—1916）被任命为湖广总督。[6] 袁世凯赴任时，廕昌返京。10 月 18 日，清军进攻武汉，经数日激战，在 11 月 27 日夺回汉口和汉阳，仅武昌仍在革命军之手。袁世凯以建立君主立宪制为基础，敦促南北双方达成和解。革命者拒绝了这一要求。11 月 1 日，清军袭取汉口，城市大部即刻遭毁。

随后，革命重心移至上海，遇到较少清军抵抗。到 11 月 5 日，革命党人占领上海，由被任命的外交总长伍廷芳（1842—1922）对外宣告成立新政府。[7] 中国其他地区迅速相继宣布脱离帝国统治。12 月 2 日，南京克复，革命势力决定新政府定都于此。从 11 月 18 日，袁世凯开始谈判建立共和政府。当年年底，革命政府宣告革命胜利并建立中华民国。12 月 29 日，孙中山当选首任临时大总统。

革命政府也采用了西历，并宣布

1　有关这场革命的同期记述，见丁乐梅（Edwin J. Dingle）：《中国革命记》（*China's Revolution*：1911－1912：*A Historical and Political Record of the Civil War*），商务印书馆，1912；甘博士（Percy Horace Kent）：《满人的消逝》（*The Passing of the Manchus*），伦敦：爱德华·阿诺德，1912。奇泽姆（Hugh Chisholm）编：《大英百科全书年鉴 1913 年》（*The Britannica Year-book* 1913），伦敦和纽约：大英百科全书出版社，1913，第 978—982 页中的信息也有价值。辛亥革命的学术研究包括维迪雅·普拉卡什·达特（Vidya Prakash Dutt）：《革命的第一周：武昌起义》（The First Week of Revolution：The Wuchang Uprising），载芮玛丽编《革命中的中国》，第 383—416 页；周锡瑞（Joseph W. Esherick）：《中国的改良与革命：辛亥革命在两湖》（*Reform and Revolution in China*：*The* 1911 *Revolution in Hunan and Hubei*），修订版，安阿伯：密歇根大学中国研究中心，1998；冯兆基（Edmund S. K. Fung）：《中国革命的军事层面：新军及其作用》（*The Military Dimension of the Chinese Revolution*：*The New Army and its Role in the Revolution of* 1911），温哥华和伦敦：英属哥伦比亚大学出版社，1980。

2　恒慕义：《清代名人传略》，第 128 页。

3　有关张彪的基本资料，见芮玛丽编：《革命中的中国》，第 387、395—396、397、402—403、410 页。

4　黎元洪传记见包华德（Howard L. Boorman）和理查德·C. 霍华德（Richard C. Howard）编：《民国名人传记辞典》（*Biographical Dictionary of Republican China*），纽约：哥伦比亚大学，1967—1971，第 2 卷，第 343—346 页。汤化龙传记见《民国名人传记辞典》，第 3 卷，第 230—232 页。

5　关于萨镇冰，见包华德、霍华德编：《民国名人传记辞典》，第 3 卷，第 86—87 页。

6　关于袁世凯的传记，见陈志让（Jerome Ch'en）：《袁世凯传》（*Yuan Shih-k'ai*，1859—1916），斯坦福：斯坦福大学出版社，1961；包华德、霍华德编：《民国名人传记辞典》，第 4 卷，第 78—89 页。

7　关于伍廷芳，见张琳达（Linda Pomerantz-Zhang）：《伍廷芳：中国近代史上的改革与现代化》（*Wu Tingfang*（1842－1922）：*Reform and Modernization in Modern Chinese History*），香港：香港大学出版社，1992；包华德、霍华德编：《民国名人传记辞典》，第 3 卷，第 453—456 页。

1912 年为中华民国元年。这是在清帝退位之前。正如史谦德（David Strand）所谓“从而中国在将近一个半月的时间里既有皇帝又有总统”[1]。他进一步陈述混乱，“几个月来，中华民国也有两位总统：1 月 1 日就职的孙中山……和北京的前清袁世凯，孙中山几乎立即承认袁取代他成为总统是共和国的合理选择。皇帝退位第二天，孙中山公开提出辞职，以支持袁世凯。两天之后，袁世凯最终声明拥护共和。”[2] 1912 年 2 月 12 日，幼帝溥仪（时年 6 岁，1906—1967）和隆裕太后（1868—1913）退位，清朝统治终结。3 月 10 日，袁世凯就任中华民国第二任临时总统。

石版画

描绘这一革命的石版画在上海发行，许多善于此技的艺术家生活于此。石版印刷技术在 19 世纪后期被引入中国，通过此方法进行图像印刷的主要例子，是上海从 1884 年至 1898 年出版的著名的《点石斋画报》，及随后出现的依靠石版画作插图的其他刊物。为了解辛亥革命，上海的文人、文盲或半文盲，或那些仅仅没时间或没兴趣阅读文字新闻报道的人，竞相去看这种声称描述当前革命事件的黑白石印的新闻传单（news sheets）。这种招贴被张贴在公共墙上，也可以买到。

这里研究的单张画报中，每一页石印画都有一个报头标题和许多图片，标题旁还有购买价格，有的还出版了早报和晚报。[3] 但遗憾的是，没有一个准确标注日期。这些画报是由画在不同形状里的战斗片断所组成，还有部分交叠。可以确定的是，这些场景不是基于照片，而应是由版画作者自己想象出来的。方言文段描述画面内容，更通俗易懂。除了战斗场景，还有参与者的肖像；且每个正式肖像都能被

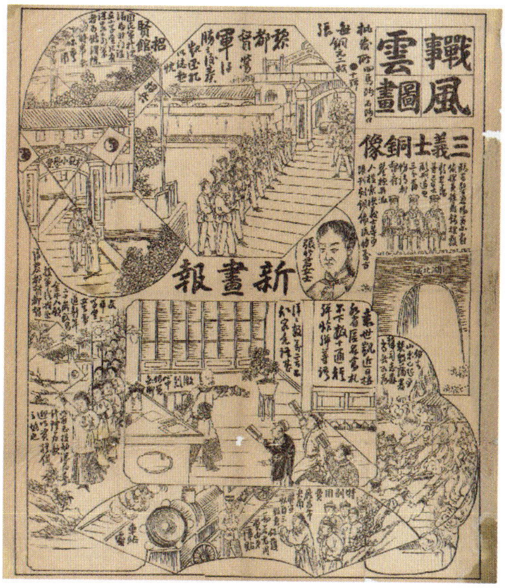

图 1 《新画报》（1911）

石版画，63.7cm × 55.8cm，普林斯顿大学葛思德东亚图书馆藏

1 史谦德（David Strand）：《未竟的共和：近代中国言与行的领导》（*An Unfinished Republic: Leading by Word and Deed in Modern China*），伯克利和洛杉矶：加州大学出版社，2011，第 24 页。

2 史谦德：《未竟的共和：近代中国言与行的领导》，第 26 页。其他革命运动参与者以下将视需要说明。

3 《走向辛亥革命之路》，第 138 页。该图录翻印了来自普林斯顿大学葛思德东亚图书馆的 11 幅石版画报（第 138—141 页）。

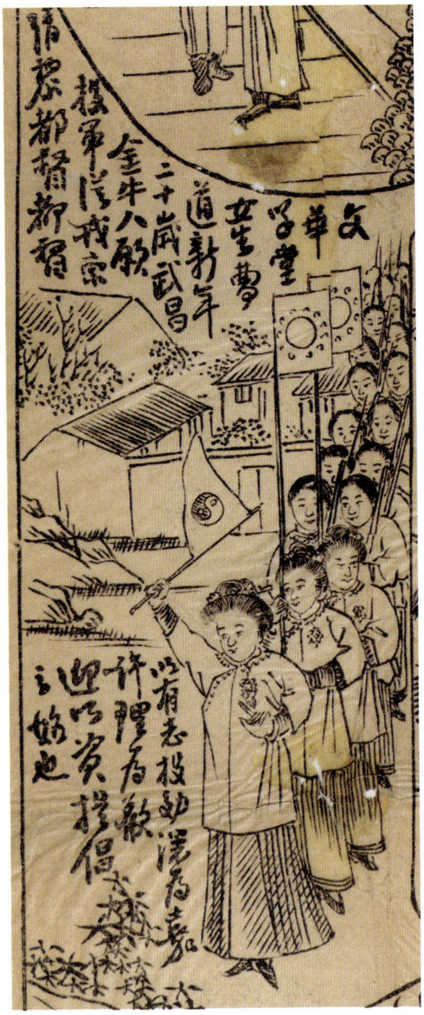

图2　《新画报》局部

表现女学生曹道新带领其同学

识别。《新画报》中心附近椭圆中所绘女性，是因医疗工作而闻名的张竹君（1876—1964）（图1）。[1] 她与中国红十字会关系密切，其救护队在抢救众多战斗中受伤的革命者过程中发挥了重要作用。此外，武昌起义后，这些画报还聚焦征募新兵的行动。左下角的场面显示了20岁的曹道新，她于10月23日带领女同学离开学校要求参军（图2）。她挥舞着一面象征革命军的太极三角旗。简短文字解释说，曹是文华学堂的学生，武昌金牛人，愿加入革命军，禀请黎元洪允准。黎以其有志投效，深为嘉许，欢迎和提倡其参军，作为一个开始。

第二幅曹道新特写的石版画，《战事画报》第五号，可能是1911年11月印刷的（图3）。之所以说是这个时间，是因为第四号画报描绘了一个发生在11月1日的事件。[2] 在《战事画报》描绘招募新兵和工人毁坏铁路拖延清军南下的图片中，也有曹道新带领同学的类似场景（图4）。稍长的题记显示，黎元洪认为在军队里有诸多碍难，故令曹筹组女子军

1　张竹君在那个时代的妇女研究中常被提及，此外，林维红（Lin Wei-hung）：《同盟会时期的女革命家活动（1905—1912）》[*Activities of Women Revolutionists in the Tung Meng Hui Period*（*1905－1912*）]，《中华学报》（*China Forum*）1975年第2卷第2期，参阅第265—266、271页；小野和子（Ono Kazuko）：《革命世纪的中国妇女》（*Chinese Women in a Century of Revolution*，*1850－1950*），傅佛果（Joshua A. Fogel）编，斯坦福：斯坦福大学出版社，1989，第72、77、216页。夏洛特·L. 宾汉（Charlotte L. Beahan）：《清末妇女运动和民族主义》（*The Women's Movement and Nationalism in late Ch'ing China*），哥伦比亚大学，博士学位论文，1976，第157、185、186、188、265—266、308—309页。关于张竹君的传记，见冯自由：《革命逸史》，台北：商务印书馆，1943—1945，第2集，第41—45页；李又宁、张玉法：《近代中国女权运动史料1842—1911》，台北：传记文学社，1975，第2册，第1375—1386、1463—1464页；安志坚（An Chi Kin）：《张竹君》，载刘咏聪编《中国妇女传记辞典（清代卷）》，第310—313页。

2　第四号画报，见《走向辛亥革命之路》，第140页。

队，谓其可作后援部队，并声称“将来可谓历史之大光荣，中国幸甚，汉族幸甚”。曹道新遵命办理，承担了创建女子军队的任务。画报顶部所绘二人，右侧是岑春煊（1861 年生），左侧为姜桂题（1843—1922）。这里为何包括此两人并不清楚，因为他们与武昌革命没有直接联系。[1]

《武汉大事图画第一版》按编号顺序报道武汉的光复，包括角逐过程的战斗场面，以及在革命军与廕昌部队之间的火车站（图 5）。水平排列六幅男性肖像，包括战斗双方领导人。右侧从右向左，是与革命党有关的人：黎元洪、黄兴和汤化龙。左侧从右到左，是与帝国势力有关的人：袁世凯、廕昌和萨镇冰。版画下缘一单独椭圆框里，是曹道新的正式肖像，上面标着其名字（图 6）。底部文字云：“快看新出”。

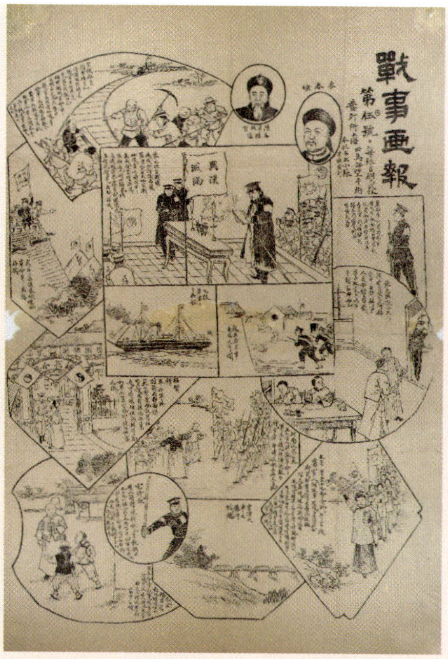

图 3 《战事画报》（1911 年 11 月）

石版画，78. 1cm × 54. 1cm，普林斯顿大学葛思德东亚图书馆藏

图 4 《战事画报》局部

表现曹道新带领其同学

木版画

木版印刷是中国传统印刷媒介，可追溯到唐朝（618—906）。到 19 世纪后期，彩色木版印刷是一个利润丰厚的行业，店铺遍布全国。彩色木版画描绘了辛亥革命的参与者和战斗场景，并提供特殊的 1912 年日历。这些木刻版画大部分也在

1 岑春煊曾出任几个省的督抚，但 1907 年遭开缺。房兆楹在其父岑毓英的传记中提到他，见恒慕义编：《清代名人传略》，第 745—746 页。姜桂题是一位上将，在 1912 年北京反袁革命中，以稳定北京局势而闻名，见房兆楹关于宋庆的传记，载恒慕义编：《清代名人传略》，第 688 页。

图5 《武汉大事图画第一版》(1911)

石版画，63.5cm×55.4cm，普林斯顿大学葛思德东亚图书馆藏

上海制作。这些木刻肖像版画和日历在其功能方面，相较情报性，可能纪念性更大。

与辛亥革命有关的木版画有两种类型。第一类是由有序排列的参与者特写照片组成的。这类印品中有两幅能可靠地确定时间，这不仅因其是日历，而且基于自身证据。所考虑的这些木版画都含有曹道新和徐武英的肖像。第二类辛亥革命木版画描绘战争场面。

两幅可能出自1911年年末的木版画是相似的，它们都在椭圆形框中呈现了十二位辛亥革命当事人的肖像，每帧画像凭名字和职位辨识。画有男女的一幅题作《鄂省官军与民国军伟人肖像》（图7）。上排从右至左描绘：黄兴、袁世凯、黎元洪、孙文、曹道新（身份标识“女革命军”）和徐武英（身份标识“徐锡麟妹”和“专主女革命”）。下行肖像从右向左是：张彪、荫昌、萨镇冰、瑞澂、盛宣怀（1844—1916，被注为“邮传部尚书”）[1]和汤化龙。在香港展览的目录中，这幅版画被认为绘于“1911年10月14日袁世凯授任湖广总督后”。[2] 但是，因其含有曹道新肖像，而她于10月23日应征入

图6 《武汉大事图画第一版》局部

曹道新肖像

1 有关盛宣怀的生平，见甘博士：《满人的消逝》，第13章；费维恺（Albert Feuerwerker）：《中国早期工业化：盛宣怀（1844—1916）和官督商办企业》[*China's Early Industrialization*: *Sheng Hsuan-huai* (*1844–1916*) *and Mandarin Enterprise*]，马萨诸塞州剑桥市：哈佛大学出版社，1958；包华德、霍华德编：《民国名人传记辞典》，第3卷，第117—120页。

2 《走向辛亥革命之路》，第130页。

图7 《鄂省官军与民国军伟人肖像》（1911）

木版套色，30cm × 56.5cm，普林斯顿大学葛思德东亚图书馆藏

图8 《十二革命仕女》（1911 ）

木版套色，27.6cm × 49.5cm，私人收藏

伍，故此画一定是10月23日后创作的，而非10月14日。

第二幅无题木版画描绘了十二位革命女性，仍是在椭圆框中注出名字及隶属关系（图8）。由于其中几位女性很少或根本不被了解，故而在适当地方标注其名字并旁列从属关系很重要。上行从右至左为：吴芝瑛（1867/1868—1933/1934）[1]、张竹君、曹道新（身份标识为“革命军女元帅”）、徐武英（标识为“替兄报仇”“女先行”）、程淑英（“女司令官”，其他不详）、李瑞林（“女书记”，其他不详）。下层自右而左为：陶秋麟（“武昌女参赞”，其他不详）、镜湖（被标为“日本留学生”“女革命”，其他不详）、陈连宝（“镇守汉阳”“女统制”，其他不详）、黄琼仙（“爱国女志士”）[2]、余赛玉（“民国军女统领”“今年十四岁”，其他不详）以及日本发式的秋芝珊（“秋瑾妹”“现入日本籍”，其他不详）。

另有与辛亥革命图像相关的两幅木版画是月份牌，这是19世纪末演化出的一种日历形式，直到20世纪上半叶还很受欢迎。[3] 被认为是1912年的第一幅月份牌名为《中华大汉民国月份牌》，并附注“新月历份牌”（图9）。其顶部共和国旗下配以黎元洪和孙文肖像颇具特色。中央是清幼帝溥仪的肖像，其两侧，右边是女元帅曹道新，左边是徐武英。扇形中描绘“女国民军标□”，此军名称最后一字[4]与右侧领导者则难以辨认[5]。右下角是“俄国大元帅”和一名上海敢死队[6]代表；底部中间的右侧是黄兴，左边是领导南京起义的徐绍桢（1861—1936）。[7] 左下椭圆框内绘一“英国大将”和一“德国大将”。版画上部边缘饰有旗帜和标语，其中一旗有“民国军”字样。顶部政治标

1 吴芝瑛，北京女诗人，系因从事反清活动而被处死的秋瑾的坚定支持者。她冒被捕的危险义葬秋瑾（冉玫铄：《清末妇女的崛起：以秋瑾为例》，第63页）。她还通过资助女子北伐队及其他方式，积极推动辛亥革命。见胡缨（Hu Ying）：《书写秋瑾的生活：吴芝瑛和她的家学》（*Writing Qiu Jin's Life: Wu Zhiying and Her Family Learning*），《晚期帝制中国（清史问题）》（*Late Imperial China*），2004年第25卷第2期，第139页；吴芝瑛的传记见《革命人物志》，第6集，第7—10页；安志坚：《吴芝瑛》，载刘咏聪编《中国妇女传记辞典（清代卷）》，第236—238页；李又宁、张玉法：《近代中国女权运动史料1842—1911》，第2册，第1486—1490页。

2 叫这个名字的人曾参加过中国医学会1915年的一次午宴。赵洪钧：《近代中西医争论史》，安徽科学技术出版社，1989，第97页。与画中是否为同一人尚不清楚。

3 关于这批月份牌的发展，见梁庄爱论（Ellen Johnston Laing）：《出售快乐：二十世纪初上海的月份牌和视觉文化》（*Selling Happiness: Calendar Posters and Visual Culture in Early-Twentieth-Century Shanghai*），檀香山：夏威夷大学，2004。

4 应为“备”字。——译者注

5 应为“辛素贞”。——译者注

6 应为“中华敢死队”。——译者注

7 包华德、霍华德编：《民国名人传记辞典》，第3卷，第45页；《革命人物志》，第3集，第386—394页。

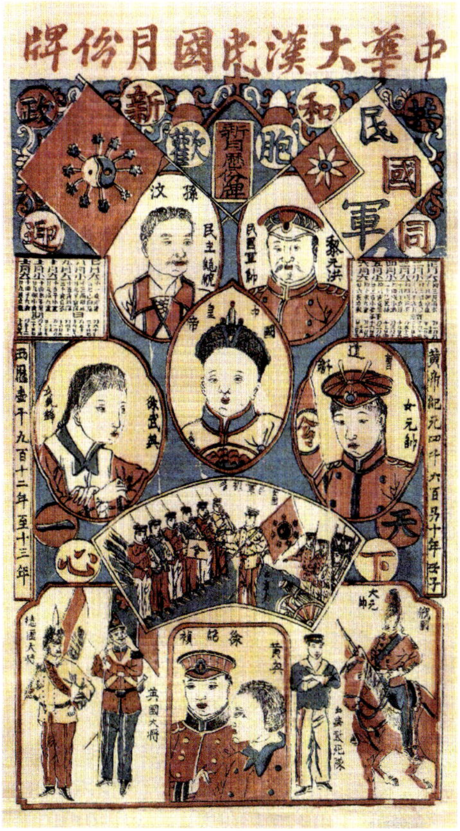

图 9 《中华大汉民国月份牌》（1912）

木版套色，52cm × 30cm，圣彼得堡俄罗斯科学院彼得大帝人类学与民族学博物馆藏，采自李福清：《中国木版年画集成·俄罗斯藏品卷》，中华书局，2009，第 412 页

语是“共和同胞欢迎新政”[1]，下部还有另一个口号“天下一心”。因该月份牌有溥仪画像，故其必是在 1 月 1 日到 2 月 12 日皇帝退位前创作的。

第二幅 1912 年月份牌题为《民国军大伟人新月份牌》，并注“改良”字样，共和旗帜下亦为黎元洪和孙文（图 10）。紧接着下面的场景，据顶部标注可知，描绘的是宣统（1908—1911）帝溥仪退位后逃离京师。城门上文字是皇宫名“紫禁城”，还有“御林军”旗和黄龙旗。溥仪离都的场景表明，这个日历是在 2 月 12 日其退位后制备的。除了最重要的黎元洪和孙文的面孔出现在顶部中间，其他肖像则是一个共和势力和帝国忠臣（包括其掌握的清军）的聚合，包括曹道新和徐武英，在紧靠主要人物下方大众喜欢的显著位置。第三排右边袁世凯，左边王天纵（“水

图 10 《民国军大伟人新月份牌》

（1912 年 2 月 12 日后）

木版套色，尺寸不详，町田市立国际版画美术馆藏，采自冯骥才主编：《中国木版年画集成·日本藏品卷》，中华书局，2011，第 336 页

1 读为“共和新政，同胞欢迎”为妥。——译者注

师提督”)。[1] 第四排从右到左呈现黄兴、蓨昌、盛宣怀和汤化龙。第五排从右到左描绘张彪、王天培(“苏省大都督府”,1888—1927)[2]、女医生张竹君以及萨镇冰。

图11　《民国伟人图》(1912)

木版套色,24.5cm×14.6cm,[日]中城正尧(Nakashiro Masataka)藏,采自冯骥才主编:《中国木版年画集成·日本藏品卷》,中华书局,2011,第375页

最后一组肖像,也是十二人,被名为《民国伟人图》(图11)。因每幅肖像都被封闭在不同外形的框里而极其别致,其中一些是吉祥水果的轮廓。除了通常的黎元洪、孙文、黄兴、徐武英、曹道新和袁世凯肖像,另绘六人:左上角为首任广东军政府都督胡汉民(1879—1936),[3] 第二排中间是福建军政府都督孙道仁;[4] 第三排中间是安徽军政府都督柏文蔚(1876—1947),[5] 其左侧是1911年至1912年任江西军政府都督的马毓宝,[6] 最底层是湖南军政府都督谭延闿(1879—1930)[7] 以及伍廷芳。此画一个重要标记是黄兴被称为“留守”。此术语表示他留下来照理军务。按:1912年4月下旬,临时政府迁至北京,黄留守南京,被指派处理事务;后来,据《民国名人传记辞典》中其传记,“黄兴要求解除其职。6月14日,该职位被废止……”[8],基于此可以确定,这幅版画作于1912年4月后。

1　月份牌所示该身份与史实不符。——译者注;关于王天纵的生平,见《革命人物志》,第12集,第6—17页。

2　月份牌所示该身份与史实不符。——译者注

3　包华德、霍华德编:《民国名人传记辞典》,第2卷,第159—166页。

4　关于孙道仁参与革命,见芮玛丽编:《革命中的中国》,第177、316页表格。

5　传记见《革命人物志》,第3集,第267—269页。

6　包华德、霍华德编:《民国名人传记辞典》,第1卷,第359页。

7　传记见包华德、霍华德编:《民国名人传记辞典》,第3卷,第220—223页。

8　黄兴传记见包华德、霍华德编:《民国名人传记辞典》,第2卷,第196页。

肖像源于照片

仔细比较木版画中的男性肖像，就会发现相同画像的重复。例如，图5、图7、图10中的廕昌，图5、图7、图9中的黎元洪和黄兴，图7、图10中的张彪，以及图5、图7中的萨镇冰。以上描绘均以这些人的照片为依据。

摄影在记录辛亥革命的事件和当事人方面起着重要作用。美国摄影师施塔福（Francis Eugene Stafford，1884—1938）1909年来到中国，为上海商务印书馆工作。他负责这一事件的大部分摄影。[1] 还有其他战地摄影师。丁乐梅（Edwin J. Dingle，1881—1972）在他1912年由商务印书馆出版的《中国革命记》一书注释中，感谢教士余恩思（Bernard Upward）道："书中所展示的许多插图均翻印自余先生的精彩收藏。"[2] 商务印书馆大量使用其摄影藏品。其出版的1911年第9期《东方杂志》发表了高劳撰写的长篇起义纪实，即以主要当事者和重要地点的照片作为插图。[3] 1912年，还出版了一套14集600帧的辛亥革命影像集《大革命写真画》。[4]

依据这些出版物，可查证一些木刻版画肖像的来源。甚至在武昌起义爆发前，1911年第5期《东方杂志》就刊有封闭在椭圆框中的清廷官员肖像照。其中一张是廕昌，这张特殊肖像也出现于图5、图7、图10的版画中。[5] 图5、图7、图9版画中黎元洪图片也是基于施塔福的一幅摄影。[6] 图5、图7、图9中黄兴独特的侧面肖像复制自《大革命写真画》中他的一幅照片。[7] 图7和图10中张彪的木刻肖像极似刊登于1911年第11期《东方杂志》上的其照片。[8] 图5和图7中萨镇冰

---

1 卢汉超（Hanchao Lu）:《共和国的诞生：施塔福辛亥革命摄影》（*The Birth of a Republic: Francis Stafford's Photographs of China's 1911 Revolution and Beyond*），西雅图：华盛顿大学出版社，2010，第7—9页;《走向辛亥革命之路》，第120页。该书也翻印了许多施塔福的照片。

2 丁乐梅:《中国革命记》，第8册。

3 高劳:《革命战事记》,《东方杂志》1911年第8卷第9期（影印本，台北：台湾商务印书馆，1971—1973，第20683—20700页）。

4 北京商务印书馆2011年再版。另一影集《辛亥革命画史》（香港：江汉出版社，出版年不详）中有许多照片与《大革命写真画》完全相同。同样的照片也被用于编委会:《民国画史》（*A Pictorial History of the Republic of China—Its Founding and Development*），台北：当代中国出版社，1981，第1卷第2章。

5 《东方杂志》1911年第8卷第3期。未标页码的两页卷首插页有翻印的清朝官员照片（影印本，第19478页）。

6 卢汉超:《共和国的诞生》，第72页。

7 北京商务印书馆2011年再版，第3页。

8 《东方杂志》1911年第11期，第9页（影印本，第20685页）。

的肖像同样来自该期杂志。[1]

更多的证据显示了版画中男性依赖已刊发肖像照片的事实。第五期《战事画报》中姜桂题和岑春煊的石印肖像也基于照片。[2]

构图安排与辅助图案

石印的新闻传单（图1、图3、图5）和一幅月份牌画中图文结合的拼贴效果（图9），效仿自英美版画经销商和出版者早在18世纪的惯常做法，被称为“混合版画”（medley print）。这些版画由一些题材集锦而成：肖像、风景、战斗场景、地图和文字。每一幅好似被描绘在一张单独的纸上，在矩形、椭圆形或正方形等不同形状里，被随意置于画面中，通常层层叠压（图12）。在20世纪早期报界，这种构图安排仍很流行，例如，1908年伦敦出版的一本关于中国的书。[3] 这也是对流行于19世纪末20世纪初上海的“八破”绘

图12 《老乔治·比卡姆给邮差的附言》

约翰·金（John King）和T. 斯莱特（T. Slater）1706年发表，铜雕蚀版手彩，42.8×28.5cm，承蒙牛津大学伍斯特学院院长及同事提供

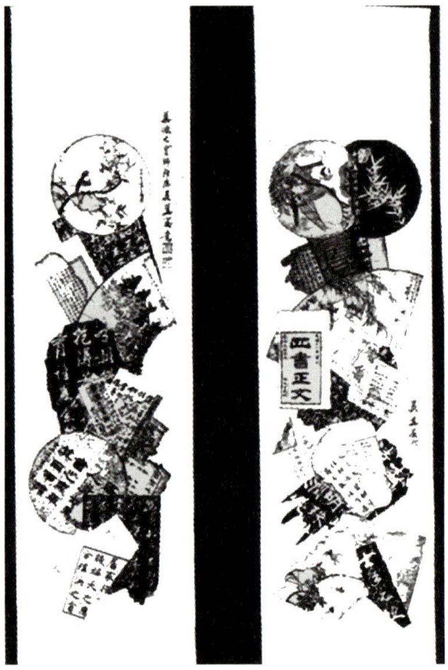

图13 《八破》[吴华（生卒不详），1885]

纸本水墨设色，147.3×39.4cm，图片承蒙康奈尔大学赫伯特·F. 约翰逊艺术博物馆提供

---

1 《东方杂志》1911年第11期，第20页（影印本，第20696页）。

2 有关姜桂题的照片，见《辛亥革命画史》，第176页；岑春煊的照片，见《走向辛亥革命之路》，第61页。

3 众多例子见阿诺德·莱特（Arnold Wright）、H. A. 卡特莱特（H. A. Cartwright）编：《20世纪香港、上海和中国其他通商口岸印象：历史、居民、商业、工业和资源》（*Twentieth Century Impressions of Hongkong, Shanghai, and Other Treaty Ports of China: Their History, People, Commerce, Industries, and Resources*），伦敦：劳埃德大不列颠出版有限公司，1908。

画的模仿。“八破”画以不同叠压形状里的各式样图文题材为特色（图 13）。[1] 然而，辛亥革命画报图像更为严格齐整，以便清晰展示。

如图 7、图 8 以及图 10 中有序排列的椭圆框肖像，是西方报刊描绘名人时的传统布置（有时用圆形框），肖像则衬以装饰背景。[2] 这种组合形式在中国 20 世纪早期就被使用，如 1903 年描绘“保皇女会”成员的招贴和 1908 年皇帝肖像群的年历。[3] 如此构图亦必引起中国观众的共鸣，因其近于描绘民间宗教诸神的方式。这类宗教版画的特征是一排排面孔，一些有椭圆光环，每个都标有名字。[4]

最特殊的构图在图 11 中，每幅肖像都被围于不同形状的框中，其中一些在水果形轮廓内。这种做法可追溯至 18 世纪的苏州版画，其叙事场景和少量文字被围在扇形、打开的书、开放的水面或挂轴、莲花瓣中，还有打开的扇面、茶壶、乐器、螃蟹、茶杯、大罐和梅花。[5] 一个 18 世纪的例子别出心裁，描绘石榴及其叶子形框内正进行一场围棋比赛（图 14）。多籽的石榴寓意多子。[6] 尽管 19 世纪末苏州已无此例，但地处乡村的河北武强在名为“俏皮话”的版画中仍用此法

图14 《棋手》(清初, 江苏苏州)
木版套色, 39.3 × 59.6cm, 伦敦大英博物馆信托人版权所有

---

1 白铃安（Nancy Berliner）:《八破：中国的视错画》(*The Eight Brokens: Trompe-l'oeil Paintings in China*)，《东方艺术》(*Orientations*) 1992 年第 13 期；白铃安:《20 世纪上海“八破”绘画作者问题》(*Questions of Authorship in Bapo Trompe l'oeil in Twentieth-Century Shanghai*)，《阿波罗》(*Apollo*) 1998 年第 147 期。

2 众多例子见莱特、卡特赖特编:《20 世纪香港、上海和中国其他通商口岸印象》。

3 翻印见《走向辛亥革命之路》，第 45 页。关于椭圆框里的清帝肖像见司马富（Richard J. Smith）:《中国通书》(*Chinese Almanacs*)，香港：牛津大学出版社，1992，图 2.4。

4 相关例子见薄松年:《中国年画》，文物出版社，1995，第 100 页。

5 典型例子见张道一:《中国木版画通鉴》，江苏美术出版社，2009，第 149 页；《中国明清时代的版画》，奈良：大和文华馆，1972，第 9—12 页。

6 巴塞洛缪（Terese Tse Bartholomew）:《中国吉祥图案》(*Hidden Meanings in Chinese Art*)，旧金山：旧金山亚洲艺术博物馆，2006，第 76 页。

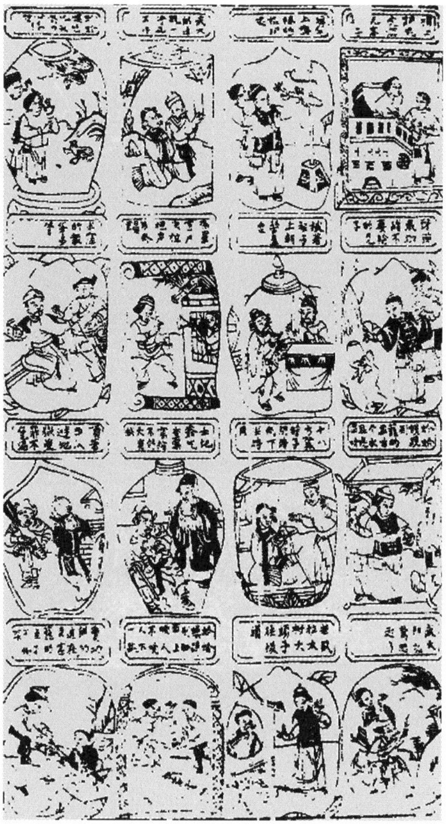

图 15　《俏皮话》（清末，河北武强）

木版画，74 × 55cm，收藏情况不详，采自张道一：《中国木版画通鉴》，江苏美术出版社，2009，图 314

（图 15）。[1] 这一传统手法，加之极少的石青色和一点红色强调，以及这些面孔实际并非源自当代照片，表明图 11 的版画制作远离大都市上海，或许产自武强。

仅有四种吉祥水果能被清晰识别。孙文（顶层中间）被置于上述代表多子祝福的石榴中。第二行最左端，徐武英被围于谐音“利”的梨中。[2] 第三行中间，柏文蔚被封闭在象征长寿的桃子中。[3] 最底行右边，伍廷芳周围是被称为佛手的柑橘属水果，此二字谐音“福”“富”和“寿”。[4] 此外，石榴、桃子和佛手的组合还表示宝贵的“三多”：福、寿和多子。[5] 基于悠久的构图模式与组合化的众所周知的吉祥图案，这幅版画定能吸引普通民众。最重要的是，它寓意希望新政权及其领导下的人民有繁荣稳定的未来。

用国旗装饰肖像在 19 世纪末的西方很常见。例如，英国茶商乔治 · A. 布莱

1　关于武强的奇特边框的另一些例子，参见张道一：《中国木版画通鉴》，第 93 页；王鹤鸣、马远良编：《清末年画汇萃：上海图书馆馆藏精选》，人民美术出版社，2000，上卷，第 65、68—70 图。另一个乡村年画中心山东杨家埠也用独出心裁的边框，但是范围较小。一个例子见詹姆斯 · 弗拉斯（James A. Flath，又译傅凌智）：《幸福的崇拜：中国北方乡村的年画、艺术和历史》（*The Cult of Happiness: Nianhua, Art, And History in Rural North China*），温哥华：不列颠哥伦比亚大学出版社，2004，图 3.3；王鹤鸣、马远良编：《清末年画汇萃：上海图书馆馆藏精选》，上卷，第 87、136 图。奇特的边框有时是吉祥图案，也是陶瓷装饰的一部分。关于一件釉下青花瓷的例子，见朱丽亚 · B. 柯蒂斯（Julia B. Curtis）：《十七世纪中国陶瓷：山水、文人主题故事》（*Chinese Porcelains of the Seventeenth Century: Landscapes. Scholars' Motifs and Narratives*），纽约：华美协进社，1995，第 51 页；有关十八世纪釉上珐琅彩的两个例子，见赫伯特 · 布劳提根（Herbert Bräutigam）、阿恩 · 艾格布雷希特（Arne Eggebrecht）：《东德博物馆藏中国艺术珍宝》（*Schätze Chinas in Museen der DDR*），美因茨：菲利普 · 冯 · 扎伯恩，1990，第 222、223 页。

2　巴塞洛缪：《中国吉祥图案》，第 155 页。

3　巴塞洛缪：《中国吉祥图案》，第 206 页。

4　巴塞洛缪：《中国吉祥图案》，第 30 页。

5　巴塞洛缪：《中国吉祥图案》，第 31 页。

克本（George A. Blackburn）提供的一种1899年赠品日历，描绘了四个英国军事英雄，他们在点缀着一簇簇代表英国各殖民地旗帜的椭圆形框内。[1] 中国人模仿了这一构思，用旗帜和横幅扩大了关于辛亥革命的两幅月份牌和两幅木版画中的画像。

19世纪晚期，西方人把国旗的概念引入中国，用其识别他们的船舶和其他财产。清朝效仿升起了一面黄底蓝龙戏红珠的旗帜。

图7所示湖北军政官员的肖像和其他领导人以二十一面旗帜为背衬，不仅包括张彪和瘮昌等清朝官员之间的大清龙旗，还有美国星条旗和香港旗（中间）。其他可辨认的旗帜包括德国、俄罗斯和西班牙的条纹旗。具有象征徽号的旗帜还有泰国的象旗、日本的红日、瑞士的十字架、土耳其的新月和星、葡萄牙的长方形图框、朝鲜的四卦绕太极、希腊的十字架和条纹，以及刚果的星星符号。所有这些暗示，中国在国际社会已取得公认。

武昌革命者展开了一面特殊标志的旗帜：九颗星围绕太极一圈的徽号。[2] 此标志出现在1912年《中华大汉民国月份牌》左上角（图9）。现存的武昌起义旗帜是一种缺少中央太极的变种，黑色九角尖有九颗白星和内部一圈白星[3]，合计红底上共十八星。根据香港历史博物馆的图录，“黑色九角与红底象征以铁血精神实现革命”，十八“星”则“象征关内汉族居住的十八行省，革命的目标便是把满洲人逐出关外。”[4] 一个中间含太极的版本出现在《民国军大伟人新月份牌》右上角（图10）。显然，无论有没有太极中心，此布局均系民国军官方旗帜。[5]

《十二革命仕女》（图8）肖像所结彩的38面旗呈现不同的标志。张竹君画像上有两面红十字旗，恰是她从事医疗工作的象征。此外，还有大量太极图案，有的围以星星。据费约翰（John Fitzgerald）说，“许多党派的旗帜总是与众不同，对

1 罗伯特·奥佩（Robert Opie）：《统治不列颠：英国图像的利用》（*Rule Britannia: Trading on the British Image*），米德尔塞克斯和纽约：维京出版公司，1985，第64页。

2 费约翰（John Fitzgerald）：《唤醒中国：国民革命中的政治、文化与阶级》（*Awakening China: Politics, Culture, and Class in the Nationalist Revolution*），斯坦福：斯坦福大学出版社，1996，第181页。
武昌革命军旗帜应为“十八星旗”，而“九星太极旗”系上海革命军旗。——译者注

3 实均为黄星。——译者注

4 《走向辛亥革命之路》，第94页。

5 另外，对代表共和的适宜的旗帜，革命领袖们有自己的看法。孙中山青睐于“青天白日满地红”旗。黄兴则倾向于象征“平均地权”的红底“井”（井田）字旗。沈艾娣（Henrietta Harrison）：《共和国民的塑造：中国的政治庆典与象征1911—1929》（*The Making of the Republican Citizen: Political Ceremonies and Symbols in China* 1911–1929），牛津：牛津大学出版社，2000，第101页。最终，一面包含五种不同颜色横条的旗帜成为中华民国公认的国旗：红色代表汉族，黄色代表满族，蓝色代表蒙族，白色代表藏族，黑色代表回族。沈艾娣：《共和国民的塑造》，第100页。一幅由这三种旗帜及武昌起义的十八星旗装饰顶部的1912年月份牌回顾了革命中的主要事件。翻印见《走向辛亥革命之路》，第87页。

聚集其下的支持者向来非常重要，但其实他们不完全清楚其所指为何。”[1] 在太极和星星的主导下，《十二革命仕女》中的女性极力与革命者对齐。

妇女对革命的贡献

从上述革命概要看，辛亥革命中男性的主导作用是显著的，涉及革命的现代作家通常忽视女性对革命的贡献。只有研究中国妇女权利发展的学者，才真正论证了妇女在辛亥革命中的作用。对汉族妇女来说，19 世纪末 20 世纪初的中国危机不仅引发主张推翻满族政权的运动，而且也改变了妇女参与社会和政治生活的观念。这些妇女不仅反满，且欲争取选举权，以使其呼声被听到，她们希望男女平等。与这些运动有关的各种争论错综复杂，而且显然在不断变化。有几位学者已论证过这些问题。[2] 研究还显示，在某些 19 世纪末 20 世纪初的版画作品中，一条通往女性世界的新路径显而易见。[3]

然而，在理解妇女在革命中的实际作用时，学者们哀叹：“妇女的活动没有被系统记录下来。尽管有一些零碎的记录，但并没有保存完好……文字史料……要么不完整，要么有出入。”[4] 当然，例外的是，有大量关于 1907 年被处决的女革命烈士秋瑾的文献。女战士仅是妇女参与辛亥革命这一更宏大画面的一部分。

林维红（Lin Wei-hung）提供了最完整的关于妇女支持革命、捐赠行动、姓名和日期的概述。[5] 妇女们通过出版杂志和教学进行宣传，并筹集资金支持革命。妇女活动的一个重要方面集中在后勤：制作旗帜、准备炸药、撰写信函和医疗服务。

---

1 费约翰:《唤醒中国》，第 181 页。

2 例如，参见李木兰（Louise Edwards）:《中国的民族与国家叙事：20 世纪初期妇女参政》（*Narratives of Race and Nation in China: Women's Suffrage in the Early Twentieth Century*），《妇女研究国际论坛》（*Women's Studies International Forum*）2002 年第 25 卷第 6 期。季家珍考察了当时西方英杰传记译著对中国人思想的影响，翻译的著名西方女性包括那些堪称提倡标准的儒家道德观念者和煽动革命者。《自我跨域技术：世界女杰传记与中国妇女问题》（*A Translocal Technology of the Self: Biographies of World Heroines and the Chinese Women Question*），《妇女史杂志》（*Joumal of Women's History*）2009 年第 21 卷第 4 期。该主题更多有价值的信息见季家珍的《历史宝筏》。

3 尤其是参见坦尼娅·麦金太尔（Tanya Mclntyre）:《年画中的女性形象》（*Images of Women in Popular Prints*），载安东篱（Antonia Finnane）、安妮·麦克拉伦（Anne McLaren）编《中国阴文化：衣着、女性与文字》（*Dress, Sex and Text in Chinese Culture*），澳大利亚克雷顿：蒙纳士大学蒙纳士亚洲研究所，1999，第 58—79 页；梁庄爱论：《中国年画的改良、革命、政治与抗争主题 1900—1940》（*Reform, Revolutionary, Political, and Resistance Themes in Chinese Popular Prints, 1900 - 1940*），《中国现代文学与文化》（*Modern Chinese Literature and Culture*）2000 年第 12 卷第 2 期。

4 林维红:《同盟会时期的女革命家活动（1905—1912）》，第 247 页。荣铁生亦有此感慨，见《辛亥革命前后的中国妇女运动》（*The Women's Movement In China Before and After the* 1911 *Revolution*），载薛君度编《辛亥革命：新视角》（*The Chinese Revolution of 1911: New Perspectives*），香港：联合出版社，1986，第 154 页。

5 林维红:《同盟会时期的女革命家活动（1905—1912）》，第 245—299 页。

她们因其性别，可以通过建立看似正常的家庭和充当仆人或家庭主妇，在其间承担通信，为革命组织提供掩护。再者，因女性身份不显眼，她们可在关键时刻通过在行李中隐藏子弹和炸药，或者假装送礼物给亲朋来运送弹药或递送文件。惯常的计策是，将弹药或供给隐藏在一个新娘轿椅中，看上去像支婚礼队伍般而运送到目的地，就如徐宗汉（1876—1944）1911 年 4 月支持黄兴在广东起义所做的一样。[1] 女性还从事间谍活动。

她们的活动不仅是组织参加女子军队，军事行动中有女性作战也并非新闻。中国过去就有妇女从事军事活动，有时作为将军，间或投入战斗，包括从商朝晚期领导商王军队的妇好（约活动于公元前 13 世纪），到 13 岁带领勇士突围搬兵的荀灌（约 350 年前后），到唐朝领导武装推翻隋朝（581—618）的平阳公主（623 年卒），再到 1130 年在沙场雷鼓助夫击败金军的梁红玉（1100—1135），[2] 再到明代（1368—1644）女将秦良玉（1648 年卒）。[3] 据魏斐德（Frederick Wakeman）说，1850 年太平天国期间的"妇女通常为军事小队组建劳工团。一些女子小队，特别是苗族部落妇女，加入由其自己的女军官指挥的战斗"[4]。小野和子（Ono Kazuko）指出，太平天国的女军是"由坚强不屈的农民妇女组织的……"[5]。同样他指出，辛亥革命不同，因为试图组建军事小队的女性都是中产阶级，且学生居多。

许多关于妇女运动的学术研究，包括 19 世纪末 20 世纪初的妇女教育，都集中于守旧派和改革派间的论争，而未真正论证妇女的军事教育问题。有关妇女军事训练的证据很少。1906 年，秋瑾在绍兴建立的体育学校"希望能给予女学生军事训练，将其组织成一支受其指挥的女子军队。这个体育学校（原文如此）招生规模较大，但由于当地民众和教育主管的反对，女军未能实现"[6]。早在 1907 年，秋瑾接管了另一所学校即大通学堂，与体育学校合并而成大通体育学校。其目标之一即军事训练。[7] 不幸的是，几个月后，秋瑾被处决。

1 小野和子：《革命世纪的中国妇女》，第 72—73 页。

2 芭芭拉·贝内特·彼得森（Barbara Bennett Peterson）：《中国著名女性》（*Notable Women of China*），纽约阿蒙克：M. E. 夏普出版社，2000，第 269—275 页。又见兰冬（Lan Dong）：《中国和美国的木兰传奇和遗产》（*Mulan's Legend and Legacy in China and the United States*），费城：天普大学出版社，2011，第 21—23 页。

3 有关这些著名女性的生平简介见兰冬：《中国和美国的木兰传奇和遗产》，第 15—30 页。

4 魏斐德（Frederick Wakeman，Jr.）：《中华帝制的衰落》（*The Fall of Imperial China*），纽约：自由出版社，1975，第 161 页，注 17。

5 小野和子：《革命世纪的中国妇女》，第 74 页。

6 林维红：《同盟会时期的女革命家活动（1905—1912）》，第 258 页。

7 林维红：《同盟会时期的女革命家活动（1905—1912）》，第 258—259 页。

尽管女性看似缺乏军事训练，但按林维红的说法，辛亥革命之前女性就“在几次战役的前线战斗——1907 年绍兴起义，1910 年新军起义，1911 年黄花岗起义……”[1]。

武昌起义后，青年女性迅速自愿投军。徐天啸（1886—1941）在 1913 年的著作中记载：农历八月二十三日（10 月 14 日），19 岁的汉阳学生吴淑卿（1892 年生）响应黎元洪的招募请愿投军。[2] 黎以男性组成的军队难以吸纳女性为由婉拒其请求，吴回应革命不分男女。其姿态清楚反映出当时妇女争取男女平等的努力。最终，黎允其组建女军。据说有数百妇女报名。

10 月 23 日《民立报》一文称，曹道新吁请参军。[3] 黎元洪准其请愿，命其招募女军，正如《新画报》（图 1 和图 2）和《战事画报》（图 3 和图 4）文本所云。

最后，小野和子说，“吴淑卿训练所率军队，并指挥其投入战斗。”[4] 其“湖北女子北伐队”参加了汉口和南京的战斗。尽管吴为革命做出贡献，但赢得公众称誉的却是曹道新。

随后，数个妇女武装迅速建立，有关她们的信息是“稀缺和混乱的”，但显然在 1911 年年底，各地有 9—11 支女军分队出现。[5] 其中，由尹锐志（1890—1948）和尹维俊（1894/1896—1919/1920）领导的“浙江女子敢死队”进攻该省兵工厂。[6] 随着革命取得成功，更多女军出现，准备北伐。在“女子北伐队”指示下，各种女子军事团体纷纷建立。上海成立的小队包括超过 70 名成员的“上海女子北伐军”，其大部分是由天津女子师范学校派往南方参军的，领导人是沈警音和郑壁，她们得到沪军都督陈其美（1876—1916）提供的弹药和物资支持。[7]

---

1 林维红：《同盟会时期的女革命家活动（1905—1912）》，第 299 页。

2 徐天啸：《神州女子新史正续编》，1913，台北：食货出版社，1978，续编第 71—72 页。

3 《民立报》，第 11 册，台北：“中央”文物供应社，1969 年影印本，第 2464 页。

4 小野和子：《革命世纪的中国妇女》，第 75 页。

5 夏洛特 • L. 宾汉（Charlotte L. Beahan）：《众人眼中：二十世纪初的中国女性》（*In the Public Eye: Women in Early Twentieth-Century China*），载桂雨时（*Richard W. Guisso*）、斯坦利 • 约翰逊（Stanley Johannesen）编《中国妇女：历史研究的新趋向》（*Women in China: Current Directions in Historical Scholarship*），扬斯敦，纽约：菲洛出版社，1981，第 215—238 页。处理这些记载的一个主要问题是，女子军事团体的名称不一致。

6 马育新（Yuxin Ma）：《近代中国的女报人与女权主义》（*Women Journalists and Feminism in China*, 1898 - 1937），阿默斯特，纽约：坎布里亚出版社，2010，第 104 页；荣铁生：《辛亥革命前后的中国妇女运动》，第 159 页。尹氏姐妹是秋瑾的学生，多次参与武装起义，后在上海从事联络和间谍活动。又见林维红：《同盟会时期的女革命家活动（1905—1912）》，第 284 页；李木兰（Louise Edwards）：《性别、政治与民主：近代中国的妇女参政》（*Gender, Politics, and Democracy: Women's Suffrage in China*），斯坦福：斯坦福大学出版社，2008，第 48 页。

7 荣铁生：《辛亥革命前后的中国妇女运动》，第 158 页。有关陈其美在革命中作用的描述，见冉玫铄：《早期中国革命者》，尤其第 203—209 页。陈其美的详尽传记，见包华德、霍华德编：《民国名人传记辞典》第 1 卷，第 163—165 页。

组建于上海的第二支小队是"光复军女子北伐队"，由林宗雪（又名素愷、素皚）领导。据荣铁生说，"在武昌起义前，林曾在上海组织一妇女进步社团，训练其成员，并推动革命报纸的发展。"[1] 其女子北伐队超过30多名成员；后来，林随浙江军队进攻南京。[2] 一所女校的女校长陈婉衍在上海组建并任指挥的"女子敢死队"，也参加进攻南京。[3] 1911年11月13日，来自尚侠女校的薛（或辛）素贞吁请陈其美允组"女子国民军"，其请愿获准。11月18日，她在《民立报》登广告为其军队招募500名新兵。[4] 林宗雪显然也与这支军队有联系。张昭汉（墨君，1883—1965）组织了一支名为"上海女子北伐军敢死队"的女军，超70名学生应征。[5]

妇女们是如何学习哪怕是最基本的军事技能的呢？许多版画描绘了从事军事训练的年轻女性，尽管其日期并不清晰确定。天津杨柳青一幅名为《女学堂演武》（图16）

图16 《女学堂演武》（清末，杨柳青）

木版套色，54×106cm，王树村藏，采自冯骥才主编：《中国木版年画集成·杨柳青卷》，中华书局，2007，第397页

1 荣铁生：《辛亥革命前后的中国妇女运动》，第158页。

2 林维红：《同盟会时期的女革命家活动（1905—1912）》，第284页；荣铁生：《辛亥革命前后的中国妇女运动》，第158—159页。

3 马育新：《近代中国的女报人与女权主义》，第103—104页。

4 马育新：《近代中国的女报人与女权主义》，第132—133页言其姓薛；林维红：《同盟会时期的女革命家活动（1905—1912）》，第287页言其姓辛。有关其他女子军事团体的信息，见林维红：《同盟会时期的女革命家活动（1905—1912）》，第286—291页；荣铁生：《辛亥革命前后的中国妇女运动》，第158—159页；马育新：《近代中国的女报人与女权主义》，第103—104、132—133页；杜伟：《上海女子北伐敢死队》，载《辛亥革命回忆录》第4卷，中华书局，1961—1963，第59—62页；史谦德：《未竟的共和：近代中国言与行的领导》，第109—110页。

5 李木兰：《性别、政治与民主：近代中国的妇女参政》，第50页。

图 17 《贞女学堂》(20 世纪早期，杨柳青)

木版套色，46×101cm，俄罗斯喀山大学民族学博物馆藏，采自李福清：《中国木版年画集成·俄罗斯藏品卷》，中华书局，2009，第 297 页

的年画描绘了一名女军官率领八名女子组成的班。教官穿长裙、靴子，戴一顶大檐帽，手执射击发令的长棒。参加操练的八名妇女排成两排。前排四名妇女端平步枪，但未瞄准。后排四人左肩扛枪，其中六名女性着对襟或斜襟的束腰上衣、长裙、靴子，戴前饰鲜花的软呢帽。这种制服与伦敦大英博物馆藏名为《新刻女学堂马队操》的版画，[1] 以及包括河北武强和山东潍县在内不同地域所绘女性军事训练的版画中妇女所穿相似。[2]

另一幅展示女性军事操练的版画也来自杨柳青，名为《贞女学堂》，1913 年被一名俄国人获得（图 17）。[3] 这里的女孩们穿裤子和外带口袋的对襟制服上衣，戴花帽子。其他学校也鼓励妇女参加军事训练。一幅来自上海刊物《图画日报》的版画，表现中国女子体操学校的女性们在其毕业典礼上执枪训练，做预备瞄准射击的进攻架势（图 18）。这所学校成立于 1910 年，辛亥革命爆发后，学生参加革

1 翻印见梁庄爱论：《中国年画的改良、革命、政治与抗争主题 *1900—1940*》，图 24。

2 金曼仪（Mary Ginsberg）对这幅插图的评论，见史明理（Clarissa von Spee）等编：《8—21 世纪的中国版画》（*The Printed Image in China: From the 8th to the 21st Centuries*），伦敦：大英博物馆，2010，第 147 页。

3 李福清（Boris Riftin）：《中国木版年画集成：俄罗斯藏品卷》，中华书局，2009，第 517 页。

命，学校关闭。[1] 女孩们穿长款斜襟上衣和裤子，戴小檐贝雷帽。这种帽子有时用丝带装饰，在当时的年轻女性中很流行。[2]

此外，中国海军官员杜伟帮助训练了女子部队。据小野的说法，“他每天花一半的时间指导她们基本军事知识、战略、战术和实弹练习。”[3]

尽管证据表明，对妇女的军事训练确实存在，但事实凸显人们普遍缺乏对这种教育的认可。1912 年 1 月，一名妇女“向江浙联军总司令请求批准设立一所女子军事训练学校，该倡议因无先例而被拒”[4]。

1912 年 2 月 26 日，在临时政府的一项裁决中，女子军队遭解散。这些军队里的一些女性是离家出走的，现在被退伍而无家可归；一些人继续其学业，另一些人结婚了，其他人参加了全国妇女选举权运动，还有一些人遁入空门。[5]

图 18 《中国女子体操学校举行毕业》
[张树培（生卒不详），1910]
石版墨线，采自《图画日报》，上海古籍出版社，1999，第 4 册，第 216 页

妇女军事团体的历史有几个方面值得进一步分析，尤其是，与男性士兵形象相比，她们的图画形象如何。施塔福和其他人拍摄了战场上作战的男性士兵照片，并发表在商务印书馆的辛亥革命影集中。[6] 很显然，只拍了几张男性士兵的正式合影。其中之一，如英文标题所描述的是

1 马学新等：《上海文化源流辞典》，上海社会科学院出版社，1992，第 151 页。该校 1913 年重开。

2 图片参阅 1909—1910 年《图画日报》，上海古籍出版社，1999，第 3 册第 391 页，第 4 册第 259、269、271、346 页。

3 小野和子：《革命世纪的中国妇女》，第 75 页。他后来发表一篇关于“上海女子北伐敢死队”的文章。女性能学习军事战术的另一所学校或是“上海女子尚武会”，1912 年 2 月，该校向袁世凯致贺信，祝贺他当选民国总统。见《临时公报》1912 年 2 月 19 日，台北：中央文物供应社，1968，第 171 页。

4 保罗 • J. 贝利（Paul J. Bailey）：《中国的性别与教育：二十世纪早期性别话语及女子的学校教育》（*Gender and Education in China: Gender Discourses and Women's Schooling in the Early Twentieth Century*），伦敦，纽约：劳特利奇出版社，2007，第 69 页。

5 林维红：《同盟会时期的女革命家活动（1905—1912）》，第 290 页；史谦德：《未竟的共和：近代中国言与行的领导》，第 111 页；杜伟：《上海女子北伐敢死队》，第 62 页。

6 男性战斗或准备战斗的照片常出现在施塔福的影像集中，例如一些翻印照片见户汉超：《共和国的诞生：施塔福辛亥革命摄影》，第 67、68、72、112、113 页。

“光复上海诸军将校”（图19）。[1]

相比之下，据我所知，战斗中的女性照片未见发表。不过，无论事实如何，那些勇敢女性的详细活动在当时没有被充分记录，她们有时最初遭拒，就像吴淑卿的情况，她们的参与很少在当代的辛亥革命史中被讨论，但显而易见，当时她们引起公众关注，并获激赏。照片拍摄的是个别女军领导人，以及着军装和持武器的女军合影。非常明显，上述女子团体的名称在这些照片的图注中并不一致。[2]

被拍摄的四支女军身穿军装，手持武器。[3] 可能最著名的一幅女军合影中，包括鼓手和巨大旗帜，其一面旗系武昌起义的标志（图20），另一面旗显示该部队名称“中华女国民军”。尽管该部队名称在旗帜上被明确标识，但此照片在出版物上却有不同的标题。[4]

在辛亥革命女兵照片中，她们身着与男兵同样源自欧洲形制的制服。她们被同上述古时称颂的女勇士联系到一起，尤其是女扮男装替父从军的传奇的花木兰。[5] 对此，正如李木兰（Louise Edwards）所评论，辛亥女性没有像花木兰一样着男装隐性别，而是穿“她们认为适合其任务的衣服”。[6] 此外，辛亥革命女兵寻求的，并非如同前人是要维护社会秩序的完整，而是要破坏它，以便为妇女创造新的政治、

1 第二组肖像显示为“广东北伐决死队”，翻印见《大革命写真画》，第225页。

2 最早的照片之一是薛（辛）素贞拄刀站立的一张，出现于1911年11月22日上海报纸《申报》（上海书店，1983年影印本，第115册，第314页）。一幅椭圆形框中的林宗雪特写照发表于1912年1月11日的《民立报》（影印本，第14册，第3094页），她被视作“中华女国民军”发起人。1912年5月1日的《东方杂志》刊登了两幅女军领导人照片和两组女子军队的照片（无页码，影印本，第8册，第21064页）。在此，林的肖像被列作“光复军女子北伐队统制”。发表于同期《东方杂志》（无页码，影印本，第8册，第21064页）上的一张陈婉衍的正式照片被称为“光复军女子北伐队管带”，尽管其常被同上海女子国民军联系在一起。

3 “光复军女子北伐队”被刊登在1912年5月1日的《东方杂志》（影印本，第8册，第21064页）。同样翻印见《辛亥革命回忆录》，第4集，无页码。“浙江女子北伐队”也出现于1912年5月1日的《东方杂志》，这是否即“浙江女子敢死队”并不确定。一幅“上海女子北伐敢死队”的照片发表于《辛亥革命回忆录》，第4集，无页码。

4 其最初出现于1911年11月的《妇女时报》（影印本，第2册，线装书局，2006，第525页），被标注为“中华民国女国民军”。当发表于1912年1月10日的《民立报》（影印本，第14册，第3083页）时，图注又为“中华女子国民军”。另外，1912年上海商务印书馆出版的大型摄影集中含有该组肖像，被作为“上海女国民军”。《大革命写真画》，第189页；《辛亥革命画史》，第59页。

5 关于许多方面的大量描述和对花木兰生平的解读，见兰冬：《中国和美国的木兰传奇和遗产》；希阿明·夸（Shiamin Kwa）、伊维德（Wilt L. Idema）编译：《木兰：中国古典传奇的五个版本及相关文本》（*Mulan: Five Versions of a Classic Chinese Legend, with Related Texts*），印第安纳波利斯：哈科特出版公司，2010；李木兰：《女勇士花木兰的蜕变：从家庭守护者到国家仆人》（*Transformations of The Woman Warrior Hua Mulan: From Defender of The Family To Servant of the State*），《男女：中国的男人、女人与性别》（*Nan Nü: Men, Women and Gender in China*）2010年第12卷第2期。

6 李木兰：《为权力着装：中国的长衫、校服和军装》（*Dressing for Power: Scholar's Robes, School Uniforms and Military Attire in China*），载米娜·罗斯（Mina Roces）、李木兰编《亚洲和美国的衣着政治》（*The Politics of Dress in Asia and the Americas*），布莱顿，波特兰：苏塞克斯学术出版社，2007，第52页。

图19《光复上海诸军将校》（1911—1912）
照片采自《辛亥革命画史》，香港：江汉出版社，出版年不详，第48页

图20 《上海女国民军》（1911）
照片采自《辛亥革命画史》，香港：江汉出版社，出版年不详，第59页

教育和社会机会。爱德华兹认为，着男军服的女性形象引起了“一场媒体轰动”，她认为哗众取宠是大众媒体刊登女军照片的原因。[1] 然而，这也可能反映出，对女性在革命中所扮角色的普遍理解，已超越了过去所认为的“可耻”。她们在广受欢迎的石版画和木版画中一再出现，表明其活动得到普通公众的认可。值得注意的是，1912 年 1 月初，“中华女国民军”在上海接受了孙中山的检阅。[2] 此后不久，上述林宗雪照片和“光复军女子北伐队”合影，以及陈婉衍肖像和她的“女国民军”出现在一些期刊上。同样重要的是要认识到，“女国民军”在 1912 年月份牌中占据了主要位置（图 9），但显而易见，男性军队没有在月份牌图像中占主要地位，尽管该月份牌确实含有男性的上海敢死队[3]的一名单独代表。

新女性激进分子能吸引国人还另有原因。正如李喜所和许宁在对同时代妇女参政所解释的那样，“女界为革命潮流所鼓荡，风气渐开，又参加种种军事、救济、募响等实际革命工作，益复认识国民身份与责任之所在”。[4]

最新的评论有助于我们理解辛亥女军人对中国社会的影响。林维红据历史情境判断：

> 妇女对革命的献身精神引起了公众的注意，她们对国家事务的关注变得广为人知。在一个妇女被认为应固守深闺的社会中，组建妇女军队是一个惊天动地的举动，这也证明，中国妇女的传统角色正在经历激变。[5]

保罗 · 贝利陈述道：

> 清末民初，在街头、学校、休闲娱乐场所，女性的公共场合出现率不断提高，可以说是这一时期最引人注目的社会和文化变迁之一。[6]

董玥（Madeleine Yue Dong）断言，报章媒体“沉迷仅见于公共空间中的女

---

1 李木兰：《为权力着装：中国的长衫、校服和军装》，载米娜 · 罗斯、李木兰编《亚洲和美国的衣着政治》，第 51 页。

2 《民立报》1912 年 1 月 7 日，影印本，第 14 册，第 3054 页。

3 月份牌实作“中华敢死队”。——译者注

4 李喜所、许宁：《民元前后（1911—1913 年）国民“参政热”评析》，《天津社会科学》1992 年第 2 期。引自史谦德：《未竟的共和：近代中国言与行的领导》，第 97 页。（原引文出自谈社英编著：《中国妇女运动通史》，妇女共鸣社，1936，第 50 页。——译者注）

5 林维红：《同盟会时期的女革命家活动（1905—1912）》，第 290 页。

6 保罗 · 贝利（Paul Bailey）：《女子的不善之举：中国二十世纪早期的犯罪、违法行为和性别》（*Women Behaving Badly: Crime, Transgressive Behavior and Gender in Early Twentieth Century China*），《男女：中国的男人、女人和性别》2006 年第 8 卷第 1 期。

性及其个人风貌与举止”[1]。史谦德总结道，“女性凭借自身努力成为公众人物，这对悠闲的男人或其有关女性美德的研究来说，是难以推测的，更不用说，女性想要或者需要什么……”[2]。

版画图解的准确性

由于女性参与辛亥革命的文字和视觉证据不足，这促使人们更仔细地观看声称描绘了辛亥革命重要人物的石版画和木版画，并提出如何解读版画图像的问题。尤为有趣的是，这些被描绘的人是著名的革命参与者。与此相反，尽管许多女性为革命做出贡献而被人所知，[3] 但在版画中，她们只有少数人被描绘，其中包括中国红十字会的张竹君和秋瑾的密友、女诗人吴芝瑛。但图 8 所绘的八名女性，一般史料未见，目前仍未被确认。

研究显示，一些图解并不准确。例如，图 10 中的日历，作为其焦点，溥仪正逃离紫禁城。然而，溥仪和皇室在 1912 年清朝覆亡后并未离开北京，而是继续居住在皇宫直到 1924 年。此外，在图 8 所绘十二名女性版画的个人中，秋芝珊据说是秋瑾妹妹。秋瑾同胞四人，三个兄弟和一个妹妹。这位出生于 1879 年的妹妹原名闺珵，后改名珵，字珮卿，死于 1942 年。[4] 我未查到名为芝珊的秋瑾妹妹的出处。同样，徐武英被称为徐锡麟的妹妹，而徐锡麟是革命党的一名首领和秋瑾的表兄，曾在安徽领导袭击，1907 年被捕杀。徐锡麟有六兄弟和四姐妹，却无一个叫武英。[5]

进一步分析表明，照片只是试图描绘真实人物肖像的一个来源。在图 8 十二位女性的版画上排最左边，另有不知名的程淑英和李瑞林，戴窄檐饰有花簇的小帽。程着有蕾丝般衣领的平民服装，尽管如此，她还是被当作一位军事要人，因其旗帜有“令”字。程仅见侧面，李则见四分之三面。这两个肖像源自上海艺术家周慕桥（1868—1923）的一幅有两位洋装女人的题名《粲粲衣服》的石版画（图 21），落款日期显示是 1895 年，但至 1908 年才发表。这两人衣服上反复运用的明暗法和立体感表明，周可能模仿了西

1 董玥（Madeleine Yue Dong）：《民初野史与性别跨界：沈佩贞与小凤仙》（*Unofficial History and Gender Boundary Crossing in the Early Chinese Republic: Shen Peizhen and Xiaofengxian*），载顾德曼（Bryna Goodman）、文棣（Wendy Larson）编《运动中的性别：帝国晚期和现代中国的劳动分工与文化变迁》（*Gender in Motion: Divisions of Labor and Cultural Change in Late Imperial and Modern China*），马里兰州莱瑟姆：罗曼与利特菲尔德，2005，第 170 页。

2 史谦德：《未完成的共和国：近代中国的思想与行动》，第 109 页。

3 上述对她们活动的调查中，只有少数人被记录。

4 郭延礼：《秋瑾年谱简编》，载郭延礼编《秋瑾研究资料》，山东教育出版社，1981，第 9、10 页。

5 孙元超：《徐锡麟年谱》，载《辛亥革命四烈士年谱》，北京图书馆，1981，第 4 页。

图 21　《粲粲衣服》[周慕桥（1868—1923），1895]

石版墨线，采自《吴友如画宝》，1908 年，影印本，上海古籍出版社，1983，上册第 3 集下，图 24a

方作品，将其植入中国场景中。[1] 不管情况如何，周的石版画显然启发了 1909 年发表在《民呼日报》上对两个西方女性看满族妇女打台球的描绘（图 22）。[2] 乍一看，花帽似乎只是一种时尚宣言，但一些版画中的女学生民兵也戴这种帽子（图 16、图 17）。其他早期或同时代的妇女肖像可能为图 8 的十二位女性版画中描绘的妇女提供了样本。

曹道新与徐武英

女性对辛亥革命的诸多贡献中，吸引中国公众的是女子军事团体，而这些女性中，引起公众想象的却是曹道新。这一点通过以下事实得到了强调，即尽管许多女军领导人的名字已知，但唯有学生志愿兵曹道新被版画描绘出来。曹当然是一个真实的人，不过关于其生涯记载却少得可怜。除是最先加入革命军的女性之一外，其名字只在两篇关于妇女运动的文章中被提及。其一是吴徵兰女士发表于 1911 年

图 22　《两位洋女看满族妇女打台球》（1909）

石版墨线，采自《民呼日报》，影印本，台北："中央"文物供应社，1969，第 2 册，第 447 页

1　关于周慕桥，见梁庄爱论：《出售快乐：二十世纪初上海的月份牌和视觉文化》第 5 章，关于其模仿西方样式，见第 96 页。

2　这幅版画也可能出自周慕桥，但尚无证据支持此说。在中国，因不同目的，对引人注目的形象稍作修改和重复利用，并不罕见。

11月的《妇女时报》上的一篇文章。吴描述了妇女个体和妇女社团对革命的贡献。[1] 后来，湖南妇女活动家周其永去湖北见曹，讨论关于女子北伐队的问题。[2] 辛亥革命后，曹道新发生了什么，我们一无所知。

曹道新的照片显然不存在，故其版画上之肖像定为虚构。当考察曹的表现形象时，显示出她从女学生到军队元帅的转变。在最早的刻画中（图2），她和同学穿着长褶裙和短上装，这是当时典型的女性服装；在下一幅曹的画像中（图4），她仍着褶裙，不过饰以绣花，而其同学却穿裤子。一个主要的转变在《武汉大事图画第一版》（图6）中，她是一位戴眼镜、着高领束腰外衣的严厉的女总管。在最早的木版画（图7）中，她穿紧贴脖子的高领上衣，装饰和纽扣暗示是一件军装。尽管她被称为"元帅"，但并没有戴一顶与其男性同行类似的帽子。取而代之的是，她所戴窄檐和顶穿丝带的帽子，在当时女学生中很受欢迎，就像从毕业典礼上女学生操练的描绘中看到的一样（图18）。这种面朝左、戴特色鲜明的帽子而略有修饰的曹道新肖像，是她的标准形象，只有一幅木版画例外。这表明其面孔实际是一个模板。

曹道新和徐武英在被研究的全部五种木版画中占重要地位的事实有必要解释。多数情况下，曹和徐的肖像被置于最显眼位置：直接位于那些男性革命英雄肖像的下方。因徐是虚构的，故对此二人的关注需要弄清。最近研究表明，曹、徐是晚清流行于广西和广东的一种被称为"鹿儿戏"的剧种的主角。[3] 该剧目名为《女革命复武昌》，被认为由一位叫李绪昌的人作于1911年年末或1912年年初。在剧中，曹与虚构人物徐武英相联合（由此将曹与早期烈士徐锡麟联系起来）。[4] 据当代学者徐远洲的说法，该剧情节涉及孙中山、黄兴和黎元洪。三人商议并令曹和徐进攻武昌。曹、徐遵命，打败了清将军姜桂显。姜去日本借了"三千马队军"再次交战。但这两个女人用"三百敢胜军"迎战，大获全胜。孙、黄、黎甚喜，

1 马育新：《中国女记者与女权主义1898—1937》，第104页；吴徵兰：《妇女与革命》，《妇女时报》1912年第6期，影印本，第2册，第651页。

2 《天铎报》1911年12月2日；马育新：《中国女记者与女权主义1898—1937》，第133页。

3 尽管京剧占据中国戏剧的多数研究，但地方民间流派同样繁荣。见孟悦（Meng Yue）：《上海与帝国边缘》（*Shanghai and the Edges of Empires*），明尼阿波利斯：明尼苏达大学出版社，2006，第87页。曹和徐并不是第一组被安置在戏剧中的女军人，花木兰也许是最初的例子。见希阿明·夸、伊维德编译：《木兰：中国古典传奇的五个版本及相关文本》，第16—25页；李木兰：《女勇士花木兰的蜕变：从家庭守护者到国家仆人》，第181—185页。

4 徐远洲：《谈谈鹿儿戏"女革命复武昌"》（http：//www.huadu.gov.cn：8080/was40/detail?record=3555&channelid=4374&back=2）。

出告示安民说："龙位仍属清朝。"[1] 徐远洲指出此情节不实之处，武昌起义爆发时，孙尚在美国，黄在广州，而黎在事件中是个不情愿的参与者。

戏剧的情节或表演采用同时代事件，在中国晚清很盛行。19 世纪中期，太平天国领袖陈玉成（1862 年卒）赞助过一个同样参加战斗的演剧团。每次太平军胜利后，陈玉成就会要求该剧团据其刚经历的战斗为部队编演戏曲。[2] 后来，改编自秋瑾生平与遇害的戏剧《六月霜》上演。舞台表演传播了革命思想，亦是一种筹款策略。[3] 随着辛亥革命的临近，一些上海戏剧演员开始积极参与革命的政治方面。[4] 后来，张昭汉女士提出了"三次革命"戏剧周期的说法：乔治·华盛顿和美国革命、法国大革命和拿破仑一生，及中国革命的英雄。[5]

在晚清和 20 世纪上半叶，描绘中外间、中国各派系间武装冲突的战斗场面，和辛亥革命时期一样，都是大宗产品，尤其是木版印刷行业。[6] 在中国印刷传统中，战斗场景习惯于在复杂构图里描绘大批军队。军队在领袖的旗帜下排列，而领袖可以通过旗帜上的姓氏去辨认，重要人物则通过画像旁的题名辨识。

戏曲的描绘也是木版画业的支柱，但对《女革命复武昌》的刻画被认为没有留存，可能根本就没有制作。然而，必须假设曹道新和徐武英的冒险事迹曾流布街市，尽管未留下书面记录，但却增强了其广泛的吸引力。这两个女人显然成了象征性的革命典范，普通民众可从中获得近似于法国大革命时期女性"自由"的启发，而使之不朽的正是 1830 年欧仁·德拉克罗瓦（Eugène Delacroix）所作，现藏巴黎卢浮宫的油画《自由引导人民》（亦称《街垒中的自由》）。该解释是假定三幅木版年画将革命中的事件包括这两个女人形象图像化。这些版画一定吸引了渴求革命插图的公众，尽管这些事件都是虚构的。来自上海的一幅版画题为《各省民军都督攻打北京大战卢沟桥》，[7] 事件是杜撰的，画面构图非常复杂。曹和徐的形象因

1 原引文实为"拟'回朝登龙位'"。——译者注

2 孟悦：《上海与帝国边缘》，第 81—83 页。有关其他例子，见第 107、109—110 页。

3 夏洛特·L. 宾汉：《清末妇女运动和民族主义》，第 312 页；林维红：《同盟会时期的女革命家活动（1905—1912）》，第 255 页。

4 孟悦：《上海与帝国边缘》，第 114 页。

5 史谦德：《未竟的共和：近代中国言与行的领导》，第 115—116 页。

6 关于这些战斗场面的有价值调查，见王树村：《中国年画发展史》，天津人民美术出版社，2005，第 255—275、412—420 页。描绘辛亥革命战斗的 9 幅中国木版画和 14 幅日本彩色石版画被彩色翻印于《走向辛亥革命之路》，第 131—137 页。有趣的是，日本版画中的一幅，以极艺术与写实的特征，表现了上海女子敢死队在南京的战斗，翻印见《走向辛亥革命之路》，第 136 页。

7 翻印见冯骥才主编：《中国木版年画集成·上海小校场卷》，中华书局，2011，第 385 页。

此很难在紧凑而混乱的场景中找到。[1] 第二幅版画名为《民国军女大元帅攻打北京城》，产自芜湖，亦为虚构，[2] 其中大量人物也被压缩，条理混乱以致很难辨识个人。[3]

在此讨论的此类版画的又一例，是一幅名为《女国民军江南开操图》的上海版画，亦为虚构场景（图23）。所有主要人物都由其旁标注辨识。左上方，革命军太极和星星徽号的旗帜下，上海的女国民军组织者辛素贞骑一匹白马。其属下站在一架大炮旁，执一旗，也是中心为太极和星星徽号，并环绕有“女国民军大炮队”字样。在其前方中央为“辛”字、周边有号称“女国民军沪标”字样的辛的将旗下，妇女们执盾牌和刀剑练习列队行进。在步兵后面，徐武英似戴一军官帽，骑马向前。在右上角，曹道新戴着她的标志性帽子，挥“令”字旗，站在城楼垛墙后的一门大炮旁。其他能识读的标注，还有诸如“前队”等组队。在右边，四名妇女跪着用带刺刀的步枪射击。枪是瞄

图23 《女国民军江南开操图》（1911—1912，上海）

木版套色，32cm×54.5cm，天雅阁藏，采自冯骥才主编：《中国木版年画集成·上海小校场卷》，中华书局，2011，第386页

1 曹道新位于画面右上角。——译者注

2 翻印见王树村：《中国现代美术全集·年画》第1册，辽宁美术出版社，1998，第7页。关于一些细节（指出错误）讨论见王树村《中国年画发展史》，第415页。

3 曹道新和徐武英位于画面右侧。——译者注

准地面的，烟雾一定是用于练习的火药而并非实弹。左边的大炮似乎是木头造的，也许是用于操练的仿制品。这与林维红所感叹的妇女军队组织仓促、训练不足的情况是相符的。[1]

结 论

辛亥革命的印刷图像是商业广告业的一部分，是在向大众市场销售的背景下创造出来的，而大众市场渴求通过全新的、重要的信息来传递有关当前政治形势的视觉产品。石版画和木版画有不同的用途——石版画充当新闻传单，而木版画在性质上是纪念性和庆祝性的。然而，为公众消费而准备辛亥革命的场景及其参与者的中国版画工匠，承受着巨大压力，却仍尽可能向公众提供图像，其聪明才智是显而易见的。石版画与木版画的作者都意识到和利用其既有的构图方案，并已在版画媒介中使用有意义的辅助图案来强化其信息。

现有构图的运用包括图 1、图 3 和图 5 中的拼贴式“混合版画”，图 7 和图 8 中有序排列的椭圆框内旁注姓名的肖像及图 11 中的奇异框式。辅助图案，特别是图 7 中各国旗帜的排列，是基于 19 世纪西方版画中早已流行的观念，证明中国在 1911—1912 年已是国际社会的一部分。然而，在图 8 中，椭圆框里的女性肖像创造性地与一些新事物结合：革命的象征性旗帜用来证实妇女们的政治社团。图 11 内含肖像的水果形框，尽管利用既有的吉祥图案，但当下有了新语境——祝愿中华民国有一个美好的未来。

辛亥革命版画创作者通过最新来自西方的摄影术，为这些早先已有又重新使用的观念增加了图像，使其版画容纳生动的革命者肖像，工匠们如此巧妙地融合了传统和现代。另一方面是利用。这非指照片，而是对两位时装女性的通俗描绘。第一幅由周慕桥作于 1895 年，发表于 1908 年（图 21），1909 年重现于另一版画（图 22），最后转而进入描绘十二位革命女性的版画（图 8）。

木版画艺人的别出心裁通过其自发融合流行文化元素被进一步证实。尤其是他们无所顾忌地创造出诸如秋瑾之妹一类的新异人物（图 8），以及描绘虚构性事件，如溥仪逃离紫禁城（图 10）。为使其版画更吸引一般公众，作者们还吸纳了流行文化中的名人，特别是那些与两位著名女军人——真实的曹道新和虚构的徐武英——有关的人物。

最后，尽管革命中男性主导行动，但版画作者并未忽视女性在不断发展的新社会中所扮演的新兴角色。他们肯定会意识到，时下对妇女以包括军人在内的各种身份投身辛亥革命的兴趣和赞赏。对革命女性的广泛欣赏，可能在某种程度上是由这

1 林维红：《同盟会时期的女革命家活动（1905—1912）》，第 289 页。

些非常流行的版画所激发的，揭示了艺人们在认识视觉形象价值方面的主动性。这也反映在相关木版画及其他早期与同时代描绘妇女军事训练的版画当中。由此，版画作者囊括了图8中的这些女性肖像（许多今天仍未辨识），图9中对女国民军的独特描绘，图23中被命名的女子军事团体，以及身影几乎无处不在的曹道新和徐武英。

至今被忽略的是，如上所述的辛亥革命版画中女性图像的流行，大大加深了我们对20世纪早期中国革命视野的理解。

二

文本研究

地湾遗址出土“功次”简册复原研究*

■ 魏振龙（西北师范大学历史文化学院、简牍研究院）

地湾遗址（A33）出土了大量汉代肩水候官的屯戍简牍，其中有六枚简记载了一定秩级官吏的功劳数。此前，学者对此的研究十分有限，不明其名称和性质。随着近年来新材料的刊布和部分学者的研究，进而知道这类文书简可称作“功次”。根据功次文书官吏功劳记叙的规则，地湾遗址出土的六枚功次文书简又可复原为两份简册。同时，通过复原和进一步认识功次简册，亦可深入了解其编制程序以及汉代官吏以“功次”升迁的一般情况。

一 “功次”的定名及其性质

地湾遗址出土简牍中见有如下格式与内容的六枚简：

(1) □岁六月廿七日；西河北部都尉董永劳二岁五月三日；亥水都尉李由劳二岁五月二日。(41.10+131.1)[1]

(2) [十] 一月五日；长信少府丞王涉劳一岁九月十日；□□ (41.22)

(3) 张掖属国司马赵□功一劳三岁十月廿六日；渔阳守部司马宗室刘护 (53.8)

(4) [尉] 丞侯霸功二劳六月廿八日；(335.49+335.50)

(5) □都尉丞何望功一劳三岁一月十日；北地北部郭候杜且功一劳三岁廿九日；信都相长史□尊功一劳三岁六日。(336.13+336.12+53.7)

(6) 涿郡都尉主寿劳三岁十一月十八日；安定都尉钩密劳三岁十月十六日。(86EDT7：7)[2]

* 本文写作得到国家社会科学基金青年项目“出土简牍所见秦汉仓储制度研究”（20CZS014）资助。

1 简牍整理小组编：《居延汉简》，“中研院”历史语言研究所，2014—2017，本文所引居延旧简释文均出自该书，不另注。又，该简的缀合意见由黄浩波先生提出，详参所著《居延汉简缀合二则》，待刊。

2 甘肃简牍博物馆等编：《地湾汉简》，中西书局，2017，第110页。

上揭简（1）至简（6）分两批次出土于A33地湾遗址，其中简（6）于1986年由甘肃省文物考古研究所发掘所得，现藏于甘肃简牍博物馆，其余五简均于1930年由中瑞西北科学考察团成员贝格曼发掘，现藏于“中研院”史语所。以上各简均有不同程度的残断，其中简（1）、简（5）经整理小组和学者缀合后，基本趋于完整。根据“史语所”简牍整理小组所给出的“简牍文物形制与出土数据表”，缀合后简（1）长22.1厘米，简（5）长21.3厘米，大致接近汉尺一尺。六简均为单札，书写风格相似，文字优美，当是善书者为之。以较为完整的简（5）为例计算，每简容字为30—40字。从书式及内容来看，简（1）、简（5）两简均分三栏书写，每一栏记写某吏某人功劳数量多少，其余四简虽残断较甚，但其格式与简（1）、简（5）当是一致的。因此，我们推测简（2）、简（3）、简（4）、简（6）亦当是分三栏书写，每栏分记各吏员的功劳数量。概括其格式当为：官职+姓名+功劳数量（后两栏亦是如此）。

对于简（1）至简（6）这类简文的命名与性质，学界有一定的讨论，但因缺乏能够判明其具体名称的标题简，大部分学者只能根据其内容将之归入功劳类簿书，而对其名称和性质的探讨则莫衷一是。最先对上述各简作出讨论的是大庭修先生，他认为这类简是某年高级官吏——所谓长吏的功劳一览表。[1] 此后，鲁惟一先生将之归类入UD1，并认为它们是对民事官员业绩的汇报。[2] 永田英正先生则将这类在官职名、姓名下仅记功和劳数目的简归入“吏的功劳记录·b”类，[3] 但并未对其具体名称和性质作过多说明。李均明、刘军二位先生则将其归入“功劳案”，并认为此类简文是官吏功绩的档案。[4] 近来，张俊民先生进一步指出：“这类文书的出现，昭示出当时似乎有一种专门记录官吏功劳的文书”，并依据与之书式相同的悬泉简文认为此类文书是仅仅记录某吏某人功劳数的功劳案。[5]

近年来新材料的发现与刊布，为我们进一步明确地湾遗址所出此类简的名称与性质，提供了有力证据。陈伟先生《睡虎地汉简中的功次文书》一文在对云梦睡虎地77号汉墓出土的三件题为“功次”的木牍进行详细介绍和探讨的同时指出，与之内容、形式相似的居延汉简41.10、41.22、53.7及肩水金关汉简73EJT30：29、30这类西北文书简或许也是以“功次”为名，记写内容就是某些

1 ［日］大庭修：《秦汉法制史研究》，徐世虹等译，中西书局，2017，第453页。

2 ［英］迈克尔·鲁惟一：《汉代行政记录》，于振波、车今花译，广西师范大学出版社，2005，第293—297页。

3 ［日］永田英正：《居延汉简研究》，张学锋译，广西师范大学出版社，2007，第193—195页。

4 李均明、刘军：《简牍文书学》，广西教育出版社，1999，第401—402页。

5 张俊民：《悬泉汉简所见文书格式简》，《简帛研究二〇〇九》，广西师范大学出版社，2011，第126页。

官吏的功劳次第。[1] 此后，黄浩波先生亦指出上述地湾所出土的六枚简亦可名为“功次”。[2] 陈、黄二说皆可从，且将睡虎地“功次”木牍与上揭地湾六简相类比，其功劳记列方式基本相同，均是将数位官吏的功劳数按大小次第排列，二者似是一脉相承。

功次指官吏的功劳次第，“即以功劳大小次第迁升”，[3] 是汉代官吏晋升的途径之一。值得注意的是，出土汉简及史籍所见汉代官吏除以“功次”升迁外，还见有以“久次”迁补的情况。如下两简：

(7) 从假佐居延富里孙直，年廿一，以久次除补甲渠第卅隧长。以丁丑日入受遣，戊寅下餔□（《集释》EPT65：148）[4]

(8) ☑建平三年正月甲午，以久次除补（肩水73EJT37：579）[5]

久次，“久任某职后得以升迁某职……其以久次迁者即以居官时间长短之次序定升迁”。[6] 《后汉书·黄琬传》云：“旧制，光禄举三署郎，以高功久次才德尤异者为茂才四行”，李贤注：“久次谓久居官次也。”[7] 从上述解释来看，“久次”似乎强调的是吏员居官时间的长短，而“功次”则着重于其功劳数量多寡。虽然各官吏的功劳量与其为官时间是否久长存在密切联系，即所谓“累日积劳”，但因“赐劳”“夺劳”“不为劳”等原因，二者又是不同的，[8] 如下二简：

(9) ·北边絜令第四：候长、候史日迹及将军吏劳二日皆当三日。(10.28)

(10) ☑□□十二矢中𦊰六为程，过六及不满六赐、夺劳矢各十五日。(《集释》EPT11：1)

“北边絜令第四”规定边塞吏员劳二日当三日，而秋射成绩亦会影响其功劳数量。这就意味着官吏功劳数量的确定是由管理机构根据相关规定通过积劳、增劳、赐劳、夺劳等多种方式核算而成，与其为官时间并不是完全等值。简（11）可证此说：

(11) [渠] 候官穷虏隧长簪褭

1 陈伟、熊北生：《睡虎地汉简中的功次文书》，《文物》2018年第3期。

2 黄浩波：《居延汉简缀合二则》，待刊。

3 中国简牍集成编辑委员会编：《中国简牍集成》第11册，敦煌文艺出版社，2001，第52页。

4 张德芳主编：《居延新简集释》，甘肃文化出版社，2016。本文所引居延新简释文均出自该书，不另注。

5 甘肃简牍博物馆等编：《肩水金关汉简（肆）》下册，中西书局，2015，第53页。

6 张德芳主编，张德芳、韩华著：《居延新简集释（六）》，第266页。

7 （南朝宋）范晔：《后汉书》卷六一《左周黄列传》，中华书局，1965，第2040页。

8 李天虹：《居延汉简所见候官少吏的任用与罢免》，《史学集刊》1996年第3期。

单立，中功五劳三月，能书、会计，治官民颇知律令，文。年卅岁，长七尺五寸，应令。居延中宿里，家去官七十五里，属居延部。(89.24)

依据胡平生先生考定之“劳四岁为一功”的功劳换算制度，[1] 30岁的甲渠候官穷虏隧长单立“中功五劳三月”，若仅仅以居官时间为标准计算，则需要为吏二十年零三月，显然不符合实际情况。故，单立“中功五劳三月”的功劳数当是通过累日积劳及秋射赐劳、以令增劳等多种方式累积所致。至于“秩次”“近次”，则主要适用于某官兼任某官的情况，与功次、久次升迁具有一定的差别。如简(12)、简(13)所列：

(12) 永始三年三月辛亥，居延城司马谭以秩次行都尉［事］☐当舍传舍、从者，如律令□□□□(140.2A)

(13) 闰月丁巳，张掖肩水城尉谊以近次兼行都尉事，下候、城尉，承书从事下当用者，如诏书。/守卒史义。(10.29)

另，功次文书与上揭诸家所谓的功劳案等文书的记写形式存在明显不同。功劳案往往记录某一位官吏的功劳情况，如简(11)，该简除记写甲渠候官穷虏隧长单立的功劳数为“中功五劳三月”外，还记列了其所具备的技能、特长、年龄、身高以及籍贯，远较功次文书记列的内容复杂多样。从这一角度来讲，“功次”的确切含义恐怕应如陈伟先生所言，是将数位官吏的功劳数按大小次第排列。

由上所述，前揭地湾六简的内容与书式更符合“功次”，依陈伟、黄浩波先生的意见将之定名为“功次”，当是合理的。

除此之外，功次文书简对官吏功劳的记叙具有一定的规则。张俊民先生据相关悬泉汉简指出：“汉代这类文书的记录顺序似乎是以功劳数的多少而不是按照涉及人员的地区或官秩排定的。”[2] 陈伟先生则对张说作了进一步的修正，认为功次文书是以某一秩级的官员为记录对象。[3] 也即，汉代功次文书的记写规则除按照官吏功劳数多少依次排定外，同一简或牍上所记列的官吏秩级当是近同的。此说甚确，且这一点可从上揭地湾遗址出土的六枚功次简文中得到印证。

地湾简(1)至简(6)记列的11位官吏虽职衔不同、所属机构不同，但每一枚简上所列吏员的秩级却是相同或相近

---

1 胡平生：《居延汉简中的“功”与“劳”》，《文物》1995年第4期，后收入所著《胡平生简牍文物论稿》，中西书局，2012，第168页。

2 张俊民：《悬泉汉简所见文书格式简》，第126页。

3 陈伟、熊北生：《睡虎地汉简中的功次文书》。

的。简（4）、简（5）均见有“都尉丞”，《汉书·百官公卿表》“郡尉”条下记：“秦官，掌佐守典武职甲卒，秩比二千石。有丞，秩皆六百石。景帝中二年，改名都尉。”[1] 简（3）记有张掖属国司马、渔阳守部司马，简（5）记北地北部鄣候，《百官公卿表》“中尉”条下记：“有两丞、候、司马、千人”，颜师古注曰：“候及司马及千人皆官名也。属国都尉云有丞、候、千人。西域都护云司马、候、千人各二人。”[2] 又，同书：“戊己校尉，元帝初元元年置，有丞、司马各一人，候五人，秩皆比六百石。”[3] 关于“鄣候”秩比六百石的实例，亦可见于居延汉简的记载：

（14）·右鄣候一人，秩比六百石。（259.2）

简（5）又记“□尊”的官职为信都相长史，《汉旧仪》载：“王国置太傅、相、中尉各一人，秩二千石，以辅王……太守（注：‘太守’系‘太傅’之误）、相置长史，中尉及内史令置丞一人（按：‘令’当作‘各’），皆六百石。”[4] 由此，该简所记信都相长史“□尊”的秩级当为六百石。

简(2) 所记“王涉”官职为长信少府丞，《百官公卿表》“詹事”下记：“掌皇后、太子家，有丞……景帝中六年更名长信少府，平帝元始四年更名长乐少府。”[5] 长信少府由詹事更名而来，为皇太后宫官之一，其属官丞的秩级，据张家山汉简《二年律令·秩律》所载亦为六百石。[6] 简（1）、简（6）分别见有涿郡都尉、安定都尉、西河北部都尉及亥水都尉，前两者均为郡都尉，西河北部都尉为部都尉。郡都尉秩级已如上举《百官公卿表》所记为比二千石，部都尉的秩次与郡都尉相同，亦为比二千石。对于亥水都尉之“亥水”，史书无载，推测其与肩水都尉的命名形式类似，为某一郡之部都尉。[7]

依据学者考定之功次文书的记叙规则，我们对地湾简（1）至简（6）所记叙官吏的功次情况作一系统梳理，如表 1 所示：

---

1 （汉）班固：《汉书》卷一九《百官公卿表上》，中华书局，1962，第 742 页。

2 《汉书》卷一九《百官公卿表上》，第 732—733 页。

3 《汉书》卷一九《百官公卿表上》，第 738 页。

4 （清）孙星衍等辑：《汉官六种》，周天游点校，中华书局，1990，第 80 页。

5 《汉书》卷一九上《百官公卿表上》，第 734 页。

6 彭浩、陈伟、［日］工藤元男主编：《二年律令与奏谳书》，上海古籍出版社，2007，第 270 页。

7 此条意见承黄浩波先生提醒，谨此致谢。另，简（6）中的“亥”，此前诸家均缺释，“亥水”亦不见于其他简文及文献。故，关于亥水都尉为某郡部都尉的判断实属推测，尚需更多史料佐证。

表 1　地湾遗址出土“功次”文书简所见各官吏的功劳数、秩级及所属机构

简号	官职名称	功劳数	秩级	所属机构
41.10+131.1	西河北部都尉	劳二岁五月三日	比二千石	西河郡北部都尉府
	亥水都尉	劳二岁五月二日	比二千石	/
41.22	长信少府丞	劳一岁九月十日	六百石	长信少府
53.8	张掖属国司马	功一劳三岁十月廿六日	比六百石	张掖属国都尉府
	渔阳守部司马	/	比六百石	渔阳郡
335.49+335.50	（都尉）丞	功二劳六月廿八日	六百石	/
336.13+336.12+53.7	都尉丞	功一劳三岁一月十日	六百石	/
	北地北部鄣候	功一劳三岁廿九日	比六百石	北地郡北部都尉府
	信都相长史	功一劳三岁六日	六百石	信都国丞相府
86EDT7：7	涿郡都尉	劳三岁十一月十八日	比二千石	涿郡都尉府
	安定都尉	劳三岁十月十六日	比二千石	安定郡都尉府

由此可见，简（1）至简（6）记列官吏功次的情形与陈伟先生所云功次简牍的记叙规则是基本吻合的。

功次文书之所以具有这样的记叙规则，其主要目的当是方便各级官吏以“功次”升迁。侯旭东先生指出：“官吏的前途主要取决于自己日常工作的业绩，功劳多者居前，官吏按照功劳的多少排列，是为功次，功次居前者当先升迁。”[1] 陈伟先生进一步认为：“功次文书分不同秩级记列一定范围内的所有人员，以功劳高低为序，让‘功次’一目了然，便于考核和选拔。”[2] 需要进一步说明的是，功次文书所记列之各级官吏的功劳数当是经过积劳、赐劳、夺劳等多重考课后最终核算的结果[3]，最后通过上述途径，使他们获得相对应的职位晋升，这在居延汉简等西北汉简所见之多种与功劳有关的簿籍文书中即可得到印证。

二　简册复原排列

依据上述功次文书的记叙规则，我们推测：简（3）残去的渔阳守部司马“刘护”的功劳数当少于其上张掖属国司马“赵□”的功劳数“功一劳三岁十月廿六日”；简（2）上端残存“［十］一月五

1　侯旭东：《宠：信—任型君臣关系与西汉历史的展开》，北京师范大学出版社，2018，第 174 页。

2　陈伟、熊北生：《睡虎地汉简中的功次文书》。

3　大庭修先生指出，所谓“功次”最终的含义，就是功的顺序，它是每年通过功与劳的调查结果即所谓“课殿最”决定的次序，是考核的最终结果。详参［日］大庭修：《秦汉法制史研究》，第 398 页。

日”，其下所记长信少府丞“王涉”的功劳数为“劳一岁九月十日”，则“［十］一月五日”前可补“劳一岁”；同理，简（1）第一栏“□岁六月廿七日”当可补为“劳二岁六月廿七日”。

从表 1 可以清楚地看到，不仅各简所记列吏员的秩级近同，且六枚简所见 11 位官吏可明显地分为两个不同级别。其中简（2）至简（5）所记七位吏员为一级别，均为比六百石至六百石的吏；而简（1）与简（6）所记四位吏员则为另一级别，其秩次均为比二千石。由此，我们进一步推测上揭地湾出土的六枚功次文书简当属于两份简册。另外，从大庭修先生所言简册复原须符合出土地点相同的原则来看，[1] 此六简亦存在复原简册的可能。简（1）至简（6）除均出土于 A33 地湾遗址外，其具体出土位置也是一致的。据贝格曼考古报告，20 世纪 30 年代地湾遗址发掘出土的汉简绝大部分出自第二、第三、第四地点（图 1），而 1986 年考古工作者再次发掘地湾遗址时所开之第七探方（T7）的位置大致与第二、第三、第四地点重合。（图 2）

在此之前，有学者即对地湾上述六简中的部分简牍进行过一定的简册复原尝试。大庭修先生认为简 41.10（彼时尚未与 131.1 缀合）与简 41.22、简 53.7（彼时尚未与 336.13、336.12 缀合）与简

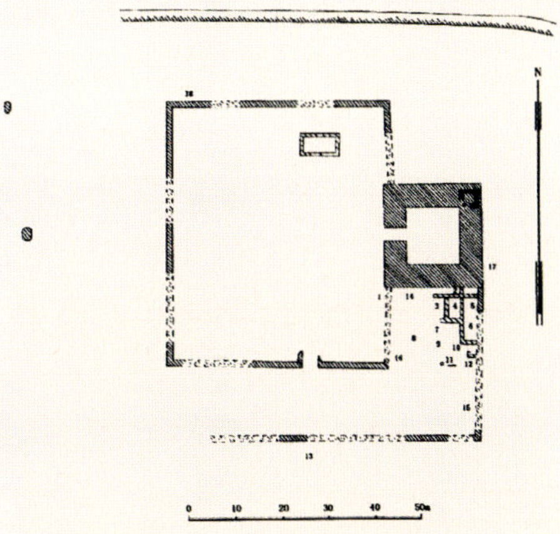

图 1　A33 地湾遗址平面图

［瑞典］弗克·贝格曼考察，［瑞典］博·索马斯特勒姆整理《内蒙古额济纳河流域考古报告》，黄晓宏等译，学苑出版社，2014，第 340 页

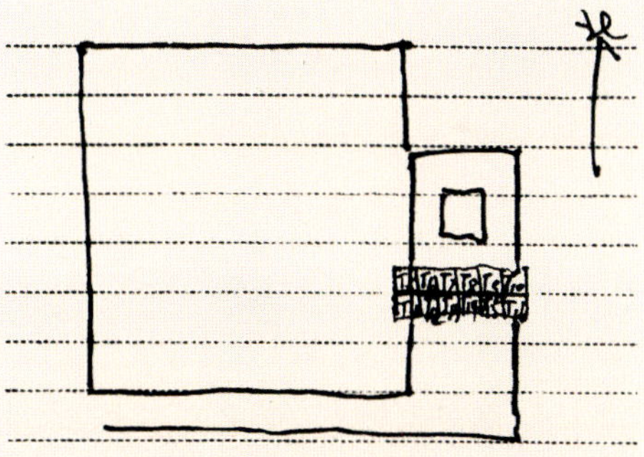

图 2　吴礽骧地湾发掘日记二

甘肃简牍博物馆等编《地湾汉简》，第 195 页

53.8 笔迹相同。[2] 现在，根据功次文书的记叙规则，我们可以对地湾遗址出土的这六枚功次文书简作进一步的册书复原。首

1 ［日］大庭修：《汉简研究》，徐世虹译，广西师范大学出版社，2001，第 10 页。

2 ［日］大庭修：《秦汉法制史研究》，第 396 页。

先，依据各简所记列官吏的秩级，简（2）至简（5）当属一册（简影见附图1），依次记录六百石至比六百石官吏的功劳数量；简（1）、简（6）属另一册（简影见附图3），依次记录比二千石官吏的功劳数量。其次，根据功次文书按功劳由多到少记录的规定，简（2）至简（5）所在的简册，其简序当为：（4）→（3）→（5）→（2）；简（1）、简（6）所在的简册，简（6）当排在简（1）之前。

实际上，从文书制作的角度来讲，地湾功次简册与睡虎地、肩水金关功次木牍是一致的，其书写形式、简序排列均是汉代文书制度的体现。不同之处即在于地湾功次简册与睡虎地、肩水金关功次木牍所选用载体的形制有别，前者为单简编联而成的册书，后者则是利用了形制较宽的牍。我们试举其中一枚肩水金关功次木牍如下：

（15）□□□啬夫孙忠中功三劳三岁十月

属国左骑千人令史马阳中功三劳四月廿日

□守属林参中功二劳九月廿一日

氐池令史丁强中功二劳二岁十月十日

居延殄北令史苏谊中功二劳二岁五月五（以上第一栏）

肩水都尉属□并中功二劳二岁三月十八日

屋兰候官令史孙宏中功二劳一岁七月五日

延水啬夫路兴中功二劳十月一日

居延千人令史阳召中功二劳九月

居延都尉属王宣中功二劳十〈八〉月五日（以上第二栏）（73EJT30：30B）[1]

属国都尉属陈严中功二劳七月七日

敦□置啬夫张尊中功二劳五月十三日

删丹库啬夫徐博中功二劳五月一日

肩水候官令史王严中功二劳四月（以上第一栏）

北部都尉史陈可中功一〈二〉劳三月廿日

城仓令史徐谭中功二劳二月五日

删丹令史成功并中功一劳三岁十一月二日

北部库啬夫□□中功一劳三岁十月廿日（以上第二栏）（73EJT30：30A）

而载体形制的不同则进一步表明其所记吏

1 甘肃简牍博物馆等编：《肩水金关汉简（叁）》下册，中西书局，2013，第107页。按，陈伟先生指出该简正面第二栏第一行"中功一"当是"中功二"之误、简背第二栏第五行"劳十月五日"之"十月"当是"八月"之误书或误释。又，根据功次文书的记叙规则，整理者对该木牍正背面的标注存在失误，将之倒置。详参陈伟、熊北生：《睡虎地汉简中的功次文书》，《文物》2018年第3期。

员的数量存在差异，《仪礼·聘礼》云：“百名以上书于策，不及百名书于方。”[1] 地湾遗址出土的两份功次简册所见各简仅是其所属简册的部分，整个简册所记录的官吏人数当更多，张俊民先生即指出：“这类文书涉及的人员非常多，不是单单一枚或几枚木简或木牍能够容纳的，肯定是用类似册书的形式传达到地方。我们见到的只是这类文书的散简而已。”[2] 此说甚是。我们在地湾遗址出土的汉简中见到如下一枚简：

（16）·右比二千石百一十一人。（53.20）

该简左下部残断（简影见附图2），残长20.2厘米、宽1.2厘米。[3] 由书式及内容判断，此简当是某简册右类总结简，其所记“比二千石百一十一人”似是对这一秩级官吏人数的统计。但是，“百一十一人”这个数字远远超过了汉代张掖一郡之内同秩级的官吏，即便是整个河西诸郡相加亦未必达到这一数值。合理的解释是，这111人中当包罗了其他各郡、国、中央诸官署的比二千石官吏。另，该简的宽度、形制与简（1）、简（6）基本相同，[4] 唯简文笔迹稍有差别，我们怀疑其与简（1）、简（6）俱属同一册书，是册书制作者所附拟的总结简。如果此说成立，那么，简（1）、简（6）所在的简册当记有111位比二千石官吏的功次。

三 地湾功次简册的纪年范围

地湾遗址出土的两份功次简册所在的简包41、53、131、335、336及七号探方（T7）共见有纪年简12枚，最早者简86EDT7：2为始元六年（前81），最晚者简86EDT7：4为建武三年（27），时间跨度大致在西汉中后期至东汉初。又，简（5）言及信都国，《汉书·地理志》“信都国”条下记：“景帝二年为广川国，宣帝甘露三年复故。莽曰新博。”[5] 对于其具体的行政沿革，周振鹤先生有十分详细的考述：

景帝中二年，以广川郡置广川国，封亲子彭祖为广川王……景帝五

---

1 （清）阮元校刻：《十三经注疏》，中华书局，1980，第1072页。

2 张俊民：《悬泉汉简所见文书格式简》，第126页。

3 简牍整理小组编：《居延汉简（壹）》，第291页。

4 简（1）宽1.0—1.1厘米［《居延汉简（壹）》，第287页；《居延汉简（贰）》，第270页］；简（6）宽1.1厘米（《地湾汉简》，第225页）。

5 《汉书》卷二八《地理志下》，第1633页。

> 年，广川王彭祖徙赵，国除为信都郡。中元二年复置广川国，立子越为广川惠王。宣帝本始四年，广川国除为郡；甘露四年，地节四年，复置广川国；广川国除为郡。元帝建昭二年，以广川郡置信都国，立子兴为信都王。成帝阳朔二年，信都王兴徙中山，国除为郡。哀帝建平二年复置信都国，直至西汉灭亡。[1]

其后，《中国行政区划通史》对西汉信都国的历史沿革脉络又作出了一定的梳理：

> 广川郡（前165—前155）—广川国（前155—前152）—信都郡（前152—前148）—广川国（前148—前70）—信都郡（前70—前66）—广川国（前66—前50）—信都郡（前50—前37）—信都国（前37—前23）—信都郡（前23—前5）—信都国（前5—8）[2]

通过以上论述可以清楚地看到，西汉时期信都为王国的时间最早为元帝建昭二年（前37），其后复为郡、国。王莽代汉之后，仍领有信都国，但更其名为新博郡，此后直至始建国地皇四年（23），其郡名未有变更。[3] 至东汉建立，信都为郡（25—72），此后相继为乐成国（72—122）、安平国（122—184）、安平郡（184—220）。[4] 由此，我们可以进一步推知简（5）的纪年范围当是元帝建昭二年至成帝阳朔二年（前37—前23）或哀帝建平二年至孺子婴初始元年（前5—8），则简（5）所在的简册纪年当亦可确定。

简（1）、简（6）所属的简册，其字体风格与简（2）至简（5）基本相近，或是由同一书手抄写，则其纪年当与简（2）至简（5）所属的简册一致。

四　地湾功次简册的特征及其编制程序

相较于睡虎地、肩水金关功次木牍，地湾出土的两份功次文书册还具有如下两个特征：其一，这两份简册所记列官吏的来源十分广泛，并不仅限于张掖一郡之地；其二，这些官吏的级别都比较高，为秩比六百石至比二千石的高级官吏。

由表1可见，除简（3）司马"赵□"隶属张掖属国都尉府外，其他各官吏的机构不仅涉及其他边郡、内郡，甚至还见有皇太后宫官长信少府丞。出土于河西汉塞遗址的功次文书简，其所记列的官

1　周振鹤：《汉书地理志汇释》，安徽教育出版社，2006，第452页。

2　周振鹤主编，周振鹤、李晓杰、张莉著：《中国行政区划通史（秦汉卷）》，复旦大学出版社，2017，第395页。

3　孙博：《新莽政区地理》，硕士学位论文，复旦大学，2017，第133页。

4　周振鹤主编，周振鹤、李晓杰、张莉著：《中国行政区划通史（秦汉卷）》，第801页。

吏却见有本地以外的人员，这是一个令人十分费解的问题。大庭修先生认为这样的简出土于边疆可能存在两种情况，或是确定功劳后向全国通知，或是简中的人物本地出身者，故通知发到此地。[1] 张俊民先生亦认为这类文书：“应该是地方逐级将官吏的功劳案文书汇总后上报中央，中央审定后再通报全国。这种通报性的文书对当时的官吏而言，既是对其政绩的认可，也是对其执政能力的嘉奖。”[2] 二位先生所论及的情况应当是可信的，且比较全面。但是，仍有一些地方需要补充说明。

张俊民先生在其文章中公布了一枚与地湾功次文书简内容、书式相似的悬泉汉简，释文如下：

(17) 大鸿胪丞史谭功一劳二岁七月廿九日；郯令华吉功一劳二岁七月廿七日；海西令王宣功一劳二岁七月十九日。(ⅠT0405④A：14)[3]

该简第一栏所记史谭的官职为大鸿胪丞，为中央列卿之一的属吏，[4] 第二、第三栏所记华吉、王宣则分别是西汉东海郡郯县之令和海西县之令。陈伟先生指出，此简所记郯令华吉、海西令王宣的秩级很可能与大鸿胪丞相同。[5] 对于大鸿胪丞的秩级，安作璋、熊铁基先生曾指出其应与丞相长史相当，西汉为千石、东汉则为比千石。[6] 据《汉书·百官公卿表》，汉代县令的秩级为千石至六百石，而尹湾汉简《东海郡吏员簿》又分别见有“海西吏员百七人，令一人秩千石”及“郯吏员九十五人，令一人秩千石”的记载。[7] 由此可知郯、海西二县之令的秩级与大鸿胪丞相同，均为千石。与地湾功次简册的记列情况一样，该简虽出土于西北边塞，却记列了本地以外同一秩级官吏的功次。这一现象表明，地湾、悬泉这类功次文书的下发者只能是汉帝国中央而非他者。

此外，从汉代官吏除任的相关规定亦可解释这一现象。《汉旧仪》载：“旧制：令（吏）六百石以上，尚书调；拜迁四百石长相至二百石，丞相调；除中都官百石，大鸿胪调；郡国百石，二千石调。”[8] 学者亦指出，汉代地方无秩属吏可依功次制度升任相应甚至更高的职位，但是一旦

1 ［日］大庭修：《秦汉法制史研究》，第 396 页。

2 张俊民：《悬泉汉简所见文书格式简》，第 126 页。

3 同上注。

4 《汉书》卷十九《百官公卿表上》，第 730 页。

5 陈伟、熊北生：《睡虎地汉简中的功次文书》，《文物》2018 年第 3 期。

6 安作璋、熊铁基：《秦汉官制史稿》，齐鲁书社，2007，第 163、166 页。

7 连云港市博物馆等编：《尹湾汉墓简牍》，中华书局，1997，第 79 页。

8 （清）孙星衍等辑：《汉官六种》，周天游点校，第 80 页。

官秩至百石，无论担任何职，即有资格进入由丞相负责调配的候选官吏名单，能够在整个帝国范围内安排升迁。[1] 官吏级别不同，其调任部门亦不同。如地湾功次简册所记列的这类秩级在比六百石以上的官吏，能够调任他们的则只能是尚书、丞相等中央相关部门。

然而，睡虎地、肩水金关功次木牍与地湾功次简册却大异其趣，二者所记列的吏员盖为斗食、佐史类无秩小吏，且这些吏员基本来自同一县或同一郡。[2] 以肩水金关73EJT30：30号功次木牍为例，其所记列的18位吏员均为张掖郡及各县辖下机构的属吏或官长，而他们的选任之权则在于郡守及各县令、长。秦汉时期，郡国守相令长对属吏有一定的辟除之权，[3] 且随着时间的推移，郡县长官选任其属吏的自由度在逐渐扩大，至西汉晚期可能已具备完全辟除之权。[4] 功次文书的编制与官吏职位晋升密切相关，管理机构按不同秩级汇总一定范围内官吏的功劳数，上报至相应的部门并制成功次文书以作为其职位晋升的依据，在一定程度上也是对汉代官吏辟除制度的反映。从此侧面来讲，地湾功次简册的下发者为汉帝国中央便可明白易解。

对于地湾功次简册这类文书，其制作程序当是先由各郡、国、中央诸官署将其所属比六百石至比二千石官吏在一定时间段内的功劳状况一一汇总并上报中央，然后再由中央相关机构审核后按不同品秩编制成相应的功次文书册并逐级通报下发，经张掖郡太守府、肩水都尉府传抄后最终

---

1 侯旭东：《宠：信—任型君臣关系与西汉历史的展开》，第191页。

2 陈伟先生指出，睡虎地《二年官佐功次》题名中有“官佐”二字，所记应是当时（前162）安陆县的全部官佐，另外两件《十五年功次》《三年功次》木牍虽无“官佐”题名，当也是以安陆县中的官佐作为记列对象；而对于肩水金关汉简73EJT30：29、30所记之对象，大致皆是郡县属吏。详参所著《睡虎地汉简中的功次文书》，《文物》2018年第3期。按，肩水金关73EJT30：29、30功次木牍共记有29位吏员，其中既有郡县两级机构的属吏“属”“令史”，又有如驿置、库、水利系统的长官“啬夫”，且他们均隶属于张掖郡。此外，金关功次木牍所记列的吏员均是斗食级别的基层小吏，如“属”与“令史”，李迎春先生指出：“郡属吏主要有卒史、属、书佐三大等级，基本与百石、斗食、佐史的秩次相合；县史类属吏有令史、尉史两级，与斗食、佐史秩次相合”，详参所著《秦汉郡县属吏制度演变考》，博士学位论文，北京师范大学，2009，“摘要”第1页。而对于啬夫的级别，裘锡圭先生指出：“从汉代的情况来看，啬夫除了一般都是一官之长，还有一个共同的特点，那就是他们都是百石以下的小官吏”，详参所著《啬夫初探》，《裘锡圭学术文集·古代历史、思想、民俗卷》，复旦大学出版社，2012，第50页。

3 顾炎武即曾指出，在汉代，辟置属吏之权“出于守相”且为“二千石之职”。详参顾炎武：《日知录校注》，陈垣校注，安徽大学出版社，2007，第462页。

4 李迎春：《秦汉郡县属吏制度演变考》，第183页。

传达至肩水候官。而如肩水金关、睡虎地功次木牍这类文书能够被汇总到达的上限，可能即是其所在的郡、县。其制作与下发的程序应为：先由郡或县辖下各官署汇总本部所属各吏员的功劳情况并逐级上报至郡、县功曹，然后经郡府或县廷审核后制成相应的功次文书再下发至所属各机构。

最后，关于大庭修先生讲到的第二种可能，即由于简中人物出身本地而通知到此。的确，各地将一定级别官吏的功次汇总后上报至中央，其数量应是相当可观的。经由中央审核后通报全国，作为嘉奖也好，用作其他目的也罢，并不一定将所有官吏的功次文件一并下发至地方各个机构，应当如大庭修所言有选择性地将存有本地官吏的那部分文书逐级传达至相应之处，如上揭简（3）即见有隶属于张掖属国都尉府的司马“赵□”。正因如此，这份简册最终出现在了西北边塞的地湾遗址并被我们发现。于此，我们推测简（1）、简（6）所在的简册亦当记有张掖郡所属之比二千石官吏的功次。

五　余论

与功次文书相对应，史籍及出土简牍中往往见有汉代官吏“以功次迁”的情形。《史记·卫绾传》载：“绾以戏车为郎，事文帝，功次迁为中郎将，醇谨无他。”[1] 卫绾升任为中郎将即是以“功次”升迁而致，并特别强调其“醇谨无他”。实际上，汉代官吏像卫绾这般以“功次”迁补的例子颇多，如兒宽以“功次补廷尉文学卒史”；[2] 田广明以“功次迁河南都尉”；[3] 冯逡以“功次迁长乐屯卫司马，清河都尉，陇西太守”等。[4] 西北汉简中亦见有边塞吏员“以功次迁”的记录，如下两简：

（18）以功次迁补肩水候［长］，除书以十二月辛未到官，□□（62.56）

（19）乃甘露元年十月癸酉，以功次迁为甲渠候官斗食令史。（《集释》EPT56：256）

简（18）出土于 A32 肩水金关遗址，简（19）出土于 A8 破城子遗址，两简均言及以“功次”升迁的情况。除此之外，尹湾汉简《东海郡下辖长吏名籍》记载

1 （汉）司马迁：《史记》卷一〇三《万石张叔列传》，中华书局，2014，第 3351 页。

2 《汉书》卷二八《公孙弘传》，第 2628 页。

3 《汉书》卷九〇《酷吏传》，第 3663 页。

4 《汉书》卷七九《冯奉世传》，第 3305 页。

东海郡所辖各县邑侯国吏员共145人，[1]其中有43.56%的长吏是从郡县属吏、军吏等以功次升迁而来。[2]

《汉书》与出土简牍所记载的史实均表明，汉代官吏以“功次”升迁是其实现职位晋升的主要途径之一，功次制度是汉代除察举征辟制之外，较为普遍且重要的官僚人事制度。劳榦先生即曾指出，汉代察吏首重功次，官之迁转以功次。[3] 大庭修先生则进一步指出：“汉代存在着只要是长期任官工作，即使没有能力也可以获得晋升的制度。”[4] 大庭修此说与上揭卫绾以“功次”迁为中郎将的史实颇为一致。

实质上，在秦汉文书行政的大背景下，无论是吏员功劳的积累还是以“功次”晋升，必定会有相应的文书记录作为其依据。云梦睡虎地秦简《秦律十八种·内史杂》第188号简即有这样的记载：

> 有事请殹（也），必以书，毋口请，毋羇（羁）请。[5]

此条律文规定官员办理行政事务，务必以文书为据，不可口头和拖延请示。通过这条律文，我们亦可了解秦代文书行政的一般情况。冨谷至先生即指出：“秦统一天下后，实施文书行政，一切事务均凭借文书进行处理。”[6] 汉袭秦旧，汉代的文书行政在秦的基础上得到了进一步发展。《论衡·别通》云：“汉所以能制九州者，文书之力也。”[7] 各级官吏因功次获得职位晋升作为汉代行政事务的重要组成部分，能够有效并合理地施行，自然离不开相应的文书以作为其参照，而地湾、肩水金关、睡虎地所见的这类功次简牍正是这种依据的实物体现。换言之，功次文书除了依张俊民先生所说用以表彰、嘉奖，其主要用途当仍在于作为汉代官吏“以功次迁”的文书依据。

1　李解民：《〈东海郡下辖长吏名籍〉研究》，载连云港市博物馆、中国文物研究所编《尹湾汉墓简牍综论》，科学出版社，1999，第46页。

2　廖伯源：《简牍与制度：尹湾汉墓简牍官文书考证》，广西师范大学出版社，2005，第30页。

3　劳榦：《从汉简所见之边郡制度》，《“中研院”历史语言研究所集刊》第8本第2分，1939，第175—176页。

4　［日］大庭修：《秦汉法制史研究》，徐世虹等译，第388页。

5　陈伟主编：《秦简牍合集（壹）》，武汉大学出版社，2014，第146页。

6　［日］冨谷至：《文书行政的汉帝国》，刘恒武、孔李波译，江苏人民出版社，2013，第346—347页。

7　黄晖：《论衡校释》，中华书局，1990，第591页。

附图

1	2	3

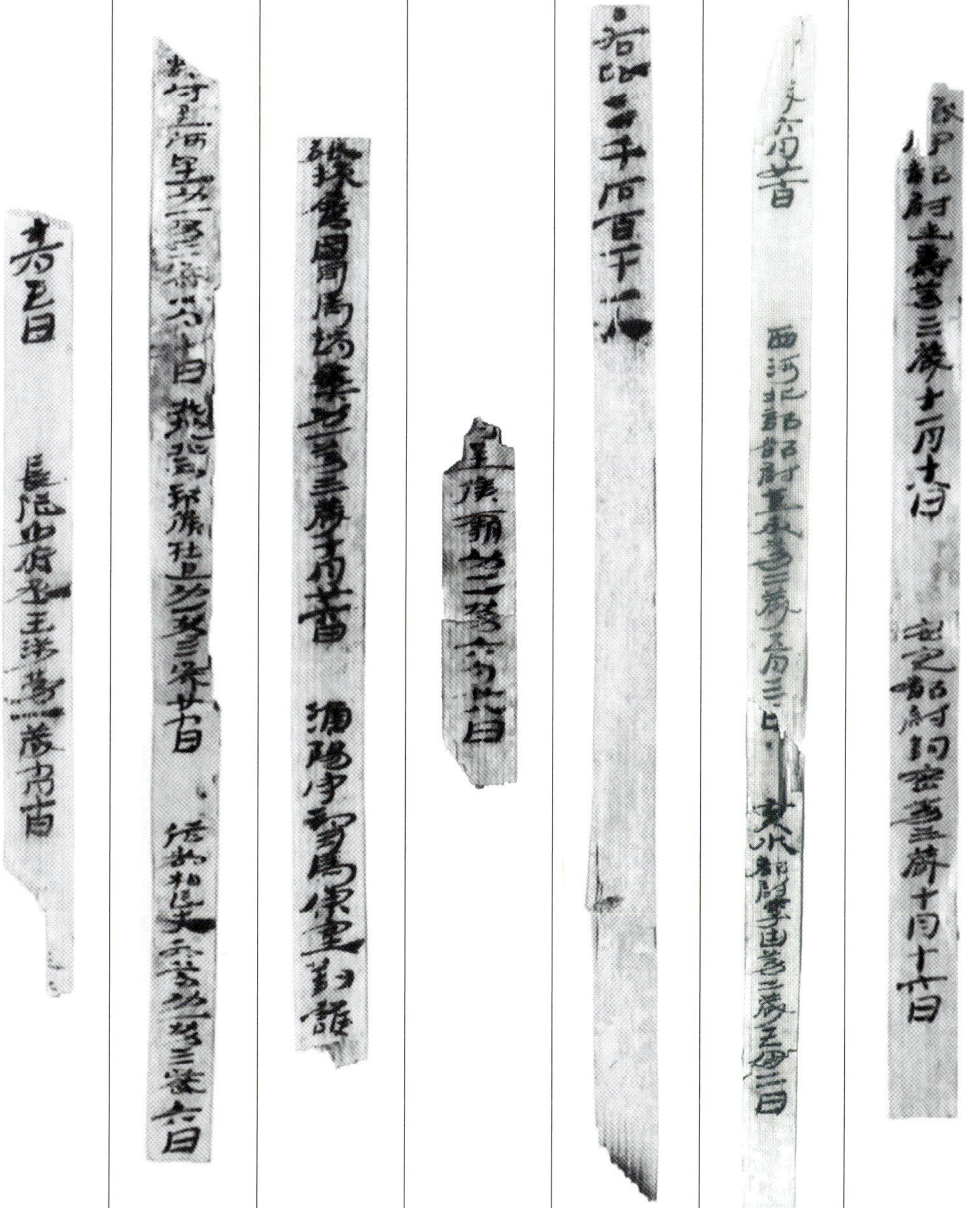

解“彤管”
——以阜阳汉简为考察中心

张　干（无锡市市北高级中学）

一　诸家对“彤管”之解释

《诗经·邶风》录有《静女》一诗，其中有句云“静女其娈，贻我彤管。彤管有炜，说怿女美。”[1] 句中“彤管”所指何物，诸家历来分歧颇多。“彤管”的传统解释计有六种，分别为：女史朱笔赤管、乐器、女红针筒、红色管草、辛夷花、玉管。[2]

种梦卓依次指出六说不足，认为“彤管”当为一种紫皮白尖的茅草。[3] 李传印亦将“彤管”与茅草相关联，指出其为今之嫩茅芽。[4] 种梦卓、李传印皆引《植物名实图考》描写“白茅”之文，并将之作为主要论据。清代吴其濬《植物名实图考》云：“白茅，古以缩酒。其芽曰茅针，白嫩可啖，小儿嗜之，河南谓之茅荑”，并自赞茅针曰：“紫茹未拆，银线初含；苞解绵绽，沁鼻生津。物之洁，味之甘，询无伦比。”[5] 种梦卓据此认为白茅芽外表有紫叶包裹，此为“彤管”，而剥去紫皮的白嫩芽为“荑”，其把《植物名实图考》“苞解绵绽”之“绵”解为“白棉般的嫩芽”，将《静女》之“彤管”释作“紫皮白尖的茅草”。茅针为白茅初生叶芽后处于花苞时期的花穗，如图1所示，本身尖端即带有紫色，剥开之后是棉絮状的茅花，而非嫩芽。种梦卓文本释读失误。《静女》“说怿女美”其后有句云“自牧归荑，洵美且异。匪女之为

1　（清）王先谦：《诗三家义集疏》，中华书局，1987，第207—208页。

2　种梦卓：《二重证据与〈诗经·静女〉“彤管”新释》，《北方论丛》2018年第6期。

3　同上注。

4　李传印：《“彤管”本义初探》，《东方丛刊》2001年第4期。

5　（清）吴其濬：《植物名实图考》，载《续修四库全书》第一一一七册，上海古籍出版社，2002，第685页。

美，美人之贻。”毛传曰“荑，茅之始生也。”[1] 所以，嫩茅芽应为“自牧归荑”之“荑”，与“彤管”无涉。故李传印之说亦存在疏失。

李嘉言指出，“彤管”当为红色兰花，董志翘从文字传写的角度对此说进行补充说明，认为“彤管”当作“彤菅”，“彤菅”即“彤兰”，是红色的兰花。[2] 李嘉言、董志翘误将“泽兰”与“兰花”混为一物。《诗经》《楚辞》中的“兰”为今之“泽兰”，而非兰花。李时珍对此已有考证，并指出二者的区别：其一，泽兰生水旁，兰花生山中。其二，泽兰有叶有茎，可纫可握可佩可浴可膏焚。兰花则有叶无茎，只可观玩而无他用。其三，泽兰花叶皆香，植株在采集之后具有持久性，不易萎缩，可以佩戴。兰花花香叶不香，收割之后极易干枯，无法佩戴。[3] 如图 2 所示，泽兰属于菊科，其叶呈椭圆形至长椭圆形，与今之属兰科的兰花判然有别。“唐朝以前，‘兰’指的多是泽兰，宋朝之后才称兰科植物为‘兰’”，[4] 故先秦《静女》之“彤管”并非红色兰花。

综上可知，六种传统解释加紫皮白尖的茅草、嫩茅芽、红色兰花三说，对“彤管”所指何物，诸家计有九说，然此九说皆未能准确解释“彤管”。

二 “彤管”为“彤莞”说

1977 年，阜阳出土汉简《诗经》170 余片，其中有《静女》之句云，“我桐筦有諱，说噿”。[5] “管”“筦”皆属见母元部，二字音同。《诗经》中见有二字互用之例，如：《执竞》诗“钟鼓喤喤，磬筦将将”，陆德明《释文》曰“筦，音管，本亦作管，同。”[6] 除《毛诗》外，秦汉文献中亦见此用例。《史记·平准书》载“而桑弘羊为大农丞，筦诸会计事，稍稍置均输以通货物矣”，以“筦”作“管”。[7] 《汉书》多见以“筦”作“管”者，如《礼乐志》“管弦”作“筦弦”，[8]

---

1 （汉）毛亨、毛苌注，（唐）孔颖达等疏：《毛诗正义》，载李学勤主编《十三经注疏》，北京大学出版社，1999，第 175 页。

2 董志翘：《诗语间诂（一）》，《汉语史研究集刊》2014 年第 1 期。

3 李时珍：《本草纲目》（校点本），人民卫生出版社，1975，第 904—905 页。

4 潘富俊：《诗经植物图鉴》，上海书店出版社，2003，第 145 页。

5 胡旋：《阜阳汉简〈诗经〉集释》，吉林大学，硕士学位论文，2013，第 60 页。

6 （清）王先谦：《诗三家义集疏》，第 651 页。

7 （汉）司马迁撰，（刘宋）裴骃集解，（唐）司马贞索隐，（唐）张守节正义：《史记》，中华书局，1959，第 1432 页。

8 （汉）班固撰，（唐）颜师古注：《汉书》，中华书局，1962，第 1029 页。

《艺文志》“管子”作“筦子”[1]，《元后传》“欲管朝政”作“欲筦朝政”[2]，颜师古皆注曰“筦与管同”。吴玉搢指出，“汉隶从竹之字多书从草”[3]。董志翘亦言，“古字，从‘竹’之字与从‘艸’之字每通”。[4] 在汉隶的这种书写习惯下，“筦”“管”与“莞”“菅”通。如：《大戴礼记·劝学篇》“莞蒲生焉”[5]，《尚书大传》作“菅”[6]，《说苑·建本》作“菅蒲生之”[7]。《韩诗外传》卷十第九章“以莞为席”[8]，《说苑·辨物》作“菅”[9]，元本《韩诗外传》作“管”[10]。《静女》之“彤管”之“管”亦作“筦”，“筦”当读如“莞”。

《毛诗·斯干》有句“下莞上簟，乃安斯寝”[11]。郑玄笺曰：“莞，小蒲之席也”[12]，其将莞席释为用小蒲编成的席。孔疏进一步解释郑说，认为莞与蒲是一草之名，为席有粗有精。[13]《尔雅·释草》载：“莞，苻蓠。其上，蒚。”郭璞注言：“今西方人呼蒲为莞蒲。蒚，谓其头台首也。今江东谓之苻蘺，西方亦名蒲中茎为蒚，用之为席。”[14] 某氏曰：“《本草》云：‘白蒲一名苻蓠，楚谓之莞蒲。’”[15] 从名称来看，莞又名苻蓠，蒲草亦有莞蒲的称呼。就读音言之，蒲为并母模部合口呼一等韵平声遇摄，苻是并母虞部合口呼三等韵平声遇摄，二者读音近似，常互用。如：《晋书》记氐族人蒲洪因家中水池长出蒲草，长有五丈，其中有五节像竹子，当时人称呼其为蒲家。[16] 蒲洪之姓氏“蒲”即来源于蒲草，后蒲洪改名苻洪，

1 《汉书》，第1732页。

2 《汉书》，第4029页。

3 （清）吴玉搢：《别雅》，《景印文渊阁四库全书》第二二二册，台北：商务印书馆，2012，第692页。

4 董志翘：《诗语间诂（一）》。

5 黄怀信：《大戴礼记汇校集注》，三秦出版社，2005，第835页。

6 （清）皮锡瑞：《尚书大传疏证》，清光绪丙申年师伏堂刻本，第379页a。

7 向宗鲁：《说苑校正》，中华书局，1987，第68页。

8 许维遹：《韩诗外传集释》，中华书局，1980，第346页。

9 向宗鲁：《说苑校正》，第471页。

10 许维遹：《韩诗外传集释》，第346页。

11 《毛诗正义》，载李学勤主编《十三经注疏》，第688页。

12 同上注。

13 同上注。

14 （晋）郭璞注，（宋）邢昺疏：《尔雅注疏》，载李学勤主编《十三经注疏》，北京大学出版社，1999，第246页。

15 《毛诗正义》，载李学勤主编《十三经注疏》，第688页。

16 （唐）房玄龄等撰：《晋书》，中华书局，1974，第2867页。

除响应谶语外，亦取蒲、苻二字音近互用之义。所以，《诗经》莞、蒲实为一物，郑康成、孔颖达之说是。就“桐”“彤”二字读音言之，桐是定母东部合口呼一等韵平声通摄，彤为定母冬部合口呼一等韵平声通摄。二字声纽、开合、等、声调、韵摄完全相同，读音近似，故阜阳汉简“桐筦”之“桐”当读如“彤”。

蒲草今称为香蒲。苏颂《本草图经》载：“春初生嫩叶，未出水时，红白色茸茸然。取其中心入地白蒻，大如匕柄者，生啖之，甘脆。又以醋浸，如食笋，大美。”[1] 如图3所示，香蒲幼苗在未出水之时，根部有一层深色表皮，近于红色。此色向植株上部递减，渐次过渡为白色，

图1 茅针

图2 泽兰

图3 香蒲幼苗

1 《本草纲目》，第1362页。

苏颂称之为“红白色”，即将此深色呼作“红色”。“彤”为红色，《静女》称蒲草幼苗为“彤管”，与其植物性状相合。“彤管有炜”，“炜”形容富有光彩，经清洗之后的香蒲幼苗表皮明净清洁，与之相契。“静女其娈，贻我彤管。彤管有炜，说怿女美。自牧归荑，洵美且异。”[1]《静女》诗女子赠予男子二物，先赠以彤管，又馈以荑。荑为茅草初生之芽，今称为茅针，可供食用。香蒲的嫩茎亦是如此，甘脆可食。二者具有相似性，因此于诗中骈列。所以，释“彤管”曰“彤莞”，为香蒲幼苗，不仅合于《静女》对“彤管”的描述，亦与诗歌的整体语境相符。

1 （清）王先谦:《诗三家义集疏》，第207—208页。

汉高祖“龙颜”解

■ **张沛林**（中国社会科学院古代史研究所中国国学研究与交流中心）

《史记》卷八《高祖本纪》及《汉书》卷一《高帝纪上》皆称“高祖为人，隆准而龙颜”。[1] “隆准”，谓凸颧骨或高鼻梁，学者辨证已颇翔实。“龙颜”议者较少，本文拟就此开展研究。

一

“龙颜”，多有解作“眉骨圆起”者。[2]

> 裴骃《史记集解》引应劭：“颜，额颡也，齐人谓之颡，汝南、淮、泗之间曰颜。”[3]

许慎《说文解字》：“颜，睂之间也”。段玉裁注：“各本作‘睂目之间’，浅人妄增字耳，今正……面下曰‘颜前也’，色下曰‘颜气也’，是可证颜为眉间，《医经》之所谓‘阙’，道书所谓‘上丹田’，相书所谓‘中正印堂’也”。[4]

张揖《广雅·释亲》：“𩔈、颜、题、颡，额也。”王念孙《疏证》：“颜之为言岸然高也。《鄘风·君子偕老篇》：‘扬且之颜也。’毛传云：‘广扬而颜角丰满。’《吕氏春秋·遇合篇》：‘陈有恶人焉，曰敦洽雠麋，椎颡广颜，色如漆赭。’《史记·蔡泽传》：‘先生曷鼻巨肩魋颜蹙齃。’

1 （汉）司马迁：《史记》，中华书局，2014，第437页；（汉）班固：《汉书》，中华书局，1962，第2页。

2 如罗竹风主编《汉语大词典》第十二卷：“谓眉骨圆起”（汉语大词典出版社，1993，第1495页），傅亚庶《刘子校释》（中华书局，1998，第249页），蒋寅笺、唐元校、张静注《权德舆诗文集编年校注》（辽海出版社，2013，第518页），陆永峰著《禅月集校注》（巴蜀书社，2012，第99页），［日］遍照金刚撰、卢盛江校考《文镜秘府论汇校汇考》（中华书局，2006，第1803页）等释“龙颜”皆与之相似。

3 《史记》，第437页。

4 （汉）许慎撰，（清）段玉裁注，许惟贤整理：《说文解字注》，凤凰出版社，2015，第728页。

> ‘颜’皆谓额也，《索隐》以为‘颜貌’，失之。”[1]

据上，“颜”本义为人眉间印堂处，泛指前额，释“龙颜”为“眉骨圆起”不妥。又有学者释为“上额凸起”[2]或“像龙一样丰满隆起的额角”[3]，亦不知所据。唐段成式《酉阳杂俎》载，“龙头上有一物，如博山形，名尺木。龙无尺木，不能升天。”[4]似指明龙首有博山炉式凸起。

> 桓谭《新论》：“龙无尺木无以升天；圣人无尺土无以王天下”。[5]
>
> 王充《论衡·龙虚篇》：“短书言：‘龙无尺木，无以升天。’又曰‘升天’，又言‘尺木’，谓龙从木中升天也。彼短书之家，世俗之人也，见雷电发时，龙随而起，当雷电击树木之时，龙适与雷电俱在树木之侧，雷电去，龙随而上，故谓从树木之中升天也。”[6]
>
> 陈寿《三国志·吴书·太史慈传》裴松之注引虞溥《江表传》：“龙欲腾翥，先阶尺木者也。”[7]

如上，汉魏人谈龙之“尺木”，即指短木，段成式大抵与王充一样不解龙依靠“尺木”飞升之理，故引用新奇之说疏通证明。但刘禹锡《薛公神道碑》称，“文馆入仕，幽龙未光；尺木为阶，欻然欲翔”，[8]罗振玉《京畿冢墓遗文》载唐《燉（敦）煌公李君墓志》，“式贲龙光，亘地横骛；排云上骧，有阶尺木”，[9]可证唐人多沿用旧说，《酉阳杂俎》所载也属个例。而随着“龙颜”词义转变，后主要借指帝王，《史》《汉》中形容刘邦“龙颜”的含义遂晦暗难解，以致稍严谨的注家，只说“谓其额如龙”了[10]。

---

1 （清）王念孙：《广雅疏证》，江苏古籍出版社，2000，第202页。

2 张烈主编：《汉书注译》，南方出版社，1997，第1页。

3 吴树平主持校注：《今注本二十四史·史记》，中国社会科学出版社，2020，第827页。

4 （唐）段成式撰，许逸民校笺：《酉阳杂俎校笺》，中华书局，2015，第1213页。

5 （汉）桓谭撰，朱谦之校辑：《新辑本桓谭新论》，中华书局，2009，第6页。

6 黄晖：《论衡校释（附刘盼遂〈集解〉）》，中华书局，1990，第289—290页。

7 （晋）陈寿注，陈乃乾校点：《三国志》，中华书局，1982，第1189页。

8 （唐）刘禹锡撰：《刘禹锡集》，整理组点校，卞孝萱校订，中华书局，1990，第35页。

9 罗振玉：《京畿冢墓遗文》，《历代碑志丛书》第一四册，江苏古籍出版社，第13页。

10 （汉）班固撰，王继如主编：《汉书今注》，凤凰出版社，2013，第1页。

二

孔子称：“鸟，吾知其能飞；鱼，吾知其能游；兽，吾知其能走。走者可以为罔，游者可以为纶，飞者可以为矰。至于龙吾不能知，其乘风云而上天。”[1] 龙“发源”于上古，以孔子的博学，犹不能知，而近世其形象却渐丰满。

谢肇淛《五杂组·物部一》：“王符称世俗画龙，马首蛇尾，又有三停九似之说，谓自首至膊、膊至腰、腰至尾皆相停也，九似者角似鹿、头似驼、眼似鬼、项似蛇、腹似蜃、鳞似鱼、爪似鹰、掌似虎、耳似牛。然龙之见也，皆为雷、电、云、雾拥护其体，得见其全形者罕矣。”[2]

闻一多《伏羲考》：“大概图腾未合并以前，所谓龙者只是一种大蛇。这种蛇的名字便叫做‘龙’。后来有一个以这种大蛇为图腾的团组（Klan）兼并了，吸收了许多别的形形色色的图腾团族，大蛇这才接受了兽的四脚，马的头、鬣和尾，鹿的角，狗的爪，鱼的鳞和须。”[3]

无论龙存在与否，人对其形象的描绘均基于有经验的想象，这也是近代以来“图腾”说被广泛接受的原因。然而以闻一多先生为代表的“龙是图腾合并”的意见，似是以人类学观念重新解释了《五杂组》所载的一类旧说。但对比“角似鹿”“鹿的角”，绘画取象的“似”与实体形象的“是”本质上有着天壤之别，其原因在于“图腾说”否认龙的存在，必要找出形象的外部来源，而古人相信有龙，只是“得见其全形者罕矣”。如战国、秦汉文献对龙的形象描述较少，而以龙为造型、纹饰的器物存世颇丰，以之印证“图腾说”多有不合之处。

“角”是龙较为显著的特征，而汉画像石中，除去有后世所说似鹿角者（图1）[4]，更多的是长着像牛羊角的龙（图2）[5]。在角的数量上，除常见的双角外还有无角（图3）[6]、独角（图4）[7]、

1　《史记》，第2605页。

2　（明）谢肇淛：《五杂组》，上海书店出版社，2009，第166页。《五杂组》部分内容或引自《尔雅翼》卷二八《释鱼一》，又“王符”为“王充”之误，《论衡·龙虚篇》：“世俗画龙之象，马首蛇尾。”

3　闻一多：《神话与诗》，上海人民出版社，2006，第20页。

4　牛天伟、朱青生主编：《汉画总录》第22册，广西师范大学出版社，2013，第153页。

5　凌皆兵、朱青生主编：《汉画总录》第13册，广西师范大学出版社，2013，第45页。

6　牛天伟、朱青生主编：《汉画总录》第20册，广西师范大学出版社，2013，第21页。

7　康兰英、朱青生主编：《汉画总录》第10册，广西师范大学出版社，2012，第119页。

图1 “鹿角”之龙

图2 “牛羊角”之龙

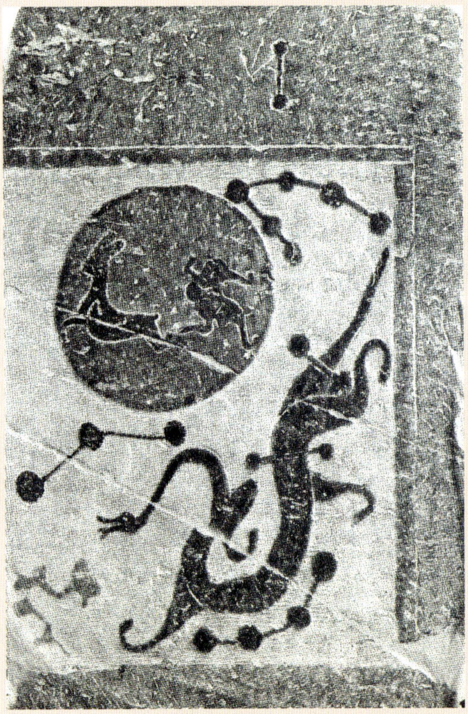

图3 “无角”之龙

图4 “独角”之龙

三角（图5）[1]，甚至七角（图6）[2] 等情况。闻一多先生所主的“蛇为主干说”也不能成立，有学者指出，汉画像石中，“一方面，有的龙的形象，继续战国手法，比较像一般的兽。另一方面，有的龙则身体似蛇躯，有鳞甲，鸡爪，长尾，形如后代的龙的形象”。[3] 证以瓦当、玉器等纹饰，龙的确常以兽身形态出现，可见时人对龙的形象并无统一认识。

图5 “三角”之龙

图6 “七角”之龙

1 凌皆兵、朱青生主编：《汉画总录》第16册，广西师范大学出版社，2013，第252—253页。

2 凌皆兵、朱青生主编：《汉画总录》第17册，广西师范大学出版社，2013，第22页。

3 李发林：《汉画考释和研究》，中国文联出版社，2000，第227页。

图7　南阳十里铺二号墓汉画像石

图8　南阳十里铺汉墓中室门南立柱画像石

至于更微观的"龙颜"，亦可通过器物纹饰加以观察。然而纹饰常常是物的抽象或简要表达，也正因如此，在人的知识中作为事物相区别的部分或独特处会成为符号加以凸显。在东汉画像石中，如南阳十里铺二号汉画像石墓主墓门楣石正面的龙纹（图7）[1]，虽属极为简要的概括，但角与身线条的遒劲流利，比例的停当和谐，可称汉画像石中经意之作，其着意刻画在耸出的角与鼻、颚部，额头则基本平顺。而南阳市溧河乡十里铺汉墓中室门南立柱（图8）[2] 及南阳市东风机械厂汉墓出土的应龙纹（图9）[3] 则从正面、侧面展现出龙额有隆起的特点。又河南永城柿园西汉墓壁画中的青龙（图10）[4]，是罕见的精细佳品，其额长有肉瘤，上出分枝的角，又与前举诸形象迥异。另外，自商周始龙形玉器眉额处往往有尖突，如安

1　凌皆兵、朱青生主编:《汉画总录》第15册，广西师范大学出版社，2013，第306—307页。

2　《汉画总录》第16册，第31页。

3　王清建、朱青生主编:《汉画总录》第18册，广西师范大学出版社，2013，第164页。

4　高阳主编:《中国古兽图谱》卷二，福建美术出版社，2019，第17页。

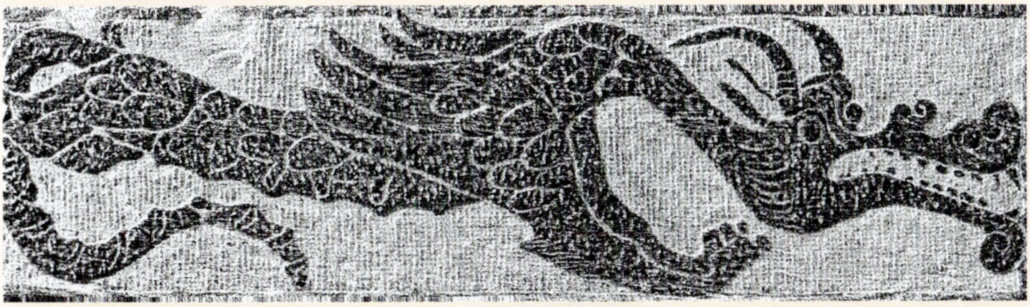

图9 南阳东风机械厂汉墓画像石

图10 河南永城柿园西汉墓壁画

徽天长县三角圩西汉墓出土的玉龙（图11）[1]，相似的情况也见于汉画像石（图12）[2]，但正如汉画像石中有数量众多的龙纹，角直接刻画于眼上的情况（图13）[3]，对比永城汉墓壁画，这或许是强调眼眸或眉的突出，与额头无关。总而言之，统观战汉纹饰，龙之“颜”呈现出的是“无序”的状况。

图11　安徽天长三角圩汉墓出土玉龙

图12　“额突”的汉画像石龙形象

图13　“角直接刻画于眼上”的龙形系

1　杨德标、贾庆元、杨鸠霞：《安徽天长县三角圩战国西汉墓出土文物》，《文物》1993年第9期。

2　牛天伟、朱青生主编：《汉画总录》第23册，广西师范大学出版社，2013，第114页。

3　《汉画总录》第15册，第108页。

三

汉画与器物纹饰可证汉人不解“龙颜”的具体形貌，且两汉之际出现的纬书及注释亦可作为旁证。如《诗含神雾》称，“龙首，颜似龙也。”[1] 其义径以“龙颜”为龙的头面。又《春秋元命苞》：“故知周苍代殷者爲姬昌，人形龙颜，长大羽翼，日衣青光。”[2] “人形”“龙颜”对举，也像是以“颜”为容貌。

> 《春秋元命苞》：“黄帝龙颜”。注：“颜有龙象，似轩辕也。”[3]
>
> 《孝经援神契》：“舜龙颜重瞳”。注：“龙颜取象虹，故有此骨表也。”[4]

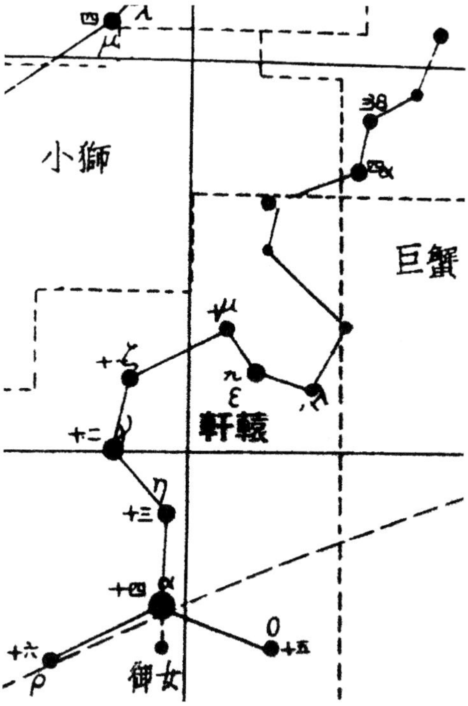

图14 轩辕星

据《隋书·经籍志》，《春秋纬》与《孝经纬》均为东汉末宋均注。“轩辕”应指“轩辕星”，即“权星”（图14）[5]。《周礼·春官·天府》孔颖达《疏》引《武陵太守星传》云：“轩辕十七星，如龙形，有两角，角有大民、小民。”[6] 而汉人理解的“虹”如璜形，两端龙首，中间呈拱状（图15）[7]。二者形貌差距较大，且形容某一人身体特征均不当。

---

1 （清）赵在翰辑，钟肇鹏、萧文郁点校：《七纬（附〈论语谶〉）》，中华书局，2012，第260页。

2 《七纬（附〈论语谶〉）》，第425页。

3 《七纬（附〈论语谶〉）》，第419页。

4 《七纬（附〈论语谶〉）》，第695页。

5 王力主编：《古代汉语》，中华书局，1999，附录一。

6 （清）阮元校刻：《十三经注疏》，中华书局，2009，第1675页。

7 朱浒编：《石上风华：徐州新见汉代画像石拓片选》，生活·读书·新知三联书店，2020，第30页。

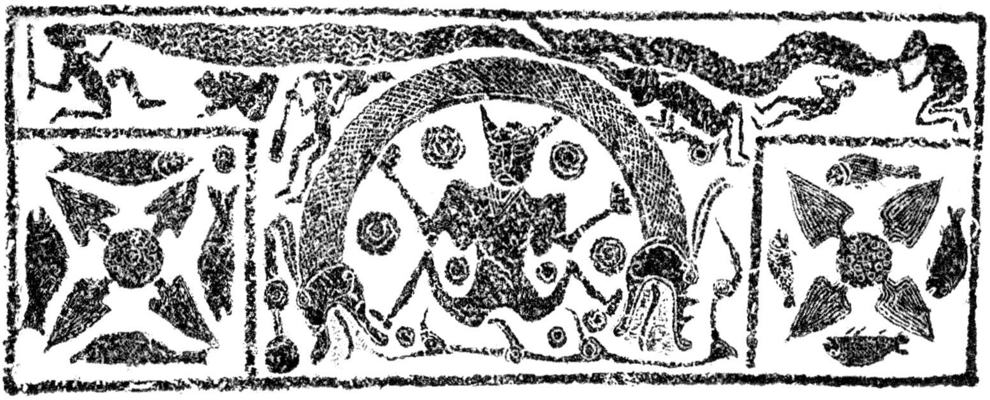

图15 汉代画像石上的“虹”形象

《汉书·律历志下》：“黄帝。《易》曰：‘神农氏没，黄帝氏作。’火生土，故为土德。”[1]

《汉书·天文志》：“权，轩辕，黄龙体。”[2]

《汉书·郊祀志上》：“黄帝得土德，黄龙地螾见。”[3]

《汉书·律历志下》：“虞帝。《帝系》曰，颛顼生穷蝉，五世而生瞽叟，瞽叟生帝舜，处虞之妫汭，尧嬗以天下。火生土，故为土德。”[4]

《续汉书·五行六》：“六年二月乙未，白虹贯日。”刘昭注引《星占》：“虹蜺主内婬，土精填星之变。”[5]

据上引可知，宋均分析纬书所载帝王相貌的目的，在于附会“五行”，以凸显帝德。黄帝与舜同为土德，故其相黄龙、虹皆是土德之征。正如《史》《汉》称汉高祖“龙颜”，汉人以为刘邦为尧后，又同为火德，故东汉熹平四年之《尧帝碑》亦附会尧有“龙颜”。[6] 这与战国时较为单纯的“相人之形状颜色而知其吉凶妖

1 《汉书》，第1012页。

2 《汉书》，第1277页。

3 《汉书》，第1200页。

4 《汉书》，第1013页。

5 （宋）范晔撰，（唐）李贤等注：《后汉书》，中华书局，1965，第3373页。

6 详见（清）严可均编：《全上古三代秦汉三国六朝文》，中华书局，1958，第1027页。

祥”[1]，或尉缭称秦始皇“蜂准，长目，挚鸟膺，豺声”[2] 以知人性情的相术思想、思维的方式、方法已大不相同了。司马迁《史记》既有传统相术的记载，如《史记》记有许负说周亚夫“有从理入口”当饿死。[3] 又隐约有了后世经师的帝王德运学说的痕迹，如质疑项羽“何兴之暴”，听闻其与舜皆为“重瞳”，故疑项氏为舜后。[4]

> 《史记·高祖本纪》：“其先刘媪尝息大泽之陂，梦与神遇。是时雷电晦冥，太公往视，则见蛟龙于其上。已而有身，遂产高祖。”[5] 又，“常从王媪、武负贳酒，醉卧，武负、王媪见其上常有龙，怪之。”[6]

正如对项羽“何兴之暴”的不解，司马迁也要为“高祖起微细”而为帝王寻求法统根据，在汉为尧后还未成为普遍认同的学说时，《史记》中称刘邦“龙颜”的目的应为承接上下文，述其与“蛟龙”“龙怪”的关联，显示其终为帝王，生有高贵异形的作用。而历代学者释“龙颜”，皆从额头具体形貌入手，未考虑到司马迁载此的思想来源与动机，故不得确解。司马贞《史记索隐》载汉末文颖注称，“高祖感龙而生，故其颜貌似龙，长颈而高鼻”，[7] 是已放弃“颜”为额头，改释为容貌了。

1 （清）王先谦撰，沈啸寰、王星贤点校：《荀子集解》，中华书局，1988，第72页。

2 《史记》，第297页。

3 《史记》，第2519页。

4 《史记》，第428页。

5 《史记》，第435页。

6 《史记》，第437页。苏芃先生指出，日本宫内厅藏《高祖本纪》写卷作“武负、王媪见其上常有龙怪之属”，更近于《史记》旧貌。详见苏芃：《〈史记·高祖本纪〉“见其上常有龙怪之属”辨证》，《中华文史论丛》2017年第4期。

7 《史记》，第437页。

清代学者的武梁祠认知与转向
——以故宫藏《宋拓武梁祠画像册》为中心*

谭浩源（故宫博物院研究室、中央美术学院人文学院）

始建于东汉桓、灵时期的嘉祥县武氏祠堂，对现代历史学、艺术史学界而言，其石刻、建筑和图像早已成为经典作品而众所周知。有关武梁祠的研究史可追溯到宋代，见于北宋欧阳修《集古录》和赵明诚《金石录》中，至南宋，洪适在其《隶续》中对武氏墓地石刻进行了较为完备的记述，并将其命名为《武梁祠堂画像》[1]，由此构成了第一波武氏祠堂石刻研究高峰[2]。尽管如此，这些宋代关注武氏祠堂石刻的金石学者，尚无一人真正到过武梁祠，也未曾见过原石，洪适的研究也只是根据同时代藏家梁季珩的拓本所进行的翻刻而开展的[3]。

这种状况及至清初并未改变，在乾隆五十一年（1786）黄易偶然重新发现武氏祠堂之前，清代金石学者对于武梁祠的认知仍旧主要通过传世的宋代金石学著作，以及一套仅录有十四幅图像传为“唐拓”的武梁祠册页拓本，这套拓本也即本文所要着重讨论的《宋拓武梁祠画像册》。

《宋拓武梁祠画像册》现藏故宫博物院，纵31.3厘米，横22.2厘米（图1）。原拓记录武梁祠堂西面山墙上两行石刻图像，原石首行刻“伏羲”“祝诵氏”“神农氏”“黄帝”“帝颛顼”“帝喾”“帝尧”“帝舜”“夏禹”“夏桀”古帝王像十图；第二行刻“曾子”“闵子骞”“老莱子”“丁兰”孝子四图，拓片四周题有明清两代名人题跋观款，钤“古盐官州马氏”“唐鹤徵印”“思赞”“衎斋”

---

* 本文为故宫博物院科研课题项目“故宫博物院藏武梁祠拓片研究”（协议编号：KT2020－5）阶段性成果。

1 薛龙春：《古欢——黄易与乾嘉金石时尚》，生活·读书·新知三联书店，2019，第2页。

2 ［美］巫鸿：《武梁祠：中国古代画像艺术的思想性》，柳扬、岑河译，生活·读书·新知三联书店，2006，第12页。

3 ［美］曾蓝莹：《媒介与信息：武氏祠的再发现与清代的文化生产》，载故宫博物院编《黄易与金石学论集》，故宫出版社，2012，第263、267页。

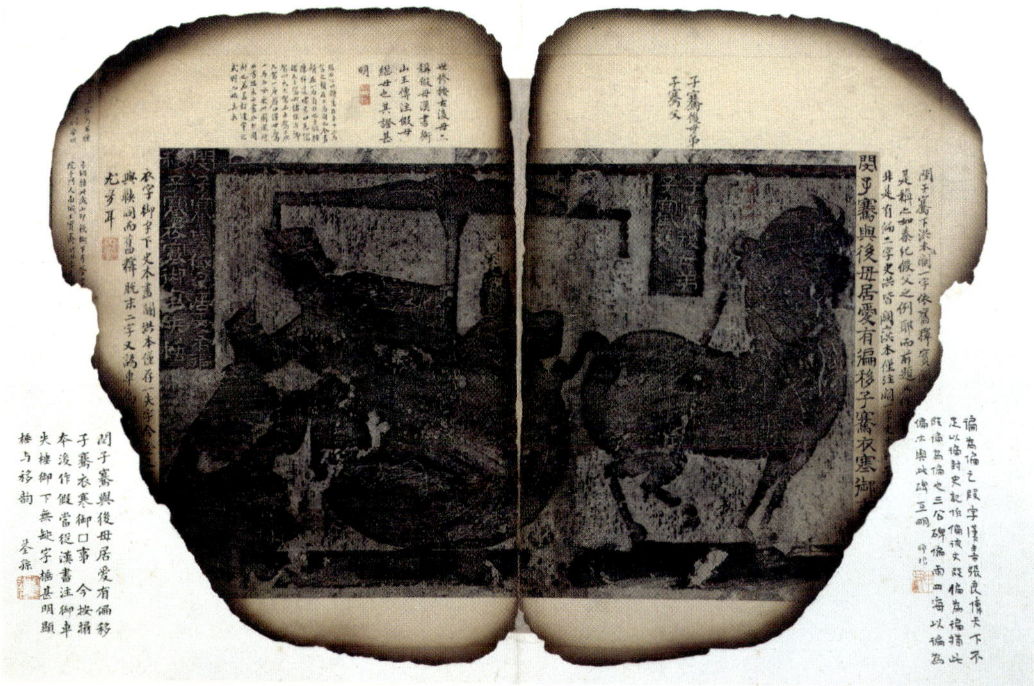

图1 《宋拓武梁祠画像册》(局部)

册页六《闵子骞》，故宫博物院藏

“函砚斋”等章[1]。据册后题跋及马子云研究可知，拓本于道光二十九年（1849）后遭兵燹火焚，至民国五年（1916）李汝谦购得并重新修缮装裱，是为“火后本”。残拓仅存帝王七图、孝子四图，石刻图像及后附题跋周边可见火熏痕迹。李汝谦购得残本后，另请民国时期名人学者广征题跋，于宋拓本幅之后另裱一册，最终形成《拓本册》和《题跋册》（图2）一套完整册页。

虽然早在清至民国时期，已有诸多学者开展有关武梁祠的研究[2]，但对这套《宋拓武梁祠画像册》的专门研究则要晚至中华人民共和国成立之后。马子云在1960年发表于《故宫博物院院刊》的《谈武梁祠画象的宋拓与黄易拓本》[3]，在鉴定这件清代传为唐拓的拓本实为宋代拓本的基础上，进一步整理了这套拓本的递藏经过、题跋钤印等基本信息，并对比了

1 马子云：《谈武梁祠画象的宋拓与黄易拓本》，《故宫博物院院刊》1960年第2期。

2 如冯云鹏《金石索》（1824年）、瞿中溶《武梁祠堂画像考》（1825年）、沙畹《中国汉代石刻》（1893年）、《中国北方考古记》（1913年）、大村西崖《支那美术史·雕塑篇》（1915年）、关野贞《中国山东省汉代墓坟的表饰》（1916年）、容庚《汉武梁祠画像录》（1936年）、林仰山《汉代石刻》（1943年）等。

3 马子云：《谈武梁祠画象的宋拓与黄易拓本》。

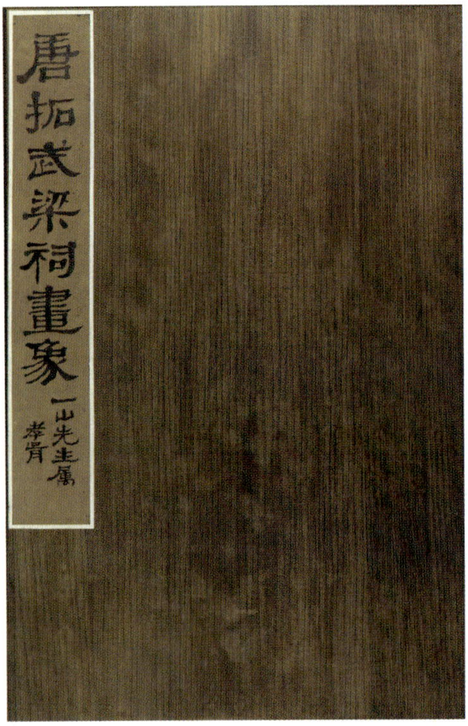

图2 《宋拓武梁祠画像册》题跋册封面及题签

该本与黄易乾隆时期所拓拓本的区别，为此后的研究奠定基础。但在此之后的半个多世纪中，则鲜有对此拓本的专门研究，只在学者有关武梁祠的研究中有所涉及[1]。

有关《宋拓武梁祠画像册》图像及后附题跋的刊布尚不充分，马子云文章中仅刊布部分石刻图像的黑白照片，此后在杨伯达主编的《故宫文物大典》[2] 以及故宫博物院主编的《故宫博物院50年入藏文物精品集》[3] 中亦收录部分石刻和题跋图像。逮至2010年，故宫博物院出版《蓬莱宿约：故宫藏黄易汉魏碑刻特集》，刊布20页《拓本册》石刻及题跋彩色图像资料，依旧不全。而李汝谦另裱的《题跋册》及至2018年才经故宫博物院资料信息部采集完整影像资料，尚未完整刊布题跋内容[4]，仅见秦明等少数学者做过个案研究。

本文拟在前人研究基础上，重新梳理《宋拓武梁祠画像册》拓本册与题跋册的题跋信息，对题跋者、题跋年代和内容作进一步系统考察，整理成完整的题跋信息资料。

进而，对清初至民国时期的题跋内容开展分析，探讨不同时期观者在鉴赏过程中所形成的对武梁祠石刻、拓本、图像的认识和转变，以及促成这些认识形成的内外原因。最后，尝试提出新的问题：何谓武梁祠？即清代学者借助这

1 比较有代表性的研究包括：[美] 巫鸿：《武梁祠：中国古代画像艺术的思想性》；[美] 巫鸿：《说“拓片”：一种图像再现方式的物质性和历史性》，施杰译，[美] 巫鸿：《时空中的美术：巫鸿中国美术史文编二集》，梅枚等译，生活·读书·新知三联书店，2009；[美] 曾蓝莹：《媒介与信息：武氏祠的再发现与清代的文化生产》；秦明：《故宫藏〈宋拓武梁祠画像册〉题跋研究——从康有为题跋谈起》，《中国书法》2013年第2期；秦明：《〈得碑十二图〉中为何无〈唐拓汉武梁祠画像〉》，《中华书画家》2017年第1期；薛龙春：《古欢——黄易与乾嘉金石时尚》；[美] 白谦慎：《武氏祠真伪之辩》，人民美术出版社，2019。

2 杨伯达主编：《故宫文物大典·2》“宋拓 东汉 武梁祠画像石及石阙”条，福建人民出版社、浙江教育出版社、江西教育出版社、紫禁城出版社，1994，第972—973页。

3 故宫博物院编：《故宫博物院50年入藏文物精品集》，紫禁城出版社，1999，第264—265页。

4 秦明：《故宫藏〈宋拓武梁祠画像册〉题跋研究——从康有为题跋谈起》。

套宋代拓片所形成的汉代武梁祠认知[1]，究竟由哪些知识系统所构成，又由此形成了怎样与现代学术研究不同的知识和话语体系。

一 题跋观款的整理与分期

马子云在其1960年发表的文章中，对《拓本册》和《题跋册》的观款、题跋做了初步整理著录，引述如下[2]：

> （《拓本册》）……观款有朱彝尊、宋暐、钱琰、朱甫田、查嗣瑮、查慎行、丘蓼照、王聘珍、何煌、陆秉锳、沈元沧、陈世仪、钱霭、陈克鉴、庄歆、胡开泰、顾翔、徐夔、李鉴、陈震、蒋杲、陈伟、姜本渭、徐增、钱襄、沈谦、杨礼、李大德、王宾、谢松洲、吕懿谋、郑际唐、李东祺、桂未谷、钱泳、铁保、方熏、王昶、张穆、徐嵩、鲍廷博、金德舆、孙星衍、冯敏昌、瞿中溶、梁鼎芬、陈宝琛、徐世昌、郑孝胥、罗振玉、周以勋、姚朋图，共五十二人。
>
> 题跋有朱彝尊、查嗣瑮、龚翔麟、翁嵩年、查慎行、杨守知、吕葆中、金司农、马曰璐、翁方纲（六段）、黄易（二段）、阮元、潘庭筠、梁同书、何绍基（六段）、朱文藻、张穆、易顺鼎、何栻、陆恭、樊增祥、吴昌硕、李汝谦、赵世骏、徐世昌、罗振玉、刘师培（三段）、缪荃孙（三段），共二十八人，题跋四十三段……
>
> （《题跋册》）题跋二十六人：张謇、郑孝胥、康有为、罗振玉、陈三立、严复、赵尔巽、缪荃孙、王寿彭、吴重憙、姚永檠、柯劭忞、宝熙、徐世昌、萧方骏、江瀚、劳乃宣、梁启超、刘师培、冯煦、费树蔚、张伯英、王树枬、姚华、罗复堪、赵椿年……

但是，其统计尚有不全处[3]，且马文按观款、题跋分别统计，虽有助于掌握各自数量和比例，但这种分类存在同一观者分别题写观款和题跋的情况，如此则导致重复统计，如朱彝尊、查嗣瑮、查慎行、吕葆中、张穆、徐世昌、罗振玉等人，在两个分类中均有出现。因此，马子云的统计尚无法得出准确的总人数。

笔者在其基础上，一一核对册后题跋，并结合黄易《小蓬莱阁金石文字》中收录题跋信息，补录漏记观者19人，分别是：李鼎元、施谦、杨嗣震、杨標、

1 本文论述内容实涉及民国时期，但民国时期的金石学者实均深受清代学术及观念影响，为行文简略，在标题及行文中，统一表述为清代学者，特此说明。

2 马子云：《谈武梁祠画象的宋拓与黄易拓本》。

3 如王岳在寄秦明信中亦曾指出，但未详述。见秦明：《〈得碑十二图〉中为何无〈唐拓汉武梁祠画像〉》。

颜崇椝、梁肯堂、江安、陈燦、何震伯、冯志沂、陈嘉榖、邵志纯、蒋元龙、钱时霁、钮树玉、袁廷檮、顾广圻、何锦、徐颋[1]。

故此，笔者在补充题跋者信息的基础上，不将观款和题跋分别列出，改以题跋者的题跋朝代为序予以重新统计，以此补充马子云文中有关人数的统计。另外，也可更为直观地了解这些题跋分别题于何时，继而再予分析讨论。题跋分期统计如表 1 所示：

表 1　《宋拓武梁祠画像册》题跋者年代及人数统计

朝代	题跋者	小计
康熙	朱彝尊、宋曍、吕葆中、钱琰、朱甫田、查嗣瑮、查慎行、何煌、陆秉锳、沈元沧、陈世仪、钱霨、陈克鉴、庄歆、龚翔麟、杨守知、胡开泰、吕懿谋、陈伟、翁嵩年、顾翔、徐夔、李鉴、金农、陈震、蒋杲	26 人
雍正	姜本渭、徐增、钱襄、沈谦、杨理、李大德、王宾、谢松洲	8 人
乾隆	马曰璐、李东琪、郑际唐、黄易、翁方纲、颜崇椝、桂馥、钱泳、阮元、徐嵩、王昶、陈燦、何震伯、朱文藻、江安、鲍廷博、金德舆、潘庭筠、铁保、陈嘉榖、邵志纯、梁同书、蒋元龙、方薰[2]、瞿中溶、钱时霁、钮树玉、袁廷梼、顾广圻、何锦、梁肯堂、李鼎元、丘藜照、王聘珍	34 人
嘉庆	孙星衍、冯敏昌、周以勋、陆恭、徐颋	5 人
道光	何绍基、何栻、冯志沂、张穆	4 人
民国	陈宝琛、徐世昌、梁鼎芬、易顺鼎、樊增祥、姚朋图、吴昌硕、李汝谦、赵世骏、张謇、郑孝胥、康有为、罗振玉、陈三立、严复、赵尔巽、缪荃孙、王寿彭、吴重憙、姚永槩、柯劭忞、宝熙、萧方骏、江瀚、劳乃宣、梁启超、何维朴、杨寿枢、汪洛年、傅增湘、林纾、刘宗书、袁励准、姜筠、刘师培、冯煦、费树蔚、张伯英、王树枬、姚华、罗复堪、赵椿年	42 人
总计	119 人	

1　补录观者的详细研究，另见拙文《故宫博物院藏〈宋拓武梁祠画像册〉题跋观款补释》，《故宫学刊》待刊稿。

2　蒋元龙、方薰跋未署年款，据载方薰乾隆六十年应阮元召赴杭州，居住一年有余，而前后跋时间均在乾隆六十年和嘉庆元年之间，再据方薰题于桐乡寓所，推测其观阅《宋拓武梁祠册》的时间在其赴杭州之前，故在本文分期中，将二人归入乾隆朝中。

通过整理，可以基本掌握《宋拓武梁祠画像册》上所有能辨识的题跋者，以及题跋人数和题跋年代，还可由此审视《宋拓武梁祠画像册》在清至民国时期的观阅和流转情况，也只有在系统梳理题跋观款信息的基础上，才能对题跋的内容进行更为全面的解读和分析。

整理发现，对《宋拓武梁祠画像册》的观赏、题跋并非平均分布于各个朝代，而是呈现集中分布的特点，可大致分为三个：（一）康熙朝中后期至雍正朝初期；（二）乾隆朝中后期至嘉庆朝初期；（三）民国初年至 20 世纪 40 年代。

呈现如此分布的原因，在于三个时期的收藏者能够将所藏拓片公示于众，与同道友朋一同观赏，并邀请他们题跋为记。如康熙朝时期，收藏者为马思赞，他便邀请自己的几位挚友朱彝尊、查慎行、查嗣瑮等人多次观阅，一同鉴赏考订；至乾隆朝，宋拓本由黄易收藏，黄易不仅广邀金石学者观看，还随身携带至各地，在雅集聚会予以展示，甚至还据此付梓出版；再如民国时期，当李汝谦重新购回原家族所藏拓本后，遍邀当时的学者名人，或为绘图，或题跋纪念。可以看出，这三次题跋集中分布的状况，不仅在于当时的主要收藏者愿意公布分享，也在于藏主主动邀请同好题跋留念，这才致使在这三个时期集中出现了大量的观款和题跋。也正是这三个时期的观款题跋，为我们提供了一个深入研究的机会，考察清至民国不同时间段观者究竟如何去观看、欣赏、研究这套拓片，以及获得了怎样的认知。

二 题跋所见武梁祠的认知与转向

事实上，从这三个时期观者的题跋中，确能看出其关注点及观看视角的区别、变化与转向。下文拟按时期分别论述。

（一）康熙朝中期至雍正朝初期

《宋拓武梁祠画像册》最初进入清代学者的视野之中，是在康熙四十三年（1704），据龚翔麟和朱彝尊的题跋，这套拓本当时为马思赞购得，自此之后才得以公开传阅。这一时期的主要题跋者，包括朱彝尊、吕葆中、查慎行、查嗣瑮、翁嵩年等，题跋中朱彝尊共 5 条、查慎行 3 条、查嗣瑮 3 条、翁嵩年 1 条，而吕葆中明确见到署款的只有 1 条。但据王岳考证，拓本周边及册页十四朱彝尊后焚毁跋尾的一段，对比字迹行文，或均为吕葆中所做，共计 13 条之多，秦明甚至推测吕葆中或许还是该本流传中一位重要的收藏者[1]。

在这些题跋当中，朱彝尊、吕葆中、

1 秦明：《〈得碑十二图〉中为何无〈唐拓汉武梁祠画像〉》。

查嗣瑮的题跋具有代表性，可反映此时期金石学者的关注兴趣所在。如朱彝尊跋称：

> 右汉从事武梁祠堂画像，传是唐拓本，旧藏武进唐氏。前有提督江河淮海兵马章，后有襄文公顺之，暨其子鹤徵私印。汉自“赵岐营寿藏图”“晏平仲羊舌叔誉”“东里子产”“延州来季子”四象，纪诸史册，此外如朱浮、鲁恭、李刚、鲁峻、董蒲、范皮诸祠墓画像，刻石者匪一，惟梁祠人物最多。洪适《隶续》具摹其形，古帝王忠臣义士孝子贤妇凡一百六世有二人，是册存者，仅帝王十人、孝子四人而已，由黄帝至舜，图皆服冕，禹手操掘地之器，冠顶锐而下卑。殆《礼》所云“毋追”者是。睹此，可悟聂崇义《三礼图》之非，桀以人为车，故象坐二人肩背。《隶续》所摹失其真矣。每幅上下四旁有小字分书，题识姓名，或间作韵语。赵明诚称其字画遒劲，史绳祖谓其笔法精稳，可为楷式。观者但觉墨光可鉴，元气浑沦，验为唐本不虚也。
>
> 康熙乙酉竹垞朱彝尊过衎斋书屋重观，因跋其尾，时年七十有七。

其中，除作有关鉴定、递藏论述外，可以看出朱彝尊关注的重心在于通过对图像的观察，可以借此考证名物，如其中所说“由黄帝至舜，图皆服冕，禹手操掘地之器，冠顶锐而下卑，殆《礼》所云‘毋追’者是，睹此可悟聂崇义《三礼图》之非”。旨在通过图像和文献的比较，来探讨器物服制，以图证史，这些均属于传统金石学和考据学的典型研究面相。

朱彝尊跋后一跋（即王岳推测吕葆中跋），题道：“乙酉九月（康熙四十四年，1705）过衎斋重观，读竹垞先生跋尾，乃取洪氏《隶释》《隶续》、史氏《学斋佔毕》、娄氏《汉隶字原》，细为辨注，叹此拓直在数家所藏之前，碑刻图画之古，无踰于此矣。”可见还是对图像进行考据注疏，联系到拓片上多条未署名的考据题款，或即此处所谓“细为辨注”（图3）。

再如查嗣瑮跋（图4）：

> 画家著录，多始魏晋，人不知东汉石阙图写人物已多，第存者寡尔。武梁一碑乃唐人拓本，洵不易得。图中机有绞车、有盖庭、有帷，略见古人制器形象。曾子母莱子妻，履絇皆锐头，当知汉日女子已非赤脚，亦可资考古之一端也。
>
> 康熙丙戌人日，雪阻葫芦山房，复同竹垞把玩书此。查浦嗣瑮。

其中查氏提出，“图中机有绞车、有盖庭、有帷，略见古人制器形象。……亦可资考古之一端也”。可知其对图像的关注点，仍是对图中反映的汉代历史、服饰制度的考证辨析。

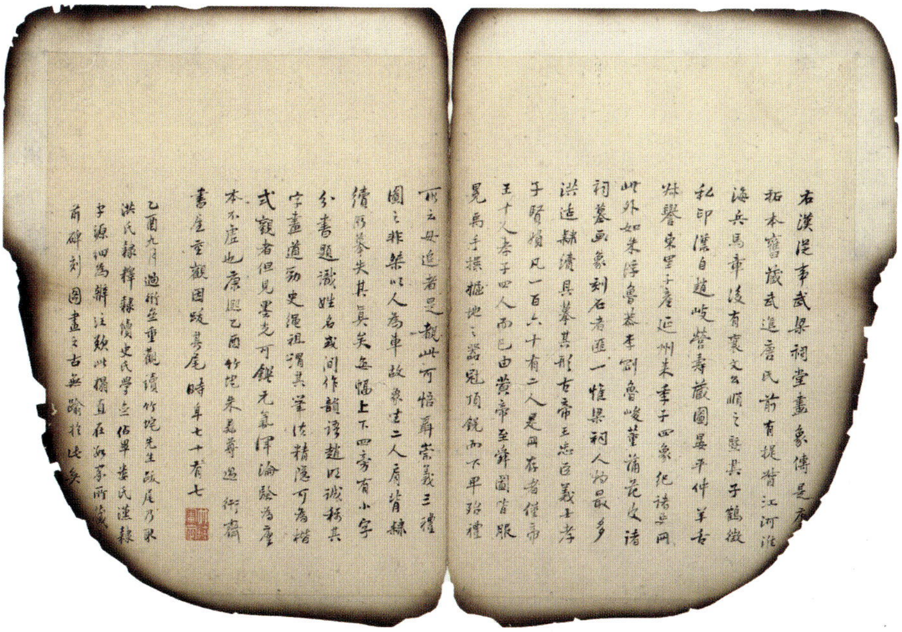

图3 《宋拓武梁祠画像册》（局部）

册页十二，朱彝尊、吕葆中（疑）跋

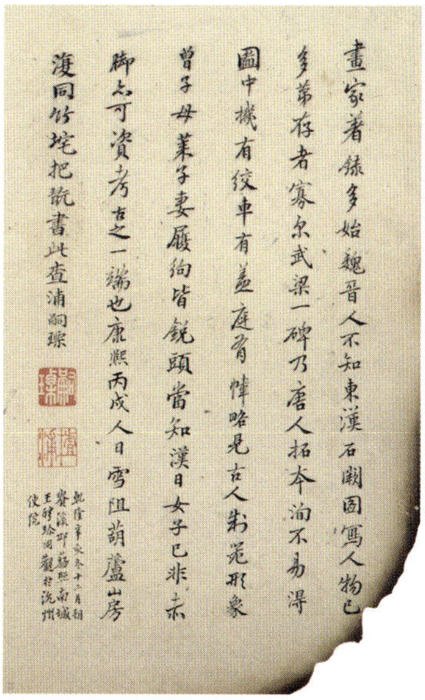

图4 《宋拓武梁祠画像册》（局部）

册页十三，查嗣瑮跋

以上三段题跋，代表了清初金石学者对武梁祠拓本的审视眼光和基本认识，也反映出这一阶段拓本的观者仍主要延续传统金石学的治学之道，从考订名物、文献辨注、年代鉴定等视角来审视和研究武梁祠。这种研究方式来自宋代金石学的影响。正如巫鸿所总结的，这些研究者的职能是调动包括石刻铭文在内的一切资源去记录事实，同时，将古代石刻作为史料看待。因此将研究重心放在对资料的调查和考证上，再次，则是关注于铭文的书法而非画像的风格[1]。这些特征在清初金石学家的题跋中表现得尤为明显。

---

1 ［美］巫鸿：《武梁祠：中国古代画像艺术的思想性》，第51—55页。

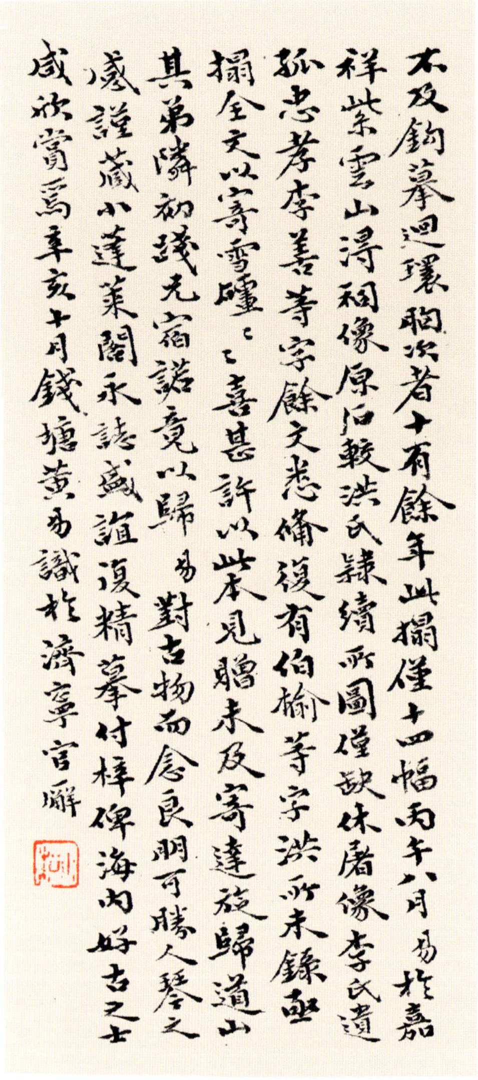

图5　《宋拓武梁祠画像册》（局部）

册页十五，黄易跋

（二）乾隆朝中后期至嘉庆朝初

第二阶段的题跋始见于乾隆三十七年（壬辰，1772）马曰璐跋，自雍正元年至此之前未见题款，说明这一时期收藏者不愿示人，王岳曾分析认为或与其中有吕葆中题跋有关，藏者有意避免牵扯进“文字狱”中。

其中，翁方纲、黄易题跋最多，翁方纲至少有 7 条[1]，黄易 2 条，此外，马曰璐、阮元、潘庭筠等亦有长跋。这些题跋体现出此时期与前一阶段观者题跋关注面相的接续与发展，如果说清初题跋体现出更明确的传统金石学的眼光和研究视角，那么这一时期则会看到这种眼光和视角在逐渐转移和扩散。就延续性来说，如翁方纲的题跋，仍以传统金石学的眼光看待拓片上的图像内容，就历史史实、题材考证、版本异同，甚至是题刻文字的风格、异体字的辨识释读等方面多予关注，这在翁方纲题于拓片周遭的辨注文字中体现得最为明显，也可见其与清初朱彝尊、吕葆中等学者关注方向和学术趣味的一致性。

另外，在黄易、潘庭筠等人的题跋中还可看出关注面向、视角的新变化。如黄易在其中一跋中题道（图5）：

> 乾隆乙未夏五月，扬州汪君雪礓初得此本，邀易与江玉屏同观于江鹤亭秋声馆。古香可爱，为之心醉。其时远赴南宫解维，匆遽不及钩摹，回环胸次者十有余年。此拓仅十四幅，丙午八月，易于嘉祥紫云山得祠象原石，较洪氏《隶续》所图仅缺休屠

1　因拓片周围多遭焚损，多数题跋题款已不识。

像、李氏遗孤、忠孝李善等字，余文悉备，复有伯榆等字洪所未录。亟拓全文，以寄雪礓，雪礓喜甚，许以此本见赠。未及寄达，旋归道山，其弟邻初践无宿诺竟以归。易对古物而念良朋可胜人琴之感，谨藏小蓬莱阁永志盛谊。复精摹付梓，俾海内好古之士咸欣赏焉。辛亥十月钱塘黄易识于济宁官廨。

跋中，黄易不止于提到宋拓本的流传来历，更提到其在乾隆丙午（乾隆五十一年，1786）在山东嘉祥发现武梁祠原石的经历。

事实上，黄易发现武梁祠原石，成了当时金石圈重要的文化事件，对当时的金石学者重新认知武梁祠，以及重新审视这套宋拓本均带来了深远影响。武梁祠堂遗址的发现，使金石学者不再仅仅通过这一并不完整的拓本，以及宋代流传下来的几部有关武梁祠的著录来展开有关武梁祠的想象和研究，而是重新搭建起原石、拓片、文献著录之间的联系。这种转变尤以黄易为首，并伴随着他对原石图像重新制作拓片、向诸多友人的赠送，以及广泛的交游，进一步得到推广和扩散。武梁祠原石的发现，对于这套宋拓本的影响也很明显，从黄易题跋上可以看到，他所强调的不再仅仅是借助拓片进行文献考据，也不再只是对上面的图像和文字进行辨注和释读，而更加有意识地将宋拓本与原石相提并论，并从有关拓本的讨论过渡到对武梁祠原石遗址的谈论，以及对发现这一文化事件本身的记录和强调上来[1]。

这样的转向并不仅见于黄易一跋，如翁方纲、潘庭筠的题跋都有提及。翁跋题道：

……至丙午秋（乾隆五十一年，1786），秋盦于嘉祥县紫云山，竟全访得武氏祠阙，画象、题字甚多，则洪氏所载于《隶续》者一旦具得其石，且补出洪氏所未见者，前后凡数十字。于是秋盦与予二人十年以来心营目想之状，皆豁然得识其真矣。今汪氏竟以此册归于秋盦，是天所以报其剔石之勤，实古今著录家、鉴赏家所未有之大快也。今秋盦寄此册来属题，而方纲之于此册，亦倍有神交气合之夙缘，既为系以小诗复书此以识之。区区石墨名楼，真与秋庵共结小蓬莱之约矣。

1　谷卿亦在其研究中提到，清代前中期的金石学尤为注重考订，至黄易时予以极大程度地超越和突破，并营造和引导了一种新的时尚，“他呼唤起人们对金石本身甚至金石周边艺术性的关注和讨论，用种种行为和手段建构起一套有关金石的艺术话语，而且一直流传影响至今”。见谷卿：《“访碑使”黄易的塑造与还原》，《中国书画》2019年第11期。

潘庭筠跋题（图6）：

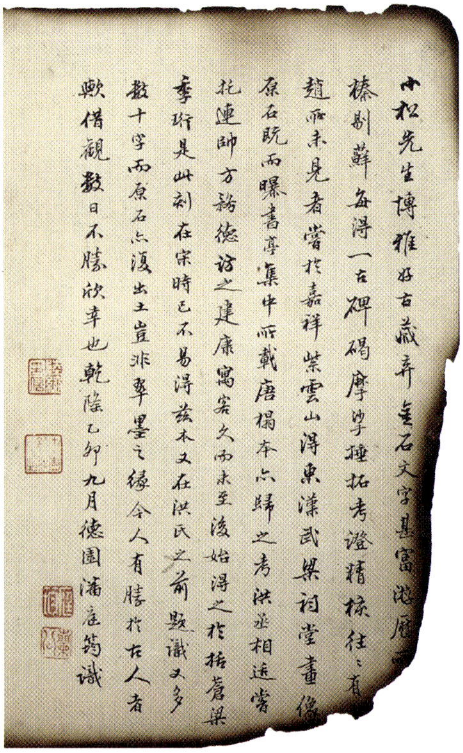

图6　《宋拓武梁祠画像册》（局部）
册页十七，潘庭筠跋

小松先生博雅好古，藏弆金石文字甚富，游历所（至），（披）榛剔藓。每得一古碑碣，摩挲捶拓，考证精核，往往有欧赵所未见者，尝于嘉祥紫云山得东汉武梁祠堂画像原石，既而《曝书亭集》中所载唐拓本亦归之……是此刻在宋时已不易得，兹本又在洪氏之前，题识又多数十字，而原石亦复得出土，岂非翠墨之缘。今人有胜于古人者欤。借观数日，不胜欣幸也。乾隆乙卯九月，德园潘庭筠识。

两篇题跋均提及黄易重新发现武梁祠堂遗址，并强调了黄易发现原址与收藏宋拓本的“翠墨之缘”，翁方纲更形容黄易所得乃是“天所以报其剔石之勤”。从这些题跋中，均可见到这一时期的一个特点，在于金石学者对金石圈文化事件的关注进一步提升，不再只限于传统金石学的视域范畴。

这样的一种转变，或可称为金石学学术趣味的扩散。事实上，在黄易的题跋中还提到了另一个重要事件，即“复精摹付梓，俾海内好古之士咸欣赏焉”。虽然黄易重新发现武梁祠原石，并在发现之后的数年时间里多次制作了多幅完整的武梁祠拓片[1]（图7），但最终黄易却选择将这套仅记录其中很小一部分的宋代拓本

1　黄易在乾隆至嘉庆年间应拓过不少武梁祠拓片，据薛龙春考证，如翁方纲、王昶、王念孙等人，黄易均在发现后第一时间寄赠。今日传世黄易拓本不多，故宫博物院藏有“韩泰华本”“徐松本”“嘉庆拓本”“贝墉本”“洪亮吉本”等。相关论述详见薛龙春：《古欢——黄易与乾嘉金石时尚》，第8页；马子云：《谈武梁祠画象的宋拓与黄易拓本》；秦明：《故宫藏黄易拓武梁祠画像续考》，《故宫学刊》（总第十二辑），故宫出版社，2014。

图7　《武梁祠画像》卷（局部）乾隆年间拓本

故宫博物院藏

予以付梓。他给出的解释是，他认为这套拓片相较于重新制作的拓本，保留了更为完备的图像细节，且较之宋代著录时间更早，因此也更有价值[1]。可以看到，在黄易跋中涉及的文化事件，均非传统金石学者所关注的，但却是这一时期以黄易为代表的金石学者投入极大精力从事的工作。

如果说这些是黄易对传统金石学研究之外的热衷和关注，他本人亦极其关注武梁祠石刻和图像的研究。事实上，在黄易的多篇题跋或著述中，均涉及有关原石遗址、题材释读和图像程序的讨论，其中包括对榜题文字的释读、不同版本的对比校对、出土祠堂石块的编号，以及对武氏祠堂石块顺序和复原研究等。其中，关于武氏诸座祠堂的复原，虽然并未像现代学者一样进行科学的测量和组合实验，但在其论著中同样进行过推测，如在《小蓬莱阁金石文字》的“武梁祠画像”中记：“郭巨石室塞其后而虚其前，此只三石，左右二石有山尖形，中一石平顶，其正相

1　曾蓝莹分析原因认为，早期拓本比晚期拓本保留更多未经损毁的细节，因此黄易选择“唐拓”，是希望能够更优于洪适宋代刊布的宋代版本。见［美］曾蓝莹：《媒介与信息：武氏祠的再发现与清代的文化生产》，第269页。

同也。”[1] 另外在“祥瑞石”条中称：“背若瓦脊，是为石室之顶。其内题刻，可以仰观也。《嘉祥县志》云：石室内刻有伏羲以来祥瑞，所指即此。”[2] “前石室”条中称：“石室之制如肥城之郭巨，金乡之朱鲔，孤撑一柱，架屋两间……约略可辨一石柱断碎，其室必是两间，与郭朱二室相同。”[3]

由此可以看到，借助于武梁祠原石的重新发现，有关武梁祠的研究已不再仅仅针对拓片上的文字以及相关的历史史实和名物制度，而从传统金石学的研究视域中进一步扩展和转移向了现代人文学科视角下所称为的图像志、图像程序、图像含义、空间关系等方向上来。这种转变虽说由黄易发起，但并非只有黄易在实践。与黄易同时代或稍晚的王昶和瞿中溶等人同样践行其道，甚至进一步发展。王昶在1805年出版了《金石萃编》，瞿中溶则在之后出版了《武梁祠堂画像考》，均可视作对传统金石学研究的某种发展和扩散，瞿中溶在其六卷本书中不仅深入考证了画像题材，还特别分析所刻帝王、忠臣、孝子、烈士、节妇等题材的图像性质，指出：“今观《武梁祠堂画像》，每与《天问》及灵光、景福二殿赋合，而帝王下及亡国之夏桀，又与孔子所睹明堂像合。”[4] 无论观点是否正确，至少从研究角度上已与现代学科视角下的图像学，以及图像意涵等问题多所关联。除以上几位外，诸如钱大昕、武亿、桂馥、王念孙、阮元等金石学者，亦针对拓本分别从文字、声韵、名物、历史、艺术等多个角度展开研究[5]，这时所呈现出的有关武梁祠画像的丰富研究视角，本身即可视作传统金石学的重要发展和转变，同时伴随着武梁祠堂原石的发现，更为清晰地体现出来。

除了对于文化事件的关注，以及金石学学术趣味的转变，相比于清初题跋者而言，乾嘉时期体现在题跋上的另一个特点在于，黄易通过自己的宣传、交游，进一步增加了宋拓本的知名度，并且充分展现

1 （清）黄易：《小蓬莱阁金石文字》，清道光十四年刻本，第407页。

2 （清）毕沅、阮元：《山左金石志》卷七，清嘉庆二年阮氏小琅嬛仙馆刻本，第417页。

3 （清）黄易：《前后石室画像跋》，（清）方朔：《枕经堂金石书画题跋》（卷二），《石刻史料新编》第二辑，卷十九，台北：新文丰出版公司，1982，第14253页。在此之后，清代金石学家冯云鹏也曾提出有关武梁祠原貌的推测。

4 （清）瞿中溶：《汉武梁祠堂石刻画像考》序，（清）瞿中溶：《奕载堂文集》卷一，《清代诗文集汇编》第492册，上海古籍出版社，2010，第702—703页。

5 薛龙春在其文章中也曾指出，黄易的一系列行动在客观上促进了金石学的转向，其使得学者们从拓本的文献书法价值不断向外扩展，形成包括装池、题跋、绘画、鉴藏等新的金石学研究面向。薛龙春：《古欢——黄易与乾嘉金石时尚》，第9、210—211、257页。

出了赏玩互动的特点。相比于清初多集中于马思赞衎斋中所进行的小范围雅集和观赏活动，乾嘉时期，往往多见黄易携带宋拓本游走于山东和南方多地，于金石学者的聚会上出示拓本，或直接借予观赏，并请求观者题写观款，薛龙春曾将黄易此举称为“名拓的建构”[1]。在此过程中，不仅增加了宋拓本的知名度，提高了拓本的价值，同时也进一步塑造和提高了黄易自己的文化身份。潘庭筠所撰《山东兖州府运河同知钱唐黄君墓志铭》曾记载了有关黄易的交游情况，记道[2]：

> ……好古金石刻，宦辙所到，嵩高岱岳，攀罗剔藓，无碑不搜，最后于嘉祥得武氏祠堂画像六十余石，重修石室藏之。积碑既多，因与诸家考订，以期羽翼经史。四方知交，若申铁蟾兆定、武虚谷亿、钱献之坫、张芑堂燕昌、赵晋斋魏、江矩香凤彝诸君，交相印证。而李铁桥东琪近在任城，过从尤数。其地为水陆交冲，驿使星轺，户外之履恒满。如少司寇述庵王公、宫詹辛楣钱公、抚军秋帆毕公、观察渊如孙公及覃谿翁学士、芸台阮大中丞视学山左时，皆旌节频临，检阅储藏，讲论不倦……

事实上，根据薛龙春的研究，与黄易交往通信的友人达200人之多，这些人包括高官、地方官、幕僚、山长，也包括布衣、掮客，甚至罪犯，薛龙春将这一综合性人群组成的结构称为“金石学共同体”[3]。黄易之所以与如此多元的人群接触，不仅希望能够更便利地进行访碑、拓碑、搜罗资料以及学术交流活动；另外，也希望进行文化身份与资本之间的相互流通，黄易本人也是在通过向更高阶层的官员、学者以输送拓本和邀请题跋的方式，获得能与他们交流和被认可的文化身份。因此，在宋拓武梁祠上，大部分乾隆时期的题跋、观款均与黄易的交游有关，由此也导致宋拓本被观看和赏玩的数量、程度、范围远超清初时期。

（三）民国初年至20世纪40年代

民国五年（1916），李汝谦身为黄易后人，机缘巧合重新购回《宋拓武梁祠画像册》，为了纪念这一事件，李汝谦广邀当时名人、学者题跋，除拓本本幅空余处多见题写外，另装共计29页的《题跋册》，册前附郑孝胥、梁启超、何维朴题签，并装《讯碑图》《访碑图》《勘碑图》《读碑图》（图8）页，后附29人题跋，每段题跋几乎都写着“一山仁兄嘱

1 薛龙春：《古欢——黄易与乾嘉金石时尚》，第177页。

2 （清）潘庭筠：《黄易山水画册·山东兖州府运河同知钱唐黄君墓志铭》，《中国古代书画图目》第11册，第131页，文物出版社，1994年。

3 薛龙春：《古欢——黄易与乾嘉金石时尚》，第233页。

图8 《宋拓武梁祠画像册》（局部）

题跋册页七，《读碑图》，故宫博物院藏

题”等字样。

一山即李汝谦，说明这些题跋的性质与乾嘉时期黄易邀人题跋有相同之处，均是藏主主动出示邀请撰写。但细读题跋就会发现，题写者的身份已较乾隆时期黄易交游的人群有很大区别，其所关注的着眼点以及学术兴趣亦多有不同，实构成又一次对宋拓武梁祠品评鉴赏和研究方向的转变。

这一时期所见题跋的关注面向，除部分学者仍关注传统金石学的考据释读外，更多转向文化史、艺术史等领域，诸如宋拓本在清代以来的流传经过，及其在此期间遭遇的焚毁残损等文化事件，再及则是李汝谦重新购回拓本等，题跋者往往因受邀之故多所涉及。另一个重要倾向是，民国时期的学者实已广泛受到西方学术的影响，对世界其他地域文明和文化艺术有所了解，且受到当时国家局势的深刻影响，注重于中西文明的比较，这种视角和观念也深刻体现在他们对武梁祠图像的观看视角和认识上。

这一时期较具代表性的题跋如罗振玉、严复、康有为等，均可体现出上述倾向。如罗振玉跋中，在简述李汝谦购得经过后，题道：

……李君之高祖妣黄，太恭人，为秋庵先生女，此册殆由黄归李，由李归路，今又由路复归于李君。翰墨因缘，是为艺林嘉话。惟曾经劫火，帝王像十，已毁其二，而孝子像四则

> 完全无恙，诸家题识亦具存，且有《小蓬莱阁金石文字》所未刊者，则皆成书后所题，及题于易之后者。李君既属，玉题署并额所居为后汉画室，以识忻幸。李君往者，曾割金衣食之资，印秋广遗稿，其风义有足多。今得此册，殆彼旧之所以为报，亦秋广先生有以默佑之欤。玉既喜神物之在天壤，复喜李君之风雅好事，并世所希遘，乃漫书册尾以记之。

罗振玉跋中将宋拓武梁祠册能够重归李氏家族称为翰墨因缘、艺林嘉话。进而还称拓片虽经火劫，帝王像毁，但孝子像得以保存，或许正与李汝谦舍财刊印黄易遗稿之举相契合，乃是对其所做的回报，以及黄易在天之灵的护佑。从中可以看到，整段题跋更多关注的是与藏主相关的文化事件，对拓片图像本身的考据和关注则已很少。

再如严复题跋，则更将视野放置于中西比较的思考当中，跋中题道（图9）：

> 丁巳岁杪，英使朱尔典于其馆夜集，英使芮恩施起为众宾演说中国古物之珍异可贵，与夫美术流传关于

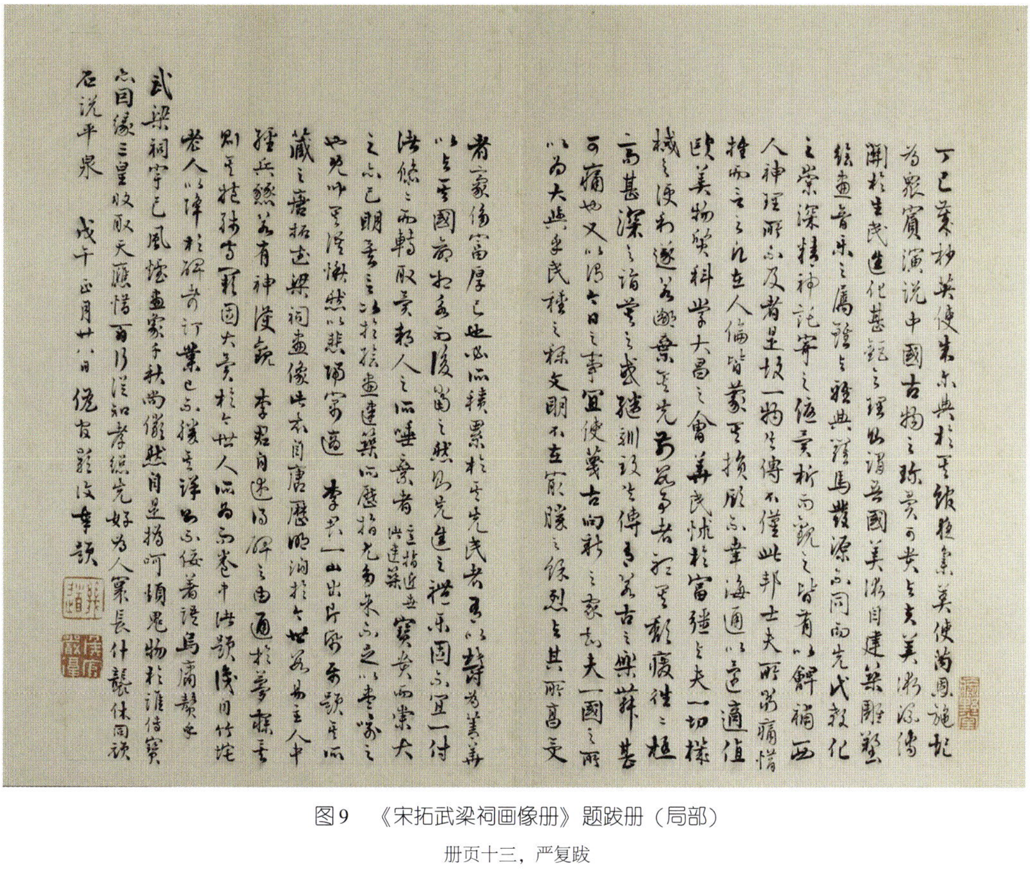

图9 《宋拓武梁祠画像册》题跋册（局部）

册页十三，严复跋

生民造化甚钜之理，则谓吾国美术自建筑、雕塑、绘画、音乐之属，虽与雅典、罗马发源不同，而先代教化之崇深，精神托寄之优异，析而观之，皆有以裨补西人神理所不及者。是故一物失传，不仅此邦士夫所当痛惜，推而言之，凡在人伦，皆蒙其损欣。不幸海通以还，适值欧美物质、科学大昌之会，华民怵于富强与夫一切机械之便利，遂若鄙弃其先前数事者，听其颓废，往往极高甚深之旨莫之或继，驯致失传，有若古之乐舞，甚可痛也！又以谓，今日之事以使蔑古向新之家，知夫一国之所以为大兴乎民种之称，文明不在最胜之余烈，与其所享受者豪侈富厚已也，必积累于其先民者，有以郁为菁华，以与其国命相永，而后当之，然则先进之礼乐固不宜一付诸悠悠，而转取异邦人之所唾弃者（小字：意指近世诸建筑），宝贵而崇大之，亦已明矣。言次于绘画建筑所历指尤多，余不足以尽喻之也，既闻其语愀然以悲归？

寓适李君一山出片纸题其所藏之唐拓武梁祠画像，此本自唐历明洎于今世数易主人，中经兵燹，若有神护观。李君自述得碑之由通于梦寐矣，则其抱残守缺固大异于今世人所为，而卷中诸题识自竹垞老人以降于碑考订业已不胜其详，则不佞着语乌庸赘乎……

戊午正月廿八日，侯官严复奉题。

严复留学英国，毕业于英国皇家海军学院，回国后不仅任教于北洋水师学堂，还积极介绍西方民主和科学，宣传维新变法思想。该题跋也与其整体的学术思想契合，起首将中国的建筑、雕塑、绘画、音乐比之于西方，强调中国文明独特之处，并进一步强调延续中华文明的重要性。值得注意的是，严复此跋借武梁祠画像阐述大意，既将中国艺术放置于世界舞台上进行中西比较，更在比较中强调中国之重要性。其实际上早已不止于关注武梁祠拓片和图像本身的考据和意涵，而是结合西方思想以新的观念和视角审视中国艺术和文化。

如果说严复站在中西比较的视野下，已脱离对武梁祠图像的具体阐述，那么康有为的题跋则属同样站在世界文化比较的视野下，对武梁祠图像作深入考察。康跋题道（图10）：

大地百国皆称埃及古物，以其壁皆刻图书可存古器物风俗也。吾中国壁刻古物可考三代风俗器物，惟有孝堂、武梁祠画像，二者皆汉刻，而武梁祠为多。言治则有历代帝王，言教则有孔门弟子，其它忠臣孝子义士节妇足为法者夥颐。若夫男女之冠服，

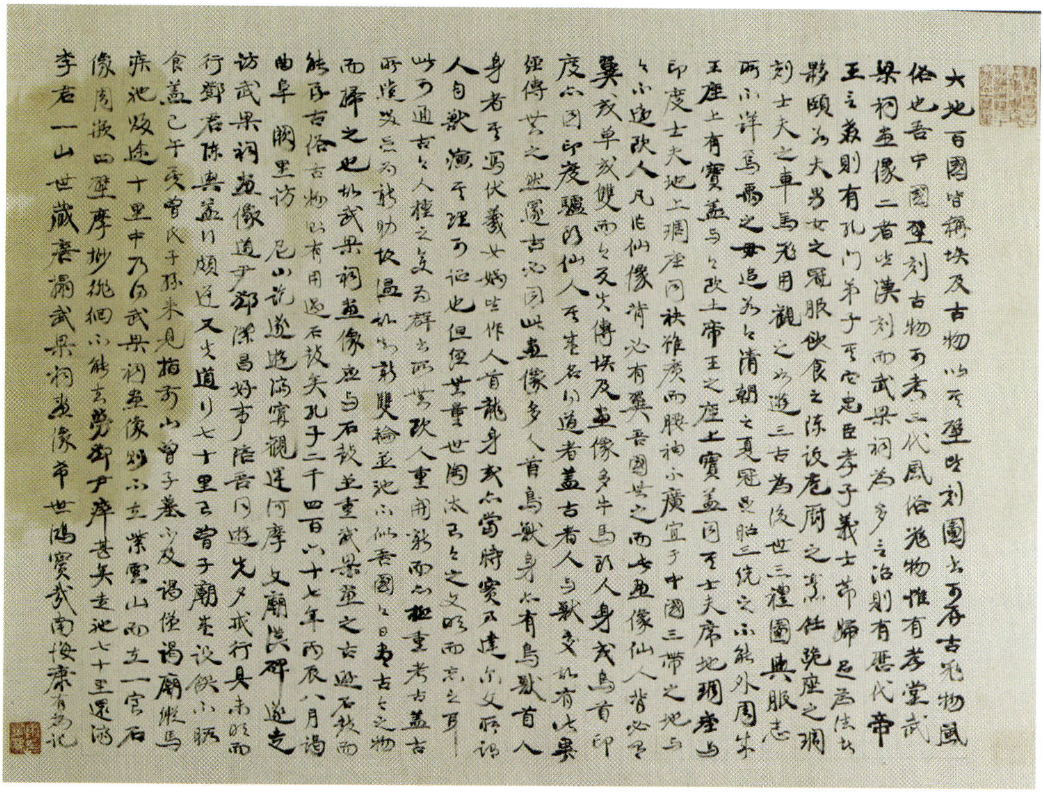

图10　《宋拓武梁祠画像册》题跋册（局部）

册页十，康有为跋

饮食之陈设，庖厨之烹饪，跪座之雕刻，士夫之车马器用，观之如游三古，为后世三礼图、舆服志所不详焉。禹之毋追若今清朝之夏冠，足昭三统之不能外。周成王座上有宝盖，与今欧土帝王之座上有宝盖同。其士夫席地雕座，与印度士夫地上雕座同。袂虽广而腰袖不广，宜于中国三带之地，与今不远。欧人凡作仙像，背必有翼，吾国无之，而此画像仙人背必有翼，或单或双，而今反先传。埃及画像多牛马头人身，或鸟首。印度亦因印度驴头仙人，其盛名得道者。盖古者人与兽交，故有此异。经传无之，然邃古必同。此画像多人首鸟兽身，亦有鸟兽首人身者，其写伏羲女娲，皆作人首龙身，或亦当时实事。达尔文所谓人自兽演，其理可证也。但经无量世淘汰，到今之文明而忘之耳。此可通古今人种之变，为群书所无。欧人重开新而亦极重考古，盖古所遗留，足为新助。故温故知新，双轮并驰。不似吾国今日尽古今之物而扫之也。故武梁祠画像应与石鼓并重。武梁画之古逊石鼓，而能存古俗古物，则有用过石鼓矣……

跋前钤康有为“维新百日出亡十六年三周大地游遍四洲经三十一国行六十万里”朱文方印，借此即可知康有为阅历之广。跋中，康有为不仅强调了武梁祠图像的重要性，并将其与三礼图、舆服志相比较。更重要的是，他尝试将武梁祠上所见图像，与“埃及古物”“欧土帝王之座”“印度士夫地上雕座”“欧人仙像”“埃及画像”“印度驴头仙人”等相提并论，并做出大胆比较和推测，更引达尔文进化论予以解释。虽以今日眼光来看，康有为的种种看法实难成立，但此恰可反映当时观者的知识构成和思想认知，及其对武梁祠图像含义与价值的判断。从以上题跋可以看出，他们受到新的时代思潮和知识谱系的影响，以新的视角、新的视野审视武梁祠的拓片及其图像，或关注重要的文化事件，或将之放置于世界美术史的版图之中，探讨其新的艺术价值和文化含义，这均可视为此时期题跋的时代特点。

后两段题跋中透露的一个重要变化还在于，观者已将武梁祠图像纳入艺术史的范畴中加以讨论，并放置于世界艺术的范畴中进行对比。反映出这时期的学者已不仅将石刻、碑帖视为金石学或史学的附属品。

在宋拓本图像的四周，多见刘师培的题注，刘氏仍以金石学家的视角对图中的文字进行比对和辨注，并据石刻文字以证《隶释》之误。但其实刘师培早在20世纪初，就已谈及金石学与工艺美术的关系，他曾在1906年《国粹学报》上发表文章谈道[1]：

> 金石之学，目录家多附于艺文之末，不知金石之用，非惟有益于学术也。考其工作，稽其度制，可以觇古代之工艺，盖刻镂之学，固美术学之一端也。……故金石之学，介于艺文及物产之间者也。

《国粹学报》在1907年还增加“美术篇”栏目，不仅刊登篆刻、绘画，还收录金石跋尾和目录，在此之后，更明确将金石学附在“美术篇”栏目之下，并称：“所分门类不尽与四库全书总目合者，小学不入经篇而入文篇，金石不入史学而入美术篇（金石在美术类雕刻中），盖报章体裁，意自微异也。”[2] 查晓英也曾在其研究中指出，清末的金石学因受到西学影响，而进一步强调文字之外的图像与工艺，金石学已与美术学科产生了密切关联[3]。因此，民国时期宋拓武梁祠册上题跋关注方向的转变，既与李汝谦重新购回拓本这一重要事件有关，也与当时学术风气的发展有关，并在此大前提下，将武梁祠图像置于更大的文化视域中进行讨论

1 刘师培：《编辑乡土志序例》“文学志”后“附金石志”，《国粹学报》1906年第23期。

2 《第六年国粹学报更定例目》，《国粹学报》1910年第63期。

3 查晓英：《“金石学”在现代学科体制下的重塑》，《中山大学学报》2008年第3期。

和比较。

由此可以大致掌握，从清初至乾嘉时期，再至民国时期，借由宋拓武梁祠册后题跋可以看到观者的题跋内容、视角、认知体系，实已发生数次转向。从清初延续宋代以来的金石学传统，发展至乾嘉时期形成金石学新视野和学术趣味的扩散，再至民国时期，又在此基础上出现从金石学的趣味转移至对文化史、艺术史等领域的关注。

三 认知转向的原因探析

长期以来，在 19 世纪末西方现代意义的考古学学科和研究方法进入中国古物和遗迹的研究之前，画像石刻研究均归属于金石学的范畴之内。本文的研究初衷，是希冀以宋拓武梁祠为一个案例，观察在以金石学为背景的清代至民国时期，接触并观赏这幅宋拓武梁祠的观者们——他们往往都是重要的学者、官员和知识分子——如何审视和研究这件作品，得出怎样的认识，以及不同时期的观者的认知是否有所区别。

本文的论述尝试指出，从清初至乾嘉时期，再至民国年间，不同时期的金石学者在宋拓本上的题跋，虽然均会涉及名物考据、流传递藏等传统金石学和书画鉴赏方面的讨论，但已可看出较为明晰的发展、扩散和转变。这种变化，既包括从传统金石学中的考据、鉴定、辨注向图像阐释、空间复原、临摹出版等有关武梁祠图像本体的研究，也包括对与拓片相关的文化事件、拓片本身的物质属性、不同文化之间的横向比较等外部因素的关注和探讨。由此来看，可将这种自清初向民国依时间线索所形成的线性发展脉络，拆解为拓片或图像的内部转化，以及拓片与图像相关的文化事件和视野观念的外部转变。

从内部转化来看，这种发展变化实际上与清代金石学整体的发展历程相同步。刘毅曾将清代金石学的发展分为三个阶段：第一期，金石学的复兴时期，清初至乾隆以前；第二期，金石学的繁荣发展时期，乾隆朝至光绪二十五年（1899）；第三期，金石学向考古学过渡的开端，光绪二十五年（1899）至清亡。早期的金石学家更多注重史料保存，多系著录碑文，乾嘉道时期，金石学则已成为时代“显学”，金石学的治学方法也更多受到乾嘉学派的影响，同时这一时期的金石文字，不仅是文人雅士赏玩、考订之物，还可以旁资经世治用[1]。宋拓武梁祠上题跋的变化，必然会受到大的金石学背景以及清代治学风气的影响，因此呈现出清初至乾嘉时期金石学者关注重心和学术兴趣的变化。

但是，宋拓本上题跋的变化，并不能只依靠金石学自身的发展做出完整的解释，事实上也并非完全对应。就题跋的内

1 刘毅：《从金石学到考古学——清代学术管窥之一》，《华夏考古》1998 年第 4 期。

容来看，外部因素的影响也至关重要，深刻影响了观者的视角和眼光。这些外部因素主要来自多种文化事件，正是这些偶发的文化事件，与宋拓本自身产生了关联，并影响到观者的态度和注意力。在这些文化事件中，较具影响的包括：宋拓本在清初的出现和流传经过、武梁祠原石遗址的再发现、道光二十九年之后宋拓本部分遭到焚毁，以及宋拓本重新回到黄易后人手中。

具体来说，带有偶然性的流传经历，必然受到后世题跋者的关注，另外，流传过程中遇到的藏主和观者，也因他们的身份、态度而影响到宋拓本的传播范围，也决定是否有人、由哪些人来进行观赏。比如吕葆中的题跋，或许直接导致在雍正朝初期至乾隆朝中期之前这段时间，藏主马曰璐和汪淼因惧怕受到牵连，而不愿拿出示人，从而中断了半个世纪的观赏活动。再如武梁祠堂的重新发现，无疑是清代金石学界最为重要的文化事件之一，并与这套宋拓武梁祠册建立了紧密的关系。遗址的发现，不仅让金石学者对于武梁祠的认识不再仅仅透过这套拓本进行想象，更为重要的是遗址和拓本又均与黄易有关，从而更塑造了一段“艺林嘉话”。这也促使自此之后在宋拓本上题跋的金石学家，多会提及这一事件，甚至会着重强调是对黄易“剔石之勤”的报答和奖励。而对民国时期受李汝谦邀请获观并题跋的观者来说，最受关注的两件事是宋拓本遭到火焚残损（图11），以及这套拓本新的藏主

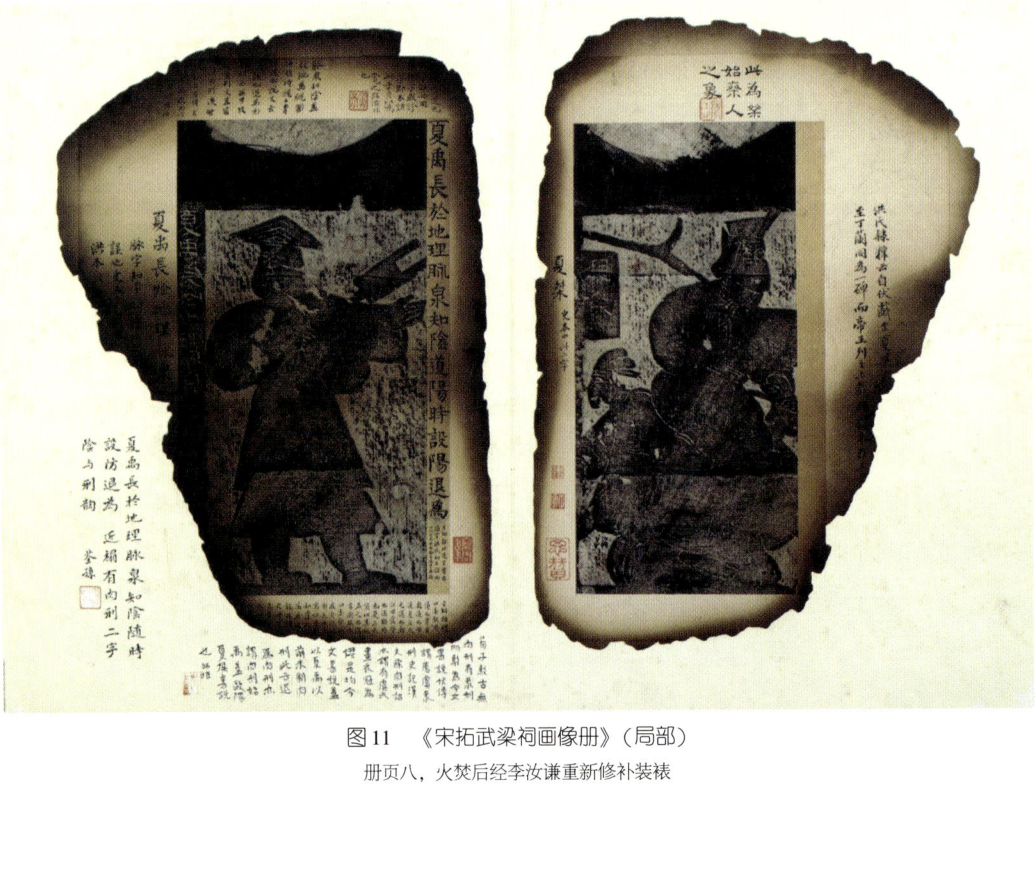

图11 《宋拓武梁祠画像册》（局部）
册页八，火焚后经李汝谦重新修补装裱

李汝谦的购回经过。这些外部事件不仅改变了宋拓本的物质形态，使原本完整的拓本变为残本，也进一步在其原本传奇的经历上又叠加了新的故事，而新的递藏经历，不仅颇具戏剧性，更为重要的是李汝谦与黄易的亲属关系，将这套拓片与黄易及其家族联系在一起。

由此可以看到，从清初至民国，《宋拓武梁祠画像册》题跋上有关武梁祠的认知、发展与转变，既深深受到清代金石学自身学术理念和研究视角的影响，也深受不同时期偶发文化事件的影响。因此这种线性发展脉络的背后，蕴含着更多维度的影响因素，实际上，也反映出整个清至民国时期金石学者对于拓本、石刻、图像等多方面的认识程度和研究范围。

再回到《宋拓武梁祠画像册》上，正如刘毅所说，“清代金石学家的大部分成果无疑是过时的，有些甚至是大谬的，金石学似乎也成了‘死学问’”[1]。以现代考古学、艺术史学的研究成果来看，宋拓本题跋上的认知、判断和结论或已过时，或本身就难以成立，从这个角度来看自然缺少学术价值。但事实并非仅此而已，这些题跋所见的认知、视野、兴趣和结论，恰恰构成了这一时期金石学者的研究特点，我们可以借此来窥探他们的眼光为何，即在清代学者眼中是如何认知武梁祠的，以及他们所认知的武梁祠究竟是什么？

某种程度上说，清代学者所认知的武梁祠，要比现代学者关于武梁祠的认知维度更为丰富，因为对清代学者而言，其既属于金石学范畴，同时也属于书画鉴定的范畴，另外也会联想到石堂实物。抛开材质，它又会单独指向为平面的图像，而对于图像的记录、讨论，或者只是纪念，又将会通过文字的形式进行记录，并通常会附以诗文或赋，从而呈现出文学化的特点。

清代学者在武梁祠重新发现以前，首先是通过拓本、图录、文字来进行对武梁祠的想象性认知，这样一种认知途径，必然会带有其他知识系统的影响。从宋拓本上就可以看到，面对这套宋代拓本，它的物质形态首先是一套册页，这从属于书画碑帖的知识体系当中，因此，当观者去了解和观看《宋拓武梁祠画像册》，某种程度上是将其视作一套书画作品，因而也必然就会带有一种鉴赏的眼光。同时作为一套碑帖，其还属于金石学的范畴，因此从清初的朱彝尊、查慎行，直到民国时期的缪荃孙、刘师培，对拓片中的版本比较、文字考据始终未曾中断。而当武梁祠石堂遗址被重新发现，在观看这套宋拓本时，亦会与其原址建立想象性的关联，因此他们观看的不只是纸本的碑帖，还会联系到作为石质媒材的真实的祠堂，进而探讨诸如拓片在原址中的位置、祠堂的空间结构，或者将拓片上的图像细节与石刻进行对比，以此考察宋代和清代有关图像细节

1　刘毅：《从金石学到考古学——清代学术管窥之一》。

的区别，等等，都会进入清代学者的视野当中。再具体到图像层面，虽然清代学者未能够以今日的学术方法和视角，对武梁祠的遗址、建筑、图像、意涵进行综合性的研究，但无论是宋拓本上的图像，还是自武梁祠堂发现之后对祠堂石刻图像进行的研究工作，清代学者基本上均已考据清楚，诸如翁方纲《两汉金石记》、阮元《山左金石志》、瞿中溶《武梁祠堂画像考》，再至民国时期容庚的《汉武梁祠画像录》，虽然他们不可避免地从金石学的视角切入，将图像与文献进行结合，并在文献学的基础上考释具体的图像内容，但其性质已基本接近于图像志研究。[1] 因此可以说，清代学者同样也在用图像的眼光审视和研究武梁祠拓片和石刻。最后，则是文字的层面，无论是书籍著录，还是册后题跋，都在以文学的形式对其观看进行回应，并往往选用诗文的方式进行记录，这种方式同样构成了清代学者塑造武梁祠概念和认知的一个重要维度。

由此来看，透过这套宋拓本，可以看到清代学者眼中所认知的武梁祠，实际上是来自多方维度的综合性概念。他们不仅通过不同的知识系统来对武梁祠的祠堂建筑、衍生的纸本拓片，以及其中具体的石刻图像进行认知和辨识；同时也因观看路径的不同，从而产生相互区别的语意指向，以此表达来自不同视角的兴趣、认识、态度和判断，从而构成了一个甚至超越现代学术研究视角下所建构的武梁祠概念和知识系统。这套《宋拓武梁祠画像册》，也因此成了一套由不同话语体系构成的综合性作品。

四　结语

本文通过重新梳理《宋拓武梁祠画像册》后附题跋观款，按题跋年代对观款进行分类，将题跋分为三个时期。在此基础上，通过对各时期题跋的详细阅读分析，指出不同时期的题跋既有关注主题的延续性，但更为明显的是各时期还呈现出独特的时代特点，体现出清至民国时期，受时代风气、治学风气以及各种外部偶发事件的影响，观看宋拓本的金石学者的关注面向、学术兴趣、审视眼光有所不同，呈现出由清初传统金石学的考据、证史为主的观看倾向，经乾嘉时期逐渐转变为关注图像、艺术、鉴赏、文化事件等更为宽泛的学术趣味，再发展至民国时期更为关注清代递藏经历和文化事件，以及关注中

1　巫鸿曾指出，清代学者的研究目的乃是将新的考古发现纳入儒学研究的框架之中，因此他们认为文字著录远比视觉表现重要。因而他认为清代学者实际上视汉代石刻为“文献”，并竭尽全力把图画转化为文学形式。但也不可否认，清代学者的研究成果确实对图像的内容，有时也包括图像的含义，甚至祠堂的功能性质等问题，进行过分析和研究。就其结果而言，都属于今日所定义的图像学的体系当中。巫鸿的讨论，见《武梁祠：中国古代画像艺术的思想性》，第 53—57 页。

西艺术比较的审视角度，由此构成基本的发展演变脉络。

本文认为，呈现这一变化，不仅缘于清代金石学自身的发展，以及西学东渐的时代风气影响，另外，也深刻受到如武梁祠遗址的重新发现、拓本遭到焚毁等偶发事件对观者关注兴趣的直接影响。因此，清至民国时期学者所呈现的变化中的题跋内容，来自多方面复杂因素的影响，同时也因其审视宋拓武梁祠时所使用的多元的知识系统，使得这一时期的金石学者形成了由多个维度构建的武梁祠知识概念，并叠压综合体现在这套宋拓本的题跋上。

通过本文的研究，还希望能够透过这套宋拓本将清代学者有关武梁祠的认识及其观看的眼光，重新纳入现代学术有关武梁祠的学术史和文化史的研究脉络之中。事实上，这些题跋所反映出的清代学者的看法和视角，应当构成武梁祠学术史和文化史的重要一环，由此不仅可以了解清代学者有关武梁祠的认知维度，也可以看到这些题跋之于清代武梁祠学术史，乃至现代学术研究成果而言，其体现出的时代特点和独特意义，以此进一步补充武梁祠学术史的中间环节。

三

图像研究

从古希腊到吐鲁番
——中亚艺术中的“鹰之劫夺”

任平山（西南交通大学建筑与设计学院）

一　龟兹壁画金翅鸟的不同形态

苗利辉统计，龟兹壁画中的金翅鸟出现在克孜尔第8、34、38、60、80、85、100、101、110、118、163、166、168、171、172、212窟，库木土喇第2、23、31、46、58窟，克孜尔尕哈第11、16、21、23、30、46窟，森木塞姆第11、20、24、26、27、30、31、47、48窟，玛扎伯哈第1、9窟，托乎拉埃尔肯第4窟。上述石窟之中，克孜尔第166、168窟，克孜尔尕哈第30窟，以及森木塞姆第31窟，这四个石窟的金翅鸟绘制在方形窟套斗顶或穹隆顶的角隅，其余石窟的金翅鸟大都绘制在券顶，尤其是中心柱窟主室券顶中脊。上述壁画中的金翅鸟分为四种类型：侧鹰型、正鹰型、双头正鹰型、人面正鹰型[1]。有趣的是，这些以老鹰为主要特征的金翅鸟从不单独出现。多数情况下，其喙部叼啄盘卷起身体的蛇形龙[2]。

此类图案无疑已经符号化了，它们像徽章一样，固定在主室券顶中心，地位相当于方形窟窟顶的莲花。金翅鸟，首先是作为天空的象征，这样和券顶侧面的菱格山峦建构出对须弥山宇宙的空间描述。与此同时，“金翅鸟擒龙”可以投射出许多比喻，作用于石窟中的重大主题。佛陀前生就曾经做过金翅鸟。券顶两侧菱格故事多绘动物和本生。何谓本生？

> 如佛世尊本为菩萨修诸苦行，所谓比丘当知我于过去作鹿，作罴，作麞，作兔，作粟散王、转轮圣王、龙、金翅鸟，诸如是等，行菩萨道时

1　此外，克孜尔第224窟侧壁佛传中鹰喙人身型，也被理解为金翅鸟第五种类型。苗利辉：《龟兹石窟中的风神和金翅鸟》，《新疆文物》2005年第2期。

2　关于龟兹壁画中的蛇形龙，参考任平山：《克孜尔壁画中的蛇与龙》，《华林国际佛学学刊》第1卷第2期，电子期刊 https：//glorisunglobalnetwork. org/，2018，第105—165页。

所可受身[1]。

图1　克孜尔第118窟“老鹰持猴”

可见金翅鸟可以连接券顶左右两坡的动物和本生故事。

此外，金翅鸟和龙还共同担当着护法者的角色，后来演化成天龙八部中的两众。作为龙的天敌，金翅鸟甚至负有催使龙神降雨的能力，经常出现于佛教祈雨密咒中[2]。在一些壁画中，龙神身下的雨点清晰可见。

克孜尔第118窟券顶中脊翱翔天际的老鹰没有啄龙，而是抓持一只猴子（图1）[3]。老鹰抓猴在龟兹石窟券顶两侧的菱格画中不乏表现，如克孜尔第38窟[4]，画面是本生“狮王舍身不失信”中的一幕。显然，第118窟的画家因为某种原因，采用了更具戏剧性的画面，这不同于龟兹石窟图像构成的一般规定。第118窟因此显得独具个性。

另一个打破常规的例子是克孜尔第165窟。这是一个方形窟，套斗顶。双头鹰绘制在套斗顶角隅，即窟顶和侧壁相临的四角。但第165窟的老鹰抓持一个男子（图2）[5]，这种图像是现存龟兹壁画中的孤例。

1　（北凉）昙无谶译：《大般涅槃经》，《大正新修大藏经》第12册，台北CBETA电子佛典，2010，第452页。

2　如《大佛顶广聚陀罗尼经》（失译者）载：“又法天旱无雨，近于海边及有龙之处，结跏趺坐，手执芥子，呪一掷海中……其芥子变成金翅鸟，其水皆端，其金翅鸟皆严，诸龙其龙并乱，即便降大雨甘”。又如赵宋法贤译《佛说瑜伽大教王经》亦载金刚界之降雨秘法：“持诵者观想：帝释天三面四臂……告诸龙言汝速降雨。复想金翅鸟逼诸龙王，以觜啄之令降甘雨”。

3　新疆文管委、克孜尔文管所、北京大学考古系编：《中国石窟·克孜尔石窟·第二卷》，文物出版社，1996，第153图。

4　新疆文管委、克孜尔文管所、北京大学考古系编：《中国石窟·克孜尔石窟·第一卷》，文物出版社，1989，第135图。

5　《中国石窟·克孜尔石窟·第二卷》，第177图。

图2 克孜尔第165窟“双头鹰持人”

勒柯克（Albert von Le Coq）将克孜尔第165窟的双头鹰与吐鲁番类似图像相联系，认为它们是古希腊神话该尼墨得斯（Ganymedes）故事的变异。他在《中亚艺术与文化史图鉴》一书中写道：

> 关于该尼墨得斯被掠走的希腊神话，极受印度与中亚佛教徒的喜爱。这个神话被做了各式各样的新解释，尤其在印度，蛇与金翅鸟王之间的斗争故事，成了这个神话的主题。我们见到的这组依据娄哈勒著名雕刻而完成的美丽的艺术品，不仅在犍陀罗有发现，而且在萨珊时代一个金质花瓶上也有这种雕刻；在克孜尔居民点一个奇特的灯笼窟顶上，也画有这种壁画。在所有这些艺术品上，那略带女性特征的美少年形象，都被明确地塑造成了一个女人。在克孜尔，那劫持男孩者被画成双头鸟。至于萨珊时代那个图像的含义，我无法解释，它大概与佛教上的理解不同[1]。

文中所谓“灯笼窟”，就是现在的克孜尔第165窟。笔者同意勒柯克的大致判断，鹰鸟持人的图式来源可以追溯至泛希腊艺术。但将龟兹及吐鲁番壁画中的相关图像直接用“该尼墨得斯”命名让人感觉不妥。为什么佛教艺术要表现一个希腊神话呢？除非这个神话经过改造，变成佛教徒能够理解和接受的方式。勒柯克注意到图像的改变，但他没有进一步予以阐释，而简单地以“该尼墨得斯”之名统称。

二 该尼墨得斯神话与图式

古希腊神话中有许多掳掠女子的故事。该尼墨得斯，作为被劫夺的美貌男性，在诸多同类主题中较为特殊。这位特洛伊的少年被宙斯抓走，成为为诸神侍酒的酒童。公元前5世纪希腊陶瓶画上以两个男子追逃的场景表现宙斯对该尼墨得斯荒唐的热爱。到了公元前4世纪，雕刻家娄哈勒（Leochares）再现了神鹰捕获该尼墨得斯的瞬间。雕刻原作没有留存，但其样式为后来多种形式的复制品所模仿。

1 ［德］阿尔伯特·冯·勒克科：《中亚艺术与文化史图鉴》，赵崇民、巫新华译，中国人民大学出版社，2005，第34—35、151—153页。

公元 1 世纪，老普林尼在《自然史》中描述这件作品：“神鸟知道他爪下之物的重要，主人的差事他马虎不得，于是他小心翼翼，唯恐他那穿过衣物的利爪伤了孩子”。按照老普林尼的理解，劫掠该尼墨得斯的神鸟仅仅是执行主人宙斯指派的任务。但据公元 2 世纪卢奇安（Lucian）的《诸神对话》，正是宙斯变化成老鹰，实现了自己的愿望[1]。对话开始如下[2]：

> 宙斯：“喊，迦倪墨得斯（该尼墨得斯），现在已经到了，你给我接个吻吧。你看我没有了那弯的嘴，尖的指爪和翅膀了吧，这些在你以为我是鸟的时候是全备的。”
>
> 迦倪墨得斯：“人先生，刚才你不是一只鹰的么？是你飞来，从羊群里抓了我去的么？那么你那翅膀怎么样脱落了，现在的样子全然不同了呢？”
>
> 宙斯：“孩子，你所看见的是，也不是人，也不是鹰。我乃是一切的神的王，但是暂时变化成这个形状的。”

如苏珊・伍德福德（Susan Woodford）所指出，大都会博物馆藏金耳坠（前 330—前 300）反映了宙斯与男童微妙的欢愉。老鹰从背后将男孩牢牢抓住。男孩右手紧张地搂着老鹰的脖子，老鹰则趁势施以热吻。它的翅膀微微收拢，将这一幕遮挡在双翼之下（图 3）[3]。在此，需要另举一证，即巴黎吉美博物馆所藏彩绘玻璃器皿——雄鹰挟持着该尼墨得斯，疾速冲向高空（图 4）。玻璃杯出土自阿富汗贝格拉姆，佐证了公元 1 世纪该尼墨得斯神话在中亚的存在。

德国印度艺术博物馆旧藏第 IC43402 号藏品雕刻了老鹰抓持男子双胯的情景（图 5）[4]。老鹰仍然振翅高飞，男子右手没有勾着老鹰脖子，而是牢牢抓住老鹰喙中衔着的蛇躯。馆藏方标注这件雕刻为金翅鸟劫持蛇神（Schlangengottheit）。在笔者看来，如果把老鹰啄蛇看作金翅鸟图像志的一个整体单元，而非蛇头（Naga）和男子的组合作为龙神图像志，则这件雕刻更像是该尼墨得斯神话在公元 2—3 世纪的犍陀罗形式。

---

1 ［英］苏珊・伍德福德：《古代艺术品中的神话形象》，贾磊译，山东画报出版社，2006，第 123—126 页。

2 ［古希腊］卢奇安：《卢奇安对话集》，周作人译，人民文学出版社，1991，第 32 页。

3 https：//www. metmuseum. org/art/collection/search/253525（美国大都会博物馆官网）。

4 Caren Dreyer，Museum für Indische Kunst，Dokumentation der Verluste，Band III（Berlin：Karl Findl & Parthners GmbH & Co KG，2002），p. 45.

图3 该尼墨得斯耳坠
大都会博物馆藏

图4 玻璃彩绘该尼墨得斯（1世纪）
吉美博物馆藏（任平山摄）

图5 德国印度艺术博物馆旧藏第IC4302号

图6 喀布尔出土犍陀罗雕刻
维也纳博物馆藏

图7 犍陀罗雕刻（2—3世纪）
大都会博物馆藏

三 犍陀罗造像中的“鹰之劫夺”

阿富汗喀布尔地区所出一件犍陀罗雕刻（维也纳博物馆藏），内容与图5颇为相似。老鹰以正面展翅的形象出现，腹下牢牢抓持一人（图6）[1]。被劫持者右手依旧紧抓着老鹰衔着的蛇躯。勒柯克注意到这件雕刻中的被劫持者变成了女性，她高举右手，双足交叉站立的姿态来自印度夜叉女抓住树枝的动作。这个动作在佛传造像“树下诞生”中被释迦的母亲摩耶夫人所继承。

问题在于雕刻内容应该如何诠释。被劫夺者为何变成了女子？一种可能是泛希腊时代传入犍陀罗地区的该尼墨得斯神话逐渐适应了新的地方文化，被劫持者变成了女性——古希腊艺术中古怪的趣味在这里得到纠正。

另一种可能是新的故事附着在旧的图式之上。老鹰和女子组合，容易让人联想到《摩诃婆罗多·初篇》中对金翅鸟的歌颂，它从群龙中救出自己的母亲毗娜达[2]。往来中亚的不同文明原本都有涉及老鹰的传说。然而目前所悉，还缺乏足够的证据来确认某一故事、民族志和此类图像的关联。

一些雕刻展示了更为丰富的情节。美国大都会博物馆藏有一件情节类似的犍陀罗雕刻，断为2—3世纪（图7）[3]。不同于图5和图6，被老鹰抓持的女子带有更多印度特征。此外，左右还多出两个男子，手持绳索，试图攻击雄鹰。

巴基斯坦白沙瓦博物馆藏品No. 3019，和大都会博物馆藏品一样，也有两个男子分列左右。但老鹰抓持者变成了男女二人，另外还有一个女子惊恐无助，瘫倒于地（图8）。这件雕刻断代在

图8 “鹰之劫夺”雕刻（4—5世纪）
白沙瓦博物馆藏品（No.3019）（任平山摄）

1 Albert von Le Coq, Bilderatlas zur Kunst und Kulturgeschichte Mittel - Asiens (Berlin: DIETRICH REIMER, 1925), Fig. 148.

2 ［印］毗耶娑:《摩诃婆罗多（一）》，黄宝生等译，中国社会科学出版社，2005，第57、66、73、86页。

3 Kurt A. Behrendt, THE ART OF GANDHARA IN THE METROPOLITAN MUSEUM OF ART (New York: The Metropolitan Museum of Art, 2007), pp. 43 - 44.

公元4—5世纪。据此，老鹰抓人图式，至少在犍陀罗艺术后期用于表现不同于该尼墨得斯的剧情。

此外，特尔梅兹北部的扎—达坂（Zar－tepa）还发现了3—4世纪老鹰抓持女性的中亚壁画残片（图9）[1]。女子身体仍然妩媚动人，老鹰头部缺失，对称展开的双翅，高度图案化了。老鹰背后的蓝色区域布满莲花和鱼，这意味着其背景是一片水域，而非天空。

图9 扎—达坂出土壁画残片（3—4世纪）

就犍陀罗而言，此类雕刻大抵处在佛教氛围之中。考虑到金翅鸟衔龙的意象在佛教艺术中广泛存在，且佛传图像中的龙王也会以人形出现，学界一般将此类雕刻比定为“金翅鸟攻击龙众”。

据公元3世纪支谦所译《菩萨本缘经》，世尊往昔，以恚因缘，堕于龙中，受三毒身：所谓气毒、见毒、触毒。是龙才貌长大，常为无量诸龙所绕。金翅鸟乘空飞来，取龙为食。当其来时，诸龙妇女惊恐不已，依附大龙。大龙念及行正法者，皆牺牲自己，保护他人，故未与金翅鸟缠斗，反而善言规劝：“我今与汝所以俱生如是恶家，悉由先世集恶业故，我今常于汝所生慈愍心，汝应深思如来所说：‘非以怨心，能息怨憎，唯以忍辱，然后乃灭’。”金翅鸟闻是语已，怨心即息。金翅鸟言：“唯愿仁者为我和上，善为我说无上之法”，即舍龙宫，还本住处。

将“龙王本生”与白沙瓦博物馆藏品（No. 3019）相互比对，雕刻下方瘫坐在地上的女子，当为金翅鸟出现时，诸龙恐惧之态。《菩萨本缘经》写道：

> 时，金翅鸟为饮食故，乘空束身飞来欲取。当其来时，诸山碎坏，泉池枯涸。尔时，诸龙及诸龙女，见闻是事，心大恐怖，所服璎珞、华香、服饰，寻悉解落，裂在其地。[2]

老鹰所抓男女，可以比定为故事中的龙王和龙女。其男女相对，呈舞蹈娱乐之态，如《菩萨本缘经》所云：

> （菩萨）常为无量诸龙所遶，自化其身而为人像，与诸龙女共相娱乐。

1 加藤久祚、Sh. Pidaev：《ウズベキスタン考古学新発見》，大阪：東方出版，2002，Fig53.

2 （吴）支谦译：《菩萨本缘经》，《大正新修大藏经》第3册，台北CBETA电子佛典，2010，第68、69页。

克孜尔第69窟券顶菱格绘制龙王夫妇动作亲昵，也可解读为这一幕。他们并立于水面，恰如文本所云，龙王与诸龙女：

> 住昆陀山幽邃之处，多诸林木，华果茂盛，甚可爱乐。有诸池水，八味具足，常在其中游止受乐，经历无量，百千万岁。

用“龙王本生”对白沙瓦藏品No. 3019进行释读，具有一定的合理性。但是，如果将这种解释扩展到其他同类作品，则疑点颇多。既然本生故事反映了佛陀往昔作为龙王的无怨与舍身，为什么大部分雕刻没有表现男性主角，仅仅刻画老鹰抓持女性？有学者提出雕刻内容为金翅鸟劫走卡卡蒂王后（Kakati Jataka）或善颈（Sussondi Jataka）。这两个本生故事都以金翅鸟劫掠人类为事件。在卡卡蒂本生中，卡卡蒂王后的丈夫即为释迦往昔。在善颈本生中，金翅鸟为释迦往昔。后者可以解释此类雕刻常常不表现男子的情况，“可能这一主题充满世俗情色，所以在犍陀罗被广泛制作”[1]。但我们仍然可以质疑，何以其他成组出现的佛本生图像谱系中没有出现这个主题。

四 冠额装饰上的神鹰

在笔者看来，此类雕刻和佛教叙事的关联十分模糊。犍陀罗流行佛教艺术，但佛教并非这个地区唯一的文化因素。特尔梅兹的扎—达坂也是如此。古城中发现了佛教遗址，但城市居民还有其他宗教信仰。在佛经叙事不能精确诠释图像的情况下，基于图像语境而非文本的观察也许会更妥当。

白沙瓦博物馆藏品No. 3032，仍然是老鹰劫夺一女子（图10），馆方断代为公元6—7世纪。尽管雕刻出自著名的佛寺

图10 白沙瓦博物馆藏品（No.3032）
（任平山摄）

1 孙英刚、何平：《犍陀罗文明史》，生活·读书·新知三联书店，2018，第258—262页。

遗址塔克特伊巴希（Takht - i - Bahi），相关人物附着在和前述犍陀罗雕刻完全不同的背景之上。老鹰身后是刻有纹理的扇贝形。同类雕刻，笔者在拉合尔博物馆也看到一件，馆方展示没有提供具体标识。仔细观察，不难发现这种扇贝形物品，其实是犍陀罗男子敷巾冠饰（Turban）掉落的碎片。拉合尔博物馆藏有一件菩萨头像，其巾冠冠额完整保留了这一形式（图 11）。老鹰抓持一组男女，此特征和前述白沙瓦博物馆藏品（No. 3019）类似。但如果完整观察巾冠周围的其他装饰，可以辨识出早期犍陀罗艺术中的泛希腊因素——半人马，和可能是海神的半人鱼（图 12）。

老鹰抓持男女的图像，如前所述，可能反映了世尊往昔作为龙王救护诸龙的本生。犍陀罗菩萨像将之装饰在巾冠冠额，可体现菩萨舍己救世的慈悲个性。如

图11 拉合尔博物馆藏菩萨头冠装饰
（任平山摄）

图12 拉合尔博物馆藏菩萨头像
（任平山摄）

《菩萨本缘经》所云：

> 龙复念言：“今此妇女各生恐怖，我若不能作拥护者，何用如是殊大之身？我今此身为诸龙王，若不能护何用王为？行正法者，悉舍身命，以拥护他。是金翅鸟之王有大威德，其力难堪，除我一身余无能御。我今要当舍其身命，以救诸龙。”

另外一类冠额，仅雕刻老鹰抓持女子，这样解释则很牵强。在龙王本生、卡卡蒂本生或善颈本生中，金翅鸟均扮演着负面角色。

希腊该尼墨得斯神话中，老鹰的实质是天神宙斯。波斯拜火教主神阿胡拉·马兹达被呈现为人与雄鹰的复合体[1]。象征次序控制者，老鹰的符号性可能在多民族文化介入犍陀罗的过程中不断变化、交融和遗传。在印度史诗《摩诃婆罗多》中，毗湿奴和迦楼罗相互施以恩惠。金翅鸟王要求高居在毗湿奴之上，而毗湿奴则要求以金翅鸟为坐骑。他以金翅鸟为旗徽，对金翅鸟说："你仍将高踞于我之上"[2]。萨珊货币常常在国王头冠表现展开的羽翼。这种装饰的晚期表现见于突厥阙特勤石像、"毗伽可汗宝藏"中的金冠。田边胜美试图在古希腊赫尔墨斯（Hermes）、祆教法若神和毗沙门天的鸟翼冠饰之间建立关联。[3] 平山郁夫美术馆藏有一件秣菟罗（Mathura）出土菩萨头像（2—3世纪），赤砂岩雕刻的巾冠前额也有金翅鸟装饰。尽管没有找到确切的文本出处，笔者推测，菩萨巾冠上的这个题材，形式上融合了该尼墨得斯图式，以及某种王冠装饰。它是犍陀罗古希腊图式被其他文化借用、改造的结果。该尼墨得斯雕刻中的色情意味在菩萨头饰中被去色情化的意象取代。

五 克孜尔第165窟的双头鹰

与犍陀罗同类图式颇有不同，克孜尔第165窟的老鹰持人采用双头鹰形式（图2）。双头鹰的图像谱系历史悠久且分布广泛[4]。这种图形公元前就已传入犍陀罗。马歇尔指出，塔克西拉佛塔上的双头鹰造型的渊源可以追溯至赫梯、巴比伦、斯基泰文明[5]。

克孜尔第165窟双头鹰图像主题既不同于前述犍陀罗雕塑，也不是所谓"龙王本生"。首先，犍陀罗石刻造像中，老鹰劫持之人，除了男女组合，多为女性个体。然而，克孜尔第165窟老鹰所持者为一男子。这是龟兹美术中的孤例。龟兹壁画中，画家描绘人形龙时，会在其头部背后画出小的蛇形龙，效果等同于印度式那伽头顶的蛇形华盖。克孜尔第165窟男子头部无此特征。

那么，相关壁画是否直接继承了该尼墨得斯神话？在我看来，这种可能亦可排除。《诸神对话》中，该尼墨得斯和宙斯反复谈及自己的生活。该尼墨得斯被老鹰掳掠时，是一个放羊的孩子。泛希腊艺术

---

1 罗世平、齐东方：《波斯和伊斯兰美术》，中国人民大学出版社，2004，第48页。

2 ［印］毗耶娑：《摩诃婆罗多（一）》，第84页。

3 李凇：《略论中国早期天王图像及其西方来源》，《长安艺术与宗教文明》，中华书局，2002，第133—135页。

4 吴艳春：《双头鹰形金翅鸟图像源流探——兼论古代印欧民族的迁徙及其文化传统的继承与传播》，《龟兹学研究》第四辑，新疆人民出版社，2012，第336—346页。

5 ［英］约翰·马歇尔：《塔克西拉·第一卷·建筑遗存》，秦立彦译，云南人民出版社，2002，第235—236页。

再现这一幕时，常常让他头戴一顶部落样式的毡帽。克孜尔第 165 窟壁画中的男子则具备头光。在龟兹壁画中俗装而有头光者，只能是人间的王者，或者天界的天人。

公元 5—7 世纪大乘佛教日益兴盛，龟兹地区却坚持奉行小乘佛教，主要流行说一切有部。唐代义净所译《根本说一切有部毗奈耶杂事》中有一则因缘故事，涉及金翅鸟抓持国王的情节，可能与克孜尔第 165 窟壁画相关。故事讲述往昔某次海难，船员皆亡，唯商主之妻捉扶木板，漂流至一处海洲。洲上唯有金翅鸟王居住。此女遂与金翅鸟王结为夫妇，先后产下二子。长子为人形，次子为金翅鸟。金翅鸟王去世后，次子金翅鸟继承父亲王位，并应其母嘱咐，将其长兄携至婆罗痆斯城立为国王。

《杂事》写道：

> 时婆罗痆斯城现有国王，名曰梵授，以法化世，安隐丰乐。广如余说。王于朝集在众中坐。**时金翅鸟王以双足爪，擒其两臂，弃于大海。诸妙璎珞，庄严其兄，将至王城，**置师子座上，告诸臣曰："此是汝王，好当伏事。如有相违，还令汝等俱沦大海"。人皆畏惧，奉教而行。臣亦不敢告令斯事。众人皆谓是梵授王[1]。

文本没有描述金翅鸟如何将其长兄从海岛携至王城，但描述了金翅鸟抓擒此城原有国王的过程。老鹰抓持的方式，不同于其他故事以金翅鸟为坐骑的情节。克孜尔第 165 窟壁画中被抓之人，日久漫漶，不甚清晰，但身上璎珞和披帛十分醒目，正如文本所云：金翅鸟以"诸妙璎珞，庄严其兄"。男子配置头光，他将成为婆罗痆斯城的新国王。

克孜尔石窟套斗顶上的双头鹰，在我看来可能和犍陀罗菩萨造像的巾冠额饰具有相似的属性，而非内容的相似——它们首先是装饰性的，其次才是佛教的。也就是说，此类图像可能在世俗建筑，以及非佛教的其他器物上存在。基于装饰需要，它们也在克孜尔石窟中被绘制。第 165 窟画家没有采用金翅鸟衔龙的常规图式，而是绘制老鹰持人，显然是想让窟顶装饰更加别致。与此同时，石窟服务于佛教徒。这意味着此图像可能因为观众的阐释和改造具备佛教属性。《杂事》没有交代金翅鸟兄弟在现世的对应人物，我们无法确认他们和释迦本生的对应关系。但盛行说一切有部的龟兹佛教徒可能了解这个故事，并且能在观看图像时调动出关于这个故事的知识储备。

1 （唐）义净译：《根本说一切有部毗奈耶杂事》，《大正新修大藏经》第 24 册，台北 CBETA 电子佛典，2010，第 347 页。

六　柏孜克里克壁画“鹰之劫夺”

不同于克孜尔第165窟双头鹰的装饰属性，吐鲁番壁画中“鹰之劫夺”完全是叙事性的。勒柯克在其论文结尾列举了其中两幅，一幅出自胜金口地区，另一幅在木头沟柏孜克里克（现编第20窟），德国人将之揭取，带到柏林。所谓“金翅鸟”在后面这幅壁画中出现两次，其一在画面下端，“鹰鸟”被猎人用绳索套住脖颈；其二，在画面中央，“金翅鸟”遭到另一个猎人弓箭和猎鹰的追杀（图13）[1]。被攻击的鹰鸟以半鹰半人的形象出现，它长着鹰的翅膀、喙、双爪，却有男性的躯体和四肢。这个形象和龟兹的金翅鸟图像有所区别，比较接近晚期印藏美术中的金翅鸟形象。勒柯克将它归属于该尼墨得斯图式，因为图像表现猎手用弓箭和猎鹰攻击鹰鸟时，在其下方还画了一个被救下的孩子[2]。这个孩子在德国人切割壁画时遭到了破坏，但格伦威德尔的线描

图13　德藏柏孜克里克第20窟壁画

1　Albert von Le Coq, Chotscho (Berlin: DIETRICH REIMER, 1913), TAFEL. 33.

2　[德] 阿尔伯特·冯·勒柯克：《新疆地下文化宝藏》，陈海涛译，新疆人民出版社，2013，第88页。

稿记录了柏孜克里克壁画中的另外两幅，清楚地呈现了孩子被救下的一幕[1]。

“鹰鸟”受到猎鹰的攻击，被迫丢下爪下的孩子。几幅壁画都展现了猎鹰和“鹰鸟”在空中搏斗的样子。问题在于如果抓走孩子的“鹰鸟”如学界所云是金翅鸟王，它怎么会败给一只猎鹰？整体观察壁画语境会发现，猎鹰对“鹰鸟”的攻击，是所谓“行道天王图”的一个局部。画面表现人们在天王庇护震摄之下，降魔除妖之景象。笔者以为，劫夺孩子的“鹰鸟”不是金翅鸟，而是象征灾祸的夜叉罗刹、鬼魅妖孽之属。

吐鲁番佛教文化受敦煌影响极深。敦煌文书研究表明，在唐宋民间信仰中，灾难和疾病常常以妖魔鬼怪的方式被理解。人们把祛病除难的希望寄托于各种驱鬼除妖的手段，其方式大抵有两种：要么通过持咒、斋供等方式，直接取悦鬼怪，避免受其迫害；要么信奉并诵请法力强大的神祇，对这些夜叉罗刹予以震慑。正是由于诸种杂鬼受天王统辖，四大天王，尤其是北方毗沙门天，不仅作为护国武神被崇拜，同时也因其能够驱魔除疫，在民间极受推崇。

保护儿童，是唐宋时期民众祛病除灾的基本诉求，见于敦煌文献《护诸童子陀罗尼经》《消除伤害幼儿十五大魔陀罗尼》《佛顶心观世音菩萨大陀罗尼经》等。保护儿童的一种形式是供奉恶鬼，佩戴吞服符印，或用陀罗尼咒驱散恶鬼。反映这一内容较为重要的图本是斯坦因所获9世纪敦煌纸本（Ch. 00217）绘制的六个鬼神，上书汉文及于阗文榜题。六个鬼神分别以半人半兽的形态出现。其中“石俱宁”鹰头，有双翼，右手拉持一个男童（图14）[2]。题记写作“此女神名石俱宁。若梦见鸟，小儿患利腹病于燕，即知此神与患，祭之吉”。“吉伽半里”为鸡头，题记写作“此女神名吉伽半里。若梦见小儿战悼□中病□声塞，即知此神与患，祭之吉”。王航梳理了敦煌民间驱鬼除疫的密教信仰，特别指出《护诸童子经》中，鸟形鬼写作舍究尼，能致小儿不肯饮乳，而《守护大千国土经》中的鸟形鬼能致小儿手指蜷缩[3]。

山西繁峙岩山寺文殊殿东壁中部12世纪壁画中，半鹰半人的小鬼，长有双翅（图15），和柏孜克里克的所谓“金翅鸟”有些类似。他们在故事中亦正亦邪，最初

1 ［德］A. 格伦威德尔：《新疆古佛寺（1905—1907年考古成果）》，赵崇民、巫新华译，中国人民大学出版社，2007，第450、560页。

2 Whitfield，Roderick：《西域美術：大英博物館スタイン・コレクション・2》，東京：講談社，1982，图75。［日］松本荣一：《敦煌画研究（下册）》，林保尧、赵声良、李梅译，浙江大学出版社，2019，第323页。

3 王航：《敦煌密教鬼神信仰研究》，陕西师范大学，博士学位论文，2018，第23、24、30、31、105、106、107、108、111页。

图14 敦煌纸本（Ch.00217）之“石俱宁”

以反派角色出现。小鬼隶属鬼子母，负责捕捉人类孩童以充食物[1]。现存元明卷轴画《揭钵图》中，隶属鬼子母的小鬼亦为此类造型[2]。河北正定隆兴寺明代壁画，鬼子母身旁也绘制了长有双翅的鹰头鬼，肩负小儿。和护童十五罗刹一样，鬼子母原来迫害儿童，后来反而被奉为儿童保护神。但就鬼子母图像叙事而言，来去无踪的恶鬼，背生双翼，祸害小儿，这个概念在唐宋之时深入人心。

唐宋流行的天王图像谱系中，夜叉鬼卒形象也不乏鹰鸟的造型因素。绘画对于天王的夜叉吏胥一般没有具体规定。画家在表现这一群体时，在让它们更加狰狞、怪诞方面有更多发挥空间。多样化的鬼卒类型中，就有鹰嘴人身的形象。沈阳无垢净光舍利塔地宫东壁辽代壁画鹰头鬼（图16），手捧狼牙棒，隶属持国天王[3]。天王图中的鬼卒有时作为天王下属，有时表现为被天王降服或震慑。山西五台山佛

图15 繁峙岩山寺壁画夜叉鬼

1 中国寺观壁画全集编辑委员会编：《中国美术分类全集·中国寺观壁画全集·1·早期寺院壁画》，广东教育出版社，2011，第228页。李翎：《政治的隐喻——岩山寺金代鬼子母经变（上）》，《吐鲁番学研究》2015年第2期。

2 ［法］乐愕玛：《〈揭钵图〉卷研究略述（上）》，《美术研究》1996年第4期。［法］乐愕玛《〈揭钵图〉卷研究略述（下）》，《美术研究》，1997年第1期。

3 《中国美术分类全集·中国寺观壁画全集·1·早期寺院壁画》，第124页。

图16 沈阳无垢净光舍利塔地宫壁画

光寺明间佛座后部束腰处的唐代壁画，绘有力士锁按妖猴、夜叉拖曳小鬼的场面[1]。大英博物馆藏莫高窟绢本 Ch. 0018《行道天王图》（9 世纪）在空中亦有展翅飞行人物（图 17）[2]，一些学者误识为“迦楼罗”（金翅鸟）。仔细观察，此人双翼类似蝙蝠，且为天王部从按弓遥望。笔者以为，它应该是在天王行道途中被驱赶的飞行小鬼。

毗沙门天在敦煌壁画中有时和男童形象组合出现。此男童一般做愤怒状，学界比定为哪吒[3]。不过在绢本和纸本天王像中，也有另外一类儿童，形象幼稚可爱。

例如敦煌藏经洞五代《水路天王行道图》绢本[4]，天王骑马行于空中，下方水域中漂浮若干童子，显然不是哪吒。敦

图17 《行道天王图》

大英博物馆藏Ch.0018

1 《中国美术分类全集·中国寺观壁画全集·1·早期寺院壁画》，第 101 页。

2 田边胜美、前田耕作编：《世界美术大全集·东洋编第 15 卷·中央アジア》，东京：小学馆，1999，图 255。马炜、蒙中编著：《西域绘画·5（天王·金刚）·敦煌藏经洞流失海外的绘画珍品》，重庆出版社，2009，第 25 页。

3 郭俊叶：《托塔天王与哪吒——兼谈敦煌毗沙门天王赴哪吒会图》，《敦煌研究》2008 年第 3 期。

4 马炜、蒙中编著：《西域绘画·5（天王·金刚）·敦煌藏经洞流失海外的绘画珍品》，第 20 页。

煌藏经洞所出五代版画《大圣毗沙门天王》（图 18）[1]，中间为毗沙门天托塔立像，其下有地神托足。毗沙门右侧为手持奉献物之女子（多比定为吉祥天女），左侧有两名鬼卒。其一右手高举一个童子，左手食指指此小儿。图像下方，刊刻原文：

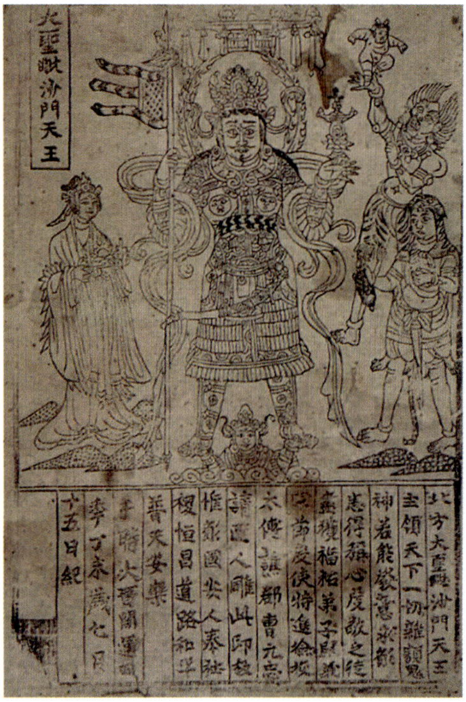

图18　《大圣毗沙门天王》
藏经洞所出五代版画

北方大圣毗沙门天王，**主领天下一切杂类鬼神。**若能发意求愿，悉得称心。虔敬之徒，尽获福祐。弟子归义军节度使，特进检校太傅，谯郡曹元忠，请匠人雕此印板。惟愿国安人泰，社稷恒昌，道路和平，普天安乐。于时大晋开运四季丁未岁（947）七月十五日纪。

在这幅版画作品中，被手托举的童子呈嬉戏姿态，学界对其含义说法不一。笔者赞同王芳观点，此处当为夜叉鬼守护儿童[2]。至于此鬼是否就是佛传中的旷野鬼，还有待进一步研究。

综上所述，笔者认为四天王役鬼除厄，本身具有保护儿童的功能。反过来，天王佑护小儿，也可以理解为祛灾除妖的图像表征。柏孜克里克第 20 窟壁画，行道天王驱赶罗刹，救护儿童，其意亦是如此。

当然吐鲁番壁画中的同类题材和敦煌有所不同。尽管唐宋美术中已然具备天王、儿童、带翅罗刹，但由上述元素完整构成的劫夺儿童的图像叙事，目前只在吐鲁番行道天王图中看到。此外，非常重要的一点，汉地美术中罗刹翅膀类似蝙蝠，而柏孜克里克壁画中，罗刹羽翼丰满，更加符合老鹰的特征。柏孜克里克壁画的这两个元素有别于敦煌以东，恰恰可以在该尼墨得斯及其在犍陀罗和龟兹的变异图像中看到。也许正是在吐鲁番，源自西方的鹰之劫夺，和汉地流行的驱鬼除疫产生了结合。

1　翁连溪、李洪波主编：《中国佛教版画全集・第一卷》，中国书店，2014，第 42—45 页。

2　王芳：《敦煌唐五代旷野鬼夜叉图像小议》，《敦煌研究》2016 年第 6 期。

七 胜金口壁画“鹰之劫夺”

胜金口（森尼木）壁画也绘制了大鸟劫夺男童的场景（图19），男童惊恐地张开双手，令人印象深刻。壁画出自峡谷北段一座小型寺庙，勒柯克在另一本著作《高昌——吐鲁番古代艺术珍品》中有较为细致的描述[1]。壁画残破不堪，可以辨识出大鸟被人用绳索套住脖子[2]。这表明壁画主题属于柏孜克里克行道天王图一类。然而，壁画中劫夺儿童的大鸟既不具备人的特征，也和老鹰不同。其飘逸的翎毛和羽翼，造型元素来自中国鸾凤。

汉地美术中，画家有时用凤鸟而非老鹰的样子来表现金翅鸟。伯希和藏经洞所获《降魔变》图卷（P. 4524）现藏法国国家图书馆（图20）[3]。这个残长571.3厘米的画卷大约绘制于8—9世纪，其中一幕描绘舍利弗变化出金翅鸟降服外道劳度叉所化毒龙。图卷文书写作“舍利既见毒龙到，便见奇毛金翅鸟”。其金翅鸟就使用了鸾凤形象。类似表现可见于同一主题之敦煌壁画，如莫高窟晚唐第9窟、第196窟、宋第25窟[4]。

图19 胜金口壁画“鹰之劫夺”

1 ［德］勒柯克：《高昌——吐鲁番古代艺术珍品》，赵崇民译，新疆人民出版社，1998，第73—74页。

2 Albert von Le Coq, Chotscho (Berlin: DIETRICH REIMER, 1913), TAFEL. 15.

3 http://idp.bl.uk/idp.a4d（《国际敦煌项目》官网）。祁晓庆：《敦煌藏经洞P. 4524〈牢度叉斗圣变图〉研究》，《艺术设计研究》2017年第4期。

4 敦煌研究院主编：《敦煌石窟全集·9·报恩经画卷》，上海人民出版社，2001，第45、72页。

图20 莫高窟藏经洞《降魔变图卷》(P.4524) 局部

胜金口壁画应该是画家在表达罗刹鬼劫夺儿童时，借用金翅鸟形象的另一个案例。这个案例的特殊和有趣之处在于，图像中的鸾凤图形既不是凤鸟，也不完全是由凤鸟转义而成的金翅鸟。它受到西域“鹰之劫夺”图式影响，在叙事中进一步演绎为罗刹鬼怪之属。

鸾凤图形与老鹰意义的结合并未就此终结。随着工艺品在丝路贸易中的流转，以及蒙古扩张之影响，鸾凤图形传入伊朗。这一形象和新的故事结合，成为《列王纪》细密画插图中神鸟（Simurgh）的一般样式[1]。

鹰之劫夺在中亚艺术中的流变，反映了早期泛希腊艺术的介入和衰退，佛教作为文化载体所起作用，以及中古晚期汉地视觉元素远播西域之状况。

---

1 ［伊朗］纳思霖：《伊朗细密画中的中国绘画因素——以〈史集〉和〈列王纪〉为中心》，中央美术学院，博士学位论文，2008，第121—124页。

陕西靖边、定边新莽东汉壁画墓神灵出行图布局与功用试论

贾鸿源（鲁东大学历史文化学院）

随着21世纪初陕西北部靖边、定边二县新莽与东汉时期墓葬的陆续考古发掘，相关壁画资料的发现与公布，对学界既有的关于汉代墓葬壁画内容主题、功用的研究，又有新的有益增补。而这其中，绘制在墓室券顶的星象图、反映墓主升天成仙愿望的墓壁上的太一神船升仙图与宴乐图，是学界新近尤为关注的两个主要问题。对于前者，学界主要从天文星官层面考订券顶星象图内具体星官的位置、数量[1]；对于后者，学界则意在揭示这一图案作为墓主升天成仙最终归宿的标志意义[2]。上述工作，无疑极大深化了目前对于东汉墓葬壁画主题内容以及功能的认知程度。

值得注意的是，上述壁画墓中，也存在较多数量的仙人、神兽出行图案，仙人们或独自乘云飘逸而行，或乘坐由象、龙、龟、鱼等动物拉动的车舆疾驰，其欲表现的内容已不局限于神仙，也包括灵异动物，所以这里暂且把这类图案统称为神灵出行图。若初步检视墓葬中此类图案的布局位置，可发现它们不仅是太一神船队列中的明显成员，而且个别图案甚至已越出墓壁位置，进入券顶的星象图之内。这已部分显示出，神灵出行图不仅自身意义可作探讨，而且也有必要与墓壁太一神船图、宴乐图，乃至券顶星象图结合，作整体探究。

一 神灵出行图位置关系检讨

关于汉画像石墓、壁画墓乃至祠堂内

1 段毅、武家璧：《靖边渠树壕东汉壁画墓天文图考释》，《考古与文物》2017年第1期。武家璧、段毅、田勇：《陕西靖边渠树壕壁画天文图中的黄道、日月及其重要意义》，《考古与文物》2019年第1期。段毅：《渠树壕壁画中的星象与神话》，《考古与文物》2020年第2期。王煜：《知识、传说与制作：陕西靖边渠树壕东汉壁画墓星象图的几个问题》，《美术研究》2020年第5期。

2 吕智荣：《郝滩东汉壁画墓升天图考释》，《中原文物》2014年第2期。王晨光：《汉墓中太一升仙图的母题溯源》，《宗教学研究》2020年第2期。

所刻绘的各种图案，学界较早便已注意从“情节式构图”或者整体视角来加以审视，一般认为，墓室之内或者祠堂建筑之内的各个图案之间，应存在某种特定程式的内在关联[1]，且由下至上、占据不同物理空间层次的图案，共同构成人间、仙界、天界的完整宇宙象征体：墓室或祠堂侧壁的低处为人间，高处为仙界，墓室的券顶或祠堂的盖顶为天界[2]。这对我们从空间方位角度，审视陕北靖边、定边二县已发掘的四座壁画墓中的神灵出行图，乃至其与墓葬中其他图案之间的关系，有直接借鉴意义。

表1是根据四座墓葬目前考古报告资料整理而来，在记录神灵出行图信息的同时，也对同一墓葬中的宴乐图、太一升仙图以及星象图的初步情况进行汇总。

表1　陕北新莽东汉壁画墓神灵出行图内容与方位要素统计

名称	朝向	前室		后室		券顶星象图	资料来源
		东壁	西壁	东壁	西壁		
2005年靖边县东汉壁画墓M1	坐北朝南	阑额上层左侧绘仙人云车，面向南方；下层左侧绘宴乐图，右侧绘云舟、象车、虎车、龙车等出行图，方向“自北向南”	阑额上层左、右侧均绘仙人云车，面向南方；下层绘二辆向南出行的车马	阑额上层自北而南，依次绘制向南行进的仙人乘雁、龙、龟、鹤、鹿等车；下层无壁画	阑额上层自北而南，依次绘向南行进的仙人乘鹤、鱼、龙、兔、龙、鹤等车；下层无壁画	无	尹申平：《陕西靖边东汉壁画墓》，《文物》2009年第2期
2009年靖边县渠树壕新莽墓	坐北朝南	阑额上层，车马骑从仪仗出行图，有“天子车”“戍曹”“门下曹”等榜题，自南向北行进；下层未知	阑额上层，北侧为二桃杀三士，南侧为孔子见老子；下层未知	阑额下层北段为宴乐图；上层未知	未知	有	徐光冀主编：《中国出土壁画全集·06·陕西（上）》，科学出版社，2012，第37—48页

1 ［美］巫鸿：《礼仪中的美术：马王堆的再思》，氏著《考古学的历史·理论·实践》，中州古籍出版社，1996，第404页；《武梁祠——中国古代画像艺术的思想性》，生活·读书·新知三联书店，2006，第149—150页。汪小洋：《汉墓壁画的宗教信仰与图像表现》，上海古籍出版社，2012，第7页。

2 周保平：《徐州洪楼两块汉画像石考释》，《中原文物》1993年第2期。

续表

<table>
<tr><th rowspan="2">名称</th><th rowspan="2">朝向</th><th colspan="2">前室</th><th colspan="2">后室</th><th rowspan="2">券顶星象图</th><th rowspan="2">资料来源</th></tr>
<tr><th>东壁</th><th>西壁</th><th>东壁</th><th>西壁</th></tr>
<tr><td>2003 年定边县郝滩乡新莽至东汉墓 M1</td><td>坐南朝北</td><td colspan="2">墓室前部左边（西北角）筑有一耳形小龛，无壁画</td><td>下部绘车马出行图</td><td>下部绘“墓主人升仙图”和“西王母饮乐图”</td><td>有</td><td>吕智荣：《陕西定边县郝滩发现东汉壁画墓》，《考古与文物》2004 年第 5 期</td></tr>
<tr><td>2015 年靖边县渠树壕东汉墓</td><td>坐西朝东</td><td>左壁（北壁）正中上下分栏，上绘车马出行图，下绘山林牧马图</td><td>右壁（南壁）正中上下分栏，上绘楼阁庄园、宴乐人物，下绘祥禽瑞鸟、仙人图</td><td colspan="2">无壁画</td><td>有</td><td>段毅：《陕西靖边县杨桥畔渠树壕东汉壁画墓发掘简报》，《考古与文物》2017 年第 1 期</td></tr>
</table>

（一）宴乐图位置及其与神灵出行图之关系

关于这几处墓葬壁画中人间的所在层次，或可以通过宴乐图的位置来揭示。学界目前已对汉代画像石墓以及墓葬中宴乐图的性质有较一致的看法，即这种在墓主庭院内进行的活动，其并非单纯人间宴乐，而是具有庆贺墓主升仙的特别用意[1]。这一图案在除郝滩 M1 外的三座墓葬中普遍存在，构图趋于雷同，位置或在前室侧壁或后室侧壁，而郝滩 M1 后室西壁有一幅目前被称作“墓主人升仙图”与“西王母宴乐图”的组合壁画，学界认为其原型即墓主庭院中的宴乐图，且功能也与后者雷同[2]，观点可备一说，但拙文也有不同意见，详见后文。

在以上三座存在宴乐图的墓葬中，与神灵出行图直接存在联系的，是靖边 M1 与渠树壕东汉墓，前者墓室的前室东壁阑额之下，左侧为宴乐图，右侧为以太一神船为首的神灵出行图，队伍浩大。值得注意的是，整个出行队伍的朝向，都是背对墓主庭院中正在进行的宴乐场面。与之相似，渠树壕东汉墓的前室南壁有宴乐图，

1 姜生：《汉墓的神药与尸解成仙信仰》，《四川大学学报（哲学社会科学版）》2015 年第 2 期。

2 王晨光：《汉墓中太一升仙图的母题溯源》。

庭院门外为层叠远山，中部绘制体型庞大的“向东展翅飞翔的雀鸟，鸟羽黑地涂绿彩，多已脱落”[1]，且鸟身之上又有两只黑色仙鹤，由一绿衣仙人控辔，向墓门口方向（东）飞行，也是背离庭院宴乐场景而去。

关于靖边 M1 的太一神船，学界指出其旨在接引尸解升仙的墓主[2]。其实不仅是太一神船，从画面所要表现的关系来看，此图像中紧随太一神船之后的众多神灵车舆，显然也有接引墓主升天成仙的相同功能。相比之下，渠树壕东汉墓宴饮图附近，接引墓主的神灵车舆极少，考古报告提到本处墙壁所绘、剥落严重的黑绿雀鸟，有可能是朱雀或凤凰，其也是升天成仙的重要接引，如内蒙古和林格尔新店子一号东汉壁画墓，墓向坐西朝东，前室南壁绘制朱雀、凤凰以及“仙人骑白象”图，北壁为麒麟与“雨师驾三（虬）”[3]，而且它们都朝向墓门的方位。所以至此可初步推知，宴乐图附近的神灵乃至仙人所乘神灵车舆，其整体方向刻意背对宴乐图而朝向墓室口部，意在表明，这是从墓主庭院所代表的人间的空间层次出发，接引墓主升天成仙的第一个重要阶段。

（二）墓壁上的仙界空间

按照前文学界对壁画墓内空间层次象征体系的逻辑，神灵出行，或者太一神船率领之下的出行队伍既已接引墓主，似还应经仙界或者更高层次的天界，才能真正完成导引墓主升天成仙的目标。故进一步观察表 1，又可有以下新认识。

在上述四座墓葬中，靖边 M1 前后室两面侧壁的上部，以凸出的阑额作为界限，在此之上，又绘有大量神灵出行图案，而且出行方向与前室东壁下部的太一神船所率神灵出行方向相同，均向墓室口部移动。文献已有太一车舆可降临迎接凡人升天的相应描述，如贾谊《惜誓》“飞朱鸟使先驱兮，驾太一之象舆”[4]，因此可推断，墓室阑额上层，应表示太一队伍所经行的仙界或者天界，为了迎接墓主，太一神船降临到墓室前室东壁下部宴乐图所象征的人间，在接引墓主后，背向庭院离开，会合上升到阑额上层象征的仙界或者天界，最终驶出墓口。

渠树壕新莽墓的前后室侧壁上部，也类似靖边 M1，设阑额结构，其前室东壁阑额上层内，绘制了一队以“天子车”为首，“戍曹”“门下曹”等为骑从的车

1 段毅：《陕西靖边县杨桥畔渠树壕东汉壁画墓发掘简报》。

2 王晨光：《汉墓中太一升仙图的母题溯源》。

3 内蒙古文物工作队、内蒙古博物馆：《和林格尔发现一座重要的东汉壁画墓》，《考古》1974 年第 1 期，图版六。

4 （宋）洪兴祖：《楚辞补注》卷一一《惜誓章句第十一》，白化文、许德楠、李如鸾、方进点校，中华书局，1983，第 227—231 页。

马出行图[1]，参酌靖边 M1 本处空间绘制神灵出行场景，可知此处的车马出行并非人间。另须注意的是，渠树壕新莽墓车马出行图的行进方向，是面向墓室之内的，相比于靖边 M1 墓室同一空间层次的神灵出行朝向墓门，方向明显不同。

郝滩 M1 是一座坐南朝北、夫妇合葬的单墓室结构墓葬，墓壁没有上述的阑额结构。其东壁绘制女墓主乘车马出行，方向朝向墓门。西壁绘制目前被考古报告称作“墓主人升仙图”和“西王母饮乐图”的组合图案（图 1），新近研究对这一画面两分式理解提出异议，认为这是当时画工借鉴了含有庆贺墓主升天成仙意蕴的宴饮图的一种画法，中心是以赤龙为核心的动物表演场景，且赤龙就是承载墓主升天的工具，而画面左侧的西王母、上部的“太一坐”等，是作为接引墓主升天成仙的核心神祇，但仅处于围观的位置，西王母座位下三个笋状柱体所象征的昆仑三山，“实则并无关该图宏旨”[2]。

这一观点对于太一、西王母在导引墓

图 1 陕西定边县郝滩 M1 墓室西壁图案

引自徐光冀主编：《中国出土壁画全集・06・陕西（上）》，科学出版社，2012，第 64—65 页

1 徐光冀主编：《中国出土壁画全集・06・陕西（上）》，科学出版社，2012，第 36—38 页。

2 王晨光：《汉墓中太一升仙图的母题溯源》。

主升天成仙过程中地位的认定，无疑是正确的，但认为这幅画面本质属宴饮图，且所要表现的重点并非西王母昆仑之境，或值得商榷。上文已提及，郝滩 M1 是一座结构较简单的单墓室结构墓葬，且没有与表 1 其他三座墓葬中画面雷同的宴乐图，即使如上述观点，“西王母饮乐图”本质即宴乐图，但其以昆仑三山作为场景基础，这一特殊情况显然不容忽略。此外，我们只要稍微对比靖边 M1，其宴乐图附近的太一、神灵车舆等，是背向庭院而去、朝向墓门的，而且画面整体位于墓室前室侧壁的最底层，象征我们前面所推定的人间层次，类似的迹象，在渠树壕东汉墓中同样存在，仙人乘鹤乃至有可能的朱雀与凤凰图案，甚至更在庭院宴乐图的偏下部。

此时反观郝滩 M1，首先，其太一神船的右边，画有乘鱼车、鹤车等陆续赶来的仙人，意在说明，此时的太一神船队伍，行进方向是向左的，即朝向墓室的内部，并由此而途经西王母的昆仑之境；其次，太一神船队伍，被绘制在图案的最上沿，与左上角面右而坐的西王母位置持平，这一墓室空间层次，已经与人间宴乐图差别迥异。因此可以说，郝滩 M1 西壁具体图案之间的内在关系，或者说在时人所信奉的导引墓主升天成仙的空间逻辑中，已然当属于与宴乐图不同，且更高空间层次的阶段。

不止于此，郝滩 M1 西壁上层太一队伍朝向墓室内部行进，这与渠树壕新莽墓的阑额上层朝向墓室的天子车队，无疑有着较强的相似性。进一步观察表 1，可发现这两处墓葬都在券顶绘有星象图。至此似可先作一个假设，即在将墓室视作一个较完整宇宙象征体的基础上：墓室侧壁低处的宴乐图，象征人间；侧壁阑额之上或侧壁的上沿，象征仙界；墓室券顶的星象图，象征天界，也是太一队伍导引墓主，最终升天成仙的终点。

虽然这只是在最理想状态下、一个模拟宇宙空间层次的墓室的结构：比如在具有仿效宇宙最关键要素——券顶星象图的几座墓葬中，渠树壕新莽墓据目前刊布资料，其宴乐图附近无接引墓主灵魂的太一乃至神灵车舆队伍。郝滩 M1 因墓室结构简略，省却人间宴乐图，直接从西王母昆仑仙界层次，展开墓主受太一队伍接引升天的过程叙述。渠树壕东汉墓虽然存在目前所知内容最为丰富的券顶星象图，但其墓壁壁画则甚为简略，人间宴乐图附近的神灵接引车舆，乃至过渡到天界的仙界层次，几乎被删节殆尽。

即便如此，我们还是可在综合上述三座存在券顶星象图的壁画墓特点的基础上，概括出上述墓主升天的空间逐级过渡的过程叙事：首先，人间的宴乐图层次，其附近有朝向墓门方向的太一或神灵队伍图案，来表现接引墓主灵魂离开凡间；其次，在向天界过渡的仙界层次，因为存在券顶星象图的封闭墓室已是宇宙的象征，所以太一或神灵或车马出行队伍，又有一反向朝墓室内部行进的表现图案，无论将这一过程置于墓壁阑额之上，还是将画面背景直接切换成太一队伍已带领墓主抵达了西王母的昆仑，都是出于表达这重意旨；最后，天界的券顶星象图层次，这是太一主宰的处所，所以即便太一神船的图像仅被绘制在墓壁的层次，但我们还是要在逻辑叙事中自我明确，这只是太一队伍接引墓主往返途中的片刻景象，象征墓主确实得到了太一的接引，但整个队伍最终还须上升到券顶天界的层次，这是不容省略的、既定的后续行程步骤。

更具说服力的一点是，只要将以上过程，与无券顶星象图但存在宴乐图乃至太一队伍的靖边 M1 进行对比，便可发现后者因无星象图象征墓主升仙所欲最终抵达的天界，所以只能将墓室内人间、仙界的太一乃至神灵车舆，均绘成朝向墓门之状，以至少在空间逻辑中保证墓主不被幽闭于墓室，升天过程也只能在墓室之外继续依靠太一队伍来完成。

论述至此，在明确壁画墓仙界层次以及本层次内神灵出行方向特定寓意的同时，我们其实也已适度检讨了学界以往对上述陕北壁画墓太一神船作用的解读方式：太一神船停留之处，不容否认即太一所在，但在导引墓主升天的“情节”层面，其并非终点，故还须走完导引墓主最终升入券顶天界的后续路程。因此，目前尚处于墓壁之上的太一队伍，系如何打开与天界层次进行对接的突破口，乃至券顶纷繁的星官之间，是否还有某些隐秘图案内容，需要我们变换视角，重新加以认识。

二　神灵出行图与券顶星象图之关系

太一神船所率神灵车舆队伍，或者无太一神船而仅有神灵的出行队伍如何从墓壁升入券顶所代表的天界，这一疑问之解答，还须首先明确上述存在星象图的几座墓葬，其实际墓室方位格局，与券顶星象图方位体系之间的关系问题，表 2 是对这几处壁画墓相关方位信息的梳理与汇总。

表 2　陕西靖边、定边壁画墓物理布局与券顶星象图方位体系统计

墓葬名称	墓室方位	星象图方位				资料来源
		东宫	南宫	西宫	北宫	
渠树壕新莽墓	坐北朝南	东	北	西	南	《中国出土壁画全集·06·陕西（上）》，第 46—48 页
郝滩 M1	坐南朝北	东	北	西	南	《中国出土壁画全集·06·陕西（上）》，第 50—57 页
渠树壕东汉墓	坐西朝东	南	东	北	西	段毅：《陕西靖边县杨桥畔渠树壕东汉壁画墓发掘简报》，《考古与文物》2017 年第 1 期

注：表内郝滩 M1 星图方位系纠正后之结果，考订过程烦参下文。

这里有必要对郝滩 M1 券顶星象图的方位信息予以商榷。目前刊布资料称，郝滩 M1 星象图中，东宫箕宿在墓室拱顶的西南部；西宫毕宿在拱顶东部中段，娄胃卯三宿，在拱顶东南部；南宫柳星张翼轸五宿，在墓室拱顶东北部；北宫虚危室壁四宿在拱顶南部。[1] 细论之，除南宫、北宫外，现有资料对东宫、西宫诸星官在墓室内相对方位的描述，恐皆存在讹误。

如从西宫目前刊布的几处星宿位置来看，毕宿位于拱顶东部中段，娄、胃、卯三宿位于拱顶的东部偏南。按天文方位，毕宿上承卯宿，方位只能更加偏南，不可能位于目前所描述的拱顶东部中段位置，所以西宫诸宿不可能位于拱顶东侧。其次，从已刊布的娄、胃、卯三宿局部图像来看，如图 2 所示，娄宿左下角有明显的黑色弧形痕迹，说明这里是墓室前壁或后壁与拱顶的一处夹角，在郝滩 M1 墓室坐南朝北布局的限定下，其有可能是拱顶的东北角或西南角，而唯只有在西南角处，才能满足画面中接续南壁北宫而来、西宫诸宿在西壁依次排开，且毕宿占据某侧壁中段的方位关系，所以郝滩 M1 券顶星象图，正确方位应是南（北宫）、北（南宫）、西（西宫）、东（东宫）。

图 2　郝滩 M1 券顶星象图西宫娄胃卯三宿图案

引自徐光冀主编：《中国出土壁画全集 · 06 · 陕西（上）》，第 57 页

1　徐光冀主编：《中国出土壁画全集 · 06 · 陕西（上）》，第 50—58 页。

在上述三座存在券顶星象图的墓葬中，只有郝滩 M1、渠树壕新莽墓表现出了仙界。其中渠树壕新莽墓天子出行图所代表的仙界，位于前室东壁阑额上层，循其行进方向，进入墓室的东北角，其上接应的是券顶星象图东宫与南宫的交汇处。而郝滩 M1 太一神船队伍经过墓室西南角的西王母昆仑后，上部接应的是券顶星象图的北宫与西宫交会处，是新构建的天文语境中的西北方。那么是否上述券顶中的东南方、西北方，就是太一神船与神灵队伍乃至墓主升入天界的通道所在？

关于目前所发现的陕北壁画墓中的星象图，学界已初步指出，其内含有部分神话人物图案[1]，那么问题就在于，这些图案，与墓壁太一神船所率神灵出行队列之间，是否存在联系？《古镜今照》收有一面东汉“雒家作竟”铜镜，其边缘图案为太一出行图，镜铭描述该画面曰：“边则太一，还缓而行。乘云悦乎，参驾神龙。选从群仁，上古三皇。庶乎除道，痴尤辟邪。百精并存，何耶敢当”[2]，可知在表现太一出行时，众神灵有的作为“选从群仁”的从驾，有的充当“庶乎除道”的先导，且可抵达太一所经之各地。如此一来，因太一原本居于天界，且是由此处下降人间墓主庭院，那么同一墓室之内，墓壁、券顶的神灵出行图，随之便有被适度结合审视的必要。渠树壕新莽墓的券顶星象图目前仅公布几处局部图像，且天子出行图被绘制在前室阑额之上，与星象图内目前可见的神灵出行图案距离较远，因此，我们以下先对郝滩 M1 券顶星象图内的神灵出行图案与墓壁太一神船神灵队伍之关系，尝试予以探究。

（一）郝滩 M1 券顶风伯雨师图与孝堂山石祠风伯拔屋图

郝滩 M1 目前同样仅公布部分券顶星象图，但其中的神灵出行图案提供了极重要线索。我们可以看到，西宫与北宫衔接处有风伯吹风主题的组合图案，东宫与南宫衔接处填充了巴蛇吞象、仙人乘红象、仙人乘龟图案（图 3）。[3] 这里尤需注意的是风伯附近的构图特征，如图 4 所示，左侧的风伯持角形器向右吹风，腾起的雨雾之间，有白色小人向左奔走，云中又有一结跏趺坐的仙人，被认为是雨师[4]，雨师身后左侧，云雾中尚隐约露出一柱状物的顶端。

这一画面中出现的主要神灵以及构图关系，可在山东长清孝堂山石祠的东侧壁

1 段毅：《渠树壕壁画中的星象与神话》，《考古与文物》2020 年第 2 期。

2 王纲怀：《止水集》，上海古籍出版社，2016，第 362 页。

3 徐光冀主编：《中国出土壁画全集 · 06 · 陕西（上）》，第 53、56、57 页。

4 徐光冀主编：《中国出土壁画全集 · 06 · 陕西（上）》，第 57 页。

图3 郝滩 M1 星象图东宫南宫交会处图案

引自徐光冀主编：《中国出土壁画全集·06·陕西（上）》，第53页

图4 郝滩 M1 星象图中的风伯雨师图案

引自徐光冀主编：《中国出土壁画全集·06·陕西（上）》，第57页

顶部找到近乎相同的图式。如图 5 所示，画面主要神灵均被拟人化，雷公出行队伍占据画面的左半部，人形风伯执器朝着中间门状建筑吹风，图内的门立柱，应该就是郝滩 M1 柱状物的原型；画面右上部有弧形的云雾图案，下盘腿坐一人物，与郝滩 M1 雨师坐于卷状云雾中类似；画面左上部有一小人扬手奔跑，与郝滩 M1 白色小人形象雷同。

堪称巧合的是，孝堂山祠堂西侧壁的顶部，刻绘的就是西王母仙境景象，如图 6 所示，西王母端坐正中，左下角有三足乌、九尾狐等衔仙草、玉兔捣药等图案，说明这里是昆仑山仙境。石祠内部南北向隔梁底部，绘有北斗与月、南斗与日以及妇人织布形象的星官织女[1]，说明石祠自下而上，存在从底部的人间，到山墙顶部的仙界，再到祠堂盖顶的天界的三重空间层次。

关于祠堂东壁的风伯雨师以及柱状物

图5 山东长清孝堂山祠堂东侧壁顶部图案

引自信立祥：《汉代画像石综合研究》，文物出版社，2000，第 155 页

图6 山东长清孝堂山祠堂西侧壁顶部图案

引自信立祥：《汉代画像石综合研究》，第 155 页

1 罗哲文：《孝堂山郭氏墓石祠》，《文物》1961 年第 Z1 期。

表示的是何处景象，考虑到其与西壁西王母的昆仑仙界位置相仿，按照上述空间逻辑，似已表明其也是西王母仙界的一部分。学界已经详论，自西汉晚期以来，时人观念中已经形成了昆仑—天门—天界的宇宙观念[1]，这就表明，西王母所在的昆仑峰顶，就是仙界与天界的交会。东汉王充《论衡·道虚篇》"如天之门在西北，升天之人，宜从昆仑上"[2]，如此一来，昆仑仙界中西王母所处位置，其实也是天界天门的入口，所以我们便可发现，孝堂山石祠西壁西王母图案位置，在东壁则是被一处门宇建筑占据，它应该是天门。

图7 山东微山县夏镇青山村西汉画像石墓西壁西王母、风伯图案

引自微山县文物管理所：《山东微山县近年出土的汉画像石》，《考古》2006年第2期

至于风伯雨师乃至雷公等神灵出行队伍为何出现在天门附近，无论是战国楚赋还是两汉赋，都有主人公受其引导护跸升入天门的形象描述。因升天成仙之路艰险曲折，如屈原所言"吾令帝阍开关兮，倚阊阖而望予"[3]，"命天阍其开关兮，排阊阖而望予"[4]。进入天门尚有阻碍，为克服这一困难，便将风伯刻意塑造成冲击天门的先导，以保证墓主顺利通过天门、升入天界。

以上关于风伯与西王母昆仑两者的内在紧密关联，并非臆测，山东微山县夏镇青山村西汉晚期画像石墓的西壁，有一幅横向分为三格的图案，其中最右侧方格中，绘制了左侧西王母坐于昆仑悬圃、右侧风伯朝之吹风的画面。如图7所示，王母肩后绫罗因之飘起，说明这二者间是一组密不可分的"情节式"画面，恰因西王母居于昆仑之巅，且此处又是最靠近天界的天门，所以充当墓主升天先导的风伯朝王母吹风，与其吹翻天门门宇，实际都表达同一层意思。

明晰上述图案寓意以及内在逻辑关系，再反观郝滩M1刻意绘于券顶西宫、北宫交会处，亦即天界西北角的风伯等图案，图内隐约的柱状物，就是天门的象

1 王煜：《也论马王堆汉墓帛画——以阊阖（璧门）、天门、昆仑为中心》，《江汉考古》2015年第3期。

2 （东汉）王充：《论衡》卷七《道虚第二十四》，岳麓书社，2015，第88页。

3 《楚辞补注》卷一《离骚经第一》，第30页。

4 《楚辞补注》卷五《远游章句第五》，第165页。

征，其与墓室西壁左上角处被刻意绘于高高的昆仑悬圃之上的西王母，显然有着极密切的逻辑叙事关系。因此可以说，郝滩M1西壁的太一神船图案，并非如学界目前所认为的就是墓主升天的终极地点，相反，队伍还要越过西王母悬圃，进入券顶西北的天门，最终升入太一所主导的天界。至此，我们不仅钩稽出郝滩M1墓室内墓主升天的后续逻辑图像叙事，而且也在对比孝堂山石祠东壁顶部画像的过程中，获得了后者图案的隐含意义。

（二）渠树壕新莽墓券顶星象图中的神灵出行图案

上述郝滩M1墓壁的太一神船神灵出行图、券顶的神灵出行图二者之间，我们推测其存在较完整连贯的情节过程叙事，但前揭亦已指出，该墓缺少反映太一赴人间迎接墓主的宴乐图环节，这已经反映出，陕北这几处壁画墓，实际上对于人间、仙界、天界三处图案，存在较灵活的选择式表达。然而，这三个部分虽在墓葬中组合关系各异，但每一部分的意义与功用，应是被时人所共知的。因此，虽然渠树壕新莽墓的天子出行图，尚未能如郝滩M1直接找到进入券顶天界的明显入口；渠树壕东汉墓又极度缺乏过渡到天界的仙界图案，但这两处墓葬的星象图内出现的神灵出行图案，显然与郝滩M1一样，表示它们是太一神船队伍带领墓主返回天界时，已经进入天界的先导。

先看渠树壕新莽墓，北宫牛、女二宿之上，绘有二雨师持碗状物泼水、雷公持钵状物鸣雷图案，考古资料称本处还有风伯扇风及众小神协从，但从目前刊布图像中无法看到全景[1]。北宫与西宫交会处，绘有小神驾驶五龙拉动的云车，车身涂有四处红点，车上有一仙人抱手而立。云车之后，有一大象（如图8），目前刊布图像仅展示出其头与前肢部分，象的头、鼻乃至牙齿被涂成近似褐色。根据有限图像资料可知，该墓券顶星象图中，神灵出行主题的图案，被绘制在北宫与东宫、北宫与西宫的过渡处，这与郝滩M1北宫西宫间绘制风伯雨师、东宫与南宫间绘制仙人乘象与乘龟等，显然做法类似。

之所以呈现此种局面，应与这几座壁画墓券顶星象图本身绘制特点有关。因为其星象图皆采取具象神人、动物配合星官的做法，尤其是四宫主神青龙、白虎、朱雀、玄武，多以较大的体量涵括本宫诸星宿范围，这就造成券顶星象图的四个正方向上没有多余的绘制空间，而中部空间又用于表现天文三垣与北斗等主要星官，所以留给神灵出行图的表现空间，就只能分散安置在四角处。

（三）渠树壕东汉墓券顶星象图中的神灵出行图案

明晰上述神灵出行图在券顶的布局规

1　徐光冀主编：《中国出土壁画全集·06·陕西（上）》，第48页。

图8 陕西靖边渠树壕新莽墓龙车及神象图案

徐光冀主编：《中国出土壁画全集·06·陕西（上）》，第47页

律，我们再来看渠树壕东汉墓现已公布的完整券顶星象图，其也符合取四宫交会处绘制神灵出行图的明显特点：南宫与西宫交会处，绘制河伯乘鱼车出行图；南宫与东宫交会处，绘制仙人乘白象、仙人乘绿龟；东宫与北宫交会处，绘制执矩的女娲；北宫与西宫交会处，绘制仙人乘虎车出行图（图9）。

有必要指出的是，学界目前对于以上图案是否为神灵出行，尚存在分歧，如认为乘象与乘龟者因有榜题“司禄”与“司命”且配有圈状连星，所以其应是星官之神[1]；执矩的女娲，应是天女、河鼓

1 王煜：《知识、传说与制作：陕西靖边渠树壕东汉壁画墓星象图的几个问题》。段毅、武家璧：《靖边渠树壕东汉壁画墓天文图考释》。

图9　陕西靖边渠树壕东汉墓券顶天象图

段毅：《陕西靖边县杨桥畔渠树壕东汉壁画墓发掘简报》，《考古与文物》2017年第1期，附图

等较多星官的共同具象化图案[1]；乘虎车者，应为月神洛伯等[2]。以上观点可备一说，但拙文还是倾向认为，此类图像被绘制在星象图中更重要的用意，应在于将之作为引导墓主升天的神灵，换言之，其被赋予的神灵属性，应大于其单纯作为具象星官的天文意义。

具体言之，女娲也是导引太一出行的重要神祇，前所引东汉“雒家作竟”镜铭，充作导引的众神之中，便有“上古三皇”，女娲即其中之一。月亮之下的仙人乘虎车，与郝滩M1月亮附近的仙人虎车图形象雷同，且后者更将虎车乃至月亮置于北宫、西宫诸宿圈层的外部（画面左下角，参图2）。《淮南子·天文训》“天倾西北，故日月星辰移焉；地不满东南，故水潦尘埃归焉”[3]，目的在于突出本处占据的西北方位，是日月所经的天之入口，亦即天门附近，仙人虎车更像是揭示风伯天门、墓壁昆仑太一神船二者属同一队伍的中途连缀图案。

此外，我们还可在渠树壕东汉墓星象图中发现一个有趣现象：河伯鱼车行进方向的前部，似更有一条大鱼开道，因壁画

1　段毅、武家璧：《靖边渠树壕东汉壁画墓天文图考释》。按：与之相配的伏羲执规图案，学界指出其是紫微垣星官的具象代表，详参王煜：《知识、传说与制作：陕西靖边渠树壕东汉壁画墓星象图的几个问题》。拙文暂从此一观点，故以下仅着重论述女娲图像的神灵出行特性。然或不排除女娲、伏羲二者此处均代表出行神灵，而非星官之神的可能。

2　段毅：《渠树壕壁画中的星象与神话》，《考古与文物》2020年第2期。

3　（汉）刘安：《淮南子注》卷3《天文训》，（汉）高诱注，世界书局，1935，第35页。

脱落，仅存头部，其位置远远越过鱼车所处的南宫、西宫汇合角落，已经向前紧跟前方司禄、司命二图案（图10），且后者行进方向与鱼车相同，若循此方向继续环绕券顶，女娲、虎车均符合并从属于这一顺时针运动方向[1]。我们或应注意，天文四宫具象神的朝向，并非首尾连贯相接，所以不具有同方向的物理圈层意义。但图内上述神灵出行图案，却有着一致的运动方向。这进一步说明，券顶四角的神灵出行图案，并非只是为了填补星象图四角的空缺，相反，其作为一个整体具有内在的联系。

然而如此一来，或也意味着，我们已否定图中具有明确榜题且配以星象的司禄、司命乃是传统的天文星官。其实，若参考目前学界对于此二者的释读研究，便可发现其作为星官，在星象图中的种种反常怪异之处：如有观点认为，此二星官的功能，“相当”于东宫角、房二宿附近的天辐、平星二星官[2]，或可备一说，但显然已脱离此二星官的原本名称；另一观点则指出，司禄与司命，乃北宫危宿附近之星官，但因图内危宿附近绘制女娲，无多余空间，故将此二星权宜改置于今处[3]。但我们若回想起前揭郝滩M1曾在券顶星象图的类似位置绘有骑赤头象、神龟的二仙人（图3），便可知这不是危宿附近空间局促的问题。

1．神灵出行图案附近的星官点缀。以上尚未令人满意之解释，已部分说明，这里的司禄与司命并不具备客观恒星星官的属性，其更重要的身份应是引导墓主升天的神灵，所以其附近零星的星官点缀，或无严格的天文观测依据。那么为何要给神灵乃至其出行图案配以星官，我们或可

图10　陕西靖边渠树壕东汉墓星象图河伯鱼车前方大鱼残图

段毅：《陕西靖边县杨桥畔渠树壕东汉壁画墓发掘简报》，《考古与文物》2017年第1期，附图

1　按：女娲头部朝向星象图的西北方，表示其系由东南而来。

2　段毅、武家璧：《靖边渠树壕东汉壁画墓天文图考释》。

3　王煜：《知识、传说与制作：陕西靖边渠树壕东汉壁画墓星象图的几个问题》。

从以下角度思考这一问题：升天的最终目的地，在券顶的天文星象之间，这些充作导从的神灵在先秦两汉玄象赋文中，有带领主人公升天的能力。但落实到图像层面，它们因非星官之神，如何让其有能力与资格自由进出天界，事实上成为壁画绘制者乃至时人应当考虑且须解决的问题，于是给这些神灵或神灵出行图案附近缀以星官，目的在于使之获得通行天界的不容争议的资格。

这一推断并非臆测，前文已指出渠树壕东汉墓星象图中，河伯出行与司禄司命出行两者间存在密切联系，河南南阳王庄汉画像石墓有一幅河伯出行图案（图11），被刻绘在象征天界的墓室盖顶上，且鱼车附近有几颗零星点缀的星官。众所周知，天文星图中无河伯星官，所以它的用意与渠树壕东汉墓司命司禄相同，旨在表示此类神灵可自由遨游天界。另外值得注意的是，有学者曾指出，渠树壕东汉墓司禄司命各自的两颗星，外部轮廓以及连线，都被涂以朱色，与同一星象图中众星的白色差异显著[1]。而前文所云渠树壕新莽墓星象图西宫北宫交汇处所绘的仙人乘五龙车舆图，车身上就涂有四个朱红色圆点，大小与附近的白色星官组星类似（图8）。可见，这类墓葬星象图中的红色星官，是一种表示其所属的图案，非严格天文星官的特殊标识。

2. 司禄司命图案的具体剖析。在上述揭示司禄与司命“伪”星官身份的同时，我们也可从二者的具体图像表现层面，发掘神灵出行图的内在本质。先看乘象的司禄，仙人手执一件黑色棍状弯曲

图11 河南南阳王庄汉画像石墓河伯出行图

韩丛耀主编：《中华图像文化史·秦汉卷（下）》，中国摄影出版社，2016，第693页

1 王煜：《知识、传说与制作：陕西靖边渠树壕东汉壁画墓星象图的几个问题》。

物，学界认为是矩，代表司禄具有施行赏罚的功能[1]，或可备一说。其胯下的白象，若仔细分辨，肩胛部勾勒波纹线，示意其生有羽翼，可飞行。关于乘龟的司命，尤其是其手中所执物体，考古报告称其为蕉叶扇[2]。新近研究则指出，此物与郝滩 M1 西王母昆仑山脚下的红叶黑蕊植物近似，应是仙草，观点令人信服，但这一观点仍将司命乃至司禄置于星官层面加以解读[3]。本文则倾向认为，司禄与司命原型应是充作墓主升天导从的神灵出行图中的仙人乘象、仙人乘龟。

关于司禄所乘有翼神象，郝滩 M1 在券顶星象图的相似位置将其绘成红头白身[4]，且渠树壕新莽墓星象图西宫北宫交汇处，也出现褐首白身的神象图案。汉王褒《楚辞·九怀》“天门兮地户，……乘虬兮登阳，载象兮上行”，王逸注“遂骑神兽，用登天也。神象白身赤头，有翼能飞也”[5]，可见仙人所乘赤头有翼白象，是有能力进入天界的一种特殊神灵，原型非天文星官，那么以之为坐骑的司禄的星官身份，也就随之令人生疑。关于司命所执仙草，上已言及，其与郝滩 M1 西王母

图12　江苏徐州洪楼祠堂盖顶画像石

武利华主编：《徐州汉画像石》（二），线装书局，2001，第128页

1　邱雅暄：《陕西靖边杨桥畔东汉壁画墓司命、司禄考》，《文博》2020年第4期。

2　段毅：《陕西靖边县杨桥畔渠树壕东汉壁画墓发掘简报》，《考古与文物》2017年第1期。

3　邱雅暄：《陕西靖边杨桥畔东汉壁画墓司命、司禄考》。

4　现公布考古资料称其为“红象”，实际是被画者有意绘成红头白身，参见徐光冀主编：《中国出土壁画全集·06·陕西（上）》，第53页。

5　（汉）王逸注：《楚辞章句补注》卷一五《九怀章句第十五》，岳麓书社，2013，第268—269页。

昆仑山山脚下植物极为类似，说明本区域东汉时期对仙草形象的认知较统一。但同时也含蓄地说明，渠树壕东汉墓虽在墓壁上缺少仙界昆仑层次，但包含司禄、司命在内的导引墓主升天队伍，此前曾途经昆仑仙境，故司命手中出现此物。因而，这也是一处印证前揭所提出的陕北地区壁画墓，尤其是带有星象图的壁画墓对人间、仙界、天界有较一致的诸层次景物认知，但不同墓葬对此三层次又存在选择性表达的有力凭据。

另外，因渠树壕东汉墓出现明确的司禄、司命榜题，有学者因此指出，以往部分画像石墓中类似的骑神龟执仙草者就是司命[1]。而在以上揭示此二者本质乃出行神灵的基础上，便有必要注意类似图案在神灵出行图中的各式灵活重组现象：江苏徐州洪楼祠堂一块盖顶画像石（图12），描绘了雷公乘龙车、河伯乘鱼车出行的场景，队伍的前端，有人物骑象，手执象钩，其左上角为跪坐在神龟背上、执角形器吹风的风伯。这一场景因被刻在祠堂内顶部，表现的是天界景象，所以可与渠树壕东汉墓券顶中的司禄、司命图案进行类比。前文言及，有观点认为司禄手执之物乃矩，但参酌洪楼画像石，或不排除其手执之物为象钩，且目前所见多幅画像石人物乘象图，所执之物很明显也都是象钩。关于司命乘龟，洪楼画像石则将之权宜改换成风伯乘龟，这就部分暗示出画像石乃至墓葬壁画中乘龟者身份的复杂性。

问题不止于此，渠树壕东汉墓司命乘龟且执仙草，或给人以龟与仙草，是判别司命身份重要标识的印象。河南南阳麒麟岗画像石墓北主室北壁中假门东立柱正面，刻有一幅大象图案（图13左），研究者指出此象背部生有翎毛[2]。然若结合该墓中主室南壁中假门后壁的仙人乘龟执仙草图案（图13右），可较容易判知所谓翎毛，实际是条带状的仙草，其被刻在象头左侧，向右呈束状隐没于象头之下，意在表现仙草为象鼻所卷绕。

图13　河南南阳麒麟岗画像石墓大象、仙人乘龟图案

黄雅峰：《南阳麒麟岗汉画像石墓》，三秦出版社，2008，第186、223页

值得注意的是，这一图案所在立柱的西侧面，又刻绘麒麟，这与和林格尔东汉墓墓门附近引导墓主升天的仙人乘象、麒

1　邱雅暄：《陕西靖边杨桥畔东汉壁画墓司命、司禄考》，《文博》2020年第4期。

2　同上注。

麟等神灵出行图像，显然共享同一内容主题。而麒麟岗画像石象衔仙草而行，又与渠树壕东汉墓司禄乘象、司命乘龟执仙草出行，各自存在耦合之处。因此，渠树壕东汉墓的司禄与司命图像，是否只是历史时期本区域对此二者形象的独特构建，所配榜题文字系偶然抑或习惯，乃至此二者是否可以作为判断司禄与司命图像之准绳，恐还需要更多的图像乃至榜题文字资料，方能加以确证。

结 论

陕西靖边、定边新莽东汉墓葬壁画，尤其是其中的墓壁太一神船及神灵出行图、券顶星象图，已引起学界颇多关注。然而目前学界对此两大资料的利用，往往呈现两分之态势：就太一神船与神灵出行等图案谈墓主升天成仙信仰；就券顶星象图考辨星官数量与天文方位。之说以形成此一局面，应该说与汉人信仰中最高神祇太一首次以明确榜题、具象化的形态出现于墓壁，部分消弭了学界对于券顶情况的关注直接有关。

现有研究已经对太一在导引墓主升天成仙过程中的作用阐释甚明，而除此之外，大量见诸墓室侧壁、券顶各处的神灵出行图，事实上也发挥着同样的重要作用，而且借助这些图像的布局位置、层次关系，更可帮助我们深入理解乃至揭示陕西靖边、定边此类壁画墓所蕴含的信仰空间体系。

首先，就目前本地区已发掘的四座壁画墓本身的建筑物理结构而言，其侧壁多通过绘制宴乐图，表现人间所在；侧壁偏上部设计阑额，表现仙界空间。即使是结构最简单的郝滩 M1，其侧壁虽无阑额，但也以绘画构图形式表现出上下层级。而这些墓葬中，无论侧壁的低处抑或高处，都有神灵出行图的痕迹。其出现在宴乐图附近，且行进方向朝向墓门，旨在表现神灵队伍接引逝去墓主的灵魂，开始离开其庭院故居；其被画在侧壁高处，意在说明队伍已带领墓主进入仙界层次。

其次，本地区的这四座壁画墓，又可根据是否存在券顶星象图，分为两大类型：第一类无星象图者，如靖边 M1，其占据墓壁人间乃至仙界层次的神灵出行队伍，均统一朝向墓门，以在逻辑空间层次确保墓主不被幽闭于墓室，升天则在墓外最终完成。第二类有星象图者，其中郝滩 M1 在坐实墓壁、券顶两者的图案内容存在连贯逻辑叙事方面，尤为可贵。通过将其与山东长清孝堂山祠堂东西侧壁顶部风伯雨师、西王母图案对比，可知郝滩 M1 墓室西壁的太一神船及神灵队伍，在越过西王母昆仑仙境后，系从天文西北方位进入券顶天界。而通过对三处壁画墓券顶星象图的再度分析，可知其构图层面均存在于四宫的交会处，布局神灵出行图的做法，其用意非简单填补星象图空缺处，而是存在呈顺时针闭合绕行周天的情节叙事。

同时须注意的是，如何在图像层面塑造神灵自由出入天界的特别身份，渠树壕东汉墓、郝滩 M1 采取了以红色星官标识附缀相关神灵的相似做法，而这一发现，随之又引出关于渠树壕东汉墓司禄与司命真实“身份”问题的讨论。越来越多的神灵出行图案资料，可资还原此二者原属出行神灵的本质，无论其位置、运行方向，均符合上述券顶星象图中神灵出行图的运动轨迹规则。

因而，如何评判上述壁画墓神灵出行图之价值？其一，从中可概括出神灵出行纵贯人间、仙界、天界的空间幅度，尤其是太一与神灵队伍可由墓壁仙界，继续跃升并跨入券顶天界的连续图案，在目前壁画墓、画像石资料中或为首见。其二，目前学界曾评价渠树壕东汉壁画墓券顶星象图，乃星形、星数、图像、题名四要素俱存[1]，这也是除靖边 M1 外，本文所能看到的其余三座壁画墓中最为完整的星象图，其中的河伯、司命司禄、女娲、虎车仙人各据一隅，循环未止，神灵图案开始广泛且以较成熟的布局样式正式走入天界。汉人升天成仙愿望之具象化表达，堪谓已跃升至崭新层次。

1　段毅：《陕西靖边县杨桥畔渠树壕东汉壁画墓发掘简报》，《考古与文物》2017 年第 1 期。

论邓县学庄墓孝子图像与南朝襄阳豪族的文化风尚

张　潇（上海师范大学人文学院）

孝子故事是古代画像艺术中经久不衰的题材，在汉代就常被镌刻在画像石之上。孝子图像经历魏晋沉寂后，于南北朝时期再度大放异彩，尤其是北朝葬具上大量出现的刻画精美、题材丰富的孝子图像，颇为引人注目。相比之下，南朝墓葬的孝子图像仅出现在位于边境的襄阳地区南朝画像砖墓之中，因题材较少、类型单一，长期未得到应有的重视。

事实上，这些墓葬中孝子图像的出现、演变，显然不会仅具有儒家教化的意义，还应是襄阳豪族文化风尚发展的一个重要表征。以往学者多从史书记载归纳襄阳豪族尚武少文的气质，这一点本无可厚非，但该地南朝墓出现如此丰富的画像砖图像，很难使人相信襄阳豪族没有文化方面的追求，尤其在齐梁时期襄阳豪族地方势力迅速膨胀之时，其文化风尚必然会有所变化。

本文拟以邓县学庄墓孝子图像为主要考察对象，分析其图样来源、流行原因以及襄阳地区南朝墓孝子图像的墓葬功能，试图从中揭示襄阳豪族文化风尚的特征。

一　邓县学庄墓“郭巨埋儿”画像砖的图像来源

襄阳地区南朝墓最早出现的孝子图像是邓县学庄墓的“郭巨埋儿”画像砖和“老莱子娱亲”画像砖。其中，又以“郭巨埋儿”颇为奇特（图1）。该图描绘了郭巨与妻子在林中埋儿的场景，相较郭巨朴素的装束，其妻子高髻峨峨，衣带飘动，宛若神女，似乎不太契合孝子故事作为宣传儒家道德的意义。这种世俗女性形象在南朝墓葬中并不多见，却时常出现在北朝墓葬以及石窟图像中，说明这幅孝子图像的来源，恐怕与北方有一定关系。

郭巨妻子身上飘动的衣带，时人也称“襳”，乃是汉代妇人襦裙制袿衣上的装饰，与“髾”一起，集中于裙裳部位，而

图1 邓县学庄墓"郭巨埋儿"画像砖

引自孙英民：《河南博物院：精品与陈列》，大象出版社，2000，第72页

襳的位置更靠下，[1] 这些样式多被用于汉代墓葬中身份不高的舞姬形象中（图2-1，图2-2），[2] 以凸显其动感舞姿。[3] 魏晋以后，这种装饰博得上层贵族女性的青睐，南昌火车站东晋墓（352）出土漆盘描绘的贵妇形象（图2-3），其袿衣下的髾几乎接近脚，而裙下衍生出的襳十分明显，[4] 朝鲜冬寿墓（357）壁画上冬寿夫人的礼服（图2-4）同样有襳，[5] 二者似乎有一定联系，应都源于西晋时中原地区的服饰样式。

不过，这种贵妇袿裳下的襳髾多为垂坠的姿态，与邓县墓郭巨妻子衣饰向上或向后飞扬仍有不同。值得注意的是，邓县墓中天人飞扬的披帛与襳髾飘扬的画面极为相似（图3-1），二者似乎有一定关联。[6] 绕臂披帛最初流行在西域早期佛教

1 周汛、高春明：《中国历代妇女妆饰》，学林出版社，1988，第202—203页。

2 参见贵州省博物馆《贵州赫章县汉墓发掘简报》，《考古》1966年第1期。中国美术全集编辑委员会编：《中国美术全集·绘画编18·画像石画像砖》，上海人民出版社，1988，第178页。

3 李小艳曾追溯邓县学庄墓"郭巨埋儿"图郭巨妻子"飞扬衣带"的源头，认为应是来源于汉代画像石中出现的长袖细腰的舞衣。参见李小艳《试论中国早期绘画中人物形象的再利用——以邓县南朝画像砖墓之郭巨故事图为例》，《中国美术研究》2015年第4期。

4 江西省文物考古研究所、南昌市博物馆：《南昌火车站东晋墓葬群发掘简报》，《文物》2001年第2期。

5 洪晴玉：《关于冬寿墓的发现和研究》，《考古》1959年第1期。

6 张庆华、唐新：《南朝影像：邓州许庄南朝彩色画像砖》，《中华书画家》2019年第11期。

图2

2-1 贵州赫章县东汉墓摇钱树舞姬的髾；2-2 四川彭县的东汉画像砖舞姬的襳；2-3 南昌火车站东晋墓漆盘贵妇的襳；2-4 朝鲜安岳三号冬寿墓夫人的襳髾

艺术形象中，十六国时开始广泛出现在河西地区石窟造像及壁画的天人之上，其披帛多在天人头后扬成一个圆环，末端自腋下后扬或绕臂后飘。巧合的是，这种披帛与襳髾在甘肃炳灵寺石窟第169窟西秦壁画（420）同时出现（图3－3），而后者样式发生了一些变化，不再是垂坠的姿态，而是向后飘动，与佛教飞天舞动的披帛互相映衬（图3－2）。[1]

这种飞扬的襳髾在北魏皇兴五年（471）弥勒造像背屏图像中体现得更为明显（图4－1），[2] 图中人物（菩萨）基本都是披帛环绕，第四、第五层的女性菩萨衣着中原服饰，绕臂的披帛与襳髾搭配出现，呈现出周身衣带飘扬的动感。可见，北魏平城时期，襳髾样式经过佛教艺术的改造，由静至动，成为一种表现女性唯美风采的全新艺术风格。碰巧的是，大

图3

3-1 邓县学庄墓“天人”画像砖；3-2 炳灵寺石窟169窟第11龛飞天与女供养人；3-3 炳灵寺石窟169窟第6龛女供养人

1　王亨通、花平宁主编：《甘肃永靖炳灵寺石窟壁画》，重庆出版社，1999，第2—3页。

2　林树中：《中国美术全集·雕塑编3·魏晋南北朝雕塑》，人民美术出版社，1988，第75页。

4-1

4-2

图4

4-1 陕西兴平皇兴五年弥勒造像女性服饰的襳髾（陕西博物馆藏）；4-2 大同北魏司马金龙墓漆屏画列女形象的襳髾

同北魏司马金龙墓漆屏画上的列女形象，也是周身襳髾飞扬，这座墓与皇兴五年造像时代相近，[1] 说明这种襳髾样式在同时期北魏平城地区也有流行。不过，北魏平城乃是当时多种文化因素集聚之地，随着文成帝之后佛教的兴盛，佛教石窟的大量开建，平城不仅会集南北各地优秀的工匠，又有着更为多元的图像素材来源，这是关中不具备的优势。由此推之，这种新的襳髾样式在皇兴五年造像出现之前就已在平城被创造出来。[2] 司马金龙墓漆屏画中列女的襳髾样式，在顾恺之《女史箴图》《洛神赋图》《列女智信图》的女性形象中多有出现，这些传世绘画（摹本）多被认为是东晋南朝风格的画作。也有很多学者根据画作风格，以及司马金龙东晋皇族后裔的身份，推测漆屏画是受南方艺术风格影响的产物。不过，已有学者质疑这些作品并非顾恺之所作，不能排除出自北朝画家的可能。[3] 事实上，正如韦正所言，强调漆屏画与《女》《列》的关系，不仅高估了顾恺之及南方绘画的影响，也低估了北方的绘画水平，北方的绘画技法在永嘉乱后同样在不断发展。[4] 而且，北方地接西域，在与西域文化交流上有着南方无可比拟的优势，在各种族群与文化碰撞与交融的社会背景下，北方画工对于绘画技法的创新能力不会比南方差。更何况，漆屏画上列女舞动的襳髾并非特别有难度的创新技法，只是在汉晋传统人物服饰基础上略作加工而已。

反观南朝墓葬长裙飘舞的天人形象，虽与郭巨妻子襳髾飞扬的姿态相似，但裙

1 杨泓：《汉唐美术考古与艺术》，科学出版社，2000，第116页。

2 大同沙岭北魏壁画墓（435）墓室北壁上端有一排女性侍者，其身上也出现飘扬的彩带，可能是侍者身份较低的缘故，刻画粗糙，且这些彩带与传统意义上的襳髾和披帛有很大区别，但不能否认平城地区很早就出现了这种飘扬彩带的雏形。参见大同市考古研究所：《山西大同沙岭北魏壁画墓发掘简报》，《文物》2006年第10期。

3 参见王汉：《从司马金龙墓所出人物图像谈北魏与东晋南朝的艺术交流》，《湖北美术学院学报》2019年第4期。

4 参见韦正：《将毋同——魏晋南北朝图像与历史》，上海古籍出版社，2019，第309—322页。

裳的襳髾样式依然差异明显，这些形象为凸显轻盈修长的飞天姿态，将裙裳加长，绘以密集的线条，并随腿部弯曲而更加修身，却不见髾的尖角形衣带和襳的长条状衣带，更不见常与裙裳襳髾装饰搭配的围裙状布片。另外，天人形象呈现的是全身飞扬的状态，周边的云纹、化生，无不是为增强其动感所设，而郭巨妻子包括上述北方襳髾飘动的样式都是女性静立的姿态，一静一动，二者实属不同的艺术风格。最重要的是，与襳髾样式在北方地区比较清晰的发展脉络相比，目前邓县学庄墓之前的东晋南朝墓还未出现襳髾飞扬的世俗女性形象，可见，郭巨妻子的襳髾样式来源于北方的可能性应该比较大。

郭巨妻子束发成环的发髻，乃是"飞天紒"，这种发髻在同墓出土的"贵妇出游"画像砖中也有出现。史载"宋文帝元嘉六年（429），民间妇人结发者，三分发，抽其鬟直向上，谓之'飞天紒'，始自东府，流被民庶。"[1] 可见，这种发髻早在南朝初期就比较流行。郭巨身穿的"袴褶"，虽是南朝武士、仆役所穿的常服，但相比同墓武士侍卫形象着袴褶的干练风格，郭巨的服饰有些拖沓，其膝盖处未缚袴，衣摆和左腿裤脚布幅下垂明显。尤其是袖口较大，与南京地区宋齐墓葬文吏俑的早期"广袖"比较相近，[2] 带有一些贵族服饰色彩。这种风格在同墓"老莱子娱亲"画像砖中也有体现，老莱子父宽衣博带，老莱子母头梳高髻，身穿华服，俨然一副贵族姿态，很有可能受到长江下游士族社会风尚的影响。

"郭巨埋儿"图中树木的来源同样值得注意，从画面结构来看，这些树木分隔了郭巨、妻子和黄金的空间。以树木为画面的背景，在南朝"竹林七贤与荣启期"砖刻壁画（图5）以及北朝山东临朐北齐天保二年（551）崔芬墓壁画（图6）中都有出现，后者有八幅树下高士图，有学者早已指出这是受到了南朝文化的影响。[3] 山东济南东八里洼北朝墓壁画中间四扇屏风画中也绘制了树下高士图（图7），发掘者即认为"此墓壁画的内容与绘画技巧都受到了南朝墓中如'竹林七贤与荣启期'砖刻壁画的影响"。[4] 学者多据此说明"竹林七贤与荣启期"砖画的来源可能是屏风画，[5] 而这种高士题材的屏风画既然可以由建康向北传播至青齐地区，当然也会被来自长江下游地区的官员或商人带到襄阳。由此推之，此处树

1　（南朝梁）沈约：《宋书》卷三〇《五行志》，中华书局，1974，第890页。

2　参见张珊：《东晋南朝的袴褶——兼论中国古代袴褶服的起源》，《南京艺术学院学报（美术与设计）》2017年第1期。

3　参见杨泓、孙机：《寻常的精致》，辽宁教育出版社，1996，第118—122页。

4　山东省文物考古研究所：《济南市东八里洼北朝壁画墓》，《文物》1989年第4期。

5　参见耿朔：《层累的图像：拼砌砖画与南朝艺术》，人民美术出版社，2020，第113—114页。

图5 西善桥宫山墓“竹林七贤与荣启期”拼镶砖画

姚迁、古兴：《六朝艺术》，文物出版社，1981，图162、图163

图6 临朐崔芬墓树下高士题材壁画

《山东临朐北齐崔芬壁画墓》，《文物》2002年第4期

图7　山东济南东八洼北齐墓高士题材壁画

《济南市东八里洼北朝壁画墓》，《文物》1989年第4期

木的添加和设计，可能借鉴了高士题材的屏风画，以凸显墓主倾慕和追求高士风尚的态度。[1]

邓县墓出土的墨书题记曾载“一人率众，家在吴郡”，[2] 可以明确墓主是一位来自吴地的将领。南北朝时，三吴乃是天师道盛行的区域，信徒尤众，从墓主对高士形象的推崇程度来看，其本人极有可能是天师道信徒。不仅如此，吴地豪族虽在宋齐时代以军功崛起，但仍不免遭到侨姓高门的排抑和轻视，史载南齐武帝时，沈文季“风采稜岸，善于进止。司徒褚渊当世贵望，颇以门户裁之，文季不为之屈”[3]。吴地首望沈文季都如此，邓县墓的墓主恐怕也不会幸免，可见，邓县墓中高士题材画像砖的大量出现并不偶然，应是基于迁至襄阳的吴地家族政治和社会方面的现实需求。

邓县墓郭巨埋儿图带有明显的南北糅合风格，其图样来源不仅限于长江下游建康地区，也有从北方引入的途径。自刘宋元嘉之后，至北魏孝文帝南伐襄阳地区之前，与战火频仍的江淮地区相比，南北朝在襄阳地区的战事较少，双方在该地的贸易频繁，北方流行图样完全有流入的可能性。

除了邓县墓，襄阳地区还有多座南朝墓出现了“郭巨埋儿”画像砖，这些图

1　参见郑岩：《魏晋南北朝壁画墓研究》，文物出版社，2016，第208—209页。

2　林树中：《从“战马”画像砖题字考证邓县墓的年代和墓主》，《南京艺术学院学报（美术与设计）》2015年第1期。

3　（南朝齐）萧子显：《南齐书》卷四四《沈文季传》，中华书局，1972，第776页。

像的人物位置、服饰以及山石景观虽多有不同，但反复出现郭巨掘地得金与妻子抱儿并立的画面，这并非个例。贾家冲 M1 中有一块“侍饮”画像砖（图8－6），其中人物面对面跪坐的位置和姿态与襄阳麒麟清水沟墓中的“侍饮”图像几乎完全一致。可见，该地区墓葬的孝子图像的构图似乎存在一定的范式，一旦确定某一孝子图像的范式，之后的图像都可按此定制。那么，这种范式的来源是否有迹可循?

司马金龙墓漆屏画可以提供一些线索，其中“奉食赡宾”图（图8－1）、“鲁师春姜”图（图8－2）、“李充奉亲”图（图8－3）、“李善养孤”图（图8－5）的核心画面都是尊者在床榻跪坐，侍者与之相对跪坐的场景，还有一幅榜题有“卫灵公”和“卫灵公”夫人的图像（图8－4）也是如此，不过是以立体画面呈现。可见，这种带有表现尊卑意义的构图经常被画手套用在孝子、列女及先贤故事画像的创作之中，应是当时比较流行的艺术风格，襄阳南朝墓画像砖中侍饮图像的范式很有可能来源于此。

值得注意的是，襄阳地区南朝墓孝子画像转的砖陡板平面尺寸长 37—39 厘米，宽 18—19 厘米，[1] 司马金龙墓漆屏画每幅历史故事画像约长 40 厘米，宽 20 厘米，二者的画面尺寸非常接近，这应该不是巧合，恰好说明襄阳画像砖墓中的孝子画像与当时流行的屏风画有密切的联系。事实上，襄阳地区制作孝子画像砖粉本的画手不会有很高的文化水平，也没有时间去创造新的样式，他们只会从当地常见的绘有孝子故事的屏风画中或者卷轴画中取材或模仿那些流行的范式，通过“传移模写”套用在画像砖图像的粉本制作中。[2]

由上可见，邓县学庄墓“郭巨埋儿”画像砖图像的来源应有两个途径，一是取材于社会上流传的孝子题材的屏风画，二是南北方流行的图样。这两个方面又因襄阳地接南北的优势，往往更有机会相互叠加，推陈出新，形成带有地域风格的孝子图像。

二 其兴也急?——邓县学庄墓孝子图像出现的原因

孝子、列女或先贤等历史故事图像在汉代就已流行，以示劝诫和教化之意，南朝时同样如此，南齐“武帝时，藩邸严急，诸王不得读异书，五经之外，唯得看

1 莫阳：《试论襄阳南朝画像砖墓的营建与图像布局》，《考古与文物》2018 年第 6 期。

2 汉水上游的安康地区的铭文砖中出现了不少“地域＋某氏＋造”的铭文砖，其中就有“南阳郭兴造”“冠军工作”等铭文，这反映出当地匠人在汉水流域的迁徙和流动比较常见，介于关中与汉水上游之间的联系，也不能排除受北方孝子屏风的影响。参见安康地区博物馆：《安康地区汉魏南北朝时期的墓砖》，《文博》1991 年第 2 期。

8-1　8-2　8-3　8-4　8-5　8-6

图8　司马金龙墓漆屏画

8-1 奉食赡宾图；8-2 鲁师春姜图；8-3 李充奉亲图；8-4 卫灵公与卫夫人图；8-5 李善养孤图；8-6 侍饮画像砖

孝子图而已”。[1] 不过，南朝孝风甚盛，为何偏偏只有襄阳地区的南朝墓中出现了孝子图像？这恐怕要从襄阳当地豪族的社会背景中寻求原因。

《隋书》卷三一《地理志下》曾载：“自晋氏南迁之后，南郡、襄阳，皆为重镇，四方凑会，故益多衣冠之绪，稍尚礼义经籍焉。”这里的“衣冠之绪”显然指的是东晋末南迁至襄阳的北方著姓，如京兆韦氏、京兆杜氏、河东柳氏等，不过，襄阳地区“稍尚经籍礼仪”不见得与他们的迁入有直接的关系，而是经历了比较复杂的发展阶段。

首先，襄阳地区在东晋时频遭战乱，直至南朝初年才算稳定，南迁至此的北方豪族出于生存需要，往往聚族而居，保持着强悍的军事武力，他们在元嘉后期始为朝廷所重视，以军功仕进，逐步在襄阳扎根。不过，纵观刘宋时代，除像京兆韦氏这种少数有家学传承的家族重视文化教育外，多数豪族恐怕没有很高的文化修养，他们热衷于通过参与宗王纷争获取权势和财富，在文化方面却没有太高的需求，这从墓葬中可窥之一二。襄阳地区目前有出土纪年砖的刘宋墓两座，分别是孝建元年（454）襄樊韩岗“辽西韩”家族墓M47和永光元年（465）十堰郧县辽瓦子店遗址M4。两座墓虽只有一些日用陶瓷出土，但比该区域东晋墓的规模要大，辽瓦子店遗址M4砖室全长达到了8米。不过，两墓墓砖仅有绳纹、鱼纹等简单纹饰，未有

1　（唐）李延寿：《南史》卷四三《齐高帝诸子下》，中华书局，1975，第1088页。

画像砖的出现，[1] 说明此时襄阳豪族虽具备建造大型墓葬的财力，却还未有在墓砖上模印带有象征意义图像的需求。

襄阳豪族虽因辅佐刘宋孝武帝获得入仕朝廷的机遇，但仕进道路并不平坦，一方面他们的门第和武人身份很难获得建康士族的认可，另一方面容易遭受权力的反噬，时常沦为政治斗争的牺牲品。这在前废帝、宋明帝时期尤为明显，此后，多数豪族回归乡里，以在地方经营为主。宋末至南齐时期，与政治上的受挫相比，襄阳豪族在地方招纳部曲，掠夺财富，家族势力得到长足发展。萧衍起兵时，新野土豪曹景宗五服内子弟三百人从军，[2] 京兆韦睿[3]、华山康绚都率数千之众投靠，[4] 史载齐末“雍州士马，呼吸数万”，[5] 该地区军事实力膨胀的背后必然伴随着豪族宗族势力的普遍扩张。而为了凝聚和维系这种扩张的宗族规模，当地豪族领袖除经济上的笼络外，必然会通过强调孝道，以强化宗族子弟对儒家纲常伦理的认识，培养其对宗族的忠孝意识。当时诸多襄阳豪族领袖以身示范，对父母践行孝道，对兄弟子侄以慈爱，如韦睿兄韦阐“为建宁县，所得俸禄百余万，还家悉委伯父处分，乡里宗事之”[6]，天水杨公则“居家笃睦，视兄子过于其子，家财悉委焉”[7]。事实上，与江南士族“各别资财，同居异爨”[8] 相比，襄阳地区豪族累世同居的家族结构本身就需要孝道观念的维持。只不过因这一时期宗族势力的迅速扩张，对于推广孝行风尚的需求更为迫切，自然会影响孝子画像的制作和传播方向。

另外，与邓县墓墓主一样，襄阳豪族虽受建康士族排斥，但丝毫不影响其对建康士族文化风尚的向往和倾慕，而史书记载的这类豪族人物在南齐时代尤多。这一点不难理解，与刘宋前期不同，此时襄阳豪族已能够主导当地社会局势，拥有相当多的财富和聚敛手段，尤其像张敬儿、曹景宗这样的土豪新贵，其实力已足以与著姓韦氏、杜氏并驾齐驱。《太平御览》卷一八〇《居处部》“宅”条引《襄沔记》：“长流解西有梁曹仪同景宋、柳仪同庆远、韦仪同叡诸宅，并相邻次郭城西门。韦叡少时有南阳人蔡郝善相，相叡宅

1 襄樊市文物考古研究所：《湖北襄樊市韩岗南朝“辽西韩”家族墓的发掘》，《考古》2010 年第 12 期。曹昭等：《湖北郧县辽瓦店子遗址发现两座南朝墓葬》，《考古》2016 年第 4 期。

2 《南史》卷五五《曹景宗传》，第 1354 页。

3 （唐）姚思廉：《梁书》卷一二《韦睿传》，中华书局，1973，第 221 页。

4 《梁书》卷一八《康绚传》，第 290 页。

5 《梁书》卷一《武帝纪上》，第 4 页。

6 《南史》卷五八《韦睿传》，第 1430 页。

7 《梁书》卷一〇《杨公则传》，第 197 页。

8 （北齐）魏收：《魏书》卷七一《夏侯道迁传》，中华书局，1997，第 1571 页。

应出三公刺史，贵不可言。时叡宅上有草屋十间，郝宅在城南，悉是瓦屋，求叡换宅，疑而不许。”这里的蔡那（郝）显然是当地财力雄厚的土豪，他觊觎韦氏宅第，不见得是因此地“应出三公刺史”，而应是看重韦氏的文化底蕴。

要之，宋末至南齐时期，襄阳豪族中的著姓需要避免与当地新贵沦为同一阵列，极力凸显自身文化优势，新贵为了拉近与著姓的距离，掩盖粗鄙习气，极力效仿建康士族文化，在此过程中，虽因制度等级原因不能使用竹林七贤图，但却可以用高士图或者此时北方流行的孝子图像替代，以标榜自身具有一定的文化品位，[1] 这应是邓县墓孝子图像出现的文化背景。[2]

三　襄阳地区南朝墓孝子图像的墓葬功能

如上所论，邓县墓孝子图像的出现，与南齐时期襄阳地区豪族的迅速扩张有一定联系，但这仅是其阶段性发展的一种体现。襄阳豪族不可能一直扩张，而邓县地区在南齐之后常为南北两属之地，其孝子图像出现的背景并一定完全适用萧梁时期的襄阳墓葬。退一步讲，即使萧梁时襄阳豪族仍将孝子图用以颂扬道德品行，或维护宗族团结，甚至以丧礼和墓葬为契机，展示自身的孝行风尚，这些终归是向生者展示的，墓葬孝子图像的主要观者是墓主本人。[3] 那么，这些孝子图像在墓葬空间中发挥了何种功能？

需要明确的是，与北朝墓葬中的壁画和南朝江南墓葬中流行的拼镶砖画不同，襄阳地区南朝墓的图像是以一砖一画的形式呈现的，孝子图像都是出现在其中面积较大的陡板面，上面刻画的都是比较重要的图像，大致包含出行、瑞兽、孝子故事、军事、佛教、升仙等，广泛分布在墓室各处。[4] 而若想认识孝子图像在墓葬中的功能，必须先搞清楚孝子画像砖的数量和分布。

1　这一时期，正值北魏冯太后大力推行汉化改革，在北魏境内积极宣扬孝行思想和观念，北魏孝行风尚勃兴，襄阳豪族也有可能受到这种孝行风潮的影响。参见邹清泉：《北魏孝子画像研究：〈孝经〉与北魏孝子画像图像身份的转换》，文化艺术出版社，2007，第76—82页。

2　韦正先生曾用“其兴也急”形容襄阳南朝早期墓葬有突然勃兴之感，其原因在于襄阳实力的凝聚，此观点颇有见地，但其所引材料及讨论多是纵观南朝的，没有凸显出“勃兴”之感，如果结合该区域主导势力襄阳豪族的发展阶段及需要，就更容易理解这种文化风尚的“勃兴”。参见韦正：《将毋同——魏晋南北朝图像与历史》，上海古籍出版社，2019，第102—116页。

3　巫鸿：《美术史十议》，生活·读书·新知三联书店，2008，第86页。

4　参见襄阳市博物馆、襄阳市文物考古研究所、谷城县博物馆编：《天国之享：襄阳南朝画像砖艺术》，科学出版社，2016，第17—24页。

首先看邓县墓，[1] 目前有2块郭巨埋儿画像砖，1块在东壁第七柱第4层陡板面，另1块位置不明；老莱子娱亲画像砖1块，在西壁第七柱第3层陡板面，两块孝子砖大体呈对称分布。贾家冲M1有郭巨砖3块，1块分布在甬道北壁靠近墓室的砖柱中部，另2块不明；侍饮画像砖3块，位置不明。但据本墓“千秋”“万岁”相对砌筑在墓室南北壁的同一位置推测，在郭巨砖对应南壁的位置应有1块侍饮砖。麒麟清水沟南朝墓有三种孝子画像砖，郭巨砖3块，都零散分布在东壁底层陡板面上；侍饮砖4块，有2块与郭巨砖同分布在东壁底层，有1块在甬道西壁砖柱底层，另1块不明。蔡顺闻雷泣墓画像砖1块，分布在甬道西壁靠近墓门的砖柱底层。柿庄M15发掘报告未描述画像砖位置，但可知应有郭巨砖3块，2块分布在甬道西壁砖柱第二层陡板面上，有1块在东壁靠近后壁的砖柱底部。[2] 根据这些砖的位置，可归纳出其在墓葬中大致分布的区域（图9）。[3]

由上可见，孝子图像主要分布在甬道砖柱上和墓室墓壁底层一排。贾家冲M1

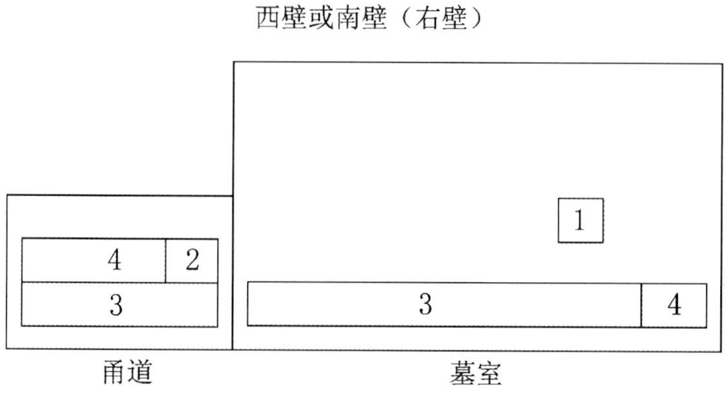

图9　襄阳地区南朝墓孝子画像砖分布区域示意图（自绘）

1　襄阳地区南朝画像砖墓大多没有明确的时代，学界对有些墓葬的年代也颇有争议，但目前可以确定的是邓县墓—贾家冲M1—麒麟清水沟墓的时代顺序，发掘报告称柿庄M15不会早于523年，应该也属于萧梁时期墓葬。参见李梅田、周华蓉：《试论南朝襄阳的区域文化——以画像砖墓为中心》，《江汉考古》2017年第2期。襄阳市文物考古研究所：《湖北襄阳柿庄南朝画像砖墓发掘简报》，《文物》2019年第8期。

2　河南省文化局文物工作室：《邓县彩色画像砖墓》，文物出版社，1958。襄樊市文物管理处：《襄阳贾家冲画像砖墓》，《江汉考古》1986年第1期。襄阳市文物考古研究所：《湖北襄阳麒麟清水沟南朝画像砖墓发掘简报》，《文物》2017年第11期。襄阳市文物考古研究所：《湖北襄阳柿庄南朝画像砖墓发掘简报》，《文物》2019年第8期。

3　由于这些墓葬中陡板面图像砖的分布大多遵循同一题材对称分布的规律，只需呈现出一侧墙壁的孝子图像分布即可，图中1—4分别代表邓县墓、贾家冲M1、麒麟清水沟、柿庄M15。

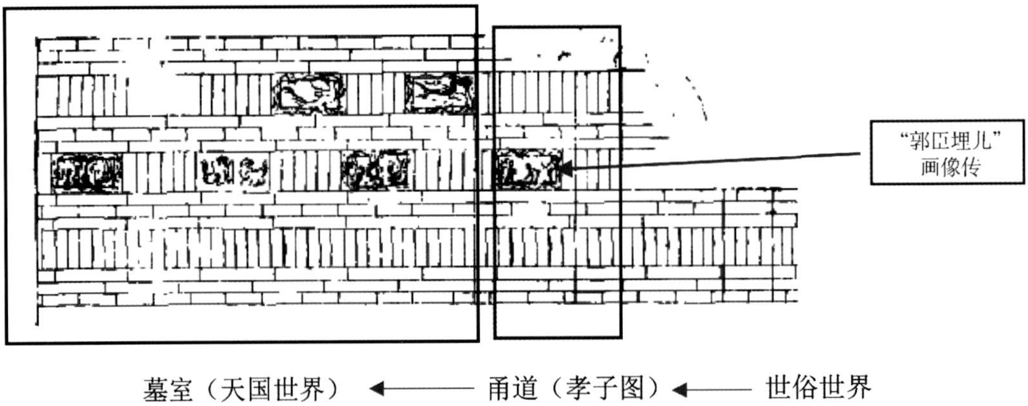

图10 贾家冲 M1 墓室图像分布示意图

底图引自襄樊市文物管理处：《襄阳贾家冲画像砖墓》，《江汉考古》1986 年第 1 期

和柿庄 M15 孝子图像出现在甬道的砖柱上，这种配置在南朝墓葬中比较少见。甬道两侧通常都是成对的狮子，以及拄刀武士图像。最有代表性的就是南朝帝陵的墓葬，其地面的镇墓石兽与墓内甬道的守门狮子互为表里，自成体系，成为镇守死者阴间世界的“门神”或守护神，也是引导死者亡灵升天的瑞兽。[1] 与之对应，孝子图像被置于甬道，显然是具有守护墓门的功能。而且，贾家冲 M1 甬道中央有一件人脸镇墓兽，从其所在甬道中央的位置来看，[2] 镇墓驱邪的意义更为明显，同时恰好与砖柱上的孝子图像互为表里。

有意思的是，贾家冲 M1 本应置于甬道两侧上的双狮却被置于墓室中部的墓壁之上（图 10），与净瓶、飞天等佛教因素同在一排，狮子作为佛法的护卫，本身具有浓厚的佛教象征意义，出现在此并不奇怪。丧家似乎有意将佛教因素充斥墓室空间，与墓壁上部的瑞兽一同营造佛教色彩的天国世界。那么，作为世俗题材的孝子图被置于甬道，似乎不仅有守门的意义，还有标榜和彰显墓主在生前崇尚孝道，具有孝慈善良的品德。此处目的大概有两个，一是在丧葬仪式上向死者家属（宗族）弘扬孝行观念，二是借此希望通过天国世界的检阅，得到进入的资格，第二种意图应该更为明显。由图 10 可知，该位置的孝子图像为郭巨埋儿，郭巨埋儿故事流传已久，版本极多，但内容都大致相同，其中最为精彩的情节仍是郭巨“虑养之（儿）则防供养，乃令妻抱儿，欲掘地埋之，于土中得金一釜，上有铁券，

1 参见霍巍：《六朝陵墓装饰中瑞兽的嬗变与“晋制”的形成》，《考古》2015 年第 2 期。

2 襄樊市文物管理处：《襄阳贾家冲画像砖墓》，《江汉考古》1986 年第 1 期。

云赐孝子郭巨”，[1] 即郭巨通过不择手段甚至不通情理的孝行，获天赐黄金的孝感事迹。这种孝子故事是当时流行的孝感通神观念的典型体现，《孝经》曾云：“孝悌之至，通于神明，光于四海，无所不通”。在魏晋以来统治者的提倡和天人感应思潮盛行的相互作用下，孝行的意义和功能被无限放大，并在宗教的推动下，进一步神圣化。孙绰《喻道论》：“佛有十二部经，其四部专以劝孝为事，殷勤之旨可谓至矣。”[2] 《抱朴子内篇·对俗》云：“欲求仙者，要当以忠孝和顺仁为本。若德行不修，而但务方术，皆不得长生也。”[3] 可见，对逝者而言，无论是升仙还是升入天堂，孝行都是必须满足的条件。[4]

襄阳麒麟清水沟墓和柿庄 M1 的孝子图像都分布在墓室墓壁的底层一排，清水沟墓比较明显，从图 11 可知，清水沟墓东壁底层一排的陡板面比较完整，从墓门进入依次为甬道砖柱上的供养人、王子乔、郭巨埋儿、备马出行，以及墓室墓壁底层的侍饮、郭巨埋儿、王子乔、郭巨埋儿、侍饮、供养人。需要指出的是，该墓墓室画像砖图像的布局与贾家冲 M1 有所不同，虽也充斥着大量的佛教元素，但又

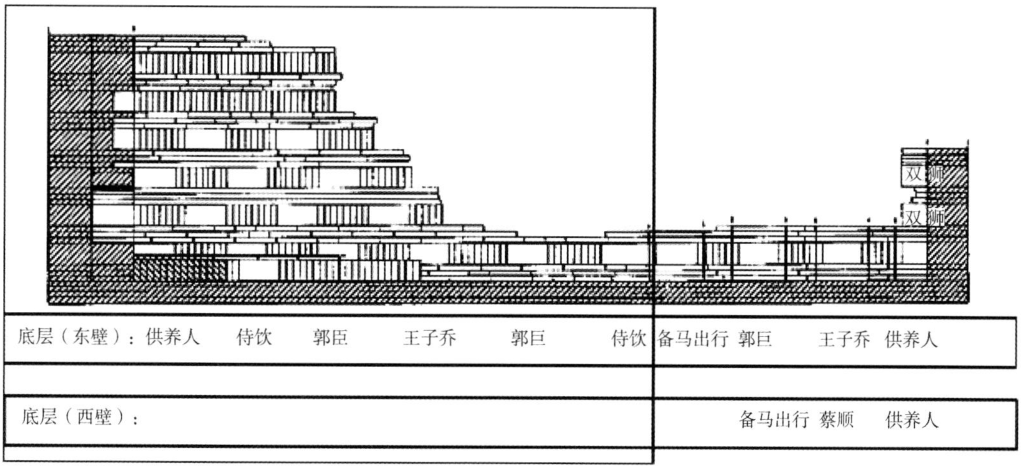

图 11 襄阳麒麟清水沟墓墓室甬道与画像砖分布示意图

底图引自襄阳市文物考古研究所：《湖北襄阳麒麟清水沟南朝画像砖墓发掘简报》，《文物》2017 年第 11 期

1 （宋）李昉：《太平御览》卷四一一《人事部五二》，中华书局，1960，第 1898—1899 页。

2 （南朝梁）僧祐：《弘明集校笺》，李晓荣校笺，上海古籍出版社，2013，第 158—159 页。

3 （东晋）葛洪：《抱朴子内篇校释（增订本）》卷三《对俗》，王明校释，中华书局，1985，第 127 页。

4 根据李梅田复原的邓县墓墓室空间，郭巨埋儿画像砖的位置恰好也在通向天国世界（最上层空间）的交界点，这与贾家冲 M1 郭巨埋儿画像砖所在甬道位置的功能相近。参见李梅田：《西曲歌与文康舞：邓县南朝画像砖墓乐舞图新释》，《故宫博物院院刊》2016 年第 4 期。

图12

12-1 邓县墓郭巨埋儿画像砖；12-2 贾家冲M1郭巨埋儿画像砖；12-3 麒麟清水沟郭巨埋儿画像砖；12-4 柿庄M15郭巨埋儿画像砖

包含不少武士出行、升仙、瑞兽图像，排列略显混乱，底层的孝子图像也与出行、佛教、升仙图像交错分布，随意拼凑的特征比较明显。不过，如果结合孝子图像的题材，似乎也可以挖掘出一些线索。

首先，甬道两侧砖柱底部分别出现带有孝感色彩的郭巨埋儿和蔡顺闻雷泣墓图像，上部被破坏。但若从甬道连接世俗世界与亡者世界的功能来看，这里很可能会和贾家冲 M1、柿庄 M15 一样，在砖柱上部出现郭巨或者蔡顺故事的画像，这应是当地孝子图像的典型特征，即以孝感故事在甬道发挥守护和接引逝者的功能。只不过相比贾家冲 M1，这里接引的题材更为丰富，还有着世俗意义的仪仗（备马出行）和佛教供养人。

其次，墓室的郭巨和侍饮画像实际处于离墓主最近的区域，也是与墓主发生直接联系的区域，不过，此处的郭巨和侍饮图像的刻画比邓县墓、贾家冲 M1 中粗糙得多。以郭巨埋儿为例，邓县墓郭巨图人物刻画尤其精美，四周以忍冬纹边框装饰，人物表情栩栩如生，林木葱郁，甚至连“金一釜”都有形象的描绘，故事的重要元素都附有榜题（图 12 －1）。贾家冲 M1 郭巨画像砖有忍冬纹边框，人物刻画略显丰壮，不及邓县墓秀骨清相，“金一釜”以一块土堆代替，没有榜题，虽不及邓县墓刻画唯美，但人物形象和山林草石的刻画比较流畅（图 12 －2）。清水沟墓郭巨埋儿画像整体较前两块相差太多，不仅没有树木，周边山石也只是简单点缀，郭巨与妻子的形象勾勒更是相当模糊（图12－3）。柿庄M15中的郭巨埋儿虽比清水沟墓中的线条清晰一些，但其中树木、人物的刻画远不如邓县墓与贾家冲M1，且没有忍冬纹边框（图12－4）。凡此种种，实际上反映出一种趋势：随着时代推移，该区域画像砖墓孝子图像的刻画在简化，图像的叙事性和观赏性在减弱，逐渐沦为一种象征性的符号。[1]

无论是孝子图像与其他升仙或升天题材的图像交错分布，还是孝子图像的符号化趋势，都在说明随着襄阳豪族对《孝经》宣扬的天人感应思想认识的不断加深，孝子图像的题材或内容可能不再被重点关注，而其与传统道教升仙或佛教升天图像“相关性”的内涵或功能受到更多的青睐，这种“相关性”主要基于相互之间概念性联系的图像的结合。[2] 在此基础上，清水沟墓墓壁底层孝子图像与升仙、佛教图像的混拼，虽看似混乱，但也透露出墓主或丧家希望他们之间互通有无，交相辉映，以统一护持和导引墓主灵魂顺利地到达其想象中的“理想家园”的意图，其实这也是“孝悌之至，通于神明，光于四海，无所不通”在墓葬图像中的表现。正如巫鸿所言：“死后将进入的黑暗世界可能充满了可怕的幽灵和精怪，灵魂在前往天界的旅途中也许要遭遇种种危险，孝子图像和其他传统祥瑞及升仙图像一起承担起‘引导或保护未知世界中的灵魂’的功能。”[3]

综上所述，由于襄阳地区南朝画像砖墓很少受制度的束缚，其营建及其墓室画像的布局会因墓主或丧家对“理想家园”的不同理解而呈现明显的差异性和随意性。不过，孝子图像的分布仍有一些规律，它们多位于甬道和墓主近侧，原本仅具有向生人展示和守护升仙的功能，但这些孝子图像所带有的“孝悌之至，通于神明”的内涵，使其成为帮助墓主通过天界考验，顺利升天的重要凭借。不仅如此，随着当地豪族受“至孝通于神明”观念影响的加深，孝子图像虽有符号化趋势，但与佛道题材图像的相关性在增强，即可替代后者发挥其墓葬功能，某种意义上，这也是孝子图像墓葬功能拓展的体现。

四　从孝子图像看襄阳豪族文化风尚的特征

邓县墓郭巨埋儿画像砖有明显的南北

1　邹清泉发现北魏时期的孝子图像形式与文本存在脱离，反映出其叙事性在消解。他认为其根本原因源于时人对“至孝通于神明”的认识加深，对孝子图像内涵符号化已经习以为常。参见邹清泉：《北魏孝子画像研究：〈孝经〉与北魏孝子画像图像身份的转换》，文化艺术出版社，2007，第148页。

2　参见邹清泉：《北魏孝子画像研究：〈孝经〉与北魏孝子画像图像身份的转换》，文化艺术出版社，2007，第153—154页。

3　巫鸿：《礼仪中的美术——巫鸿中国古代美术史文编》，生活·读书·新知三联书店，2016，第176页。

图样融合的特点，已经隐约透露出襄阳豪族为标榜文化，对图像元素来源多样化的需求。萧梁以后，孝子图像的人物动作与造型趋于格套化，刻画也越发粗糙，但有一点值得注意，即对这些图像山石背景的刻画越来越多。贾家冲 M1 郭巨埋儿和侍饮图均采用焦点透视的构图方法，在画面空白处装饰小型山石草丛，使画面颇具纵深的观感，清水沟墓的郭巨埋儿和侍饮图同样如此，蔡顺闻雷泣墓比较夸张，不仅刻画有山石林木，蔡顺与坟堆之间还蹲有一头猛虎。柿庄 M15 郭巨图的山石更为高大，人物几乎掩映在山林之中。这种人物造型的符号化与山石林木背景意义的强化，在形成鲜明视觉反差的同时，也在说明该地区孝子图像内容演变的另一种趋势，即孝子入山行孝。

早在汉代，山与仙就被认为是神仙思想的核心表征，据《神仙传》《抱朴子内篇》来看，东汉末期山中修道就已比较普遍。[1] “仙”有僊、仙两种写法，《释名》：“老而不死曰仙。仙，僊也，僊入山也，故其制人字旁作山也。”[2]《说文》：“仚，人在山上貌，又云：“僊，长生僊去。”[3] 南北朝时期的道教信仰中，修仙或者成仙必须进山修炼，佛教寺院同样与山林有着密切的关系，这种风气可能受道教神仙说的影响。[4] 齐梁时期，正是荆襄地区山中道馆盛行的时代，道教神仙学说流行，佛教的影响更甚，《荆楚岁时记》中记载荆襄地区有诸多与佛教相关祈福祛邪的习俗，如“二月八日，释氏下生之日，迦文成道之时。信舍之家，建八关斋戒、车轮宝盖、七变八会之灯。至今二月八日平旦，执香花绕城一匝，谓之行城事”。“四月八日，诸寺各设斋，以五色香汤浴佛，共作龙华会。”“七月十五日，僧尼道俗悉营盆供诸佛。”尤其是七月十五日这天，僧尼道俗均营盆供，此处盆供指的是用盂兰盆供，即是为了使七代父母免坠厄难，借助十方众僧威神之力，供养十方众僧，供养百味五果。[5] 这种习俗带有强烈的将孝行佛教化的色彩，以佛教供养作为表现孝行的方式。可见，该地区孝子图像中出现的山石草木，恐怕并非随意点缀，应是受到了佛道宣扬山中修行的影响，将宗教意义的修行与孝行相互联系，实际与上文提到的孝行“至孝通于神明”所展现出的“相关性”的墓葬功能如出一辙。这种特征虽如学者所言，可能是儒

1 魏斌：《“山中”的六朝史》，生活·读书·新知三联书店，2019，第 388 页。

2 (东汉) 刘熙：《释名疏证补》卷三《释长幼》，(清) 毕沅疏证、王先谦补、祝敏彻等点校，中华书局，2008，第 96 页。

3 (东汉) 许慎：《说文解字注》，段玉裁注，上海古籍出版社，1988，第 383 页。

4 (荷) 许理和：《佛教征服中国：佛教在中国中古早期的传播与适应》，李四龙、裴勇等译，江苏人民出版社，2018，第 293—294 页。

5 (南朝梁) 宗懔：《荆楚岁时记》，(隋) 杜公瞻注、姜彦稚辑校，中华书局，2018，第 27、39、61 页。

家思想与道教和佛教信仰的融通，[1] 但更是世俗儒家教化意义的趋弱，宗教功能性质增强的表现，这应也是这一时期襄阳豪族仍然热衷带有孝感色彩孝子故事的原因。

然而，无论是孝感还是宗教因素，仍不能充分解释为何只有“郭巨埋儿”图能重复出现在襄阳地区南朝画像砖墓中？这仍要从郭巨埋儿故事中寻求线索，日藏阳明本《孝子传》卷五“郭巨”条云：

> 郭巨者，河内人也。时年荒。夫妻昼夜勤作，以供养母。其妇忽然生一男子。便共议言，今养此儿，则废母供事。仍掘地埋之。忽得金一釜。釜上题云，黄金一釜，天赐郭巨。于是遂至富贵，转孝蒸蒸。赞曰：孝子郭巨，纯孝至真。夫妻同心，杀子养亲。天赐黄金，遂感明神。善哉孝子，富贵荣身。

郭巨本不富裕，因养儿无法供养母亲，故杀儿养母，因此获天赐黄金，北朝的孝子图像常绘有郭巨将黄金上交官府的情节，或附有“官不得夺，私不得与”榜题，[2] 而不管这笔财富遇到何种变故，最终仍回到郭巨手中，郭巨遂至富贵。可见，郭巨的孝行获得了实质性的财富回报，这是其他孝感故事不曾出现的，而且，襄阳地区南朝墓郭巨埋儿图刻画的都是郭巨挖得黄金的瞬间，被供养的郭巨母亲并未出现，邓县墓郭巨埋儿画像砖对挖出的“金一釜”还有比较生动的刻画，这些都会使人对郭巨获金更为关注，却会忽视其埋儿养母的情节，其中或许隐藏着当地豪族对财富追求的象征含义。

齐梁时期，襄阳地区已是长江流域上游发达的商业都市，四方商旅富豪云集，当地经商氛围浓厚，尤其是豪族与官员，纷纷借机“鬻货聚敛”，牟取暴利，萧梁时襄阳人郭祖深曾上书云：“朝廷擢用勋旧，为三陲州郡，不顾御人之道，唯以贪残为务。迫胁良善，害甚豺狼。江、湘人尤受其弊。自三关以外，是处遭毒。而此勋人投化之始，但有一身，及被任用，皆募部曲。而扬、徐之人，逼以众役，多投其募，利其货财。皆虚名上簿，止送出三津，名在远役，身归乡里。”[3] 无论是襄阳豪族抑或前来投靠的长江下游流民，都旨在“利其货财”，足见当地逐利风气之重。追求财富的目的自然是现世的享受，新野曹景宗“妓妾至数百，穷极锦绣”[4]，襄阳富豪鱼弘“姿意酣赏，侍妾百余人，不胜金翠，服玩车马，皆穷一时之绝”，

1 贺西林：《道德与信仰——明尼阿波利斯美术馆藏北魏画像石棺相关问题的再探讨》，《美术研究》2020 年第 4 期。

2 参见［日］黑田彰：《郭巨図攷：呉強華氏蔵北魏石床脚部の孝子伝図について》，文学部論集 98，1 – 27。

3 《南史》卷七《循吏附郭祖深传》，第 1722 页。

4 《梁书》卷九《曹景宗传》，第 181 页。

他曾言："丈夫生世，如轻尘栖弱草，白驹之过隙。人生欢乐富贵几何时！"[1] 从襄阳地区南朝墓大量出现的描述贵族世俗生活的贵妇出行、仪仗、备马出行、出行游乐、乐舞画像砖来看，[2] 襄阳豪族显然希望在死后的未知世界依然延续生前的荣耀和富贵，这一点与下游士族将竹林七贤比附"人间仙者"，希望逝者在地下世界依然如竹林七贤逍遥自在的意义相似。[3] 不同的是，上游襄阳豪族似乎更为重视物质的享受。在此基础上，郭巨埋儿故事所衍生出的财富意义，或许通过孝感或宗教的转化，成为其在死后世界财富来源的一种途径。

综上所述，襄阳地区南朝墓孝子图像表现出的意义比较复杂，尤以流行的郭巨埋儿图最为明显，一方面，孝子入山带有宗教修炼的色彩，另一方面，郭巨获金又带有强烈的追求财富的象征性，这种自相矛盾或多或少地反映出襄阳豪族对死亡的一种复杂心态，但更深层的原因，恐怕与这一时期襄阳豪族带有功利性的文化风尚有关。

如上所论，襄阳豪族在南齐时"稍尚礼仪经籍"，文化面貌得到逐步改善，出身寒微的武人土豪表现比较明显，他们多好书史，习学带有强烈的目的性和实用性。曹景宗"颇爱史书，每读穰苴、乐毅传，辄放卷长叹息曰：'丈夫当如是！'"而又"自恃尚胜，每作书，字有不解，不以问人，皆以意造焉"[4]。冯道根"微时不学，既贵，粗读书，自谓少文，常慕周勃之器重"[5]。可见，其早年文化上的追求仍是对建功立业的憧憬。萧梁时，这些武人凭军功担任朝廷显宦，转而热衷于附庸风雅，曹景宗曾征战归来，梁武帝设宴饮连句，令沈约赋韵，景宗不得韵，意色不平，启求赋诗，武帝劝曰："卿伎能甚多，人才英拔，何必止在一诗。"曹景宗坚决要求赋诗，"诏令约赋韵。时韵已尽，唯余竞病二字。景宗便操笔，斯须而成，其辞曰：'去时儿女悲，归来笳鼓竞。借问行路人，何如霍去病。'帝叹不已。约及朝贤惊嗟竟日，诏令上左史。"[6] 梁末胡僧祐"性好读书，不解缉缀，然每在公宴，必强赋诗，文辞鄙俚，多被嘲谑，僧佑怡然自若，谓己实工，矜伐愈甚"[7]。这些武人土豪文化修

---

1 《梁书》卷二八《鱼弘传》，第422页。

2 襄阳市博物馆、襄阳市文物考古所、谷城县博物馆：《天国之享：襄阳南朝画像艺术》，科学出版社，2016，第150—164页。

3 参见韦正：《将毋同——魏晋南北朝图像与历史》，第167—184页。

4 《梁书》卷九《曹景宗传》，第181页。

5 《梁书》卷一八《冯道根传》，第289页。

6 《南史》卷五五《曹景宗传》，第1356页。

7 《梁书》卷四六《胡僧祐传》，第639页。

养不高，稍习经史，便希望高门士族给予他们文化上的认可，其所谓文化风尚更像是实现这一目的的工具。

另一方面，像京兆韦氏、河东柳氏等襄阳著姓豪族具有一定的家学基础，仕进道路也比土豪武人平坦许多，他们在萧梁时期多出将入相，子弟也时常获得出镇宗王的青睐，其原因在于这些蛰居乡里的著姓家族人物往往自幼研习儒家经史，如京兆韦黯“少习经史”，[1] 柳彧“颇涉经史”，[2] 甚至有些家族子弟“好纵横之术”，[3] 这种务实的风气使其在处理地方吏政和军事方面具备优势，形成亦文亦武的家族气质。史载隋时，“苏威为纳言，重（柳）庄器识，常奏帝云：‘江南人有学业者，多不习世务，习世务者，又无学业，能兼之者，不过于柳庄’。”[4] 柳庄是柳季远孙，该支一直留居襄阳乡里，其兄柳靖“雅达政事，所居皆有治术”。[5] 实际上，襄阳著姓的文化风尚虽不如土豪武人那般带有明显的功利色彩，但仍是为了谋求以吏干或武功获得家族政治地位上升和长期发展的现实需要。

究其根源，襄阳豪族大多为晚渡家族，本身在政治上受到建康士族的排斥，仕进艰辛，又因所居地域为边境，邻接荒蛮之地，环境恶劣。显然无法像建康士族那样崇尚“人间仙者”，享受像竹林七贤那样安逸、悠然的奢靡生活，在这种背景下，他们首先要确保在襄阳生存下来，这是其尚武重商的主要原因，其次才是文化的需求。襄阳豪族虽倾慕建康士族风尚，但他们没有后者优渥的政治和社会条件，既然如此，不如另立炉灶，建构带有本地特色的文化风尚，而与建康士族相比，襄阳豪族往往更加重视实际的财富和权位、以及现实的享受，这种社会风气在商业贸易的推动下，其文化风尚难免带有功利性的特征。

结　论

邓县学庄墓“郭巨埋儿”画像砖的图像来源，应是当地工匠在取材社会流行的孝子屏风画内容的基础上，糅合南北流行图样，通过“传移模写”改造加工而成，带有南北融合的特征。而邓县墓之所以会出现孝子图像，应是宋末南齐时期襄阳豪族的家族势力迅速膨胀背景下，出于凝聚家族与标榜文化需要之下的产物。也正是这一时期，襄阳豪族的文化面貌开始逐步改善，尤其是出身寒微的武人土豪，

---

1 《梁书》卷一二《韦黯传》，第 226 页。

2 （唐）魏徵：《隋书》卷六二《柳彧传》，中华书局，1997，第 1481 页。

3 《梁书》卷四六《杜掞附兄岸传》，第 643 页。

4 （唐）魏徵：《隋书》卷六六《柳庄传》，第 1552 页。

5 （唐）令狐德棻：《周书》卷四二《柳霞附子靖传》，中华书局，1971，第 767 页。

已着手“稍尚礼仪经籍”。然而，襄阳地区南朝墓并未像下游地区南朝墓那样受到制度等级显著影响，其营建和墓葬画像砖的布局有很显著的差异性和随意性，孝子图像的分布却有一些规律，大多位于甬道和墓主的近侧，原本具有向生人展示和守护升仙的功能，但因本身孝感的内涵，使之成为帮助墓主通过天界考验，顺利升天的重要凭借。随着襄阳豪族受“至孝通于神明”观念影响的深入，孝子图像呈符号化趋势，与佛道题材图像的相关性增强，可以替代后者发挥其墓葬功能。不仅如此，孝子图像中普遍出现的“孝子入山行孝”情景，将宗教意义的修行与孝行进一步联系，这意味着其儒家世俗教化意义的趋弱，宗教功能性质在增强。不过，该地区流行的郭巨埋儿图像虽有宗教修行的色彩，却也带有强烈的追求财富的象征性，其中反映出的矛盾心态恰恰是襄阳豪族文化风尚功利性的表现。在襄阳豪族中，无论是世习儒学的著姓还是出身寒微的土豪武人，他们习学的目的性和功能性确实都相当明显，这与长江下游建康士族尚清谈、崇玄学截然不同。究其根源，襄阳豪族所居边境地域环境的复杂性，使其不得不更加重视家族生存和发展所需要的实际利益，而家族文化风尚的形成或发展都必须服从这一原则。

中国古代“孝行”观念塑造的物质性阐释*

——一个“词”与“物”关联的视角

叶灿阳（中国人民大学历史学院）

一　引言

观念影响行为，行为塑造观念。从社会观念塑造的过程来看，一种社会观念的形成可能离不开特定文化历史背景下“词”与“物”的构建[1]，这个过程可能很漫长，而一旦成为特定地区或族群的文化认同，就具有维系群体的强大文化力量。孝文化是中华传统文化的重要组成部分，在中国社会源远流长，历经几千年而不衰，早已深入中国人思想观念的深处，贯彻到日常的行为实践中，作为传统道德规范的主要内容，对国家和社会的发展产生深刻影响，甚至可以称为一种“文化基因”。以至于鲁迅在《朝花夕拾·二十四孝图》中说：“那里面的故事似乎是谁都知道的，便是不识字的人，例如阿长，也只要一看图画便能够滔滔地讲出这一段的事迹”[2]。连“阿长”这种不识字的社会底层都熟知这些“孝子榜样”，可见“教化”流播之广，渗透之深。如此，反观中国古代孝文化的历史，是什么让一种“观念”长期渗透并塑造着一个民族的文化传统呢？伴随着中国考古学一百年的发展，我们积累了各个历史时期各类带有“孝子形象”的物质遗存，这些考古材料除证史补史，为美术史研究提供重要资料外，也反映了特定时空和社会文化背景下人们对“孝行”观念的一种“物”的认知塑造和观念表达。因此，如果从“物质遗存”的“物质性”出发，结合图像学、历史学、传播学和社会学理论，从“词”与“物”关联的角度来考察和阐释“孝行”观念生成与传播的历史进程，或

*　本文为中国人民大学科学研究基金（中央高校基本科研业务费专项资金资助）项目（19XNL010）阶段性成果。

1　这里的“词”泛化为一切文本的、语言的、文字的指称；“物”主要指具体化、物质化的客观实在。

2　鲁迅：《二十四孝图》，见《朝花夕拾》，中国言实出版社，2016，第21页。

许会得出不同寻常的见解，也可以扩宽我们对考古材料的研究范围和理解层次。

二 中国古代孝行观念发展的历史背景

“孝”作为一种观念的产生，与人类的群居生活和生存繁衍的社会实践密切相关。早在格鲁吉亚德曼尼西（Dmanisi）发现的距今180万年的直立人化石中，就曾发现有可能为照料老者行为的证据[1]。一般认为，孝文化的兴起与农业文明“敬天法祖”的祖先崇拜观念关系密切。根据中国新石器时代考古学的相关资料研究，祖先崇拜至少可追溯到新石器时代中期（即公元前4500年）[2]。商人重祀尚鬼，对祖先充满敬畏，有学者认为这时已出现“孝”的观念[3]。至周代，由于个体家庭出现，孝的含义就更多地从氏族社会的传统宗教发展为家庭的亲情伦理。随着“宗法”和“礼乐”制度的建立，“家国同构”的局面形成，“孝”的观念又成为政治伦理，成为强化周王朝统治和维护社会秩序的工具。待到春秋战国时期“礼崩乐坏”，以“孔孟”为代表的儒家在复古“周礼”的同时，结合社会实际，形成了儒家以“仁”为核心的一整套伦理道德观念[4]。其核心仍是“孝悌”之道，但更加强调“孝”的实践和维护社会秩序方面的作用，扩大了“孝”的内涵。如《大戴礼记·曾子大孝》载：“故居处不庄，非孝也；事君不忠，非孝也；莅官不敬，非孝也；朋友不信，非孝也；战阵不勇，非孝也”。[5]随着秦汉帝国的建立和“罢黜百家，独尊儒术”的实行，孝道成为封建集权政治的道德基石和封建意识形态的重要内容，“以孝治天下”成为封建统治阶级的政治纲领和口号，皇帝谥号加“孝”字作为一种荣耀，“举孝廉”成为察举的主要内容。魏晋至隋唐五代的七百多年，社会分分合合，动乱不安，但孝道思想基本承袭汉代，宗教也在教义上追求孝义。隋唐时期皆以儒学为治国之策，将儒家经典《孝经》作为立身治国者必读书目[6]。宋元明清，理学家站在“天理”高度上，强调孝道的先验性、客观性、永恒性，认为孝是人与生俱来的、先天的伦理属性；与此同时，孝道的专一性、绝对

---

1 Margvelashvili, A., et al., “Tooth wear and dentoalveolar remodeling are key factors of morphological variation in the Dmanisi mandibles,” *PNAS* 110, No. 43, 2013, 17278 - 17283.

2 ［澳］刘莉：《中国祖先崇拜的起源和种族神话》，陈星灿译，《南方文物》2006年第3期。

3 朱岚：《中国传统孝道思想发展史》，国家行政学院出版社，2011，第36—43页。

4 王晓文：《孝文化的历史透视及其现代反思》，《理论学刊》2017年第1期。

5 高明：《大戴礼记今注今译》，台湾商务印书馆，1977，第176页。

6 石功鹏：《试论中华孝文化的历史生成和思想内涵》，《重庆科技学院学报》（社会科学版）2012年第10期。

性、约束性进一步增强，对父母无条件地顺从成为孝道的基本要求，孝道进一步沦为强化君主独裁、父权专制的工具，在实践上走向极端化、愚昧化[1]。

三 中国古代“孝行”观念塑造的两种逻辑分析

在福柯哲学的语境下，观念的构建深受“词”与“物”之间意义结构的影响[2]。而在后现代思潮影响下的后过程考古学范式中，作为遗存的物与关联着的人也处在能动的相互纠缠关系（Entangled）[3]中，“物质遗存”被看作需要反复解读的“文本”[4]。以反思“物质文化”本体论的“物质性”理论认为“物质”本身具有能动地表达人类思想观念并构建社会关系的能力，思想观念深受物质世界的影响[5]。从物质文化出发探讨人类精神文化也成为目前中国历史时期考古学的一种趋势和潮流[6]。

如前所述，“孝”作为中国传统道德的“元德”，作为儒家伦理和封建秩序构建的核心观念，那它必然需要不断灌输和渗透到社会生活实践中，使之成为维护封建专制统治长治久安的工具。因此，“孝”的“教化”就必不可少，手段必然繁多。有关历代推行“孝行”的文献可以参见近年来由骆承烈主编的丛书——《中华孝文化研究集成》，其中第10—12册系统地梳理了中国古代社会从政府到民间，从学校到社会，从倡导培育到实践传播过程中对“孝行”的推崇[7]。但这些归结起来，都可简要概括为“词”与“物”两种逻辑：

（一）“孝行”类故事——“词”的引导

“孝行”观作为行动指南，在宣传教化和实现“孝治”目的上具有直接的重要性。为了发挥“榜样”的宣传作用，历代宣扬“孝行”、颂扬“孝子”形象的记载非常多。最早和最著名的便是舜，“孝子”作为人称代词见于《诗·大雅·

---

1 朱岚：《传统孝道的历史步履》，《社会科学导刊》2007年第4期。

2 ［法］米歇尔·福柯：《词与物：人文科学的考古学》（修订译本），莫伟民译，上海三联书店，2016。

3 Hodder, I., "The Entanglements of Human and Things: A Long-term View," *New Literary History* 45, 2014, 19-36.

4 Hodder I., and Hutson S., *Reading the Past*, New York: Cambridge University Press, 2003.

5 Taylor, Timothy, "Materiality", in R. Alexander Bentley, Herbert D. G. Maschner, and Christopher Chippindale, eds., *Handbook of Archaeological Theories*, Lanham: Altamira Press, 2008, 297-320.

6 李梅田：《从考古志到考古学——兼谈历史考古研究方法论》，《故宫博物院院刊》2017年第5期。

7 参见骆承烈主编：《中国孝文化研究集成》，《历代家训、童蒙、学约中的孝亲敬老资料辑释》第10册，《历代孝行类编·兴孝篇》第11册，《历代孝行类编·正孝篇》第12册，光明日报出版社，2016。

既醉》："孝子不匮，永锡尔类"。[1]秦汉之际，《孝经》的编撰[2]，更是将"孝"以"经"的形式凸显出来，对不同阶层所应遵循的"孝行"进行了规范。《孝经》之后，古代文献著录"孝子"盛载不绝。据统计，《二十四史》及《清史稿》共载有孝子传略者达951人[3]。汉有刘向《孝子传》一卷，晋有萧广济《孝子传》十五卷，南朝宋有师觉授《孝子传》八卷，又有郑缉之《孝子传》十卷，宋躬《孝子传》二十卷。《孝子传》之后，大约唐宋时期开始形成民间认同的"二十四孝"[4]。随着二十四孝的影响，后代又出现了《百孝图》《二百四十孝图》《前后孝行录》等，形成规模庞大的孝行模范系统。从正史来看，大概从《晋书》开始，就有了专载"孝子"的体裁和章节(如后来人们极其熟悉的王祥、黄香、丁兰、郭巨等孝子故事)。除官方典籍外，宗教在民间传播过程中也为"孝行"观的塑造添砖加瓦。道教的一些经典如《太上老君说报父母恩重经》《玄天上帝说报父母恩重经》等都在宣扬孝道；佛教徒则拼命拔高那些报父母之恩的佛经，像《盂兰盆经》《佛说孝子经》等。甚至于制作"伪经"以迎合大众的精神需求，如《佛说父母恩难报经》和《大方便佛报恩经》[5]。

除比较正式的成文典籍外，"词"的引导还体现在唐宋以来的俗文学（宋话本、元杂剧、明清小说与戏剧等）中。如戏曲作为古代文学和艺术发展到一定时期的产物，在它处于萌芽状态时就已从孝子故事中选材。唐代变文中，已有歌颂大舜孝义的《舜子至孝变文》及描写目连不辞千辛万苦、救其母出地狱的《大目乾连冥间救母变文》。宋元两代，江南一带流布的南曲戏文仍有八部"孝子戏"，而在元杂剧中，"孝子剧"竟达十九种之多。到京剧之中仍存有二十余种"孝子剧"。可见，无论是宋金杂剧、元杂剧、明清传奇还是地方戏，乃至京剧，贯串中国戏曲史的主体戏曲形式中，反映孝行的孝子剧一直未曾断流[6]。

此外，"词"的引导还体现在学校教育、族规家训、乡约民俗、国家的政策、法律、礼仪制度等诸多方面，在具体的日常行为活动中不断被惯习和仪式强化。这种观念的塑造是自上而下的统治教化与自

1 程俊英：《诗经译注》，中华书局，1985，第533页。

2 关于《孝经》作为孝行教化和传播工具的阐述可参考台湾学者何容俊：《东晋南朝〈孝经〉盛行发展探析》，《史穗》2009年第2期及秦进才：《两汉〈孝经〉传播与孝行管窥》，《社会科学战线》2005年第1期。

3 余顺华：《孝行的时代意义》，《理论月刊》2007年第6期。

4 赵超先生认为"二十四孝"的形成可能到唐代或唐以前（参见赵超：《"二十四孝"在何时形成》，《中国典籍与文化》1998年第1、2期）。

5 陈坚：《儒佛"孝"道观的比较》，《孔子研究》2008年第3期。

6 任孝温：《古代"孝子剧"漫谈》，《古典文学知识》2003年第4期。

下而上的民间风俗共同作用的，是一种集体话语的构建，反映的是一定社会文化系统下的群体性认知和意识形态的结构化产物。

（二）“孝行”类遗存——“物”的规训

中国古代社会在通过语言文字符号所构建的“词”的话语框架之外，还时常将这些“孝行”的观念“物质化”和“具象化”，因此为我们留存了丰富的反映“孝行”文化的物质遗存。主要包括附着于历代的石刻、古建筑、古墓葬甚至器物等物质载体上的“孝子图像”类遗存。这里需要强调一下“物质载体”与“图像符号”之间的关系，物质载体的存在使得图像符号的表达有了特定的背景和依托，在解读图像类物质遗存时，图像遗存的物质性和符号性不可分割。鲁迅认为“倘要启蒙，懂是最要紧的”，他认为《圣谕像解》，《二十四孝图》等“都是借图画以启蒙，又因中国文字太难，只得用图画来济文字之穷的产物。”[1]《历代名画记》对图画的功用，开篇也说：“夫画者：成教化，助人伦……”[2]

目前保留下来的最早的呈现孝行的图像类物质遗存发现于山东肥城汉画像石墓，年代为东汉章帝建初八年（83），表现的是“骊姬计杀申生”的历史故事，为申生孝行。此外，在山东、河南、四川、浙江、内蒙古、安徽、北京及乐浪（今朝鲜）已发现汉魏孝子画像百余幅，这些画像主要描绘在楼阁、祠堂、石阙、漆箧、漆盘、铜镜、墓室墙壁以及画像石上，反映出汉朝遍及四疆的孝行教化[3]。其中，以山东武梁祠与内蒙古和林格尔壁画墓保存的孝子图像最多，也最佳。武梁祠东墙、西墙和后墙均刻有孝子画像，东墙有三州孝人、魏汤、颜乌、赵□盾、原榖；西墙从右至左依次为曾子、闵子骞、老莱子、丁兰；后墙有韩柏榆、邢渠、董永、蒋章训、朱明、李善、金日磾。武氏祠前石室第七石刻闵子骞、老莱子、伯游、邢渠，第十三石刻丁兰、邢渠，左石室第八石刻丁兰、邢渠[4]（图1）。和林格尔东汉晚期壁画墓的孝子图像除“七女为父报仇”位于中室西壁甬道门上方外，余皆绘于中室西壁至北壁，均有榜题。除三幅因榜题漫漶，无法辨识外，其余描绘了舜、闵子骞、曾子、丁兰、邢渠、孝乌、伯禽、魏昌、原榖，以及金日磾的孝行[5]（图2）。

---

1 鲁迅：《连环图画琐谈》，《朝花夕拾》，中国言实出版社，2016，第101—102页。

2 （唐）张彦远：《叙画之源流》，《历代名画记》，俞剑华注释，上海美术出版社，1964，第1页。

3 邹清泉：《北魏孝子画像研究》，文化艺术出版社，2007，第64、182—189页。

4 邹清泉：《汉魏南北朝孝子画像的发现与研究》，《美术学报》2014年第1期。

5 邹清泉：《北魏孝子画像研究》，第70页。

1．曾母投杼；2．孝孙原穀；3．老莱子娱亲；4．邢渠哺父

图 1　东汉武梁祠孝子图像画像石

图片引自张道一：《孝道图——二十四孝图等考析》，山东教育出版社，2015，第 27—40 页

1．闵子骞；2．邢渠、孝乌；3．金日磾；4．魏昌；5．三老、仁姑等；6．伯禽

图 2　内蒙古和林格尔东汉壁画墓的孝子图像

图片引自陈永志、黑田彰、傅宁：《和林格尔汉墓壁画孝子传图摹写图辑录》，文物出版社，2015，第 4—10 页

魏晋之后，孝子画像作为“成教化，助人伦”的典型形象开始以图画的形式在南朝社会流传，南朝孝子画像主要见于邓县学庄与襄阳贾家冲画像砖墓，画老莱子与郭巨故事。十六国北方地区亦有孝子的图绘。北朝孝子画像遗存主要见于石棺、石榻（棺床）、漆棺等葬具以及石室之上，数量甚丰，尤以北魏居多，遗存以元谧石棺、孝子棺、“宁懋”石室、升仙石棺足挡、卢芹斋旧藏北魏石围屏、日本和泉久保惣纪念美术馆藏石榻、日本天理参考馆藏石榻、上海博物馆藏石榻、司马金龙漆围屏以及固原彩绘漆棺为代表[1]（图3）。

唐代的文物中，承载孝子图像的物质遗存不多，具有代表性的是在陕西咸阳的唐代契必明墓中发现的三彩罐，上面塑有孝子像并且书写了孝子故事铭文。宋金元考古资料中有相当数量的孝子故事图画，主要出现在北宋晚期以来的北方墓葬中，包括墓葬内的壁画与砖雕。这些孝子图画的内容和构图都比较相似，说明当时在民

1. 邓县学庄画像砖墓；2. 北魏司马金龙墓出土漆画屏风；3. 山西壶关南村宋墓；4. 卢芹斋旧藏石棺床（现藏波士顿美术馆）

图3　南北朝—宋元时期孝子图像

图片素材来源于网络及《山西壶关南村宋代砖雕墓》（《文物》1997年第2期）

1　邹清泉：《汉魏南北朝孝子画像的发现与研究》。

间画工中已经流行着一些孝子图画的范本[1]。甚至有研究认为，这时存在两套不尽相同的“二十四孝”故事系统[2]。

明清时期，随着通俗小说和戏剧文化的发展，二十四孝的观念早已深入人心，明代原阳冯氏石棺孝行图、明代武陟尊敬长上图碑、清代保康二十四孝墓碑等石刻艺术也常常出现体现“孝行”的题材[3]。此外，还有附着于宗教建筑、家居器物等形形色色载体上的孝子图像，以及历代保存下来的其他的用于“孝行”观构建的“非图像类”物质遗存，此不一一梳理。

四 关于“词”与“物”两种观念塑造逻辑的讨论

（一）两种逻辑与双重含义

上文历时性梳理了两种体现塑造中国古代“孝行”观的方式——“词”与“物”两种逻辑。应该指出，这里的“词”不仅指文本，也包括“口头文学”等一切以“语言”为表征形式的文字、话语、歌曲、戏剧等。这里的“物”指一切以物质形式存在或以物质为载体来表现“孝行”观的实在。它不简单指含有“孝子图像”的物体和“图像符号”本身，也指因其物质实体的载体，而与周围情境（Context）所组成的“景观”或“场域”。笔者认为考古遗存中的“图像遗存”，其作为图像的“符号性”和作为遗存的“物质性”都应该被强调，这是图像遗存所具有的双重含义。在物质性理论范畴下，物质性可以理解为物所具有的能动性，物能动地表达思想也塑造思想。其本质是超越人与物的“二元对立”，对人与物关系的重新审视，从而提供一种新的“物质观”。对考古学的启发性在于深化我们对考古学研究对象——“物质”遗存的理解，在“人与物”关系的思索中，推进“透物见人”的研究。而目前在美术史、历史学、考古学等领域对图像遗存探讨时，往往以“文本”与“图像”作为两个可以对位的领域，并以“文本”作为解读图像内容和阐释图像意义的主要思考方式，而本文所谈的“词”与“物”则希望站在更大的格局中去思考“语言”与“存在”“物质”与“观念”“结构化”与“能动性”等更深层面的二元论矛盾与问题，而不把“词”与“物”简单地对应成“文本”与“图像”。

（二）“词”与“物”的对证与互补

图像与文字是人类传承文明的重要载体，也是人类知识生产过程中并行且具有

1 赵超：《出土文物中的孝子故事画传统“孝文化”考古》，《大众考古》2015 年第 1 期。

2 董新林：《北宋金元墓葬壁饰所见“二十四孝”故事与高丽〈孝行录〉》，《华夏考古》2009 年第 2 期。

3 张道一：《孝道图——二十四孝图等考析》，山东教育出版社，2015，第 163—176 页。

互补关系的两种不同表达形式[1]。迄今为止，在“孝子图像”类遗存的研究领域内，《孝子传》与画像石、孝子石棺，《二十四孝》与宋元明清的壁画墓、砖雕墓等仍具有非常好的对证性。在故事题材认定上，通过画面自身的自证性文字榜题、图像场景内容以及与不同版本《孝子传》《二十四孝》的比对，我们对出土的“孝子类”图像遗存基本上都能够很好地认定。如邢义田根据“榜题”对“七女为父报仇”和“射侯射爵图”的释读[2]。尤其是日本收藏的两种《孝子传》早期版本（阳明本与船桥本）的发现，对于解读图像遗存发挥了巨大辅助作用[3]。徐津根据《孝子传》文本中故事的记载顺序与孝子图像的排布关系，尝试复原图像的空间关系，探索其背后的深层思想意义与可参考的文本或粉本来源[4]；黑田彰通过对汉魏时期孝子图像与文本的关系研究，反过来推定《孝子传》文本传入日本的时间[5]。这些学者的研究，都不同程度将“词”与“物”这两种逻辑相联系起来考虑，取得了对古代遗存较为深入的认识和解读。

此外，“词”与“物”的对证不仅表现在不同来源的“文本”和“图像”的对证解读，还有图像遗存本身作为“榜题”的“词”和“图像”内容的对证，于是就有“榜题”的“词”和“文献”的“词”之间的不对应，应该如何取舍？哪个是故事的真实？谁的真实和什么意义上的真实？如“七女为父报仇”的故事题材就讲述了一个不被“词”所记载（至少是没有流传下来）的孝行故事。邢义田根据“榜题”和图画认定了故事的发生地点为“渭水桥”，复仇对象为“长安令”。张道一在《孝道图——二十四孝图等考析》中则提出“七女”与项伯的“七个女儿”可能有关系，但未进一步考证[6]。其实，反过来思考这一“图像遗存”所表征的故事本身，“七女”在“渭水桥”截杀“长安令”这种行为无异于反抗统治者的“暴乱”，虽然其行为是“孝行”，但是绝对不会被统治者所宣传，因此“词”已不存，“物”的留存则为我们诉说了一段已不为人知的民间历史故事。可见，“孝行”观的构建具有统治阶级的意志，统治者倡导什么，什么样的故事才会被流传，危及统治阶级利益的“宣传”则会被禁止。

1 黄厚明、叶康宁：《图像与空间：以汉代画像艺术为中心》，《中国美术研究》2014 年第 3 期。

2 邢义田：《画为心声：画像石、画像砖与壁画》，中华书局，2011，第 92—196 页。

3 赵超：《日本流传的两种古代〈孝子传〉》，《中国典籍与文化》2004 年第 2 期。

4 徐津：《波士顿美术馆藏北魏孝子石棺床的复原和孝子图像研究》，《古代墓葬美术研究》（第三辑），湖南美术出版社，2015，第 119—140 页。

5 ［日］黑田彰：《孝子传图概论》，靳淑敏、隽雪艳译，《中国典籍与文化》2013 年第 2 期。

6 张道一：《孝道图——二十四孝图等考析》，山东教育出版社，2015，第 44 页。

(三)“词”与“物”的独立与纠缠

“词”与“物”作为人类两种不同的表达方式，在表现结构上必定是有差别的。相对于“物”或“图像”而言，“词”或“文本”在表达抽象事物、逻辑概念、虚幻想象、复杂过程上具有优势，而在形象性、直观性、视觉感方面则不如“物”或“图像”；但“物”或“图像”在表现视觉和瞬间上虽然占有优势，但在连贯性、丰富性和动态变化上则显单薄。以“孝子图像”为例，其故事可以通过“口头言说”或“文本”完整地表达，而在形成“图像”时，必须选取“有限的人物”和“特定的场景”来表达一个关键的故事情节，用以指称“整个故事”。如“郭巨埋儿”最常见的图像场景是“挖坑埋儿”（这一场景的表现方式基本上贯穿各个时期的孝子郭巨图像之中）。因此，为了弥合图像表达的不足，文字“榜题”与图像符号的共存就出现了，后来明清小说印刷品的生产也是上图下文。可见，“文本”与“图像”两种话语虽是抵抗的[1]，但同时也是互补的，并有着悠久的历史传统。

此外，“词”与“物”的互动还体现在“词”的含义流变对“物”的命名的影响、“物”的存在对“词”的召唤。这里举两个例子：一是“董永行孝”故事在图像呈现上的转变。随着作为“词”的故事在内容和情节上关注点的变化，在图像呈现上也发生了早期以“独居养父”为表现结构（画面为“董永、董永父、独轮车”）、后期以“卖身葬父，织女仙助”为表现结构（画面为“董永及飞升的仙女”）的转变过程，背后反映了不同时期人们对同一故事不同侧面的关注。蔡顺的故事亦然[2]。二是“孝堂山石祠”的名实问题[3]。在两千年历史发展过程中，孝堂山石祠由一个东汉时期二千石官员的墓祠，逐渐被“遗忘”—“命名”—“重命名”，最后成为公认的“郭巨祠”，甚至连其所在的山的名字也从“巫山”到“孝堂山”，不断被附会。“孝子郭巨”因为其广泛的知名度，则被赋予了一个具有实在景观的纪念物；而这座“无名”的祠堂，又因其知名度和古迹性，而被重新“命名”，以更响亮的“郭巨祠”名义而存在。可见，“词”的含义的易变性和“物”的含义的能动性。类似的例子还有郑岩对铁袈裟的解读[4]及其新近对秦始皇陵铜车马的重新阐释[5]、

1 赵宪章：《小说插图与图像叙事》，《文艺理论研究》2018 年第 1 期。

2 后晓荣、杨燚锋：《接受与挪用：蔡顺孝行故事流变研究》，《故宫博物院院刊》2018 年第 1 期。

3 杨爱国：《故事是如何生成的——以山东长清孝堂山郭氏墓石祠为例》，《社会科学战线》2016 年第 9 期。

4 郑岩：《山东长清灵岩寺“铁袈裟”考》，《从考古学到美术史——郑岩自选集》，上海人民出版社，2012，第 198—208 页。

5 郑岩：《机械之变——论秦始皇陵铜车马》，《文艺研究》2021 年第 3 期。

王子奇对“铜雀瓦砚”作为传世珍藏的艺术品塑造过程的探讨[1]。“物”的意义是被生活在特定社会文化情境中的人不断赋予的，并且因时流变，而学术研究不仅在于从科学角度的条分缕析、辨明事实，更在于能从人文角度深入历史当中去关怀人、理解意义。

如上文分析，从“词”的角度切入，通过《孝经》《孝子传》《二十四孝》等文本来探讨孝文化与“孝行”观念的塑造是比较传统的研究路径。作为“物”的“图像遗存”由于其表达信息能力上的有限性、与当代认知的距离性，在很长时期还停留在“是什么”的释读层次上，而并没有被充分发掘出它应有的研究价值。事实上，正如物质性理论所认为的，“图像遗存”在它的生产和使用中始终是与人发生着互动，它既具有表达人类思想观念的属性，也在其展示和营造的物质化“空间”或“场域”中塑造和影响人的观念。只不过，由于这些“物质遗存”所存在的“原境”已不存，考古学家得到的仅仅是一些碎片化的单元，要接近“真实”，需要“重构”的路很漫长。如巫鸿所言，“重构”有不同的层次。而且，对材料也有要求，消失太多的时候就不太容易把它原来的环境重构出来[2]。

五 结语

“孝行”观的构建其实是一个十分复杂的过程，既是一个主动构建的过程，也是一个不自觉地被时势所造就的过程；既是一个统治上层宣传教化的活动，也是社会在运行过程中自行生产和消费文化的过程。本文所尝试提出的“词”与“物”的两种建构逻辑只是一种试图简单化理解这一过程的方式。而且，在实际的分析中，我们会看到“词”与“物”的界限可能很模糊，“词”与“物”既是两种不同的建构逻辑，又是两种可以互补的表达方式；它们既相互独立，有自己的清晰界限，又相互纠缠，难解难分。最后，从目前研究实际来看，通过“图像遗存”来透视作为更高层次重构的“观念史”问题似乎还有很长的路要走，需要我们对古人观念形成过程和行为逻辑更深刻的理解和对物质遗存“原境”更高层次的重构。而这其中，仍然离不开对“词”和“物”关系的科学深究。既有涉及“词”的文献学考证、历史学分析、文学理解，还有来自对“物”的考古学探索、图像学阐释、风格学分析，更需要将“词”与“物”综合考虑的社会学、传播学和心理学的逻辑建

1 王子奇：《误会与想象——透过对“铜雀瓦砚”的认识谈艺术品的塑造》，《故宫博物院院刊》2020 年第 3 期。

2 巫鸿、朱志荣：《中国美术史研究的方法——巫鸿教授访谈录》，《艺术百家》2011 年第 4 期。

构，最终达到“理解古人”的目的。因此本文提出的以“词”与“物”两种宏观的思考方式去理解和阐释古代社会观念和文化构建过程的方法，目前仅提供一种思路上的探索。但这种基于考古遗存的多学科、多背景关联分析的方法，无疑可以拓宽我们对考古材料的研究范围和理解层次，也是我们将古代物质文化研究与思想文化研究相结合的路径。

孔雀考*

李兰芳（首都博物馆）

根据现代动物学的研究成果，孔雀属于鸡形目雉科，主要有蓝孔雀、绿孔雀两种[1]，都源于亚洲。蓝孔雀最初分布于印度和斯里兰卡，但在公元前便进入了欧洲。绿孔雀主要分布于我国滇西南、缅甸、孟加拉国、泰国、马来西亚和印度尼西亚的爪哇等地。[2] 关于历史时期的孔雀，已有学者予以关注。文焕然、何业恒、王子今、王守春的关注点主要集中在其分布与变迁，特别是龟兹是否有孔雀的问题。[3] 薛爱华则论及孔雀在风俗、宗教中的文化内涵，可惜着墨不多。[4] 以上研究颇有可采处，但有些观点值得商榷。孔雀蕴含的丰富历史、文化信息也尚待发掘。因此，笔者试图综合运用正史、笔记小说、诗赋、本草等文献，青铜器、敦煌壁画等考古材料以及现代动物学的研究成果，将人与孔雀“互动”的鲜活历史加以重绘。

一

孔雀生活在热带、亚热带地区，今云南、广西、江西、广东一带战国至西汉时期的考古资料中已经出现了大量孔雀的形

* 本文为国家社会科学基金项目“汉唐毒药问题研究”（批准号：21CZS076）阶段性成果。

1 1936 年科学家在刚果发现了另一类孔雀——刚果孔雀，其范围仅限于刚果（扎伊尔）境内，但也有人认为这种鸟不是孔雀。

2 郑作新等：《中国动物志·鸟纲》第 4 卷《鸡形目》，科学出版社，1978，第 186 页。

3 文焕然、何业恒：《中国历史时期孔雀的地理分布及其变迁》，文焕然等著，文榕生选编整理《中国历史时期植物与动物变迁研究》，重庆出版社，1995，第 163—172 页，原载于《历史地理》创刊号，上海人民出版社，1981。王子今：《龟兹“孔雀”考》，《南开学报》（哲学社会科学版）2013 年第 4 期。王守春：《新疆孔雀名物考与孔雀河名的由来》，《西域研究》2015 年第 2 期。

4 ［美］薛爱华：《朱雀：唐代的南方意象》，程章灿、叶蕾蕾译，生活·读书·新知三联书店，2014，第 478 页。［美］薛爱华：《撒马尔罕的金桃——唐代舶来品研究》，吴玉贵译，社会科学文献出版社，2016，第 260 页。

象。如云南昆明羊甫头墓地 M113 出土箭箙，有两相向孔雀，属西汉早期；[1] 云南江川李家山 M24 出土锥子，有线刻孔雀衔蛇图像，属战国末期至西汉中期；[2] 广西贵港深钉岭汉墓出土承盘，盘心刻四叶纹，四叶纹之间刻孔雀、瑞兽，外围菱形回纹，外区刻花树，左右孔雀，对舞纹；[3] 广东德庆新圩大辽山东汉墓出土案，内区中心刻一条大鲤鱼，鲤鱼的前后各刻一只孔雀；[4] 江西南昌海昏侯墓出土错金青铜当卢、铜节约刻有多个孔雀开屏图案（图 1）。[5] 这种现象不能不引起人们的注意。

在今云南中部及东部，西南少数民族曾在这里建立古王国——滇。它出现的时间不晚于战国末期，战国末至西汉早期臻于鼎盛，西汉中期以后开始衰落，西汉末至东汉初逐渐消失。而云南晋宁、昆明、

图1 江西海昏侯墓出土错金青铜当卢

1 云南省文物考古研究所、昆明市博物馆、官渡区博物馆编著：《昆明羊甫头墓地》（卷壹），科学出版社，2007，第 197 页。

2 云南省博物馆：《云南江川李家山古墓群发掘报告》，《考古学报》1975 年第 2 期。

3 蒋廷瑜：《汉代錾刻花纹铜器研究》，《考古学报》2002 年第 3 期。

4 同上注。

5 有学者认为是朱雀，如袁恩培、刘坤：《海昏侯墓出土青铜错金当卢研究》，《艺术设计研究》2017 年第 3 期。关于这一问题，笔者拟另外撰文讨论。

江川等地出现的孔雀形象当属于灿烂的滇国文化。狼追孔雀、孔雀开屏、孔雀衔蛇、豹嗜孔雀当是滇国地区生态环境的真实写照。这也说明当地有大量孔雀，远较今广西、江西、广东多，而古滇人对它们的生理特点、生活习性十分了解。文献中亦出现了关于孔雀的记载。传景差作《大招》云："孔雀盈园，畜鸾皇只。"[1] 西汉枚乘《七发》载："溷章白鹭，孔鸟鶤鹄，鹓雏䴔䴖，翠鬣紫缨。"[2] 司马相如《子虚赋》载："鹓雏孔鸾，腾远射干。"[3] 一般认为，这里的"孔鸟""孔"即指孔雀。

孔雀在南方虽然常见，但在中原地区当是罕见的珍禽。它逐渐进入中原人士的视野，与当时汉王朝经略南越国、西南夷有关。汉文帝初即帝位，命陆贾出使南越王，南越王"谨北面因使者献白璧一双，翠鸟千，犀角十，紫贝五百，桂蠹一器，生翠四十双，孔雀二双"。[4] 汉武帝建元六年（前135），唐蒙通过厚赐财物，使得夜郎及其周围部落表示归附，设犍为郡。后于元鼎五年（前112），汉破南越后以兵降服夜郎地区，设立牂柯郡、越嶲郡。元封二年（前109），汉武帝恩威并重，设益州郡，封滇国首领为滇王，进一步加强了对西南夷的控制。而汉王朝政治、军事上的征服活动是与交通建设同时进行的。设犍为郡后，"发巴蜀卒治道，自僰道指牂柯江"。[5] 为此，汉王朝付出了沉重的代价，"当是时，巴蜀四郡通西南夷道，戍转相饷。数岁，道不通，士罢饿离湿，死者甚众"。[6] 史书中虽然没有此时西南夷的孔雀流入中原的明确记载，但可以想见，孔雀作为殊方异物必然会随着日益畅通的道路辗转进入巴蜀、关中、关东地区。[7] 前引南越王进献方物之例也说明孔雀最初当是通过地方贡献的方式进入中原地区，尤其是上层社会的。汉学家薛爱华据《汉书》罽宾国孔雀的记载认为，"到了汉朝时，中国人就已经认为孔雀主要是一种西方的鸟"，此后由于南方的开发才发现南方的孔雀。[8] 汉武帝前关

1 王泗原：《楚辞校释》，中华书局，2014，第298页。

2 校记曰："孔鸟"，五臣本作"孔雀"，《类聚》作"鸳鸯"。费振刚、胡双宝、宗明华辑校《全汉赋》，北京大学出版社，1993，第18、24页。

3 （汉）司马迁：《史记》卷一一七《司马相如列传》，中华书局，1982，第3004页。

4 （汉）班固：《汉书》卷九五《西南夷两粤朝鲜传》，中华书局，1962，第3852页。

5 《史记》卷一一六《西南夷列传》，第2994页。

6 《史记》卷一一六《西南夷列传》，第2995页。

7 关于巴蜀通西南夷的交通建设，可参看王子今：《秦汉交通史稿》第九章《秦汉主要文化区的交通结构》（中国人民大学出版社，2013，第292—298页），《汉武帝"西夷西"道路与向家坝文化遗存》（《四川文物》2014年第4期，收入氏著《秦汉交通史新识》，中国社会科学出版社，2015，第150—165页）。

8 ［美］薛爱华：《撒马尔罕的金桃——唐代舶来品研究》，第260页。

图 2　江川李家山 M24 出土铜锥子

云南省博物馆：《云南江川李家山古墓群发掘报告》，《考古学报》1975 年第 2 期

于孔雀的各种记载表明，这种说法恐怕不能成立，是南方的绿孔雀首先进入中原汉人的视野，而非域外的蓝孔雀。

另外，与“孔雀主要是一种西方的鸟”的说法相一致，薛爱华还认为，孔雀“与蛇偶”的说法“很可能是某种神鸟征服黑暗精灵的印度神话在中国的变形”。[1] 印度确实流传着孔雀不惧毒蛇，吃了毒蛇不但不会被毒死，反而羽毛更加美丽的传说，梵语中孔雀的名字 mayura 意即“捕蛇鸟”。[2] 笔者也认为，“与蛇偶”的说法确与孔雀食蛇有关，大概是其叼住小蛇玩弄，未及时吃下的场面让人们产生了这种误解。但这种说法应源自中国南方，与印度神话关系不大。今云南地区很早就出现了孔雀衔蛇的形象。前引云南江川李家山 M24 出土铜锥子上有线刻孔雀衔蛇的图案，雕刻极为精致（图 2）。昆明羊甫头 M113 出土西汉早期漆木箭箙亦绘有孔雀衔蛇（图 3）。[3] 江川李家山墓地与昆明羊甫头墓地都是滇文化的代表，可见孔雀“与蛇偶”的说法当与滇文化有关，随着汉王朝实现对西南夷的征服，与孔雀一并传入中原。

至西汉中期，中央政府逐渐实现了对故南越国、西南夷地区的有效控制，交通亦更为便利，大量汉人由于种种原因徙居南疆，并与当地居民相互融合，当地的物产、风貌、习俗很快为中原人士所了解。此后，关于孔雀的记载也日益丰富。前引西汉桓宽称“南越以孔雀珥门户”。[4]《后汉书》亦载滇国“河土平敞，多出鹦鹉、

1　［美］薛爱华：《朱雀：唐代的南方意象》，第 478 页。

2　［英］克里斯蒂娜 · E. 杰克逊：《孔雀》，姚芸竹译，生活 · 读书 · 新知三联书店，2009，第 25 页。

3　云南省文物考古研究所、昆明市博物馆、官渡区博物馆：《昆明羊甫头墓地》（卷壹），第 241、242 页。

4　（汉）桓宽：《盐铁论校注》卷七《崇礼》，王利器校注，中华书局，1992，第 438 页。

孔雀”，[1] 哀牢出“孔雀、翡翠、犀、象、猩猩、貊兽”。[2] 四川成都大湾汉墓出土的铜樽（属西汉晚期至东汉早期）上立一鸟，尾羽上的眼状斑刻画得细致、逼真，当可认定为开屏孔雀。[3] 另外，河南三门峡也出土有东汉绿釉孔雀陶灯，以镂空的手法表现孔雀尾羽眼状斑，极富艺术性。[4] 三国时期，孔雀已经成为南方进献的常见物产，甚至数量颇大。《三国志》裴松之注引《江表传》载：“是岁魏文帝遣使求雀头香、大贝、明珠、象牙、犀角、玳瑁、孔雀、翡翠、斗鸭、长鸣鸡。”[5] 三国吴孙皓时，孙谓任交阯太守，察战邓荀至，“擅调孔雀三千头，遣送秣陵”。[6] 此时，还出现了以孔雀为题咏对象的赋。杨修《孔雀赋》云：“魏王园中有孔雀，久在池沼，与众鸟同列。其初至也，甚见奇伟，而今行者莫视。临淄侯感世人之待士，亦咸如此，故兴志而作赋，并见命及。遂作赋曰：有南夏之孔雀，同号称于火精。寓鹑虚以挺体，含正阳之淑灵。首戴冠以饬貌，爰龟背而鸾颈。徐轩翥以俯仰，动止步而有程。”[7] 可见，临淄侯曹植、杨修都曾作《孔雀赋》，不过曹植所作已经亡佚，仅有杨修的作品保存在《艺文类聚》中。从杨修的《孔雀赋》来看，生活在中原地区的有些曹魏贵族十分熟悉这一“南夏”之禽，已经失去了初见时的兴奋、新奇，甚至连看都不看一眼。此后，孔雀及孔雀制品也仍然是南方地区进献朝廷的贡品。南朝齐武帝年间，交趾人李叔献割据交州，后欲归降，遣使

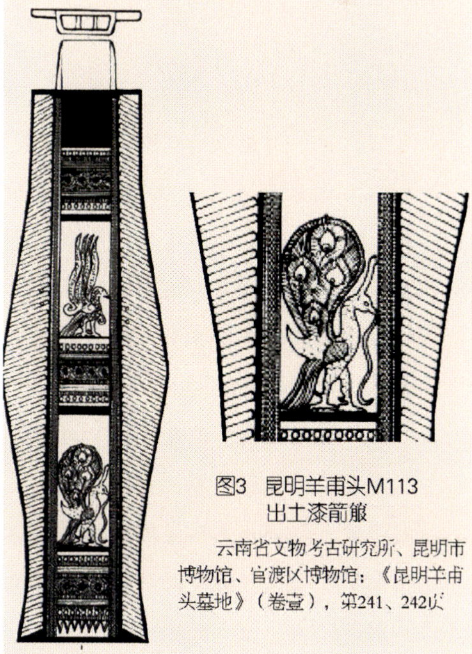

图3　昆明羊甫头M113出土漆箭箙

云南省文物考古研究所、昆明市博物馆、官渡区博物馆：《昆明羊甫头墓地》（卷壹），第241、242页

1　（南朝宋）范晔：《后汉书》卷八六《南蛮西南夷列传》，中华书局，1965，第2846页。

2　《后汉书》卷八六《南蛮西南夷列传》，第2849页。

3　现藏成都市博物馆。

4　现藏陕西历史博物馆。

5　（晋）陈寿：《三国志》卷四七《吴主传》，中华书局，1982，第124页。

6　（唐）房玄龄等：《晋书》卷五七《陶璜传》，中华书局，1974，第1558页。

7　（唐）欧阳询：《艺文类聚》卷九一《鸟部中·孔雀》，汪绍楹校，中华书局，1965，第1574页。

“献十二队纯银兜鍪及孔雀氈”。[1] 唐代爱州、演州、郡州均以孔雀尾为土贡。[2]

可以说，孔雀从边疆山野地区进入中原人士视野的渐进过程是中原王朝将南部边疆地区逐渐纳入自己行政统治的一个生动缩影。[3]

二

李时珍《本草纲目》引唐房千里《南方异物志》载：

> 孔雀，交趾、雷、罗诸州甚多，生高山乔木之上。大如雁，高三四尺，不减于鹤。细颈隆背，头戴三毛长寸许。数十群飞，栖游冈陵。晨则鸣声相和，其声曰都护。雌者尾短无金翠。雄者三年尾尚小，五年乃长二三尺。夏则脱毛，至春复生。自背至尾有圆文，五色金翠，相绕如钱。自爱其尾，山栖必先择置尾之地。雨则尾重不能高飞，南人因往捕之。或暗伺其过，生断其尾，以为方物。若回顾，则金翠顿减矣。山人养其雏为媒，或探其卵，鸡伏出之。饲以猪肠、生菜之属。闻人拍手歌舞，则舞。其性妒，见采服者必啄之。[4]

这段文字详细介绍了孔雀的地域分布、尺寸、形态、声音、雄雌之别、羽毛特点、生长周期、生活环境以及获取羽毛的方法、饲养技术等，严谨、有序，叙述方式已与现代动物志较为接近，且多与现代动物科学的认识一致，当建立在古人长期观察的基础之上。从史料来源看，关于孔雀的这些知识多渊源有自，唐代学者房千里也并非记录这些知识的第一人。东汉杨孚《异物志》曰：“孔雀，其大如雁而足高，毛皆有班文采。捕得畜之，拍手则舞”，又曰：“孔雀形体，员文，五色相绕如带，千钱文，长二三尺，头戴三毛长寸，以为冠。足有距，栖游冈陵，迎晨则鸣相和。”[5] 晋人张勃《吴录·地理志》曰：“交趾西子县多孔雀，在山草中。郡内及朱崖皆有之。”[6] 晋人刘欣期《交州

---

1 （南朝梁）萧子显：《南齐书》卷五八《东南夷传》，中华书局，1972，第1018页。

2 （唐）李吉甫：《元和郡县图志》卷三八《岭南道》，贺次君点校，中华书局，1983，第959、964、965页。

3 另外，据史书记载，古人认为除了上文所述今云南、广西、广东、越南北部地区，今塔里木盆地及中亚喀什米尔地区、伊朗高原、阿拉伯高原亦有孔雀分布。王子今认为龟兹曾有孔雀，王守春则提出《魏书》所载龟兹国的“孔雀”与《西域图志》中塔里木盆地的“鹦鹉”，实际上是被当地居民称为“Kum-tuche”的鸟，在现代鸟类分类系统中属于雀形目鸭科中的几种。笔者倾向王子今的观点，且认为西域孔雀可能是经丝绸之路南道从身毒、安息、条支等国引进，进行人工饲养的。

4 （明）李时珍：《本草纲目》卷四九《禽部·孔雀》，人民卫生出版社，1999，第2141页。

5 （宋）李昉等：《太平御览》卷九二四《羽部·孔雀》，中华书局，1960年影印本，第4104页。

6 《太平御览》卷九二四《羽部·孔雀》，第4104页。

记》曰："孔雀色青，尾长六七尺，能舒舞，足为节，出诸处。"[1]《埤雅》引晋人张华《博物志》云："孔雀尾多变色，或红或黄，喻如云霞，其色无定。人拍其尾则舞。尾有金翠，五年而后成。始生三年，金翠尚小。初春乃生，三四月后复凋，与花萼俱衰荣。雌者不冠，尾短，无金翠。人采其尾以饰扇拂。生取则金翠之色不减。南人取其尾者，握刀蔽于丛竹潜隐之处，伺过，急斩其尾，若不即断，回首一顾，金翠无复光彩。性颇妒忌，自矜其尾，虽驯养已久，遇妇人、童子服锦彩者必逐而啄之。每欲山栖，先择置尾之地，故欲生捕者候雨甚，往擒之，尾沾而重不能高翔，人虽至且爱其尾，不复骞扬也。"[2] 可见，在魏晋南北朝时期，人们已经对孔雀的生理特点、生活习性等有了较为全面的了解，只是记载较为零散，房千里的主要贡献在于将其进行系统性总结，但并无超出前人的新知。

而且，房千里没有记载孔雀受孕的情况。其实，关于这一问题，古人也已形成自己独特的认识，散见于诸典籍中。《埤雅》引南朝宋沈怀远《南越志》云："孔雀不必匹合，正以音影相接便孕，亦与蛇偶。"[3] 唐人段公路引张华《博物志》云："孔雀不匹偶，但音影相接，便有孕，如白鶂雄雌相视则孕。或曰，雄鸣上风，雌鸣下风亦孕。"[4] 唐人段成式《酉阳杂俎》则载："释氏书言，孔雀因雷声而孕。"[5] 这些说法十分荒诞，但仍然不断流传开来，且以"与蛇偶"影响最大。唐笔记小说《纪闻》载："卢肇住在京南海，见从事王轩有孔雀。一日奴告曰，'蛇盘孔雀，且毒死矣'，轩令救之，其走卒笑而不救，轩怒，卒曰，'蛇与孔雀偶'。"[6] 元人熊太古《冀越集记》云："孔雀虽有雌雄，将乳之时，登木哀鸣，有蛇即至与交，是以其胆、其血皆能伤人。"[7] 李时珍虽然对熊太古的说法提出了疑问，但又力图弥合诸说："熊太古言，孔雀与蛇交，故血、胆皆伤人；而日华及异物志言，其血与首，能解大毒，似不相合。按孔雀之肉既能解毒，何血独伤人耶？盖亦犹雉与蛇交时即有毒，而蛇伏蛰时即无毒

---

1 《太平御览》卷九二四《羽部・孔雀》，第 4104 页。

2 （宋）陆佃：《埤雅》卷七《释鸟・孔雀》，中华书局，1985，第 174—175 页。今人范宁辑录《博物志》佚文，"陆佃《埤雅》引"条仅有"孔雀尾多变色，或红或黄"数字（《博物志校证》，中华书局，2014，第 136 页）。

3 《埤雅》卷七《释鸟・孔雀》，第 176 页。其中，"正"或当为"止"，形近而误。《太平御览》卷九二四引《南越志》载："义宁县杜山多孔雀。为鸟不必匹合，止以音影相接便有孕。"（第 4104 页）

4 （唐）段公路：《北户录》卷一《孔雀媒》，中华书局，1985，第 2 页。

5 （唐）段成式：《酉阳杂俎校笺》前集卷一六，许逸民校笺，中华书局，2015，第 1129 页。

6 （宋）李昉等编：《太平广记》卷四六一《禽鸟・孔雀》，中华书局，1961，第 3775 页。

7 （元）熊太古：《冀越集记》，齐鲁书社，1995 年影印本，第 297 页。

图4 陕西西安东郊金乡县主墓出土骑马击腰鼓女俑

现藏西安博物院

之意耳。”[1] 关于孔雀神秘的受孕方式，后文还将论及。

总之，早在魏晋隋唐时期，人们对孔雀的生理特点、生活习性已有充分的认识，虽然这些认识或科学或荒诞。在此基础上，孔雀的使用价值也不断得到开发，如装饰、食用、药用等。

无与伦比的绚丽羽毛使装饰成为孔雀最大的用途。前引《南方异物志》将其有五彩眼状斑的尾羽称为“金翠”。《酉阳杂俎》载：“孔雀尾端一寸名珠毛。”[2] 前引诸书亦多载如何生获孔雀羽，将其作为装饰材料，可见人们对其喜爱和珍视。西汉桓宽称“南越以孔雀珥门户”，[3] 而据《新唐书》载，安南都护府郡州的主要土贡就是孔雀尾。[4] 由于人们的喜爱，孔雀形象的图案、装饰品也颇受青睐。唐金乡县主墓为我们提供了一个实例。1991年在西安东郊灞桥区新筑乡豁口出土了滕王元婴第二女金乡县主与其夫蜀州参军于隐的合葬墓，墓中有一组彩绘骑马伎乐女俑尤为精美。其中，骑马击腰鼓女俑“头戴孔雀冠，冠上孔雀翘首远眺，羽毛由天蓝、浅绿、红、黑诸彩绘成，颈下绒毛为白色，长而宽大的尾羽飘然垂下，覆于女俑的肩背部，孔雀美丽而逼真”。

1 《本草纲目》卷四九《禽部·孔雀》，第2142页。

2 《酉阳杂俎校笺》前集卷一六，第1100页。

3 （汉）桓宽：《盐铁论校注》卷七《崇礼》，王利器校注，中华书局，1992，第438页。

4 （宋）欧阳修、宋祁：《新唐书》卷四三下《地理志》，中华书局，1975，第1145页。

(图4)[1]。

孔雀及孔雀羽还逐渐成为高贵身份的象征。南朝宋孝武帝年间，诸大臣承孝武帝意改革诸王车服制度，即包括“槊毦不得孔雀白鹭”。[2] 据《旧唐书·职官志》载唐代尚辇局职掌，“凡大朝会，则伞二翰一，陈之于廷。孔雀扇一百五十有六，分居左右。旧翟尾扇，开元年初改为绣孔雀”[3]。由此可见，孔雀羽逐渐取代翟尾成为庄严的朝廷礼仪的重要标志，亦折射出皇权的威仪。此外，孔雀形象与官吏品级也产生了对应关系。唐文宗即位，“以四方车服僭奢，下诏准仪制令，品秩勋劳为等级”，“袍袄之制：三品以上服绫，以鹘衔瑞草，雁衔绶带及双孔雀”。[4] 产生变异的白孔雀又是重要的祥瑞。《宋书·符瑞志》载，南朝宋孝武帝大明五年（461）正月丙子，“交州刺史垣闳献白孔雀”。[5] 有时，孔雀甚至成为至高无上的帝位的隐喻。在昭示南朝齐武帝乃真命天子的诸多神迹中，就有孔雀羽的身影：“世祖年十三，梦举体生毛，发生至足。……又梦著孔雀羽衣。”[6] 另外，还有不少人以“孔雀”为名为字，比如北魏献文帝年间，有以侍中封濮阳王者名元孔雀，[7] 北魏太祖平文皇帝（追封，道武帝曾祖父拓跋郁律）第四子之孙，曾任领军、畿部都督、大司马的拓跋鸷字孔雀，[8] 北齐名将破六韩常之父名孔雀。[9] 北齐成皋王可那肱第二子亦名孔雀。[10]

另外，孔雀肉可食用。唐人孟琯《岭南异物志》曰：“交趾郡人多养孔雀，或遗人以充口腹，或杀之以为脯腊。”[11]《本草纲目》引《纪闻》云：“山谷夷人多食之，或以为脯腊，味如鸡、鹜，能解百毒。人食其肉者，自后服药必不效，为其解毒也。”[12] 可见，食肉也是饲养孔雀

1 西安市文物保护考古所、王自力、孙福喜编著：《唐金乡县主墓》，文物出版社，2002，第54页。

2 （南朝梁）沈约：《宋书》卷一八《礼志》，中华书局，1974，第521页。

3 （后晋）刘昫等：《旧唐书》卷四四《职官志》，中华书局，1975，第1866页。

4 《新唐书》卷二四《车服志》，第531页。

5 《宋书》卷二九《符瑞志》，第872页。现代动物科学认为，白孔雀是蓝孔雀的变异种。这或许可以说明今印度等地的蓝孔雀（或白孔雀）已通过便利的交通来到我国南部沿海地区。

6 （南朝梁）萧子显：《南齐书》卷一八《祥瑞志》，中华书局，1972，第353—354页。

7 （北齐）魏收：《魏书》卷六《显祖献文帝纪》，中华书局，1974，第126、128页；卷七《高祖孝文帝纪》，第136、142页。

8 《魏书》卷一四《高凉王孤附华山王鸷传》，第350、351页。

9 （唐）李百药：《北齐书》卷二七《破六韩常传》，中华书局，1972，第378页。

10 《北齐书》卷一九《高市贵传》，第254页。

11 《太平御览》卷九二四《羽族部·孔雀》，第4104页。

12 《本草纲目》卷四九《禽部·孔雀》，第2142页。

的重要目的，且由来已久。现代营养学研究认为，孔雀肉高蛋白、低脂肪、低胆固醇，营养价值高，肉味鲜美，民间有“水中老鳖，禽中孔雀”之说。不过，这种美食是否传入了中原，不得而知。

孔雀血、孔雀屎等具有一定的药用价值。梁陶弘景《名医别录》载：“孔雀矢，微寒。主治女子带下，小便不利。”[1] 此后医书多承此说。此外，宋唐慎微《重修政和经史证类备用本草》又载：“陶隐居云：出广、益诸州。方家不见用。唐本注云：孔雀，交、广有，剑南原无。臣禹锡等谨按陈藏器云：孔雀，味咸，无毒。日华子云：孔雀，凉，微毒。解药毒、蛊毒。血，治毒药，生饮良。粪，治崩中带下及可傅恶疮。衍义曰，孔雀尾不可入目，昏翳人眼。”[2] 《备用本草》记载最为详备，为《本草纲目》所承。据以上诸书，孔雀虽可入药，但均被列为药之下品，可见价值不大，亦不受医家欢迎。现在中医也已不将孔雀屎用于临床。[3]

三

除了装饰、食用、药用等实用价值，孔雀还逐渐进入人们的信仰世界。

前引景差《大招》云：“孔雀盈园，畜鸾皇只。”司马相如《子虚赋》：“鹓雏孔鸾，腾远射干。”扬雄《羽猎赋》：“玄鸾孔雀，翡翠垂荣。”[4] 三例中，孔雀都与鸾鸟并举。而鸾鸟是传说中凤凰类的神鸟，如《离骚》云：“鸾皇为余先戒兮，雷师告余以未具。”[5] 《淮南子》云：“羽嘉生飞龙，飞龙生凤皇，凤皇生鸾鸟，鸾鸟生庶鸟，凡羽者生于庶鸟。”[6] 这似乎表明孔雀已被归为神鸟类。左芬《孔雀赋》称孔雀“饮芳桂之凝露，食秋菊之落英”，[7] 则颇有些早期道教修炼求仙的意味。我国第一部神仙传《列仙传》记录了上古以来七十多人修道成仙的故事，其中萧史与祝鸡翁之事中都有孔雀：

---

1 （南朝梁）陶弘景：《名医别录》（辑校本），尚志钧辑校，尚元胜等整理，中国中医药出版社，2013，第240页。

2 （宋）唐慎微等：《重修政和经史证类备用本草》，陆拯等校注，中国中医药出版社，2013，第1109页。

3 陈虹、刘小斌：《〈新修本草〉中有关岭南医药文献资料的整理》，《广州中医药大学学报》2009年第6期。

4 《汉书》卷八七上《扬雄传》，第3550页。

5 王泗原：《楚辞校释》，中华书局，2014，第46页。

6 刘文典：《淮南鸿烈集解》卷四《地形训》，冯逸、乔华点校，中华书局，2013，第186页。

7 （唐）欧阳询：《艺文类聚》卷九一《鸟部中·孔雀》，汪绍楹校，第1575页。

萧史者，秦穆公时人也。善吹箫，能致孔雀白鹤于庭。穆公有女字弄玉好之，公遂以女妻焉。日教弄玉作凤鸣，居数年，吹似凤声，凤凰来止其屋，公为作凤台，夫妇止其上，不下数年。一日，皆随凤凰飞去，故秦人为作凤女祠于雍宫中，时有箫声而已。[1]

祝鸡翁者，洛人也。居尸乡北山下，养鸡百余年，鸡有千余头，皆立名字。暮栖树上，昼则散之。欲引，呼名即依呼而至。卖鸡及子，得千余万，辄置钱去之吴。作养鱼池。后升吴山，白鹤孔雀数百，常止其傍云。[2]

虽然孔雀、白鹤一则出现于萧史、弄玉成仙前，一则出现于祝鸡翁吴山升仙后，但两个故事都选择孔雀、白鹤这组意象，不能不说明孔雀已经超越了世俗世界珍禽的范畴，成为具有神秘色彩的仙界神鸟。另外，有学者研究认为，《孔雀东南飞》中的刘兰芝是坚定的道教徒，其种种行为说明她欲用尸解成仙的方式追寻与焦仲卿的爱情，反映了道教信仰对人们生活的重要影响。[3] 如果这一看法成立，那么《孔雀东南飞》的作者选择孔雀这一意象似乎也并非偶然，当与孔雀在道教中代表仙界有关。

孔雀成为仙界的代表，除了美丽、稀少、来自远方等，或许还与它的受孕方式有关。如前所引，古人认为孔雀“不必匹合，正以音影相接便孕，亦与蛇偶”，“雄鸣上风，雌鸣下风亦孕”，“因雷声而孕”。这几种说法既荒诞不经又充满灵异色彩，尤其是“雄鸣上风，雌鸣下风亦孕”。不只是孔雀，这还是其他数种动物受孕的方式。《庄子》载：“虫，雄鸣于上风，雌应于下风而化。”[4] 《淮南子》曰：“螣蛇雄鸣于上风，雌鸣于下风而化成形，精之至也。”[5] 可见，这种说法由来已久，孔雀以此方式受孕的认识亦当源于此。此后，成书于唐宋年间的《禽经》云，“鹤以声交而孕，雄鸣上风，雌承下风则孕”，[6] 是其余绪。已有学者注意到这一问题，如李国华引用《禽经》鹤之例，认为“鹤自相交配，是生之化身，似乎从无死亡之举，是长寿的神物”。[7] 宋雄华认为这是怪诞的两性同体现象的一

1　王叔岷：《列仙传校笺》，中华书局，2007，第 80 页。

2　《列仙传校笺》，第 85 页。

3　余康：《〈孔雀东南飞〉中的道教因素》，《史林》2016 年第 2 期。

4　（清）王先谦：《庄子集解》卷四《天运》，中华书局，1987，第 130 页。

5　《淮南鸿烈集解》卷二〇《泰族训》，第 812—813 页。

6　《禽经》，文渊阁《四库全书》，第 847 册，台湾商务印书馆，1986 年影印本，第 683 页。

7　李国华：《浅析汉画像石关于祭祀仪礼中的供奉牺牲》，《中原文物》1994 年第 4 期。

种叙述方式，与《山海经》所载“有鸟焉，其状如雌雉，而五采以文，是自为牝牡，名曰象蛇”相类。[1] 胡司德亦引诸例，认为是物种界线漫漶不清的一种情形。[2] 以上不同角度的论述都有一定道理，而笔者以为与孔雀具有同样受孕方式的动物，除虫是类称外，螣蛇、鹤作为具体的动物，或是虚构的神兽或虽客观存在亦被赋予了神性。而孔雀等生物仅借助自然风力，不依靠普通的交配行为受孕意味着突破常规法则的神秘力量。这或许说明，奇异的受孕方式为其从人们的世俗生活进入信仰世界构建了一座桥梁。

图5 敦煌莫高窟428窟人字披的孔雀与花卉

段文杰主编：《中国敦煌壁画全集》3《敦煌北周》，天津人民美术出版社，2006，图版第87页

不过，孔雀在早期道教神仙信仰世界中的地位似乎并不很高，也未受到人们的大肆渲染与追捧。笔者怀疑，这或许与神鸟凤鸟以孔雀为原型有关。凤鸟一直拥有崇高的地位，受到人们的推崇，而孔雀则因缺乏源自上古的信仰理论基础，只能为它鸟作嫁衣。[3]

与道教不同，佛教赋予了孔雀更丰富的内涵。[4] 敦煌石窟壁画中即有孔雀的形象。北魏257窟窟顶装饰有网状孔雀尾花连续纹。[5] 北周428窟人字披后坡图案中绘有两只惟妙惟肖的孔雀（图5）[6]。隋401窟窟顶方井边框绘孔雀联珠纹，孔雀

---

1 宋雄华：《怪诞的两性同体形象的多维观照》，《中南民族大学学报》（人文社会科学版）2012年第2期。

2 ［英］胡司德：《古代中国的动物与灵异》，蓝旭译，江苏人民出版社，2016，第217页。

3 关于凤鸟，大部分学者认为他是集多种鸟类华丽外貌特征于一身的产物，其中也包括孔雀。笔者认为汉代凤鸟最主要的原型就是孔雀。将孔雀最明显的特征尾羽眼状斑及“戴三毛长寸”与丰富的汉画像石资料中的凤鸟形象稍加比较便可发现。关于这一问题，笔者拟另外撰文讨论。

4 可参考梁山：《孔雀与六到十二世纪的东亚外交世界——以中日两国为中心》，《古代文明》2017年第3期。

5 段文杰主编：《中国敦煌壁画全集》1《敦煌北凉·北魏》，天津人民美术出版社，2006，图版第171页。

6 段文杰主编：《中国敦煌壁画全集》3《敦煌北周》，天津人民美术出版社，2006，图版第87页。

为正面，头上有冠，展翅，翅尾开屏。[1]吐蕃统治敦煌时期的榆林窟25窟南壁为观无量寿经变，作为画面主体的极乐世界中有共命鸟与孔雀（图6）。[2]

不过，佛教重孔雀与本土文化关系不大，当是受印度文化的影响。其原型亦为印度蓝孔雀，而非本土绿孔雀。印度是蓝孔雀的故乡，流传着很多关于孔雀的传说。在佛教中，孔雀明王、阿弥陀佛的坐骑均为孔雀，且孔雀明王与穰麌梨童女第二手均执三五茎孔雀尾。无论是孔雀座还是执孔雀尾都与孔雀能食毒虫有关。“孔雀以食毒虫维持性命，阿弥陀佛也如是断除众生所造恶毒之罪，令其成证常住不坏之寿命，故以孔雀为座。三茎之孔雀尾，表征拂三毒使其证三部如来；五茎之孔雀尾，表拂去五识烦恼，令其得证如来五智圆觉之果。”[3] 孔雀明王故事亦与此相关。据《孔雀明王经》载，比丘莎底出家不久，被大黑蛇咬伤。阿难陀见他痛苦，急忙赶往佛所，佛告诉阿难陀，孔雀明王大陀罗尼有大威力，能灭诸毒。并告诉阿难陀，从前有金曜孔雀王住在雪山，诵咒自护。一时忘诵大孔雀王咒，和众多孔雀在山林中游戏时被捕获。但一诵此咒，便得解脱。

图6 榆林窟25窟南壁的共命鸟与孔雀

段文杰主编《中国敦煌壁画全集》7《敦煌中唐》，天津人民美术出版社，2006，图版第87页

另外，在佛教世界中，孔雀还是著名的音乐鸟，能发出美妙音声，如动听的音乐，使诸天人欣喜欢悦，使民众回心向善。佛经多有关于音乐鸟的描述，如《增壹阿含经》云：

闻如是：一时，佛在舍卫国祇树

1 段文杰主编：《中国敦煌壁画全集》4《敦煌隋代》，天津人民美术出版社，2006，图版第154页。图案描述见于关友惠：《敦煌装饰图案》，华东师范大学出版社，2010，第88页。

2 段文杰主编：《中国敦煌壁画全集》7《敦煌中唐》，天津人民美术出版社，2006，图版第87页。

3 全佛编辑部编：《佛教的动物》，中国社会科学出版社，2003，第254页。

给孤独园。

尔时，世尊告诸比丘："比丘当知：有此四鸟。云何为四？或有鸟声好而形丑，或有鸟形好而声丑，或有鸟声丑形亦丑，或有鸟形好声亦好。

"彼云何鸟声好而形丑？拘翅罗鸟是也，是谓此鸟声好而形丑。彼云何鸟形好而声丑？所谓鸷鸟是也，是谓此鸟形好而声丑。彼云何鸟声丑形亦丑？所谓兔枭是也，是谓此鸟声丑形亦丑。复有何鸟声好形亦好？所谓孔雀鸟是也，是谓此鸟声好形亦好。是谓，比丘！有此四鸟，当共觉知。"[1]

可见，孔雀是声好形亦好的代表，是地位显赫的音乐鸟。关于这一问题，已有学者详论，不再赘述。[2] 但是，其他很多文献都有关于孔雀叫声的描写，如《中国动物志》称："鸣声洪亮，响彻山谷；声粗厉单调，不很悦耳。叫声似'ga-wo，ga-wok'，有时似'gaooa-woook'，带有颤音。当搏斗或逃避敌害时，发出急遽洪亮的尖叫声。"[3] 谢恺舟等著《孔雀》一书称，雄孔雀求偶时，高声鸣叫"格噢，格噢"。[4] 前引《南方异物志》载："晨则鸣声相和，其声曰都护。"克里斯蒂娜著《孔雀》称，在西方，孔雀由于嗓音粗糙而常被比作魔鬼。[5] 总之，在这些描述中，孔雀的叫声都与悦耳动听毫无关系。而在来自印度的佛教中，它却成为音乐鸟的代表，这不能不让人惊奇于不同地域文化差异之大。

通过梳理，我们可以发现无论是人们对孔雀生物特性的认识，对孔雀实用价值的开发，还是孔雀在佛、道文化中被赋予特殊意义，魏晋南北朝都是一个重要时期。这不是一种偶然。正如朱渊清说，"汉经学时代之后，学术丕变。一种新的流行是讲求广征博物"，[6] 博物学家面向自然，崇尚实践，而广大南方地区的开发使得以前少见的殊方异物进入人们的生活，为博物学的发展提供了丰富的素材。而关于"南客"孔雀知识的迅速丰富，正是在这一背景下产生的。可以说，孔雀是这个时代博物学流行的一个生动注脚。余欣说："重建中古时代博物学图景的构想虽然很大，但是我们并不是把它作为一

1 《增壹阿含经》卷一七《四谛品》，中国佛教文化研究所点校，宗教文化出版社，1999，第267页。

2 计晓云：《汉译佛典中音乐鸟及其形象研究》，《三峡论坛》2015年第3期。

3 郑作新等：《中国动物志·鸟纲》第4卷《鸡形目》，科学出版社，1978，第190页。

4 谢恺舟、戴国俊、刘马根编著：《孔雀》，上海科学技术出版社，2002，第19页。

5 ［英］克里斯蒂娜·E. 杰克逊：《孔雀》，第45页。

6 朱渊清：《魏晋博物学》，《华东师范大学学报》（哲学社会科学版）2000年第5期。

个虚浮的理论框架来建设，也没有立即着手从整个知识传统来讨论，而是希望能以个案研究的方式接近上述理念。”[1] 这篇文章正是受其启发进行的个案研究。笔者不厌其烦地考辨古人孔雀知识的方方面面，正是力图展示人与孔雀“互动”的瑰丽画卷。不过，关于孔雀的话题尚未结束。它与朱雀、凤鸟的关系还值得讨论，在佛教中的形象仍有发掘的空间，而印度孔雀如何传入欧洲，中国、印度、欧洲孔雀文化的差异与融合等问题也值得关注。

1 余欣：《芜菁考——中国古代博物学构筑试笔》，《文史》2011 年第 1 辑，收入氏著《中古异相：写本时代的学术、信仰与社会》（上海古籍出版社，2015，第 245 页），有改动。

四

地图研究

明清时期“云南全省舆图”的绘制研究*

孔庆贤（云南大学历史与档案学院）

一　问题的提出

明清时期留存下来的传统舆图不仅数量庞大，而且种类繁多，政区舆图无疑是其中一个非常重要的组成部分。以往有关政区舆图的研究，关注较多的是那些绘制较为“准确”或是体现了“科学性”抑或是比较有影响力的全国总图（集）[1]，研究的内容涉及图面内容、版本、绘制者、绘制技术等方面。当然，以往的研究中也有一些对方志或是刻本的分省政区图的研究[2]，研究的内容与全国总图大体一致。总体来看，以往有关分省舆图的研究，在类型上关注较多的还是单幅的绘本地图或是方志中的少量舆图，在时间上则以清代的分省舆图研究为主。

具体到“云南全省舆图”[3]的研究，最早可以追溯到20世纪三四十年代，以方豪先生为代表，其主要是从中国天主教史和中外交通史的角度对清代云南地区测绘资料进行的整理和研究。近年来有关

* 本成果得到2021年度云南省教育厅科学研究基金研究生类项目（2021Y087）资助。

1 如康熙《皇舆全览图》《禹迹图》《历代地理指掌图》《广舆图》等；近年来这样的趋势有所改变，如成一农的研究即主要关注刻本地图中的全国总图，参看成一农汇编：《中国古代舆地图研究》，中国社会科学出版社，2018；成一农：《“十五国风”系列地图研究》，《安徽史学》2017年第5期；成一农：《宋元日用类书〈事林广记〉〈翰墨全书〉中所收全国总图研究》，《中国史研究》2018年第2期；等等。

2 如袁长江：《山西古舆图叙录》，《晋图学刊》2002年第4期；徐艳磊：《宁夏舆图研究》，宁夏大学，硕士学位论文，2013；柳传堆：《福建省域与福建舆图史话》，《福建史志》2017年第2期；周里玲：《图绘江西》，南昌大学，硕士学位论文，2018；张英聘：《明代贵州省志舆图编绘与特点》，《贵州文史丛刊》2020年第1期；等等。

3 本文研究中的“云南全省舆图”是指表现古代云南全部地域范围的舆图，并不包括分府、分县舆图。当然，在明清时期并无“云南省”这样的名称，下文表1中地图的名称也可证明这一点。但为行文方便，本文即以“云南全省舆图”代称之。

"云南全省舆图"的研究，如覃影、白鸿叶的《〈云南全省舆图〉稿本及其奏报问题考辨》[1] 和《〈云南全省舆图〉稿本的数据流向研究》[2] 两文，主要关注的还是"云南全省舆图"的资料来源和史料价值。当然，也有文章探讨了云南舆图绘制的近代化转型，如刘增强的《近代化进程中云南地理志舆图演变》一文即选取清代 8 种地理志中的云南舆图作为研究对象，从舆图的疆界轮廓、表现的内容以及符号化水平、方位比例准确性等方面进行比较研究，认为"清代云南舆图的疆界观念发生了从模糊到清晰的转变，表现的内容越来越精简，符号化水平及准确性也在逐步提高，反映了清代云南方志地图的绘图风格是一个逐步走向近代化的过程"[3]。

然而，单幅的绘本地图或是方志中少量的地图并不具有普遍的代表性，对这类图的研究显然不能够完整的呈现中国古代传统舆图绘制的一般面貌。基于此，本文即主要以四库系列古籍和明清时期云南地方志中收录的一系列"云南全省舆图"为研究对象，并与康雍乾测绘地图中的"云南"部分以及少量笔者能够寓目的彩绘本"云南全省舆图"进行比较研究，以期能够重新认识康雍乾实测地图之于中国古代地图绘制的影响。

二　明清时期"云南全省舆图"的谱系

表 1 是笔者从《景印文渊阁四库全书》《四库全书存目丛书》《续修四库全书》《四库未收书辑刊》和《四库禁毁书丛刊》[4] 以及明清时期 10 部云南地方志中搜集到的"云南全省舆图"。需要说明的是，由于笔者目力所及，以及其他一些原因，本文搜集到的"云南全省舆图"必然不全。且由于古地图成图年代的断定是非常困难的，尤其是古籍和方志中作为插图的地图。因此在本文的研究中，除那些明确知晓其绘制年代的地图以外，其他地图都以收录该地图的书籍的成书时间进行排序，以便于研究。

1　覃影、白鸿叶：《〈云南全省舆图〉稿本及其奏报问题考辨》，《文津学志》2011 年。

2　覃影、白鸿叶：《〈云南全省舆图〉稿本的数据流向研究》，《文津学志》2013 年。

3　刘增强：《近代化进程中云南地理志舆图演变》，《咸阳师范学院学报》2017 年第 2 期。

4　《景印文渊阁四库全书》，台湾商务印书馆，2008；《四库全书存目丛书》，齐鲁书社，1997；《续修四库全书》，上海古籍出版社，2013；《四库禁毁书丛刊》，北京出版社，1997；《四库未收书辑刊》，北京出版社，1997。

表 1 明清时期“云南全省舆图”一览

序号	书名	图名	出处
1	明，陈文等纂修，景泰《云南图经志书》	云南地里至到之图	《续修四库全书》史部第 681 册
2	明，周季凤纂修，正德《云南志》	云南地理之图	《天一阁藏明代方志选刊续编》第 70、71 册
3	明，罗洪先撰，《广舆图》初刻本	云南舆图	《续修四库全书》史部第 586 册（著录为胡松刻本，但从内容来看应当为初刻本）（初刻本刊于 1555 年）
4	明，桂萼撰，《广舆图叙》	云南图	《四库存目丛书》史部 166 册，上海图书馆藏明嘉靖四十五年（1566）李廷观刻
5	明，何镗辑，《修攘通考》	云南舆图	《四库存目丛书》史部 225 册，北京师范大学图书馆藏明万历六年（1578）自刻本
6	明，陶承庆校正，叶时用增补，《大明一统文武诸司衙门官制》	云南舆地图	《续修四库全书》史部第 748 册；《四库存目丛书》史部 260 册，中国社会科学院近代史研究所图书馆藏明万历十四年（1586）宝善堂刻本
7	明，张天复撰，《皇舆考》	云南图	《四库存目丛书》史部 166 册，北京大学图书馆藏明万历十六年（1588）张天贤遐堂刻本
8	明，王圻辑，《三才图会》	云南舆图	《续修四库全书》子部第 1233 册；《四库存目丛书》子部 190 册，北京大学图书馆藏明万历三十七年（1609）刻本
9	明，程百二撰，《方舆胜略》	云南舆图	《四库禁毁书丛刊》史部 21 册，北京大学图书馆藏明万历三十八年（1610）刻本
10	明，章潢撰，《图书编》	云南各郡诸名山总图	《文渊阁四库全书》子部 968—972 册，成书于万历四十一年（1613）
11	明，章潢撰，《图书编》	云南图	《文渊阁四库全书》子部 968—972 册，成书于万历四十一年（1613）
12	明，王鸣鹤辑，《登坛必究》	云南形势图	《续修四库全书》子部第 960、961 册；《四库禁毁书丛刊》子部 34、35 册，北京大学图书馆藏明万历（1573—1620）刻本
13	明，王鸣鹤辑，《登坛必究》	云南方舆图	《续修四库全书》子部第 960、961 册；《四库禁毁书丛刊》子部 34、35 册，北京大学图书馆藏明万历（1573—1620）刻本
14	明，李中溪纂修，万历《云南通志》	云南布政司总图	中国西南文献丛书编委会编：《中国西南文献丛书》第一辑，西南稀见方志文献第二十一卷，据民国二十三年（1934）龙氏灵源别墅重印本影印

续表

序号	书名	图名	出处
15	明，茅元仪辑，《武备志》	云南形势图	《续修四库全书》子部第963—966册；《四库禁毁书丛刊》子部25、26册，北京大学图书馆藏明天启（1621—1627）刻本
16	明，茅元仪辑，《武备志》	云南方舆图	《续修四库全书》子部第963—966册；《四库禁毁书丛刊》子部25、26册，北京大学图书馆藏明天启（1621—1627）刻本
17	明，程道生撰，《舆地图考》	云南舆图	《四库禁毁书丛刊》史部72册，上海图书馆藏明天启（1621—1627）刻本
18	明，刘文征纂修，天启《滇志》	云南布政司总图	《续修四库全书》史部第681册
19	明，张卤辑，《皇明制书》	云南地理之图	《续修四库全书》史部第788册
20	明，朱国达撰，《地图综要》	云南分里图	《四库禁毁书丛刊》史部18册，北京师范大学图书馆藏明末朗润堂刻本
21	清，潘光祖、李云翔撰，《汇辑舆图备考》	云南省图	《四库禁毁书丛刊》史部21册，北京师范大学图书馆藏清顺治（1644—1661）刻本
22	清，朱约淳撰，《阅史津逮》	云南舆图	《四库存目丛书》史部173册，中国科学院图书馆藏清初彩绘钞本
23	清，傅禹辑，《武备志略》	云南形势图	《四库存目丛书》子部35册，北京大学图书馆藏清康熙十五年（1676）刻本
24	明，陆应阳撰；清，蔡方炳增辑，《广舆记》	云南省	《四库存目丛书》史部173册，湖南图书馆藏清康熙五十六年（1717）聚锦堂刻本；《四库禁毁书丛刊》史部18册，山东省图书馆藏清康熙（1662—1722）刻本
25	清，范承勋、王继文修，吴自肃、丁炜纂，康熙《云南通志》	总图	《中国地方志集成·省志辑·云南》，凤凰出版社，2009
26	清，施永图撰，《武备地利》	云南总图	《四库未收书辑刊》5辑10册，清雍正（1723—1735）刻本；《四库禁毁书丛刊》子部28、29册，《武备天文、水火攻、地利》，北京大学图书馆藏清（1644—1911）刻本
27	清，鄂尔泰修，靖道谟纂，雍正《云南通志》	云南全省舆图	《文渊阁四库全书》史部569、570册，成书于乾隆元年（1736）

续表

序号	书名	图名	出处
28	清，鄂尔泰、张廷玉等奉敕撰，董诰等奉敕补，《钦定授时通考》	云南全省图	《文渊阁四库全书》子部 732 册
29	清，允祹等奉敕撰，《钦定大清会典》	云南全图	《文渊阁四库全书》史部 619 册
30	清，和珅等奉敕撰，《钦定大清一统志》	云南全图	《文渊阁四库全书》史部 474—483 册
31	清，于光华撰，《心简斋集录》	云南全图	《四库未收书辑刊》5 辑 14 册，清乾隆三十五年（1770）尊闻堂刻本
32	清，洪亮吉撰，《乾隆府厅州县图志》	云南全图	《续修四库全书》史部第 625—627 册
33	清，穆彰阿、潘锡恩等纂，《嘉庆重修一统志》	云南全图	《续修四库全书》史部第 613—624 册
34	清，李明彻撰，《圜天图说》以及续编	云南全图	《四库未收书辑刊》4 辑 26 册，清嘉庆二十四年（1819）松梅轩刻，道光元年（1821）松梅轩续刻本
35	清，阮元、伊里布修，王崧、李诚纂，道光《云南通志稿》	云南全省舆图	道光十五年（1835）刻本
36	清，李兆洛撰，《历代地理志韵编今释》	云南	《续修四库全书》史部第 294 册
37	清，吴其濬撰，徐金生绘，《滇南矿厂工器图略》	云南舆图	《续修四库全书》史部第 880 册，成书于道光二十四年（1844）
38	清，昆冈等修，刘启端等纂，《钦定大清会典舆图》	云南省全图	《续修四库全书》史部第 795—797 册
39	清，师范编纂，《滇系》	云南舆地图	光绪丁亥（1887 年）云南通志局刊本
40	清，汪紱撰，《戊笈谈兵》	云南	《四库未收书辑刊》10 辑 8 册，清光绪二十年（1894）刻本
41	清，岑毓英修，光绪《云南通志》	云南全省舆图	光绪二十年（1894）刻本
42	清，王文韶等修，唐炯等纂，光绪《续云南通志稿》	云南省总舆图	光绪二十七年（1901）刻本

根据图面内容和整体轮廓的相似程度，大致可以将表 1 中的“云南全省舆图”分为四个主要的类型（谱系）。

（一）景泰《云南图经志书》“云南地里至到之图”谱系

景泰《云南图经志书》“云南地里至到之图”（图 1）：方向上南下北，用传统形象画法描绘云南境内的河流、湖泊，并着重突出云南府的府治，滇池略呈椭圆形的“锁”状倒悬于云南府治之南，西南方向绘有南海。图中以“四至八到”标注云南省的地域范围，地物的形状变形明显、方位也不准确，没有明确的边界线和省域轮廓。

与此类似的地图有：正德《云南志》“云南地理之图”、万历《云南通志》“云南布政司总图”、天启《滇志》“云南布政司总图”以及康熙《云南通志》“总图”4 幅地图。

图1 景泰《云南图经志书》“云南地里至到之图”

与景泰《云南图经志书》“云南地里至到之图”不同的是，这4幅地图的方向都为上北下南，且在一些具体的绘制细节上存在差异，如正德《云南志》“云南地理之图”中的洱海呈横“S”形；万历《云南通志》“云南布政司总图”中着重突出金沙江，滇池略呈西北东南向的“椭圆”形，洱海呈“弯月”形；天启《滇志》“云南布政司总图”相较于前两图的变化较大，但总体轮廓基本一致，康熙《云南通志》“总图”的绘制与此类似。

（二）《广舆图》初刻本“云南舆图”谱系

罗洪先《广舆图》初刻本“云南舆图”（图2）：方向上北下南，图中绘有方

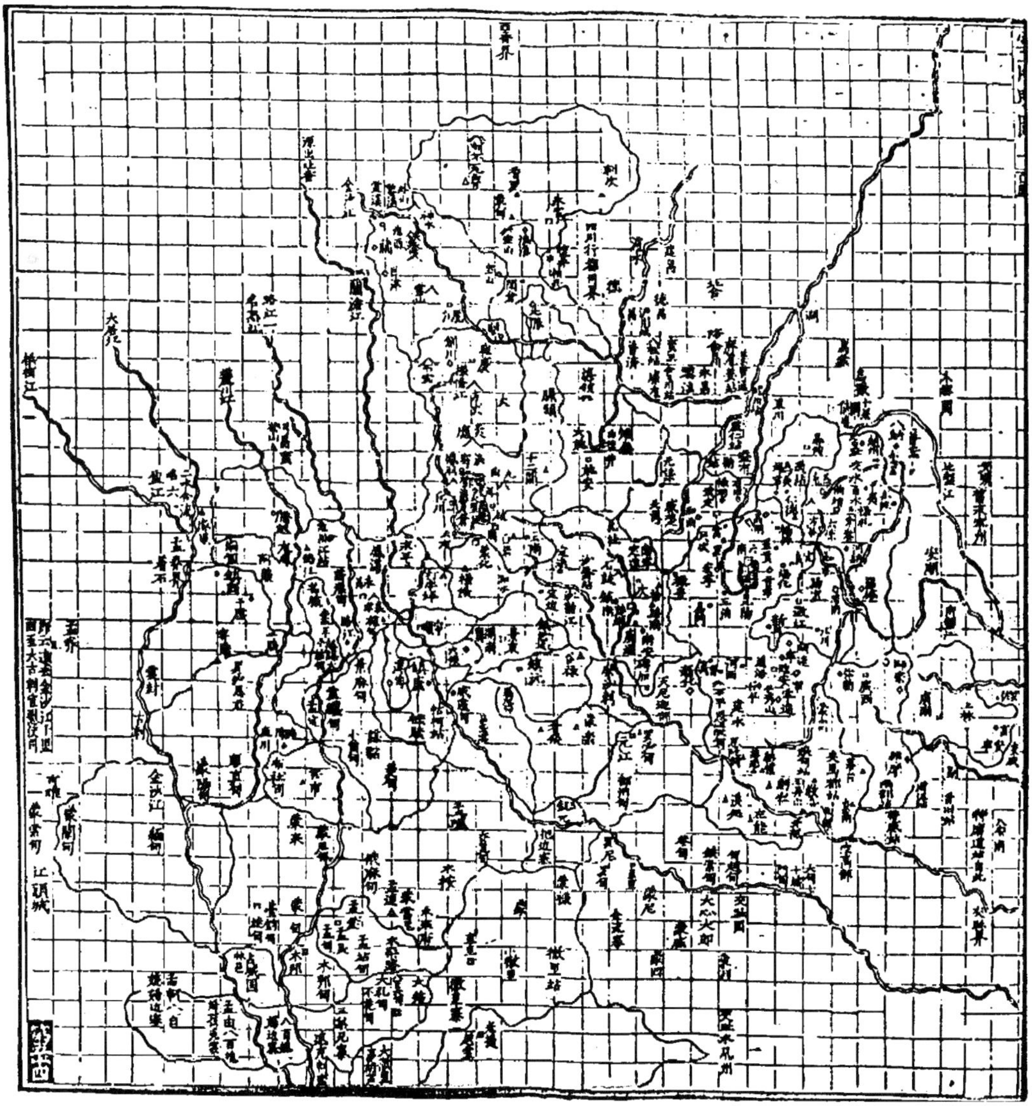

图2 《广舆图》初刻本“云南舆图”

格网（即“计里画方”），标注“每方百里”，并着重突出澜沧江、金沙江、潞江、槟榔江等流经云南的河流，以小圆圈表示政区治所，旁边标注相应的政区名称，以黑色三角符号表示山、祠、关隘等地理和人文要素。图中表现的云南省地域范围：东至旧永宁州、龙州、安成、交趾界；南至老挝、林邑和八百媳妇、占城国；西至孟养、缅甸；北至西番界。总体来看，图中云南的省域轮廓仍较为模糊，没有明确的边界线，且澜沧江的流向和金沙江的发源都明显是错误的。

与此类似的地图有：《修攘通考》“云南舆图”、《大明一统文武诸司衙门官制》“云南舆地图”、《登坛必究》“云南方舆图”、《三才图会》“云南舆图”、《方舆胜略》“云南舆图”、《图书编》“云南各郡诸名山总图”、《武备志》“云南方舆图”、《汇辑舆图备考》“云南省图”、《地图综要》“云南分里图”、《阅史津逮》“云南舆图”、《广舆记》“云南省”、《武备地利》“云南总图”和《戍笈谈兵》“云南”13幅地图。

这些图之间的差异主要表现在不同地理要素的画法、图面注记的多少以及“画方”的有无等方面。此外，在其他一些具体的绘制细节上，不同的地图之间也存在差异。

（三）《皇舆考》“云南图”谱系

《皇舆考》“云南图”（图3）：方向

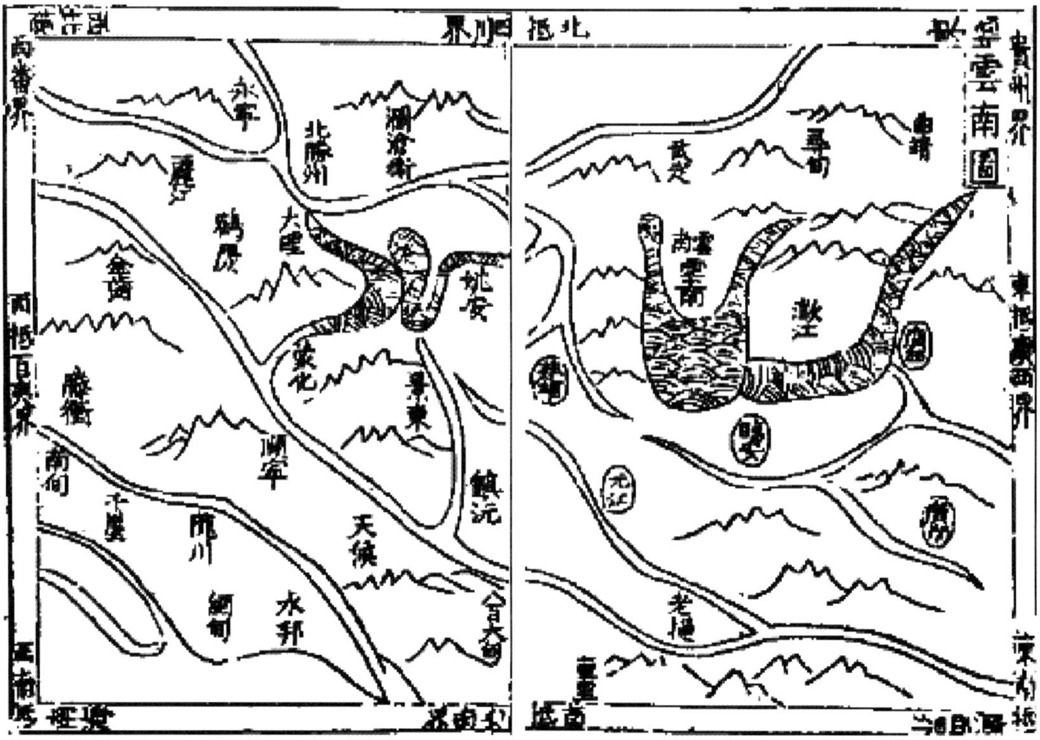

图3　《皇舆考》“云南图”

上北下南，用传统形象画法绘制云南境内的河流、湖泊，并以折线表示山脉的形状和走向，滇池略呈“U”形并与条状的抚仙湖相连，洱海则呈两个“半月”拼合的形状。图中以“四至（抵）八到（抵）”的形式表示云南的地域范围，并标注有重要的地名。总体而言，地图的绘制较为粗略，类似于示意图的性质，图中滇池、洱海的表现以及不同地名方位的变形错位较大，图幅所呈现的云南省域轮廓亦不甚清晰。

与此类似的地图有：《广舆图叙》“云南”、《皇明制书》“云南地理之图”、《登坛必究》“云南形势图”、《图书编》“云南图”、《武备志》“云南形势图”、《舆地图考》“云南舆图”以及清代《武备志略》中的“云南形势图”7幅图。

从这类地图的内容来看，不同地图之间仅在某些具体细节的绘制上存在差异，且其重点在于突出云南的地理形势，因此称之为“云南形势图”当更为合适。

（四）雍正《云南通志》“云南全省舆图”谱系

雍正《云南通志》“云南全省舆图”（图4）：方向上北下南，图中主要表现云

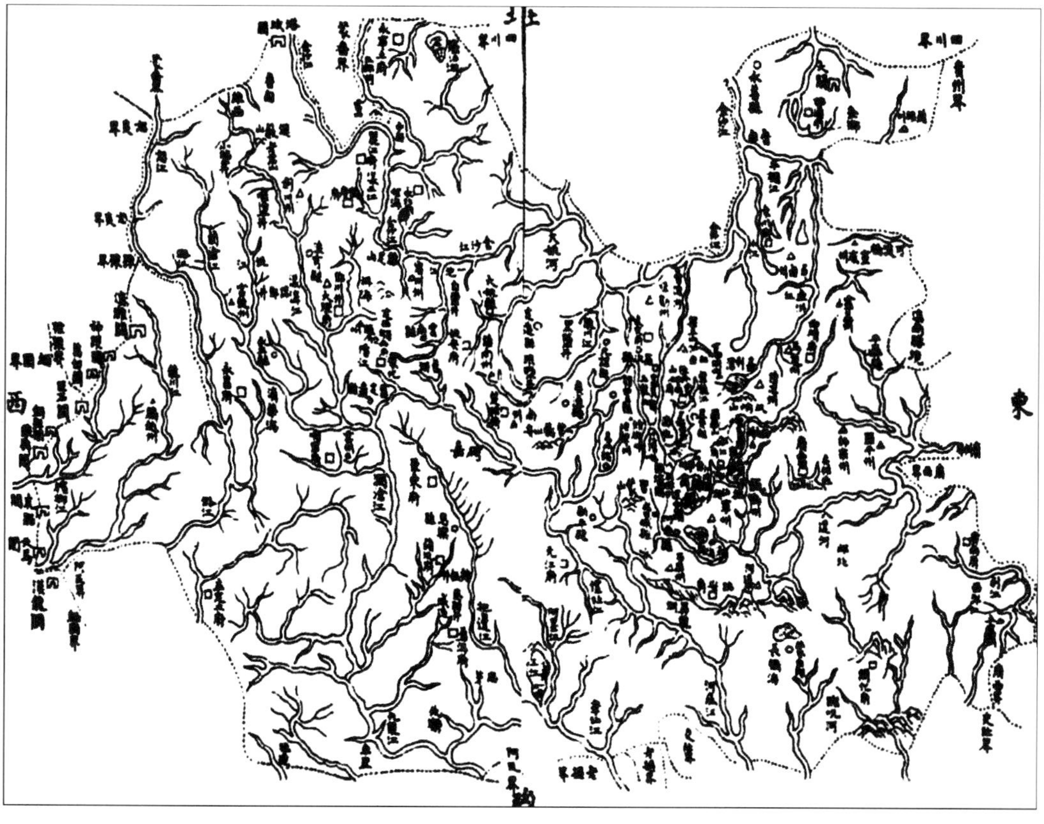

图4　雍正《云南通志》“云南全省舆图”

南境内的河流水系，府、州、县级政区治所分别以方框、三角形和圆圈表示，并以虚线绘制边界，值得注意的是在西北部与缅甸交界处从北到南分布着神护关、万仞关、巨石关、铜壁关、铁壁关、虎踞关、天马关、汉龙关八个关隘。图中表现的云南省域轮廓已与今天较为相似，但在西北方向上今天属于云南省的迪庆州以及怒江州的部分地区还未划入云南的范围。

与此类似的地图有：《钦定授时通考》“云南全省图”、《圜天图说》“云南全图”、《钦定大清会典》“云南全图”、《心简斋集录》“云南全图”、《钦定大清一统志》“云南全图”、《乾隆府厅州县图志》“云南全图”、《历代地理志韵今释》“云南”、《滇南矿厂工器图略》“云南舆图”、光绪《钦定大清会典图》“云南省全图”、民国刊行《嘉庆重修一统志》“云南全图”和云南地方志中的《滇系》“云南舆地图”、道光《云南通志稿》“云南全省舆图”、光绪《云南通志》“云南全省舆图”以及光绪《续云南通志稿》“云南省总舆图”14 幅地图。

这些图的整体轮廓与雍正《云南通志》“云南全省舆图”基本一致，但在图面内容的表现上，不同的地图各有侧重点，如《心简斋集录》“云南全图”中没有绘制河流和山脉，《钦定大清一统志》“云南全图”中着重突出政区治所，等等。此外，在其他一些具体的绘制细节上，不同地图之间也存在差异。

三　明清时期“云南全省舆图”的绘制研究

从上述的梳理来看，明清时期“云南全省舆图”的绘制方法主要有三种形式：一是以传统形象画法绘制，并标注“四至八到”和距离，如景泰《云南图经志书》“云南地里至到之图”谱系和《皇舆考》“云南图”谱系的地图；二是以“计里画方”（方格网）的形式绘制，如《广舆图》初刻本“云南舆图”谱系的地图；三是以近代西方测绘技术绘制或是受到这一绘制技术的影响，如雍正《云南通志》“云南全省舆图”谱系中的一些地图。

大体而言，明代的“云南全省舆图”以传统形象画法和方格网的形式绘制，清代“云南全省舆图”的绘制则更多地受到近代西方测绘技术的影响。[1] 刘增强的研究认为“云南方志地图的绘制受全国

1　清代也有采用传统形象画法和方格网绘制的“云南全省舆图”，但这类图的数量很少，且主要集中在清初，如康熙《云南通志》“总图”，且康熙《云南通志》较多的“录自天启《滇志》”（参看方国瑜：《清修云南省志诸书概说》，《思想战线》1981 年第 6 期）；有些地图则是受到书籍刊刻时间的影响，如汪绂的《戊笈谈兵》到光绪二十年（1894）才刊刻。因此，可以肯定这类地图并不是清代“云南全省舆图”的主流绘制形式。

地图测绘的影响极大”[1]，此说大致不谬。但要讨论近代西方测绘技术对清代“云南全省舆图”绘制的影响究竟如何，仅以8种志书中的云南省图作为研究对象显然是不够的，其结论不具有普适性。因之，下文即以清代雍正《云南通志》“云南全省舆图”谱系的地图为研究对象，并参考康雍乾三大实测地图[2]中的“云南”部分以及少量笔者能够寓目的彩绘本“云南全省舆图”对这一问题进行简要的探讨。

康熙四十七年（1708）为绘制《皇舆全览图》的需要，在西方测绘技术的支持下开展了全国范围内的实地大测绘，并于康熙五十七年（1718）绘制完成了《皇舆全览图》。[3] 其中的云南部分由费隐、山遥瞻和雷孝思主持测绘，并于1715年绘成“云南全省舆图”，这幅图即康熙《皇舆全览图》中的“云南”（图5）部分。康熙《皇舆全览图》的绘制对

图5　康熙小叶本《皇舆全览图》“云南”

1　刘增强：《近代化进程中云南地理志舆图演变》，《咸阳师范学院学报》2017年第2期。

2　当然，无论是康熙《皇舆全览图》、雍正十排《皇舆图》还是《乾隆内府舆图》都有多种版本，且前人已有较多的研究，如赵寰熹《〈皇舆全览图〉各版本对比研究》，《满族研究》2009年第4期，等等。本文的研究主要参考汪前进、刘若芳整理：《清廷三大实测全图集》（外文出版社，2007）一书中的地图。

3　关于康熙《皇舆全览图》的研究，参看白鸿叶、李孝聪著：《康熙朝〈皇舆全览图〉》，国家图书馆出版社，2014。

清代测绘全国总图产生了重要的影响。此后的雍正十排《皇舆图》和《乾隆内府舆图》都是在康熙《皇舆全览图》的基础上增补新材料和新内容编绘而成的。

表 2 是清代雍正《云南通志》“云南全省舆图”谱系的地图与康雍乾测绘地图中“云南”部分有关图面内容的比较。

表 2　清代“云南全省舆图”与康熙《皇舆全览图》“云南”部分的比较

内容 图名	中甸厅	东川府	昭通府 镇雄州	八关	经纬/ 画方
康熙《皇舆全览图》	无	无	无	有	有（经纬）
雍正十排《皇舆图》	无	无	无	有	有（经纬）
雍正《云南通志》“云南全省舆图”	无	有	有	有	无
《钦定授时通考》“云南全省图”	无	有	有	有	无
《乾隆内府舆图》	无	有	有	有	有（经纬/画方）
乾隆《钦定大清会典》“云南全图”	无	有	无	有	无
《心简斋集录》“云南全图”	无	有	有	有	无
乾隆《钦定大清一统志》“云南全图”	无	有	有	有	无
《乾隆府厅州县图志》“云南全图”	无	有	有	有	无
《滇系》“云南舆地图”	无	有	有	有	无
道光《云南通志稿》“云南全省舆图”	有	有	有	有	有（经纬）
《圆天图说》“云南全图”	无	有	有	未知	有（经纬）
《嘉庆重修一统志》“云南全图”	无	有	有	有	无
《滇南矿厂工器图略》“云南舆图”	无	有	有	有	无
《历代地理志韵今释》“云南”	有	有	有	无	有（画方）
光绪《云南通志》“云南全省舆图”	有	有	有	有	有（经纬）
光绪《钦定大清会典图》“云南省全图”	有	有	有	未知	有（画方）
光绪《续云南通志稿》“云南省总舆图”	有	有	有	无	有（画方）

注：由于在清代雍正《云南通志》“云南全省舆图”谱系的地图中，图面轮廓和内容的变化主要表现在中缅边界有无“八关”、经纬网（画方）的有无以及西北中甸厅（包括今迪庆州的全部以及今怒江州的北部部分地区，为行文方便，此处笼统地以中甸厅代称）、东北昭通府、镇雄州和东川府的归属问题上，因此表 2 即主要比较这几个方面。此外，由于地图版本、清晰度等问题，以及个人主观因素的影响，上述比较的内容也不可避免地会存在错误。

由表2可以看出，清代雍正《云南通志》“云南全省舆图”谱系的地图中绘制“八关”[1] 是比较普遍的。自万历二十四年（1596）以后，明代云南与缅甸之间在西北边境上即大致以“八关”作为分界。到清代，经过乾隆年间的清缅战争之后，“八关”地区显然已不尽为“中国”地[2]，但为什么在乾隆及其之后绘制的“云南全省舆图”上仍要以“八关”作为中缅的边界呢？[3]

同样，在清代雍正《云南通志》“云南全省舆图”谱系的地图中绘制“东川府”[4] 和“昭通府”[5] 而不绘“中甸厅”也较为普遍。查阅资料可知，今天的迪庆州和怒江州部分地区在清雍正四年（1726）划归云南省，设中甸厅[6]。那么，为什么在雍正之后一系列的“云南全省舆图”中都缺乏对中甸厅的表现？或者说，这种不绘“中甸厅”的传统为什么能够在清代的“云南全省舆图”中长期延续？

一种可能的解释是，绘制“八关”而不绘制“中甸厅”是清代“云南全省舆图”绘制的一种普遍和流行的形式，而这种绘制形式最早可以追溯到康熙《皇舆全览图》的“云南”部分。由此，可以认为清代雍正《云南通志》“云南全省舆图”谱系的地图中绘制“八关”而不绘“中甸厅”是受到康熙《皇舆全览图》的影响，这在地方志舆图中的表现尤为突出，相关文献也有记载，如：

道光《云南通志稿》凡例言：

> 志书天文而外，地理最重，故次之。其子目五，曰舆图、曰疆域、曰

1 “八关”最早是明代云南巡抚陈用宾于万历二十二年（1594）到万历二十四年（1596）在干崖、陇川与木邦之间筑起的“八关”，史载：“巡抚陈用宾以缅数入犯，筑八关于腾冲之边，曰万仞、曰神护、曰巨石、曰铜壁、曰铁壁、曰虎踞、曰天马、曰汉龙，每四关设一守备戍之。”［（清）冯甦纂修：《滇考》，《中国方志丛书·第140号》，台北：成文出版社，1967，第335页。］

2 参看尤中：《中国西南边疆变迁史》，云南大学出版社，2015，第119—136页。

3 光绪《钦定大清会典图·凡例》中有言：“至边界一事，中外交涉尤关重大，送馆新图实难必其毫无舛错，况广舆浩博，缩绘于尺幅之中，傥图中有分毫出入，即关边界百十里之差殊，点界一事，未敢轻于措手。……边界不点虚线，仍遵嘉庆旧典，原界一一注明，以守旧章而昭慎重，其沿革裁改，亦以各省送馆新图为断，以示限制。”“各省外界事关交涉，尤不可轻于更动。今以旧图为准，虽注有新界，概不绘入，以昭慎重。省府沿革，间有不同，今以新图为准，虽续有改移，亦不绘入，以示限制。”［（清）昆冈等修，刘启端等纂：《钦定大清会典舆图》，《续修四库全书》史部第795册，上海古籍出版社，2013，第6—7、9页。］这种因边界关涉中外重大交涉而“遵旧典”“以旧图为准”“以示限制”的做法，似可视为一种合理的解释，但很难说这是清代在处理涉外边界时的一种普遍性行为。

4 原属四川省，雍正四年（1726）划归云南省，参看牛平汉主编：《清代政区沿革综表》，中国地图出版社，1990，第395页。

5 包括镇雄州，昭通府、镇雄州原属四川省，雍正五年（1727）划归云南省，参看牛平汉主编：《清代政区沿革综表》，中国地图出版社，1990，第396页。

6 牛平汉主编：《清代政区沿革综表》，中国地图出版社，1990，第400页。

山川、曰形势、曰风俗。舆图旧志间有伪误，今仅依内府所制《皇舆全览图》用经纬度以定里数，每度二百五十里，纬度以北极高度为准，经度以东西偏度为准，分之各为各图，合之可为全图，不差累黍。……[1]

光绪《云南通志》凡例则曰：

阮志于天文而外，次列地理。其子目五，曰舆图、曰疆域、曰山川、曰形势、曰风俗。舆图则遵《皇舆全览图》用经纬度以定里数，分之各府，自为一图，合之全省，共为一图，粲若列眉，不差累黍。……[2]

光绪《钦定大清会典图·凡例》亦言：

其蒙古、西藏及边僻各省，或无新图，或有图而不堪据办者，谨按乾隆年间《钦定内府舆图》、道光年间《钦定大清一统志》诸书，纂绘底本，参以各书图，悉心考核，踵事加详，以期荟萃成编，归于一律。[3]

上述所列的三段“凡例”中都特别提及舆图的绘制主要是遵照《皇舆全览图》和乾隆《内府舆图》的形式绘制，而凡例通常是对志书体例、格式的说明，大体能够反映志书的宗旨、内容、资料来源以及编写中的一些基本问题。因此，认为清代雍正《云南通志》“云南全省舆图”的绘制受到康雍乾测绘地图的影响，这一观点大致是可以成立的。

此外，还应注意到光绪《续云南通志稿》的“引用书目”[4]，其中既有收录清代雍正《云南通志》“云南全省舆图”谱系地图的书籍如《滇系》《历代地理志韵编今释》，也有收录明代《广舆图》初刻本“云南舆图”谱系地图的书籍如《三才图会》和《图书编》。既然光绪《续云南通志稿》参考了《三才图会》和《图书编》这类书籍，那么，绘图者就必然可以看到这类书中收录的《广舆图》初刻本“云南舆图”谱系的地图，但为什么绘图者没有采用呢？或者说，光绪《续云南通志稿》参考了两种谱系的“云南全省舆图”，但为什么只收录了清代雍正《云南通志》“云南全省舆图”谱系的地图，而没有收录明代《广舆图》初刻

1 （清）阮元、伊里布修，王崧、李诚纂：道光《云南通志稿》清道光十五年（1835）刻本，来源于《中国数字方志库》，北京古轩图书数字技术有限公司发行。

2 （清）岑毓英修：光绪《云南通志》清光绪二十年（1894）刻本，来源于《中国数字方志库》。

3 （清）昆冈等修，刘启端等纂：《钦定大清会典舆图》，《续修四库全书》史部第795册，上海古籍出版社，2013，第6—7页。

4 （清）王文韶等修，唐炯等纂：光绪《续云南通志稿》光绪二十七年（1901）刻本，来源于《中国数字方志库》。

本“云南舆图”谱系的地图？折中的办法，可以将两种谱系的地图都收入书中，但为什么只选择收录雍正《云南通志》“云南全省舆图”谱系的地图，而没有收录明代《广舆图》初刻本“云南舆图”谱系的地图？

合理的解释依然是，雍正《云南通志》“云南全省舆图”谱系的地图（绘制“八关”而不绘“中甸厅”）是清代“云南全省舆图”绘制的一种普遍形式。[1] 当然，也有可能是光绪《续云南通志稿》的编绘者认为雍正《云南通志》“云南全省舆图”谱系的地图绘制得更为“准确”[2]。可以肯定的是，无论如何，这些地图的绘制都必然与康雍乾时期的大地测量有关。那么，这类地图受到康雍乾测绘地图影响的程度究竟如何？或者说，这种影响除表现在图形（轮廓）的相像之外，在图面内容的“准确性”和绘制技术上是否也有所体现呢？

从图面内容来看，康熙《皇舆全览图》、雍正十排《皇舆图》以及乾隆《内府舆图》中都比较详细地绘制了云南省境内的山脉、河流以及政区治所等要素，且绘制较为准确。上述表 2 中的地图，除《心简斋集录》“云南全图”（图 6）仅标注了若干政区地名外，其他的地图都比较准确和详细地表现了河流和政区两个要素，其中的乾隆《钦定大清会典》“云南全图”和《圆天图说》“云南全图”中还比较详细地绘制了山脉这一要素，《历代地理志韵今释》“云南”中也有若干成体系的山脉。由此可以看出，康雍乾三大实测地图对清代“云南全省舆图”图面内容的绘制也产生了重要的影响。

从地图的投影来看，康雍乾三大实测地图中都绘有经纬线并标注经纬度。但从表 2 中的“云南全省舆图”来看，除康雍乾三大实测地图中的“云南”部分外，绘有经纬网的地图只占少数（1/5），多数地图中都没有绘制经纬网，可见在清代“云南全省舆图”的绘制中经纬网并不是必需的要素。以光绪《钦定大清会典图》的编制为例，虽然在修撰的过程中清政府曾发布诏令对各省舆图的绘制提出明确要求，并提出了地图的投影问题，有些省份甚至还专门成立舆图局，或是制定了专门的《测绘章程》。但从光绪《钦定大清会典图》的绘制来看，其图仍只不过是对“乾隆年间《钦定内府舆图》、道光年间

1 雍正之后“云南全省舆图”中绘制“东川府”和“昭通府”是以“圣旨”的形式明文规定的，如内务府造办处档案记录雍正朝绘制小幅直省舆图的记载：“雍正五年十月初二日，太监刘希文交来单十五省图一小张。传旨：‘四川省内有东川府、乌蒙土府、镇雄土府，此三府已经有旨着分入云南省内，今可细细查明。画图时，将此三省入在云南省内。将此三省改定，仍托裱整张，不必裁开，钦此。’”依据这条材料，即可以肯定地认为绘制“八关”而不绘“中甸厅”是清代“云南全省舆图”绘制的一种普遍形式。参见中国第一历史档案馆、香港中文大学文物馆合编：《清宫内务府造办处档案总汇》第 2 册，人民出版社，2005，第 545 页。

2 雍正《云南通志》“云南全省舆图”谱系的地图画得是否“准确”，关于这一点将在下文分析。

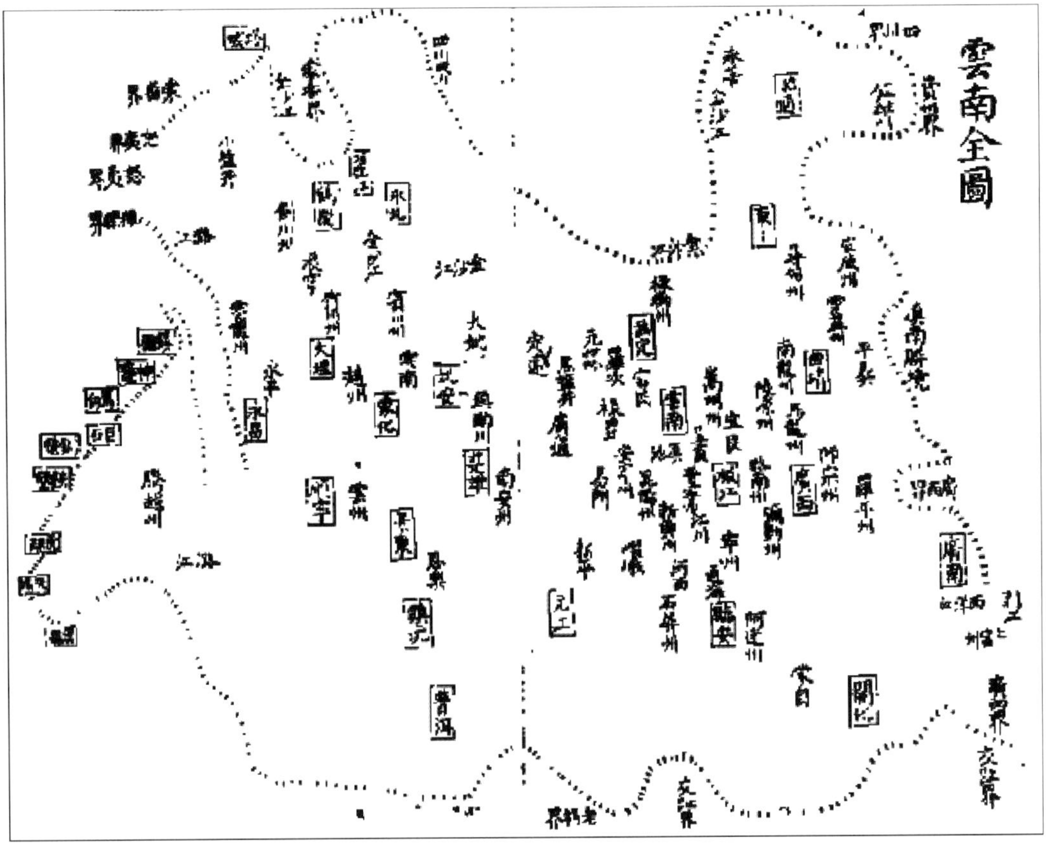

图6 《心简斋集录》“云南全图”

《钦定大清一统志》诸书”中地图的摹绘。[1] 此外，从光绪《钦定大清会典舆图·凡例》来看：

> 皇朝幅员宏阔，东西距几八十度，南北距几五十度，图幅愈大，□合愈难。前湖北巡抚胡林翼所绘之图，精密详备，为诸图之所不及，惟误会乾隆年所修内府图五度通弦之义，凡经线皆斜直，不合弧理，而又强加方格，以致偏度愈大，形势愈差，不知内府图系每五度成一册，每册经线一曲，实即五度通弦，虽非弧线，而弧线之理自在，且只绘度分，不绘方格，义尤精确。[2]

1 关于光绪《钦定大清会典图》的研究，参看王一帆：《清末地理大测绘：以光绪〈会典舆图〉为中心的研究》，复旦大学，博士学位论文，2011。

2 《钦定大清会典舆图》，《续修四库全书》史部第795册，第8—9页。

当时人对经纬网的理解似乎并不是很准确，在绘制地图时往往将经纬网和方格网并举，由此造成地图绘制的错讹。出现这样的情况，一方面说明明清初康雍乾时期的地图测绘确实对后来的地图绘制产生了重要的影响，另一方面也可以说清人对经纬网用于地图绘制的理解显然是存在偏差的。

综上，康雍乾时期的地图测绘确实对清代“云南全省舆图”图形（轮廓）和图面内容的绘制产生了重要的影响，但在绘制技术方面的影响则相对较小[1]，至少在道光之前的地图中难以看到这样的影响[2]。

四 余论

前人的研究多认为康雍乾时期的测绘地图深藏内府、流传不广而对清代的地图绘制产生的影响较小[3]。实际上，康雍乾时期的测绘地图也并非都是严格的藏之秘府，如在道光时期“秘苑”地图解禁后，很多地图的绘制都因袭了康雍乾测绘地图的形式[4]。且即便不考虑这些印本流出宫外产生的影响，仅就上文研究中清代雍正《云南通志》“云南全省舆图”谱系的地图与康雍乾三大实测地图的“云南”部分在图形（轮廓）和图面内容上的相似性来看，我们也能够肯定它们都受到了康雍乾测绘地图的影响，这一点是毋庸置疑的。

因此，按照本文的研究来看，康雍乾时期的测绘地图在绘制完成之后，并没有像以往认为的那样被“束之高阁”，而是很快就流传出来，甚至较早地出现在乾隆中期于光华私人撰修的《心简斋集录》中[5]。不过在以往“科学主义”的地图学史书写方式中，学者们大都主要关注于康雍乾测绘地图在绘制技术方面的影响，但这显然是有局限性的，且地图绘制技术的转型并不是一个单纯的技术问题，而是涉及宇宙观、世界观、对大地的认知以及几何学和测量学等众多的知识。可以说地图绘制技术的转型依赖于知识体系的整体转

1 通过与彩绘本的“云南全省舆图”，如北京图书馆藏彩绘本“云南全省舆图”、美国国会图书馆藏绘本“大清分省舆图”之“云南”和“天下综舆图”之“云南舆图”等的比较，大致可以肯定上述的结论不谬。

2 道光之后的舆图绘制受到康雍乾测绘地图的影响得益于这一时期“秘苑”地图的解禁，但这种影响也仅仅只是对康雍乾测绘地图的复制或者摹绘，而非接受了西方地图绘制（包括经纬网、地图投影法等）的那一套理论，如光绪《钦定大清会典图》仍只不过是对“乾隆年间《钦定内府舆图》、道光年间《钦定大清一统志》诸书”中地图的摹绘。接受西方的那一套地图绘制理论与方法则至少要到清末民国时期。

3 孙果清:《深藏内府、密不示人的清雍正朝〈十排皇舆全图〉》,《地图》2010 年第 3 期。

4 值得注意的是，从本文的研究来看，清代“云南全省舆图”的绘制受到康雍乾测绘地图影响的时间可能更早，至少在乾隆元年成书的雍正《云南通志》中即有所表现。

5 虽然《心简斋集录》“云南全图”中没有绘制河流这一要素，但其图形（轮廓）和图中对府州县相对位置的标注已与康雍乾三大实测地图中的“云南”部分大体一致。

型，而这在清代中期显然是不可能发生的。因此，康雍乾测绘地图如果对中国古代的地图绘制技术产生了影响反而是一件不可思议的事情。不仅如此，地图除了绘制技术，还是地理知识和空间认知的展现，就这一点而言，康雍乾测绘地图显然对清代“云南全省舆图”产生了重要的影响，其出现后很快就取代了之前的地图谱系，且这种情况还出现在广西、贵州[1]等其他省份。这种转型虽然比较剧烈，但依然属于中国古代地图绘制的一般脉络。总体而言，虽然在今人看来，康雍乾测绘地图在技术上非常重要，但在古人看来，更为重要的则是地图的图面轮廓和内容。由此我们也就需要思考，以往我们对这一系列地图进行的大量技术方面的研究，是否偏离了古人地图认知的主脉？

基于此，刘增强研究所认为的“清代的云南舆图疆界观念有一个从模糊到清晰的转变，表现内容则越来越精简，符号化水平及准确性逐步提高”[2] 的过程，这样的认识就是非常值得商榷的。首先，“疆界观念从模糊到清晰的转变”，刘氏看到的仅是康熙《云南通志》“总图”相较于其他 7 种云南地理志舆图的变化，而没有注意到这种变化普遍存在于清代“云南全省舆图”的绘制中，且在很大程度上是继承自康熙《皇舆全览图》以虚线标注边界的绘制形式。其次，“表现内容越来越精简”应该说也是承继了清代雍正《云南通志》“云南全省舆图”绘制的一般形式而已。再次，传统认为绘制经纬网是地图准确性的主要表现，但在清代“云南全省舆图”的绘制中以经纬网绘制的地图数量极少，因此以“准确性逐步提高”来描述这类地图的绘制似乎并不合适。总之，刘氏的文章仅以 8 种志书中的云南舆图作为研究对象，忽略了与彩绘本和古籍中作为插图的“云南全省舆图”的比较，研究对象不具有普遍性，其结论自然也不可靠。

当然，本文的研究并不是要否定刘氏的研究成果，而是想要指出在评价中国传统舆图的价值和意义时不能仅以绘制技术作为唯一的标准，而应关注到刻本、方志、绘本地图之间的差异。同时，也要考虑地图绘制的多种可能性，而且更要尽可能地回到中国古代地图绘制的语境之下来看待古代的地图，唯有如此，才能够真正理解中国古代地图的一般绘制传统。

---

1 据笔者的观察，清代广西、贵州等省份的分省全图与上述“云南全省舆图”的情况颇为相似，但要由此将这种认识上升为清代分省全图绘制的一种普遍现象，还有待于进一步的研究。

2 刘增强：《近代化进程中云南地理志舆图演变》，《咸阳师范学院学报》2017 年第 2 期。

17 世纪格陵兰地理知识传入中国考

王　耀（中国社会科学院民族学与人类学研究所）

格陵兰岛是世界上最大的岛屿，位于欧洲大陆的西北方，大部分处于北极圈内，岛上辽阔的大陆冰层占据全岛面积的84%，内陆全部为冰盾所占。由于气候恶劣和冰冻，格陵兰海岸的大部分地区难以到达。北方海岸全面冰封，东西海岸全年有十至十一个月被从冰川分离出来的大块浮冰和冰山所封锁，从北极带中心区而来的东格陵兰寒流，对东海岸和南海岸造成极寒影响。只有在北纬62°—66°的西南海岸，一年大部分时间是不冻的[1]。因此，有史以来内陆冰川覆盖区荒无人烟，为数不多的居民主要集中在西南海岸，东海岸人烟寥寥无几。早期有爱斯基摩人从北美大陆迁徙至此，982年冰岛挪威人逐步来此定居。至15世纪初因为天气严寒等原因，定居的北欧人消失了。在之后的两三个世纪中，除了少量爱斯基摩人在此生活，欧洲人鲜少涉足。

16、17世纪之交的中国，正处于明朝中后期。虽然此时欧洲人已经远涉重洋，踏足美洲新大陆以及东亚、东南亚海域，但是相对于资源禀赋优异、土地肥沃、气候温润的新大陆而言，因为严寒和开发价值较低等原因，欧洲人对相对位置更近的格陵兰的地理认知反而很少。当时欧洲人对于格陵兰的地理认知或地理想象，有些类似于古代中国人对北部边地“瀚海戈壁”或南方偏远山区“烟瘴之地”的印象，属于中心之外的“苦寒之地”。17世纪初明朝中后期，格陵兰地理知识传入中国，一百年间借助利玛窦、艾儒略、南怀仁等传教士搭建的东西方文化交流通道，奥特里乌斯《地球大观》、马吉尼《现代地理图册》及琼·布劳世界地图等同时代西方地理图籍中的最新地理知识，陆续传入中国。格陵兰地理知识传入中国的过程及其中的图籍传承、改绘或错讹等现象，前人并未进行专题研究。本文将借助东西方文献及古地图等，展现这一前人较少关注的中西文化交流问题。

本文篇幅较长，为便于阅读，就文

1　参见［苏］Г. М. 伊格纳节夫：《格陵兰》，蒋辑译，新知识出版社，1958，“序”，第1—2页。根据1956年俄文版 *Гренландия* 译出。

章结构、探讨内容做一简要介绍。第一部分概要性介绍 17 世纪之前欧洲人对格陵兰的地理探索，通过分析 16 世纪欧洲地图中的格陵兰，展现当时欧洲人对于格陵兰的地理认知。第二部分是对 17 世纪初利玛窦中文世界地图中格陵兰绘图渊源、命名、地名转译及编绘方式的探讨[1]。第三部分讨论 17 世纪初艾儒略《职方外纪》中格陵兰文字注记及地图编绘内容。第四部分讨论 17 世纪中后期南怀仁《坤舆图说》中的格陵兰记载讹误及地图绘制、地名转译的西方来源等问题。第五部分则展现 17 世纪之后格陵兰知识在域外日本、朝鲜及明清地图和文献中的传播。

一　17 世纪前欧洲人对格陵兰的地理探索

（一）早期地理探索

格陵兰的严寒天气和偏远位置导致人类较晚踏足该地，早期有北美爱斯基摩人到达格陵兰西北部定居，而在约 875 年，冰岛挪威人肯勃琼（Gunnbjörn）首次发现格陵兰[2]。982 年，冰岛挪威人埃里克（Eric Thorvaldsson，950—1003）从冰岛出发到达格陵兰西南海岸，在花费三年时间探索这片土地后，他于 985 年返回冰岛。为了吸引更多人来此定居，他首次将之称为 *Groenland*（丹麦语 *Grønland*），意为绿色大地，后来在格陵兰东南部和西南部分别建立定居点[3]。在 11 世纪全盛时期，大概有 1 万人居住于此，“他们同冰岛和其他许多欧洲国家保持着密切的通商关系。每年平均有五六只船把粮食、衣服、武器和其他商品运到诺尔曼人的殖民地来，然后又把海象牙、兽皮和海豹脂运往欧洲”。他们的文化遗迹如灯塔和石锥塔等还可以在格陵兰海岸找到，受严寒天气影响，这一时期人类活动局限于海岸，并未涉足内部冰川地区，“在冰岛的古代传说中，也差不多没有提到过格陵兰的内部地区”。[4]

据研究 13 世纪进入小冰河时代，给欧洲和北美部分地区带来了严寒，格陵兰

1　黄时鉴、龚缨晏关于利玛窦中文世界地图的研究，尤其是龚缨晏对于利玛窦地图中冰岛问题的研究，其中涉及格陵兰命名、地名等问题，对于本文利玛窦部分的撰写具有启发。参见黄时鉴、龚缨晏：《利玛窦世界地图研究》，上海古籍出版社，2004。龚缨晏：《遥远的北方：利玛窦世界地图上的冰岛》，《世界历史评论》2019 年第 4 期。

2　［苏］Г. М. 伊格纳节夫：《格陵兰》，第 1 页，“比较可靠的是：约在 875 年，冰岛的诺尔曼人肯勃琼（Gunnbjörn）航经丹麦海峡的西部时航船触礁，因而发现了格陵兰”。其中“诺尔曼人”是音译，指的是早期生活在冰岛的挪威人。

3　参见 *Greenland*, London: Published by H. M. Stationery office, 1920, p. 7, “In 982 Eric the Red sailed from Iceland to investigate the land sighted earlier in the century by Gunbjörn, and in 986 founded two colonies on the west coast. It is he who is said to have given the country the name of Greenland, with the object of attracting settlers to it”.

4　参见［苏］Г. М. 伊格纳节夫：《格陵兰》，第 4 页。

的冰川向南延伸，临近的冰岛作为沟通格陵兰和欧洲大陆的重要中转站，这时岛屿周围的海冰向四周延伸数英里，被迫关闭港口和航运，人口大减。格陵兰与冰岛及欧洲大陆的商贸往来受到严重影响，“十四世纪末叶，欧洲的商船至多五六年来格陵兰一次，而在 1410 年后，根本就中断了”[1]。因为天气严寒、爱斯基摩人袭击等原因，格陵兰西部定居点于 14 世纪中期消失了，东部定居点在 15 世纪中期也消失了。1585 年戴维斯（Davis）登陆时，也仅见爱斯基摩人生活于此[2]。15 世纪到 17 世纪，格陵兰基本处于冰封状态。

（二）16 世纪欧洲地图中的格陵兰

在定居点消失后，欧洲人在 15 世纪后期又重新开启了探索格陵兰之路。1473 年，丹麦组成了以品宁和波特霍尔斯两位海军上将为首的探险队，最终到达格陵兰东海岸并在岩石上做了标明发现该地的标记[3]。葡萄牙探险家 Gaspar Corte – Real 在葡萄牙国王支持下，发现了格陵兰，将之称为 Labrador，并在 1502 年的地图中绘制了格陵兰南部海岸线（图 1）[4]。1513 年前后由马丁·瓦尔德泽米勒（Martin Waldseemüller，1470—1521）刊印的《整个世界的地图》（*Orbis typus universalis*），其中非常清晰地标注“Gronland”，并认为格陵兰属于欧洲大陆的一部分且北部与大陆相连接（图 2）。

1531 年法国人欧龙斯·费恩（Oronce Fine，1494—1555）绘制出版的《现代版完整的全世界地图》（*Nova，et integra universi orbis descriptio*），如图 3 所示，书作“Gronelant”，并且将格陵兰单独以岛屿形式绘制，但这并不能证明欧洲人探知格陵兰北部地区并确知其作为独立岛屿存在的事实。一方面，根据同时期及之后的 17 世纪地图和文献来看，欧洲人并不具备这种地理知识；另一方面，该图的绘制，并非费恩完全据实而绘，而是存在想象的部分。例如，这一时期欧洲并未发现澳大利亚、新西兰等南半球大陆，但是费恩根据古代地理学家存在南半球大陆的推断，绘制了面积几乎与欧亚大陆相当的南半球大陆“Terra Avstralis”（意为

---

1 ［苏］Г. M. 伊格纳节夫：《格陵兰》，第 5 页。另据 *Greenland* 记载：“In 1410 the ship which maintained communication with Norway was withdrawn，and the colonists left Greenland or adopted the mode of life of the Skraelings，as the Norsemen called the Eskimos，or were murdered by them”（p. 8），也可见欧洲人于 1410 年撤离了格陵兰。

2 *Greenland*，p. 8，“when Davis visited the coast in 1585 he saw Eskimo only”.

3 参见［苏］Г. M. 伊格纳节夫：《格陵兰》，第 6 页。

4 参见 *Greenland*，p. 9，“when the Portuguese，about 1500，came upon Greenland，they described it as ‘a point of Asia’ and named it Labrador from a *llavrador* or yeoman farmer who was the discoverer. The representation of Greenland in the Portuguese ‘Cantino’ map of 1502 is so accurate as to make the identification quite certain”.

图 1　1502 年坎迪诺平面球形图（Cantino. planisphere）

http：//geospatial - solutions. com/wp - content/uploads/2019/11/Cantino - Planisphere. jpg，2020 年 10 月 19 日

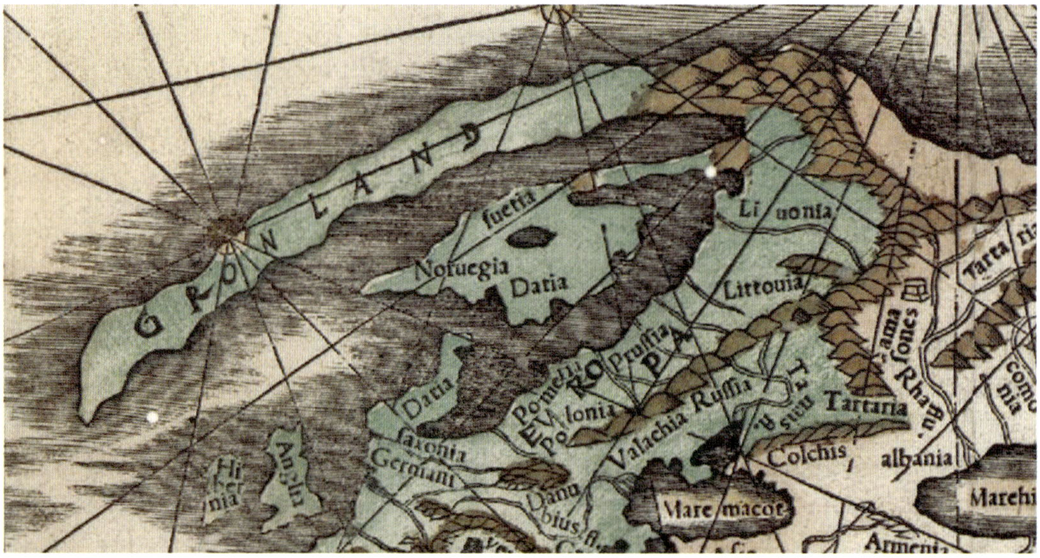

图 2　1513 年《整个世界的地图》（局部）

约翰·卡特·布朗图书馆（John Carter Brown Library）藏《整个世界的地图》（*Orbis typus universalis*），木刻地图，彩色，43.9 厘米 ×57.3 厘米，图像来自“世界数字图书馆”，https：//www. wdl. org/zh/item/2833/view/1/1/，2020 年 10 月 19 日

图3　1531 年《现代版完整的全世界地图》（局部）

美国国会图书馆（Library of Congress）藏《现代版完整的全世界地图》（*Nova*, *et integra universi orbis descriptio*），手工涂色，29 厘米 ×42 厘米，图像来自“世界数字图书馆”，https：//www. wdl. org/zh/item/4379/view/1/1/，2020 年 10 月 19 日

图4　1538 年《双心形投影世界地图》（局部）

美国威斯康星大学密尔沃基分校图书馆（University of Wisconsin – Milwaukee Libraries）藏《双心形投影世界地图》（*World Map on Double Cordiform Projection*），双半球，每个直径 31 厘米，纸张：46 厘米 ×61 厘米，比例尺：1：65000000，图像来自“世界数字图书馆”，https：//www. wdl. org/zh/item/6766/view/1/1/，2020 年 10 月 19 日

Southern Earth，南部大陆）[1]。1538 年近代制图学的重要奠基人墨卡托（Gerard Mercator，1512—1594）绘制的一幅《双心形投影世界地图》（*World Map on Double Cordiform Projection*），其中标注有“Gronladia”（图 4），格陵兰北部同样与欧洲大陆相连。

1539 年，瑞典地理学家奥拉斯·马格努斯（Olaus Magnus，1490—1557）在威尼斯出版了著名的《海洋地图》（*Carta marina*）。16 世纪初，该图作者马格努斯作为虔诚的天主教教徒，因为瑞典改宗新教，选择流亡海外，最后定居罗马。流亡期间，为向地中海地区的天主教国家介绍北欧历史地理和风土人情，撰著的最为著名的就是这幅《海洋地图》以及 1555 年在罗马出版的《北方民族史》（*Historia de Gentibus Septentrionalibus*）[2]。

马格努斯《海洋地图》在北欧地图史上具有重要地位，“这是 16 世纪最著名的地图之一，也是第一幅关于欧洲某一特定区域的大型地图”[3]。如图 5 所示，该

图5　1539 年《海洋地图》（局部）

瑞典国家图书馆（National Library of Sweden）藏《海洋地图》（*Carta marina*），铜版雕刻，彩色，52 厘米 ×79 厘米，比例尺：1 ：3700000，1539 年绘制，该图为 1572 年第二版。图像来自“世界数字图书馆”，https：//www. wdl. org/es/item/3037/view/1/1/，2020 年 10 月 19 日

1　古希腊地理学家托勒密（Claudius Ptolemaeus，约 90—168 年）认为在赤道以南的世界南半球存在一个未知的大陆，这一观点在欧洲地理学界影响很大。在之后的 T－O 地图中多有体现，如卡佩拉（Martianus Capella）于 470 年绘制的世界地图，在地图上就绘制了未知的南半球大陆。地图参见［英］李约瑟著、梅荣照等译：《中国科学技术史》第三卷《数学、天学和地学》，科学出版社、上海古籍出版社，2018，第 539 页。

2　参见龚缨晏：《遥远的北方：利玛窦世界地图上的冰岛》。

3　R. V. Tooly，*Map and Map－makers*，New York Crown Publishers，1978，p. 125. 转引自龚缨晏：《遥远的北方：利玛窦世界地图上的冰岛》。

图作为最早精确描绘斯堪的纳维亚半岛的地图，在大海中绘制了航船以及很多面目狰狞的奇异海兽、大鱼等。图 5 正中的岛屿为冰岛（Islandia），沿海绘制了浮冰、熊、海鸟（图中标记为 Corui albi 和 Falcoues albi），冰岛东边大块浮冰的出现，似乎反映了小冰河时期海冰增多的状况；陆地上绘制了城堡、山峦、持械的骑兵等。在冰岛左边和右边是格陵兰，分别标注“Grvntlandie Pars”，意思是“格陵兰的一部分”。格陵兰历史上的定居点存在于西南部和东南部，因此，左边应该为格陵兰西南海岸的定居点，陆地上绘制了两个手握兵器的小人，海中有沉船和几块断裂的浮木；右边应为格陵兰东南海岸的定居点，有一个面向大海的拉弓小人，沿海有四座尖顶的方形房屋符号，还有正在下锚的航船及漂流的枯木。

1566 年纪尧姆·勒泰图（Guillaume le Testu，1509—1572）绘制的《双半球世界地图》（*World Map in two Hemispheres*）中标注“Groelat”，图中格陵兰北部绘制了大片陆地，格陵兰类似于大陆的半岛（图 6）。另外在一幅 1570 年绘制的法文地图《标有实际风向的世界地图或世界描述图》（*Carte cosmographique ou universelle description du monde avec le vrai traict des vents*）中，如图 7 所示，仍旧认为格陵兰只是北部大陆的一部分。综合这几幅著名的西文古地图可见，限于极寒天气，这时欧洲人并未探明格陵兰北部地区以及内陆冰原。

1577 年，英国探险家弗罗比舍尔（Martin Frobisher）率领船队曾发现格陵兰，但是因为雾气和不明冰块，未能登陆。1578 年，再次抵达格陵兰南部并成

图 6　1566 年《双半球世界地图》（局部）

法国国家图书馆（National Library of France）藏《双半球世界地图》（*World Map in two Hemispheres*），手绘，牛皮纸，79 厘米 × 118 厘米。图像来自“世界数字图书馆”，https：//www. wdl. org/zh/item/15483/view/1/1/，2020 年 10 月 19 日

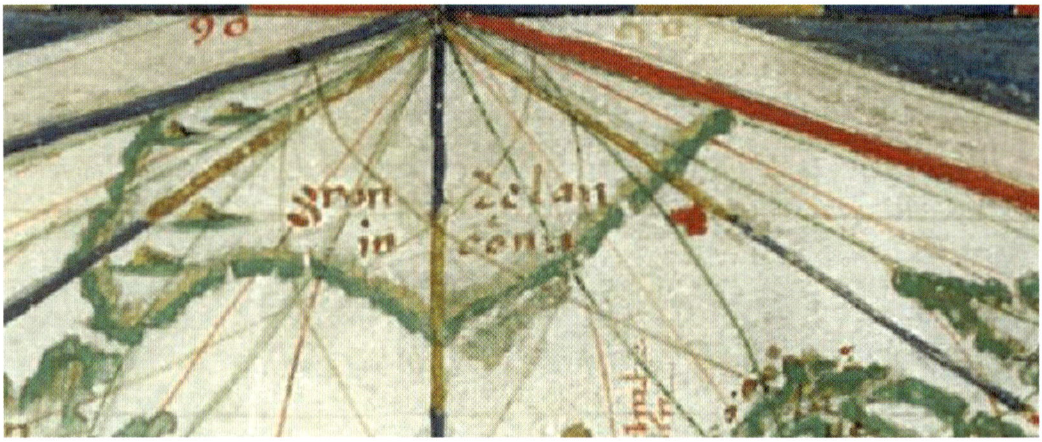

图7 1570年《标有实际风向的世界地图或世界描述图》（局部）

法国国家图书馆（National Library of France）藏《标有实际风向的世界地图或世界描述图》（*Carte cosmographique ou universelle description du monde avec le vrai traict des vents*），手稿，彩色牛皮纸，25厘米×43厘米。图像来自“世界数字图书馆”，https://www.wdl.org/zh/item/575/view/1/1/，2020年10月19日

功登陆，但并未建立定居点。至1605年，丹麦探险队发现了林捷诺夫峡湾并绘制了西海岸地图，欧洲国家承认丹麦是最早发现格陵兰的国家并认可其权利[1]。

从上述一系列16世纪欧洲地图可以看到，仅绘制格陵兰南部，北部情况及内部状况尚不了解，并不清楚格陵兰是与其他大陆相连或是单独存在。西方人研究中也指出此点，“在中世纪的地理著述中，很少谈到格陵兰。人们往往不把它当作一个独立的岛，在地图上也常常被画作欧洲西北部的一个半岛”[2]。可以说这一时期格陵兰处于北欧人活动的边缘地带，它在欧洲人视野之内，但是所知甚少。

二 17世纪初利玛窦地图中的“卧兰的亚大州”

在16世纪末，欧洲出现了一套著名的世界地图，即亚伯拉罕·奥特里乌斯（Abraham Ortelius，1527—1598）绘制的《地球大观》（*Theatrum orbis terrarum*），这套地图集共包含53幅地图，在1570年首印后，又分别出版了拉丁文、荷兰文、法文、德文、西班牙文等译本，流传广

1 参见［苏］Г. М. 伊格纳节夫：《格陵兰》，第6、7页。

2 ［苏］Г. М. 伊格纳节夫：《格陵兰》，第5页。

图 8　1587 年《地球大观》之 *Typus orbis Terrarum*（局部）

比利时普朗坦 - 莫雷图斯博物馆（Museum Plantin - Moretus）藏《地球大观》（*Theatrum orbis terrarum*），1587 年法文版，图像来自“世界数字图书馆”，https：//www. wdl. org/zh/item/8978/view/1/14/，2020 年 10 月 19 日

图 9　1587 年《地球大观》之《欧洲图》（局部）

图像来自“世界数字图书馆”，https：//www. wdl. org/zh/item/8978/view/1/16/，2020 年 10 月 19 日

泛，影响很大。

1582 年，意大利传教士利玛窦（Matteo Ricci，1552—1610）抵达澳门，“据利玛窦的通信及回忆录可以知道，他在中国期间，身边就带着多册奥特里乌斯世界地图”[1]，并曾在 1601 年将原版《地球大观》作为贡品呈送万历皇帝[2]。更为重要的是，利玛窦根据《地球大观》绘制了《坤舆万国全图》等影响深远的中文世界地图[3]，将西方最新地理知识传入中国。经比对研究，笔者认为利玛窦最早将格陵兰地理知识通过绘图传入中国，以下做具体分析。

（一）奥特里乌斯《地球大观》中的格陵兰

在 1570 年首版《地球大观》中已经清楚标绘了格陵兰[4]，而 1570 年版与 1587 年版地图的两点主要区别并不涉及格陵兰[5]。在 1587 年《地球大观》中的 *Typus orbis Terrarum* 图中，绘制并标注 “Groenlant”（图 8），地理位置较为清晰，位于挪威（Noruegia）以西、冰岛（Islant）西北方向。在该书的《欧洲图》（*Europe*）中则书写有 “Gronlandiae Pars”（图9），意为“格陵兰的一部分”，此外，在《欧洲图》前的序言中则写作 “Groenlande”。

此外，在《北部国家图》（*Les Pays Septentrionaux*）中绘制得尤为细致，如图 11 所示，在 “Groenlandt” 上标注有更多地理信息，下文将做具体分析。另在图 11 北部标注 “Groclande”，这是否是 “Groenlandt” 的异名或者表示格陵兰的西部定居点呢？参见图后附文，誊录转译如下：

（法文）Groenlande est la derniere terre vers le Septentrion, d'ont on fache a parler de notre temps. Combien que Gerard Mercator a mis en sa Carte encore une île deuers le Nort, laquelle il

1 黄时鉴、龚缨晏：《利玛窦世界地图研究》，第 69 页。

2 参见［意］利玛窦、金尼阁：《利玛窦中国札记》，何高济、王遵仲、李申译，何兆武校，中华书局，2010，第 394 页，“因此除了雕像、钟表和玻璃三棱镜外，他又不得不交出他那装订精致的罗马祈祷书、翼琴和一本奥特里乌斯（Ortelius）所编的《世界舞台》。”

3 参见曹者祉撰《坤舆万国全图》注记：“《坤舆万国全图》采用椭圆形等积投影，是利氏以奥台理《地球大观》等西文地图作蓝本，并参考中国舆地图籍绘制的”，曹婉如等编《中国古代地图集》（明代），文物出版社，1994，“图版说明”，第 5 页。另见黄时鉴、龚缨晏：《利玛窦世界地图研究》，第 69 页，“从存世的利玛窦世界地图和其他文献资料可以看出，利氏绘制世界地图的主要依据乃是奥特里乌斯的《地球大观》。”

4 参见黄时鉴、龚缨晏：《利玛窦世界地图研究》，图版十一《奥特里乌斯 1570 年世界地图》。

5 参见黄时鉴、龚缨晏：《利玛窦世界地图研究》，第 14 页，“在其 1570 年初版图上，南美洲的西海岸线在南纬 40 度左右向西突出，越过经度 290 度逼近 280 度，形成一个弯角。而在 1587 年的增订本中，奥特里乌斯做了两个较大的修改：一是增加了所罗门群岛；二是将南美洲西海岸线在南纬 40 度左右处向东移动到经度 300 度左右，原来的弯角消失了。”

baptise du nom de Groclande.[1]

（英译）Greenland is the last land to the North, so we talk about our time. However, Gerard Mercator put in his map still an island in the North, which he baptizes with the name of Groclande.

（汉译）站在我们这个时代而言，格陵兰是北方的最后一块陆地。但是在杰勒德·墨卡托（Gerard Mercator）地图中，更北方还有一个岛屿，他将之命名为 Groclande.

结合上段文字可知，格陵兰部分的绘制应参阅了墨卡托地图，前文图 4《双心形投影世界地图》同样出自墨卡托之手。墨卡托是近代制图学的重要奠基人，出生于比利时佛兰德斯地区，曾在鲁汶大学就读，一生绘制和制作了大量地图和地球仪，他发明的墨卡托地图投影法对后世地图绘制影响最为深远。附文中提到的“墨卡托地图”应该是 1569 年《新世界大幅平面图》（图 10）。据龚缨晏描述，墨卡托地图中“出现了两个独立的格陵兰岛，大的被称为‘Groenlant’，小的被称为‘Groclant’”，并认为奥特里乌斯采纳了墨卡托的画法，两处格陵兰分别标注

图 10　1569 年墨卡托《新世界大幅平面图》（局部）

［英］杰瑞·布罗顿编：《伟大的世界地图》，齐东峰译，中国大百科全书出版社，2017，第 110—111 页。该图 1.24 米 × 2.02 米，现藏于荷兰鹿特丹海事博物馆

1　亚伯拉罕·奥特里乌斯（Abraham Ortelius）：《地球大观》（*Theatrum orbis terrarum*），p. 90. 法文由中国社科院民族所陈玉瑶帮助校订，谨致谢忱。

为“Groclandt”和“Groenlandt”[1]，这明显与上段法文注记内容不符。因为根据记载，并且参照图 10，在格陵兰（Groenlant）西边的岛屿即为“Groclant”，两者相互独立且各有其名。无论是墨卡托地图还是奥特里乌斯地图，都认为“Groenlandt”是格陵兰，而“Groclande”（或“Groclant”）则是北方的另外一座岛屿，并非格陵兰的另一种书写形式。

此外，在《地球大观》另一段图后附文中还提到“Olaus Magnus”，即瑞典地理学家奥拉斯·马格努斯，上文展示的1539 年《海洋地图》（图 5）即出自马格努斯之手，上文已有分析，该图在北欧地图史上占据重要地位。综合分析这段文字可知，奥特里乌斯绘制格陵兰地图时，参阅了 1569 年墨卡托世界地图，同时参考了马格努斯绘图，并且极可能就是上文展示的那幅著名的 1539 年《海洋地图》。

（二）利玛窦地图中的格陵兰名称

1582 年，利玛窦从印度抵达澳门，又于 1583 年进入广东肇庆，当看到中国

图11　1587 年《地球大观》之《北部国家图》（局部）

图像来自“世界数字图书馆”，https：//www. wdl. org/zh/item/8978/view/1/186/，2020 年 10 月 19 日

1　龚缨晏：《遥远的北方：利玛窦世界地图上的冰岛》。

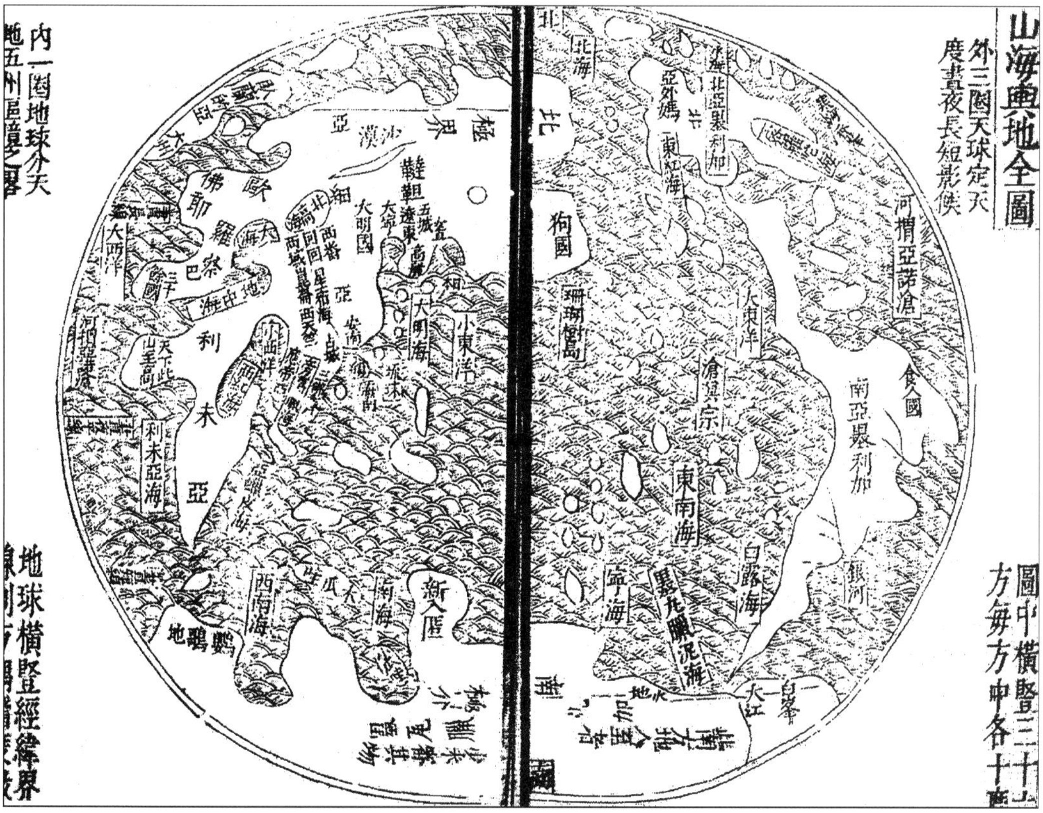

图 12　1602 年《月令广义》中的《山海舆地全图》

官员和学者对欧洲绘制的世界地图感兴趣后，他在 1584 年编绘了中文世界地图《山海舆地图》，但是该图已经失传，因此无从确知绘图内容。1595 年，利玛窦迁居南昌，在南昌三年期间编绘了多种世界地图，但同样失传。不过明代章潢《图书编》中摹本《舆地山海全图》和《舆地图》应该来自利玛窦在南昌期间编绘的世界地图，被认为是目前所见最早的利玛窦世界地图摹本之一[1]。经研究认为，“这《舆地山海全图》的蓝本乃是奥特里乌斯世界地图的 1570 年版，而不是它的 1587 年版”[2]。上文已述，1570 年版《地球大观》中已经绘制并清晰标注格陵兰，然而章潢绘图中并未标绘。但据此也并不能反推利玛窦南昌绘图中没有出现格陵兰，因为章潢绘图时有可能限于图版大小而有所取舍，仅摹绘其大略而减省部分信息。这在与利玛窦南昌绘图具有渊源关

1　龚缨晏：《现存最早的利玛窦世界地图研究》，《历史地理》第三十八辑。

2　黄时鉴、龚缨晏：《利玛窦世界地图研究》，第 14 页。

系的清康熙《三才实义》中附图一致[1]，《三才实义》中所附《舆地图》同样未标绘格陵兰。

1600年，利玛窦迁居南京并绘制《山海舆地全图》，该图已佚失，但其摹本留存在万历三十年（1602）刊刻的《月令广义》中，如图12所示，在图幅西北角标注“卧兰的亚大州”。刊刻于万历三十七年（1609）前后的《三才图会》，被清人视为“明人图谱之学”的“巨帙”[2]，其中的《山海舆地全图》转绘自《月令广义》一书[3]，同样标绘“卧兰的亚大州”。据此可以反推，1600年《山海舆地全图》虽然已经佚失，但是它应该是有确凿证据证明的最早绘制格陵兰的中文世界地图，并且利玛窦最早将之音译为“卧兰的亚大州”。因为该图中已经去除经纬线等信息，“卧兰的亚大州”即“格陵兰”的结论，下面结合1602年《坤舆万国全图》进行分析。

1602年，利玛窦在北京编绘了著名的《坤舆万国全图》，如图13所示，“卧兰的亚大州”应该是格陵兰的最初中文音译。理由有四点：一是大体位置，位于欧洲大陆的西北方向，且在与之对应的《地球大观》的 *Typus orbis Terrarum* 图中，今俄罗斯北部的“Noua zemla”（今新地岛）绘制于“Groenlant”的正东，在《坤舆万国全图》中“新曾白腊”应音译自“Noua zemla”，同样位于“卧兰的亚”的正东。二是利玛窦的音译习惯，《坤舆万国全图》在今丹麦以东、瑞典南部的位置标注“卧的亚”，应该音译自《欧洲图》中的“Gotia”，这与利玛窦将“Groenlant”（或“Groenlande”）音译为“卧兰的亚”一样，都是将字母“Go”或首字母“G”音译为“卧”[4]。另见利玛窦1605年撰写的罗马字注音文章《述文赠幼博程子》，该文章使用拉丁字母标注汉字发音，提到“卧坐不出室门”，“卧”注音为gúo[5]。由此推知，“卧兰的亚”实际上被利玛窦读作“国兰的亚”的发音，首字母“Go”或首字母“G”则为“国”的发音，这是符合Go或G的发音习惯的。第三个最有力的证据是，这一时期仍

1 关于《三才实义》中附图与利玛窦南昌绘图之间关系的研究，参见黄时鉴、龚缨晏：《利玛窦世界地图研究》，第18—19页。

2 （清）永瑢：《四库全书总目》卷一三六《子部·类书类二》，中华书局，1965，第1156页，“明人图谱之学，惟此编（按：章璜《图书编》）与王圻《三才图会》号为巨帙”。

3 黄时鉴、龚缨晏：《利玛窦世界地图研究》，第22页。另见汪前进撰写：《山海舆地全图》注记：“此图可能是依据利玛窦所绘世界地图简缩而成，唯较粗陋，注记亦欠精审”，《中国古代地图集》（明代），“图版说明”，第17页。

4 新地岛与格陵兰的相对位置以及Gotia与Groenlant音译比对问题，得到清华大学国学院刘迎胜教授指点，谨致谢忱。

5 （明）程大约：《墨苑》卷三，利玛窦《述文赠幼博程子》，通县王氏鸣晦卢藏本，汤开建汇释、校注《利玛窦明清中文文献资料汇释》，澳门特别行政区政府文化局、上海古籍出版社，2017，第399页。

图 13 1602 年《坤舆万国全图》西北部

美国明尼苏达大学詹姆斯贝尔图书馆（James Ford Bell Library，University of Minnesota）藏《坤舆万国全图》，图像来自“世界数字图书馆”，https：//www. wdl. org/zh/item/4136/view/1/1/，2020 年 10 月 19 日

旧使用公元 2 世纪古希腊托勒密确定的，以加那利群岛所在经线为本初子午线[1]。在奥特里乌斯 *Typus orbis Terrarum* 图中，“Groenlant” 正好位于经过 “Canare insule”（即加那利群岛）的 0 度经线上，利玛窦绘图中将 “Canare insule” 译为 “福岛”，“卧兰的亚” 与 “福岛” 同样位于 0 度经线上。第四点是奥特里乌斯地图与利玛窦地图在格陵兰区域内地名的对应性和一致性，下节将做详细分析。

《坤舆万国全图》存在诸多藏本，经比对该幅美国藏《坤舆万国全图》与梵蒂冈、韩国等海内外诸多版本藏图，在

1 参见［意］艾儒略：《职方外纪校释》，谢方校释，中华书局，2000，其中艾儒略记道：“古来地理家俱从西洋最西处为初度，即以过福岛子午规为始，仿天度自西而东，十度一规，以分东西之度”（第 28—29 页），谢方释读“古来地理家俱从西洋最西处为初度：托勒密写的《地理志》（Geographice Hyphegesis）首次记载了根据经纬度标明的欧、亚、非三洲一些地方的地理位置。据当时的地理知识，认为最西端的陆地为福岛（Fortunate Is.），即今非洲西北岸外大西洋中的加那利群岛（Canary Is.），经度即以此地为零度起点，自西向东，绕一周共 360°。其后欧洲地理学家多据此测定地理位置，直至近代始以通过英国格林威治（Greenwich）的子午线作为东西经度的零度起点”（第 30 页）。

“卧兰的亚大州”的标绘内容上是一致的[1]。1603年，利玛窦编印了《两仪玄览图》，该图现仅存两件（辽宁省博物馆藏图[2]与韩国崇实大学基督教博物馆藏图[3]），其标绘内容与《坤舆万国全图》一致。

（三）“卧兰的亚大州”东部地名

《坤舆万国全图》中除“卧兰的亚大州”外，格陵兰区域内另有9处地名；与之对应的奥特里乌斯《北部国家图》中除“Groenlandt”外，计有24处地名（图11）。整理地名对照如表1所示。

龚缨晏对两图中地名做过对比研究，笔者对其中六处地名（亚耳巴、仙多默会、佛多尔河、纳峰、匿翁峰、沙得）的对照结论无异议，尤其是关于“仙多默会”的分析尤为精彩。在《北部国家图》（图11）的最右边，有一处显眼的红房子建筑符号，标注为“S. Thoms cenobium”，可直译为“圣托马斯教会”。与之相对应，在奥特里乌斯《欧洲图》（图9）中相同位置标注为“Monasterium S. Thoms”，可直译为“圣托马斯修道院”，两者都是指同一处宗教场所。龚缨晏指出《北部国家图》中的“S. Thoms cenobium”早在1558年《芝诺兄弟航海记》（*The Voyages of Zeno Brothers*）和著名的《芝诺兄弟航海图》（*Carta Da Navegar De Nicolo et Antonio Zeni*）中已经出现，“利玛窦采用音义兼译的方法，把S. Thoms cenobium译写成中文‘仙多默会’。其中‘仙多默’是S. Thoms的音译，cenobium则意为‘团体’‘会’”[4]。

表1 《北部国家图》与《坤舆万国全图》地名对照

《北部国家图》	Thor fl.	Alba	S. Thoms cenobium	Hian prom.	Feder fl.	Na prom	Neum prom.	Groclandt	Sadi prom.
《坤舆万国全图》	听尔山	亚耳巴	仙多默会	何令	佛多尔河	纳峰	匿翁峰	卧匿狼德	沙得

1 参见梵蒂冈藏《坤舆万国全图》（见黄时鉴、龚缨晏：《利玛窦世界地图研究》，图版一）、日本宫城县立图书馆藏图（见黄时鉴、龚缨晏：《利玛窦世界地图研究》，图版二），日本大阪北村芳郎藏图（见黄时鉴、龚缨晏《利玛窦世界地图研究》，图版三）、南京博物院藏图［见《中国古代地图集》（明代），图版77；“图版说明”，第5页］、韩国汉城大学（今首尔大学）藏图（见黄时鉴、龚缨晏《利玛窦世界地图研究》，图版五）以及日本内阁文库藏图（见黄时鉴、龚缨晏《利玛窦世界地图研究》，图版六）。

2 参见《中国古代地图集》（明代），图版58。

3 参见黄时鉴、龚缨晏：《利玛窦世界地图研究》，图版七，“《两仪玄览图》韩国崇实大学基督教博物馆藏本”。

4 龚缨晏：《遥远的北方：利玛窦世界地图上的冰岛》。

另外三处地名的对照分析与结论，笔者有不同认识。具体如下：

其一，“听尔山”。龚缨晏舍近求远，认为其很可能音译自 Trin prom[1]。在《坤舆万国全图》中“听尔山”与“亚耳巴”邻近，而《北部国家图》中 Thor fl. 与 Alba 邻近，虽然“听尔”与“Thor”更为音似，但因“山”与“fl.”（意为“河流”）未能对应而被舍弃。但笔者更倾向于认为“听尔山”音译自“Thor fl.”，大概利玛窦在转译誊写时存在笔误，将“听尔河”误书为“听尔山”。这是根据邻近地名的位置和 Thor（听尔）的规整音译得出上述结论的，并且，根据利玛窦译写格陵兰山名的习惯来看，如“纳峰”“匿翁峰”，将“prom”一般译写为“峰”，如音译自 Trin prom，似乎更有可能书作“听尔峰”。

其二，“何令”。龚缨晏认为“何令”在《北部国家图》的格陵兰地域内没有对应词汇，应该音译自旁边冰岛上的地名 Holen[2]。虽然“何令”与“Holen”对音较规整，但是利玛窦将冰岛上地名误写入格陵兰，则有些让人难以理解。笔者认为“何令”对应的是“Hian prom.”，首先，“何令”与“Hian”对音还算规整；其次，根据《坤舆万国全图》中“何令”与“佛多尔河”位置邻近的关系，在《北部国家图》中的“Hian prom”也与“Feder fl.”位置靠近；最后是书写习惯，比如利玛窦在译写“Sadi prom.”时，仅书“沙得”而并未全译，因此该处山名极可能仅音译“Hian”（何令）而省去了“prom”。

其三，“卧匿狼德”。龚缨晏认为“奥特里乌斯在《地球大观》上画有两个格陵兰岛，较小的标为 Groclandt，较大的标为 Groenlandt。利玛窦将这两个同名岛屿合为一个，并将其中的大岛名称译写作‘卧兰的亚大州’，同时保留了另一个岛屿的名称，将其译写成‘卧匿狼德’”[3]。意大利学者保罗同样认为《坤舆万国全图》中“卧匿狼德”译写自 Greenland[4]。上文在分析《北部国家图》附文时已有论证，Groclandt 与格陵兰（Groenlandt）在奥特里乌斯绘图中，属于不同岛屿，并非格陵兰的两种拼写方式。因此，“卧匿狼德”对应的是“Groclandt”，并不是格陵兰的异名形式。这里也可以看出，利玛窦在转绘奥特里乌斯地图时，并非严格遵循原图，存在有意改绘或减省的现象。“Groclandt”在奥特里乌斯地图中本来是一座独立岛屿，利玛窦仅译写地名“卧匿狼德”，并未绘制相应岛屿，留其名而

1 龚缨晏：《遥远的北方：利玛窦世界地图上的冰岛》。

2 同上注。

3 同上注。

4 ［意］保罗：《17 世纪耶稣会士著作中的地名在中国的传播》，任继愈主编《国际汉学》（第 15 辑），大象出版社，2005，第 251 页，文中提到“Greenland，坤舆万国全图：卧匿狼德”。

去其形，将之书写在格陵兰地域内。如果不深入探究奥特里乌斯原图和附文，仅根据利玛窦绘图来做出判断，很容易误入歧途。

（四）“卧兰的亚大州”西部地名

以下再来分析利玛窦地图中的格陵兰西部区域。如图 13 所示，受图幅编绘影响，“卧兰的亚大州”西端似乎尚有未绘之处，仅图 13 所展示，似乎并非“卧兰的亚大州”全貌。图 13 展现的是《坤舆万国全图》整幅地图的西北部，而图 14 则是全图的东北部，上面标注有“飞私得岛”等地名。“飞私得岛”与“卧兰的亚大州”分属两端，但同位于北纬 70°至北纬 80°，且“飞私得岛”东部未绘，两者相拼合，似乎属于同一块陆地。究竟是否如此，以下分析“飞私得岛”上地名等信息，予以论证。

图 14 中地名有脱漏，结合其他图幅可知，“飞私得岛”上共有“泥德”“甘峰”“香峰”“寒河”“斯可何尔丁”五处地名。对照图 11 奥特里乌斯绘制的格陵兰地图，“泥德”应音译自“Lande fl.”，“甘峰”音译自“Giu prom”，“香峰”音译自“Hoen prom”，“寒河”音译自“Han fl.”。这四处地名对音规整，较容易识别，关键是四处外文地名都标注在奥特里乌斯地图中的格陵兰西部，这基本可以印证利玛窦地图中“飞私得岛”这块陆地属于格陵兰西部。

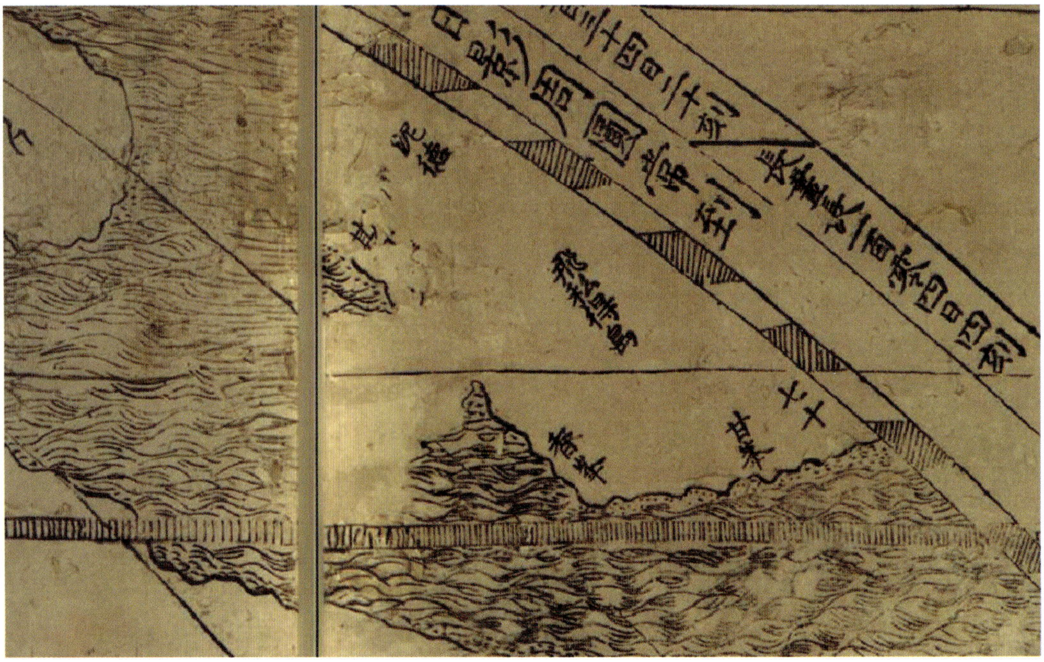

图 14　1602 年《坤舆万国全图》东北部

另一处地名——“斯可何尔丁”，在图 11 格陵兰区域内未找到对音地名。据龚缨晏研究，“斯可何尔丁”是冰岛宗教中心 Scalholdin 的音译[1]。Scalholdin 在奥特里乌斯地图中很显著地位于冰岛（Islant Thule）正中（如图 11 下方中部），在马格努斯绘制的《海洋地图》中（图 5）也有标注。利玛窦为什么会将冰岛上的地名书写入格陵兰区域？冰岛位于欧洲大陆西部，在利玛窦地图中仅书写一处地名“都力”，这显然音译自奥特里乌斯地图中的 Thule。Thule 是欧洲人对冰岛的另一称谓，龚缨晏对此已有论证，同时也指出“利玛窦《舆地图》中的‘都力’，可以说是现今所知中文文献中第一个与冰岛相关的地名”[2]。但是，龚缨晏仅根据“斯可何尔丁”这一处冰岛地名，就认为“利玛窦《坤舆万国全图》上的‘飞私得岛’，实际上是把冰岛和富里斯兰德岛合在一起了”[3]，笔者并不能认同。笔者认为利玛窦地图中“都力”即是冰岛，“飞私得岛”这块陆地实际上是格陵兰西部，与冰岛并无关系。

至于将“斯可何尔丁”写入格陵兰区域的原因，大概可以参考上文提到的“卧匿狼德”的处理方式，这应该是利玛窦有意为之，在地图绘制时做了人为的取舍。具体而言，利玛窦在地图中将冰岛绘制的太小，其上基本仅能容纳“都力”两字，而“斯可何尔丁”是冰岛著名宗教中心，利玛窦在舍弃掉奥特里乌斯地图中冰岛上的诸多地名（图 15）后，仅选取音译了这一处地名，而后书写入格陵兰西部空白区域。利玛窦应该清楚地知道“斯可何尔丁”属于“都力”，但是“都力”绘制太小导致容纳不下其他文字，所以很不严谨地将之写到了旁边岛屿上。考虑到利玛窦可以将独立岛屿“Groclandt”仅音译为“卧匿狼德”而完全略去其形、“异地安置”到格陵兰上的处理方式，也就更能理解利玛窦对于“斯可何尔丁”相同的处置手法了。利玛窦地图中的“飞私得岛”音译自奥特里乌斯地图中的“Frisland”（图 15 左下方），在《北部国家图》中位于格陵兰和冰岛（Islant Thule）以南，显示为一座独立岛屿。其中格陵兰大致位于北纬 70°至北纬 80°，冰岛大致位于北纬 65°至北纬 70°，而 Frisland 则位于北纬 60°至北纬 63°，在奥特里乌斯地图中，三者基本上是由北到南排列，各自独立。在 Frisland 的编绘上，利玛窦故技重施，并未将之绘制为一座独立岛屿，仅是将其音译地名“飞私得岛”书写入格陵兰区域。

笔者认为利玛窦地图中的“飞私得岛”与冰岛并无关系，一是因为位置，

---

1 龚缨晏：《遥远的北方：利玛窦世界地图上的冰岛》。

2 同上注。

3 同上注。其中“富里斯兰德岛”是 Frisland（利玛窦译为飞私得岛）的一种音译形式。

图15　1587年《北部国家图》中的冰岛、飞私得岛

“飞私得岛”这块陆地与“卧兰的亚大州”基本位于相同纬度，是可以拼合为一体的；二是因为包括“飞私得岛”这一地名在内，这块陆地上共计有六处地名，其中四处地名（“泥德”“甘峰”“香峰”“寒河”）是可以与奥特里乌斯地图中格陵兰西部地名完全对应的。与其因为一处冰岛地名“斯可何尔丁”而认为“飞私得岛”区域与冰岛有关，不如根据地理位置和另外四处格陵兰地名而认为“飞私得岛”区域属于格陵兰，与冰岛无涉。

“飞私得岛”（Frisland，又拼作Frieslant，Fislanda等），也有译作“富里斯兰德岛”，1623年艾儒略《万国全图》中书作“斐兰岛”。这座岛屿往往出现在16世纪、17世纪西方地图中，但是被后来地理探索所证实，大西洋中并不存在这座岛屿。

据研究，在地中海地区，早在1500年前后，“富里斯兰德岛”就已经出现在地图上[1]。英国科技史学家李约瑟（Jo-

1　J. B. Harley and David Woodward, *The History of Cartography*, Vol. 1, Chicago University of Chicago Press, 1987, p. 414。转引自龚缨晏：《遥远的北方：利玛窦世界地图上的冰岛》。

seph Needham）也曾提及该问题，“利玛窦的世界地图，同它之前的奥特利乌斯的地图及它之后的开普勒的地图一样，把一个完全虚构的‘斐兰岛’（Friesland）绘在大西洋中的冰岛以南”，关于导致这一错误的原因，引述邓洛普（Dunlop）的研究，“认为斐兰岛来源自伊德里西的‘拉斯兰达岛’（Raslānda），而且与法罗群岛（Faröes）混为一谈了”[1]。这其中提到的伊德里西（1099—1166），曾于 1150 年前后为西西里的诺曼王罗杰二世绘制世界地图，地图标绘如邓洛普所言[2]。因此这一错误至少可上溯至 12 世纪初期。在 1558 年《芝诺兄弟航海图》中，飞私得岛被单独描绘成一座大岛，并标注了 Cabaria 等地名。在 1569 年墨卡托《新世界大幅平面图》（图 10）中，也分别标绘了格陵兰、冰岛、飞私得岛。奥特里乌斯地图中也是分别绘制上述三座岛屿[3]。经过梳理，也可以发现这些 16 世纪著名的西方地图中，基本上都会绘制这座实际上并不存在的岛屿，并认为其区别于格陵兰和冰岛而独立存在。

关于“飞私得岛”，根据奥特里乌斯地图，如图 15 左下角所示，Frisland 岛及其中标注的众多地名非常显著，利玛窦应该清楚知道该岛是一座独立岛屿，但其并未将之转绘在对应区域，而是略去其形，仅留下“飞私得岛”这个地名，并标注在格陵兰的土地上。Frisland 标绘如此明显，利玛窦应该不会疏忽至此，将两座岛屿混同为一。利玛窦在此应该是故技重施，同上文“卧匿狼德”和“斯可何尔丁”一样，“飞私得岛”也没能逃脱“异地安置”的命运。

1917 年，英国外交部为筹备“一战”战后会议，特别成立了一个部门，专门负责收集和编制供英国代表团参会使用的背景资料，其中 *Greenland* 这份报告于 1920 年出版。书中提到在 16 世纪格陵兰曾有三个名称，分别是 Labrador、Frisland 和 Greenland，并指出英国探险家弗罗比舍尔 1576 年抵达格陵兰时，受到芝诺（Venetian Zeno）影响而将格陵兰错认为飞私得岛（Frisland）[4]。所谓“受到芝诺（Venetian Zeno）影响”，应该是受到

---

1 ［英］李约瑟：《中国科学技术史》第三卷《数学、天学和地学》，梅荣照等译，科学出版社、上海古籍出版社，2018，第 611 页。

2 图幅见［英］李约瑟：《中国科学技术史》第三卷《数学、天学和地学》，第 586—587 页。

3 《芝诺兄弟航海图》、墨卡托地图及奥特里乌斯地图中的“富里斯兰德岛”的标绘，参见龚缨晏：《遥远的北方：利玛窦世界地图上的冰岛》。

4 *Greenland*, p. 9, " To the world at large, however, these Scandinavian enterprises seem to have been unknown, and when the Portuguese, about 1500, came upon Greenland, they described it as ' a point of Asia ' and named it Labrador from a *llavrador* or yeoman farmer who was the discoverer", "When Frobisher, in 1576, sighted the coasts of Greenland, a further element of confusion was introduced, for, being misled by the fictious map of the Venetian Zeno, the explorer identified thc country with an imaginary ' Frisland ' . Thus there were at this time three possible names by which Greenland might be described—Labrador, Frisland, and Greenland" .

1558年《芝诺兄弟航海图》的影响，上文已述，该图中详细绘制了并不存在的Frisland。*Greenland*一书中认为16世纪末，欧洲航海家对这片海域并不熟悉，并举例两则。一是弗罗比舍尔，在他的著述中往往张冠李戴，书中描述的是Labrador，实际上可能是巴芬湾（Baffin Land）的状况，或者将在巴芬湾的重大发现错误地认为是格陵兰状况[1]。二是戴维斯（Davis），当他1585年第一次航行看到格陵兰的时候，认为这是一座新发现的岛屿并命名为"荒地"（the Land of Desolation）[2]。通过1920年英国人的记载来看，在16世纪末，也就是利玛窦来华之时，大概是受到芝诺地图的影响和想象中的飞私得岛的干扰，欧洲航海家存在混淆飞私得岛、格陵兰和巴芬湾的状况。这是否影响到利玛窦，使之将飞私得岛标绘在格陵兰土地上？利玛窦远涉重洋来到东方，也许听说过这些航海家的事迹。当然这没有直接史料支撑，仅是一种猜测。笔者更倾向于认为利玛窦转绘奥特里乌斯地图时，进行了有意的选取和处理。

利玛窦为什么会进行看似如此草率的改绘，将奥特里乌斯地图中的独立岛屿Groclandt和Frisland隐去其形而书写到格陵兰？将冰岛宗教中心Scalholdin写入格陵兰？究其根本原因，大概与其传教士的身份以及绘制中文地图的目的有关，利玛窦来华的目的是传教而不是介绍西方地理知识。传教过程中，利玛窦注重隐藏真实的传教意图而采取较隐蔽的方式引起中国人的兴趣，如其著作中记载："为了使一种新宗教的出现在中国人中间不致引起怀疑，神父们开始在群众中出现时，并不公开谈论宗教的事。在表示敬意和问候并殷勤地接待访问者之余，他们就把时间用于研习中国语言、书法和人们的风俗习惯"。他们入乡随俗，迎合中国人的习惯，"从他们入境时起，他们便穿中国的普通外衣，那有点像他们自己的道袍。袍子长达脚跟，袖子肥大，中国人很喜欢穿"[3]。

具体到中文地图编绘，其起因也是意识到这样可以引起中国人兴趣，有利于传教。据记载："在教堂接待室的墙上，挂着一幅用欧洲文字标注的世界全图。有学识的中国人啧啧称羡它：当他们得知它是整个世界的全图和说明时，他们很愿意看到一幅用中文标注的同样的图"，有位

1　*Greenland*, p. 10, "But when Frobisher spoke of Labrador, though in fact he was describing either that country or Baffin Land, he thought he was speaking of Greenland, and therefore his principal discoveries in Baffin Land were transferred to Greenland by those who eliminated the mythical Frisland or marked it elsewhere on their maps".

2　*Greenland*, p. 10, "The confusion thus created was so great that when Davis on his first voyage, 1585, sighted Greenland, he treated it as a new discovery and called it the Land of Desolation, though in the account of his later voyages, during which the west coast was explored as far as 72°41' north latitude, the country is correctly named".

3　［意］利玛窦、金尼阁:《利玛窦中国札记》，第167—168页。

中国官员“表示要请他在译员帮助下，把他的地图写为中文，并向他保证这件工作会使他得到很大的声望和大家的赞许”[1]。这份声望和赞许是利玛窦看重的，“那和他传播福音的想法是完全一致的”，并认为“按照上帝的安排，对不同民族在不同的时候应该采用不同的方法去帮助人民关心基督教。实际上正是这有趣的东西，使得很多中国人上了使徒彼得的钩”[2]。从这些记载来看，利玛窦编绘中文地图完全是服务于传教活动。为了迎合中国人习惯和传教，利玛窦对奥特里乌斯地图进行了改绘，最显著的变化就是将奥特里乌斯地图中以子午线为地图中心的画法，改为将中国置于地图中心。利玛窦是有意为之，因为中国人“他们深信他们的国家就在它的中央。他们不喜欢我们把中国推到东方一角上的地理概念”，因此利玛窦“他抹去了福岛的第一条子午线，在地图两边各留下一道边，使中国正好出现在中央。这更符合他们的想法，使得他们十分高兴而且满意”，并且在实际效果上，“在当时那种特殊环境下，再找不到别的法子更适宜于使这个民族信教的了”[3]。

从利玛窦编绘地图的实用主义来看，他只是运用新奇的世界地图引起中国人兴趣，进而推动传教事业发展。事实证明这是很成功的传教策略，相关地图甚至呈送给了万历皇帝。从这个角度来说，他并不是一位严谨的地理学家，并不追求将准确无误的西方地理知识传入中国，因为绘图只是他的传教策略而已。也因此，遥远的格陵兰对于明代中国人来说，属于“殊方远域”之地，大概不会引起中国人兴趣。利玛窦在格陵兰区域内，将 Groclandt 和 Frisland 略而形而留其名，同时将之与冰岛地名一同写入格陵兰，这种看似荒谬的处理方式，从其实用主义的绘图原则和服务于传教的目的来看，是完全可以理解的。当然，此段论述并无意否认利玛窦中文世界地图对于中西文化交流的重要意义。

（五）《异林》记载辨析

除地图外，在明万历年间的书籍中有一则注记：“卧兰的亚国在大海中，冬三月夜而不昼，夏三月昼而不夜，作壶漏之物，以辨昼夜，六时兴而六时寝。当三冬时，燃鱼油为灯，以代日

1 ［意］利玛窦、金尼阁：《利玛窦中国札记》，第 179、180 页。

2 ［意］利玛窦、金尼阁：《利玛窦中国札记》，第 180 页。

3 ［意］利玛窦、金尼阁：《利玛窦中国札记》，第 180—181 页。

光”[1]。这条记载出自万历年间朱谋㙔《异林》一书，且书中注明出处“俱利玛窦《舆图志》”，然而上文利玛窦相关记载中并无此条。

朱谋㙔（1564—1624）是明太祖第十七子宁王朱权的七世孙，据《明史》记载：“而谋㙔尤贯串群籍，通晓朝廷典故。诸王子孙好学敦行，自周藩中尉睦㮮而外，莫及谋朱谋㙔者。万历二十二年，廷议增设石城、宜春管理，命谋㙔以中尉理石城王府事，得劾治不法者。典藩政三十年，宗人咸就约束。暇则闭户读书，著《易象通》《诗故》《春秋戴记》《鲁论笺》及他书，凡百十有二种，皆手自缮写”[2]。其中提及增设石城、宜春管理，由朱谋㙔领之，与《异林》序所记相仿，“理石城国事，公族有所平反，无不折中先生者”[3]，也可见《异林》成书在万历二十二年（1594）之后。《异林》成书时间在书中并无明示，周运中考订该书刊刻在万历二十三年（1595）利玛窦抵达江西之后[4]，而据帅廷镆撰写的序，“始嘉隆间，诗体大坏，先生特用盛唐法振起之，号豫章五君，远近慕焉，逮于今三十余年”[5]。据此推测，成书时间可能在万历三十年（1602）前后。

《异林》中提及的注记出处——利玛窦《舆图志》，据研究这并非利玛窦编绘的中文《坤舆万国全图》等，而是奥特里乌斯《地球大观》[6]。利玛窦于1595年6月28日至1598年6月25日在江西南昌生活[7]，利玛窦写回罗马教廷的信件显示，利玛窦与生活在此的建安王朱多𤊨多有往来，赠送铜版画、日晷、地球仪等西洋物件[8]。建安王朱多𤊨是朱谋㙔的叔叔，利玛窦在南昌期间交游甚广，虽然尚无证据证明朱谋㙔曾与利玛窦谋面，但通过建安王这个渠道，朱谋㙔也应接触到利玛窦所携西洋物件或图籍。1596年10月，利玛窦信件中提到，“我现在正在为他绘制一幅全世界的完整地图，上面还有很多注释和说明。我还没有绘完就有很多很有学问的人前来观看，恳求我将其刊印，他

---

1 （明）朱谋㙔：《异林》第十六卷“夷俗”，中国国家图书馆藏万历刻本，页9b。

2 （清）张廷玉等撰：《明史》卷一七七“诸王二”，中华书局，1974，第3597页。

3 《异林》序，页1b—2a。

4 周运中：《利玛窦〈舆图志〉佚文考释及其他》。

5 《异林》序，页2a。

6 参见周运中：《利玛窦〈舆图志〉佚文考释及其他》。

7 参见龚缨晏：《〈欧罗巴国记〉：古代中国最早介绍欧洲的著述》，《社会科学战线》2015年第11期。

8 参见利玛窦：《致无名氏神父》（1595年10月28日，南昌），［意］利玛窦《利玛窦书信集》，文铮译，［意］梅欧金校，商务印书馆，2018，第150页。另参见［意］利玛窦、金尼阁：《利玛窦中国札记》，第301页。

们都说这在中国将会受到极大欢迎”[1]。可见，利玛窦曾在南昌绘制世界地图。但是“利玛窦在南昌编绘的世界地图，无论是刻本还是绘本，现在都已失传”[2]。章潢曾见过利玛窦南昌绘图，摹绘保存在《图书编》中，名为《舆地山海全图》。通过分析地图地名，黄时鉴、龚缨晏认为“在利玛窦南昌期间所绘的《舆地山海全图》中，有一些地名是后来《坤舆万国全图》上所没有的”[3]。《异林》中格陵兰信息，在《坤舆万国全图》中未载。因此，笔者更倾向于认为朱谋㙔参阅的是利玛窦在南昌编绘的中文地图，而非直接来自奥特里乌斯西文地图。

至于《异林》中描述的格陵兰极昼极夜现象及鱼油为灯等，在北极地区较为常见。在 1602 年《坤舆万国全图》中有两则类似记载，一则在“新曾白腊”（今新地岛）以东不具名的方形岛屿上，“此地之北极者，半年有日光，半年无日光，故以鱼油点油灯代日，寒冻极甚，人难到此，所以地之人物未审何如”。另一则在更偏东的“夜叉国”岛屿之上，“此处寒冻极甚，海水成冰，国人以车马度之，凿开冰穴，多取大鱼，因其地不生五谷，即以鱼肉充饥，以鱼油点灯，以鱼骨造房屋舟车”。因此，笔者认为《异林》中格陵兰描述大概出自利玛窦南昌绘图，因为地图内容变动和文字裁剪，或者北极地区其他岛屿已有类似注记，所以在之后的《坤舆万国全图》中减省了这部分信息。

因为《异林》成书时间晦暗不明，且其中格陵兰信息来自南昌绘图的推断具有合理性但缺少直接的确凿证据，所以最早标绘格陵兰信息的文献依旧确指为 1600 年绘于南京的《山海舆地全图》。

综上可见，利玛窦最早通过绘制中文世界地图将格陵兰地理知识传入古代中国。有文献可依的是在 1600 年南京绘制的《山海舆地全图》中，已经将格陵兰音译为“卧兰的亚大州”并标绘于图中，并在随后广为流传的 1602 年《坤舆万国全图》及 1603 年《两仪玄览图》中沿用。同时根据《地球大观》的《北部国家图》，在“卧兰的亚大州”东部译写了教堂、河流或山峦的 9 处名称，并在格陵兰西部区域，转译 4 处地名，也错误地将卧匿狼德、飞私得岛及冰岛教堂书写入格陵兰地域。

另有成图于明末、刊刻于清顺治五年（1648）的中文世界地图《坤舆万国全

1 ［意］利玛窦：《致罗马耶稣会总会长阿夸维瓦神父》（1596 年 10 月 13 日，南昌），《利玛窦书信集》，第 193 页。

2 黄时鉴、龚缨晏：《利玛窦世界地图研究》，第 12 页。

3 黄时鉴、龚缨晏：《利玛窦世界地图研究》，第 17 页。

图》和《舆地全图》，收录于《函宇通》一书中，该书是一部天文学著作，主要内容来自西方传教士。据研究，地图直译自奥特里乌斯 1587 年之后出版的《世界大观》，被认为是目前所知唯一的奥特里乌斯世界地图的汉文直接摹本[1]。但是，图中文字内容十分简略，仅书写“亚细亚”“欧罗巴”等大洲名称及“大明海”“平浪海”等海洋名称，并没有标注格陵兰。因此，这一有别于利玛窦地图而直接源自奥特里乌斯绘图的唯一汉文直接摹绘本，并没有成为利玛窦绘图以外的第二个信息来源。

利玛窦世界地图中注记的大量世界地理和天文知识等，在汉文文献中直接或间接的流传。世界地图因为制版烦琐、图幅过大、不易存贮等原因，在利玛窦去世后，“到了 1700 年前后，利玛窦世界地图更是难以觅见。清宫中无疑保存着若干幅与利玛窦有关的世界地图，而民间则极其稀罕”，“到了康熙末年，利玛窦世界地图的影响已基本消失”[2]。但是，利玛窦译写并传入的“卧兰的亚大州”等域外知识，被随后来华的传教士部分继承下来，在新绘地图或书籍中得以或隐或现地流传。

三　17 世纪初艾儒略《职方外纪》中的格陵兰

1610 年，利玛窦去世，意大利传教士艾儒略（Giulio Aleni，1582—1649）于同年抵达澳门，先后在北京、上海、扬州、陕西、杭州等地传教。明天启三年（1623）夏，艾儒略在杨廷筠的协助下，完成了《职方外纪》一书，是年秋付梓。《职方外纪》被认为是明末第一部系统介绍世界地理知识的著作[3]，如图 16 所示，所附《万国全图》中标绘“卧兰的亚岛”[4]。艾儒略绘图无疑受到利玛窦地图的直接影响，清人编纂《四库全书总目》时记道：“盖因利玛窦、庞我迪旧本润色之，不尽儒略自作也”[5]。另从艾儒略绘图将中国置于地图中央的整体布局也可见一斑。

1　参见黄时鉴、龚缨晏：《利玛窦世界地图研究》，第 50—56 页。

2　黄时鉴、龚缨晏：《利玛窦世界地图研究》，第 112 页。

3　参见王永杰：《〈职方外纪〉成书过程及版本考》，《史林》2018 年第 3 期。

4　［意］艾儒略：《职方外纪》“总说”，美国国会图书馆藏天启三年刻本。

5　（清）永瑢：《四库全书总目》卷七一“史部・地理类四”，第 633 页。

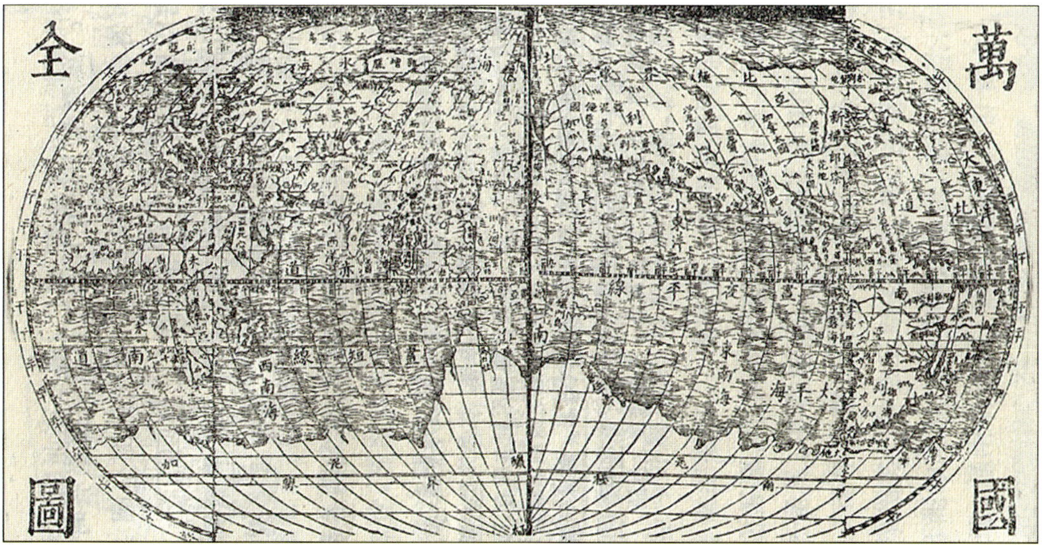

图 16　1623 年《万国全图》

地图来自［意］艾儒略：《职方外纪校释》，谢方校释，中华书局，2000，第 20 页

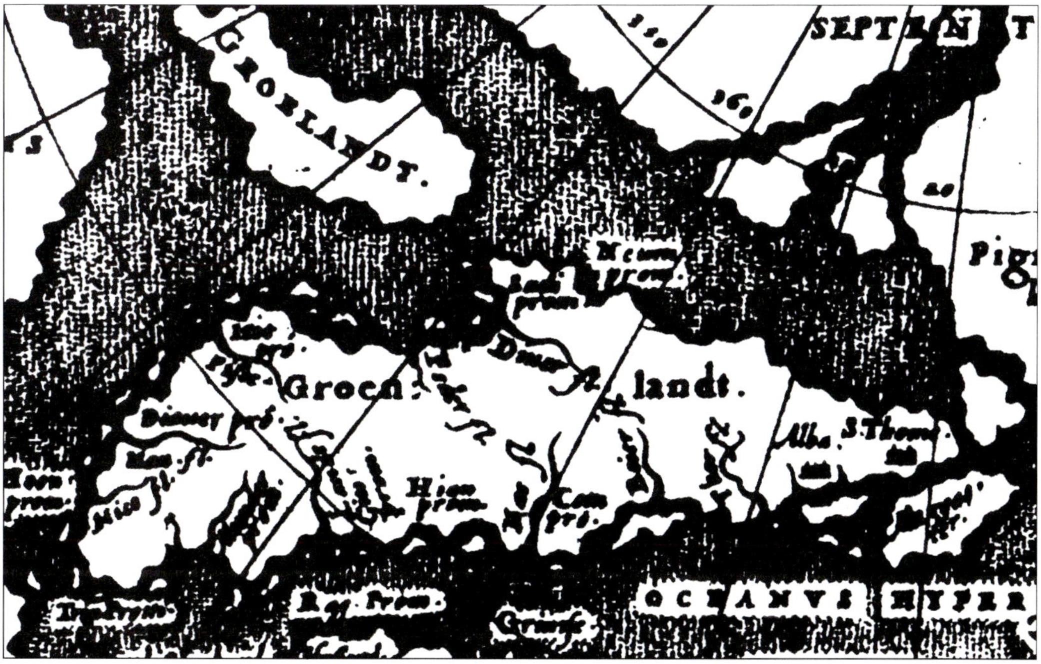

图 17　1598 年《斯堪的纳维亚北部区域图》（局部）

Giovanni Antonio Magini, *Moderne tavole di geografia*, Venetiis, p. 95b

（一）马吉尼《现代地理图册》及艾儒略“卧兰的亚岛”的误用

艾儒略“卧兰的亚”的翻译无疑直接上承自利玛窦，但是将文字标注由“卧兰的亚大州”改为“卧兰的亚岛”并不能完全体现当时的地理认知。艾儒略绘图虽然受到利玛窦影响，但是据意大利学者保罗考证，其编著主要依据是意大利地理学家马吉尼（Giovanni Antonio Magini）1598 年所著《现代地理图册》（*Moderne tavole di geografia*）[1]。在原本《现代地理图册》关于格陵兰的专节记载中，出现了拉丁文“*Groenlandt* Insula”[2]，意为“格陵兰岛”。因此，可以说艾儒略“卧兰的亚岛”一词应该受到利玛窦中文地图和马吉尼西方文献的双重影响。并且，不同于同时代西方地图中将格陵兰视为北方大陆延伸的半岛且仅绘制格陵兰南部地区的惯常技法，可以看到在《地球大观》（图 8、图 11）及利玛窦地图（图 13）中，格陵兰北部并未与大陆相连，外形上类似于独立岛屿，这可能也是导致艾儒略将之改称“卧兰的亚岛”的间接原因。

尽管艾儒略“卧兰的亚岛”的记述更符合今天格陵兰作为岛屿存在的认知，但是在 16、17 世纪的西方地理知识中，人们并未探明格陵兰北部状况，普遍认为格陵兰是北方大陆的半岛。这在前文提到的 1538 年《双心形投影世界地图》、1539 年《海洋地图》、1566 年《双半球世界地图》以及 1570 年《标有实际风向的世界地图或世界描述图》中，均有体现。马吉尼虽然将之称为“格陵兰岛”，但是同时也记述：“fine *Groenlandt* insula est admodum ignora & ad Septentrionem magis exposira, cuius incolae ex volucris sylvestribus & ex piscibus vivunt”[3]，意思是“格陵兰岛海岸基本是未知的，北部更为裸露，居民以食用森林中的鸟类和鱼类为生”。可见文字叙述中马吉尼将之称为“岛（insula）”，但是同时也承认对其了解“基本是未知的”，这基本代表了当时西方对于格陵兰的地理认识。同时，结合马吉尼绘制的《斯堪的纳维亚北部区域图》（图 17），仅标注“Groenlandt”，并未出现“insula”一词。

实际上，因为格陵兰天气严寒和沿岸浮冰等原因，人类对于格陵兰海岸及外形的探索是很晚才完成的。“到了十七世纪的中叶，格陵兰西海岸和大部分东海岸的

---

1 ［意］保罗：《中西地学知识及地理学词汇的交流：艾儒略〈职方外纪〉的西方原本》，载《或问 WAKUMON》2006 年第 11 期。转引自王永杰：《〈职方外纪〉成书过程及版本考》，《史林》2018 年第 3 期。

2 Giovanni Antonio Magini, *Moderne tavole di geografia*, Venetiis, p. 100b. 《现代地理图册》拉丁文版由东北师范大学王永杰惠赐，在此致谢。

3 Giovanni Antonio Magini, *Moderne tavole di geografia*, Venetiis, p. 100b. 拉丁文由德国波恩大学 Christian Kühne（孔力思）审校，在此致谢。

大概轮廓弄清楚了”[1]，“格陵兰岛的外形直到十九世纪末才完全调查清楚”[2]。因此，并不能对艾儒略“卧兰的亚岛”的标注方式做简单字面解读，这也并不能证明同时代西方人已探知格陵兰作为岛屿存在的事实[3]。相对而言，利玛窦将之称为“卧兰的亚大州”的标注方式，更符合这一时期西方对于格陵兰的基本认知。

此外，利玛窦对艾儒略绘图的直接影响，还体现在格陵兰西部区域，即“飞私得岛”这块陆地。艾儒略地图中同样在全图东北部单独绘制了一块陆地，其上仅标注了“飞私得岛”四个字，并未标注其他地名。虽然如此标绘，但并不能认为这就是那座实际上并不存在的“飞私得岛”。因为根据绘制位置、形状及文字标注，可以推断这是对利玛窦错误处理方式的延续，很显然艾儒略并不清楚利玛窦在此处留其名而略其形的“异地安置”手法。

（二）艾儒略《职方外纪》中“西北海诸岛”的文本溯源

除地图中的标注外，在《职方外纪》的“西北海诸岛”中有一段详细的文字描述，“近谙厄利亚国[4]为格落兰得，其地多火，以砖石障之，仍可居处。或宛转作沟以通火，火焰所至，便置釜甑，熟物更不须薪，其火亦终古不灭”[5]。其中“格落兰得”显然是格陵兰的音译名称[6]，较之于利玛窦“卧兰的亚”的音译，更接近现代发音，但是与书中附图《万国全图》中“卧兰的亚岛”的称谓标注并不对应，图文注记未统一。

经比对，艾儒略的这段描述应该源自马吉尼关于格陵兰的一段记述，拉丁文原文及译文如下：

> Hicmons est, qui velut Ethna continuo flagrat, ac lapides in modum fauillarum emittit, qui quidem refrigerati op-

1 ［苏］Г. М. 伊格纳节夫：《格陵兰》，第 7 页。

2 ［苏］Г. М. 伊格纳节夫：《格陵兰》，第 11 页。

3 另有意大利传教士毕方济（Francesco Sambiasi，1582—1649）绘制的《坤舆全图》，大致成图于 1648 年前后，图中绘制有“卧兰的亚岛”，其受到艾儒略地图影响，但也不能说明当时实际的地理认知。关于毕方济地图的研究，参见龚缨晏《梵蒂冈图书馆藏毕方济〈坤舆全图〉研究》［戴龙基、杨迅凌主编《全球地图中的澳门》（第二卷），社会科学文献出版社，2017，第 92—124 页］，其研究指出毕方济地图主要参阅利玛窦地图，非洲部分绘制中约三分之一参阅自艾儒略资料。法国国家图书馆藏毕方济地图图影参见谢国兴、陈宗仁主编《地舆纵览：法国国家图书馆所藏中文古地图》，“中研院”台史所，2018，第 34—35 页。

4 按：《坤舆万国全图》中“谙厄利亚”标注在今英格兰，对应音译自 *Typus orbis Terrarum* 图中的“Anglia“。

5 （明）《职方外纪》卷之二“欧罗巴”，页 29b。

6 谢方注记：“格落兰得：即格陵兰（Greenland），为世界最大岛，意为绿色土地”，见［意］艾儒略《职方外纪校释》，第 104 页。

timi sunt ad murros conficiendos, sed si aqua aspergatur, calcem optimam praestant: ibidem fons est fervidissimus, quo accolade, & praesertim monacorum conventus ad coquenda cibaria utuntur.[1]

（汉译）像埃特纳山（Ethna）一样，这座山一直燃烧着，并且喷射出大量的石头（lapides）。当石头冷却后，是非常优良的筑墙材料，如果加水，石灰岩又会显现原型。泉水温度极高，旁边居民和修道院的僧侣会用它煮饭

这段描述了格陵兰火山喷发和地热资源的状况[2]，所谓“石头”显然是火山喷发出的岩浆。至于埃特纳山（Ethna），艾儒略在《职方外纪》中并未直接译出，然检索至“意大里亚”条中，有所提及：“意大里亚之名岛有三，一西齐里亚，地极丰厚，俗称国之仓、之库、之魂，皆美其富庶也。亦有大山，喷火不绝，百年前其火特异，火炉直飞，逾海达利未亚境”[3]，谢方校注“西齐里亚”为今意大利西西里岛[4]，“亦有大山，喷火不绝”释读为“即西西里岛之埃特纳火山（Etna M.），海拔3263米，为欧洲最高活火山”[5]。在1674年南怀仁《坤舆图说》中亦有相关文字：“西齐理亚国昼夜喷火之山，名阨得纳，高十三里一百五十六丈”[6]，其中南怀仁将之音译为“阨得纳”。

对照艾儒略文字，其一，“其地多火”显然译自“这座山一直燃烧着”；其二，“以砖石障之，仍可居处”则应引申自“当石头冷却后，是非常优良的筑墙材料”这段话；其三，“或宛转作沟以通火”，应该是与原文中地热温泉的描述“泉水温度极高”有关，滚烫的泉水从地下涌出，当时人如不理解地热原理，误以为下面“通火 ”以致泉水沸腾也是极有可能的；其四，“火焰所至，便置釜甑，熟物更不须薪”的记述，则对应引申自“泉水温度极高，旁边居民和修道院的僧侣会用它煮饭”这段描述。

此外，对比马吉尼《斯堪的纳维亚北部区域图》（图17）和奥特里乌斯《北部国家图》（图11），很直观的感觉是两

1 Giovanni Antonio Magini, *Moderne tavole di geografia*, Venetiis, p. 100b. 拉丁文录文由东北师范大学王永杰、德国波恩大学 Christian Kühne（孔力思）帮助审校，在此致谢。

2 地热状况在1920年英国人 *Greenland* 报告中也有提到，“Hot springs are found especially in the island of Unartok (60°30′ N.)”, p. 1

3 ［意］艾儒略：《职方外纪校释》，第87页。

4 参见［意］艾儒略：《职方外纪校释》，第91页，注34：西齐里亚：今称西西里（意 Sicilia，英 Sicily），意大利南端岛屿，也是地中海最大岛屿。

5 参见［意］艾儒略：《职方外纪校释》，第91页，注35。

6 ［意］南怀仁：《坤舆图说》“山岳”，台北“中央图书馆”藏清道光抄本。

图在格陵兰的外形绘制上基本一致，西北方向同样有一个外形类似的岛屿，更细部的特征如格陵兰东北方向的海中，有两个基本相同的小岛屿。仅从地图绘制特征上推断，马吉尼地图应参阅了奥特里乌斯绘图。而对比马吉尼绘图中，标注的文字，诸如 S. Thoms、Alba、Thor fl.、Hian prom.、Giu prom 等共计 24 处地名与《北部国家图》标注基本一样且位置相同。据此基本可以断定至少在格陵兰的绘制上，马吉尼绘图参阅或者转绘自奥特里乌斯《地球大观》。

综合来看，艾儒略《职方外纪》虽然受到利玛窦影响，但是涉及格陵兰地理知识，更直接地源自 1598 年马吉尼《现代地理图册》一书。根据上文分析，利玛窦中文地图参阅自奥特里乌斯地图，而马吉尼在绘制格陵兰地图时同样参阅了奥特里乌斯地图，也可以说艾儒略绘图中的格陵兰信息间接地源自奥特里乌斯地图。因此可以认为艾儒略地图和利玛窦地图在参阅材料上，具有同源性。但是需要注意的是，两图即使具有血缘关系，但在格陵兰绘制内容的取舍上，存在很大不同。上文已作分析，利玛窦在绘制格陵兰时，从奥特里乌斯地图中转译出了十余处中文地名。而艾儒略参阅的马吉尼绘图中，虽然格陵兰地名标注与奥特里乌斯地图完全一致，但是艾儒略并未转译任何具体地名，仅书写了“卧兰的亚岛”和“飞私得岛”两处地名。不得不遗憾地说，在地图标绘上，艾儒略新创了“卧兰的亚岛”这一错误名称，同时又延续了利玛窦“飞私得岛”的错误标注方式。仅就地图中地名标注而言，艾儒略的处理和选择是十分失败的。总体而言，就地图中传递的信息量来说，利玛窦更胜一筹。然而，在文字记述方面，艾儒略从马吉尼西文记载中译出一段记述，介绍了火山、地热等全新地理知识，并贡献了“格落兰得”的新译名，这是利玛窦所不及的。

四 17 世纪中后期南怀仁《坤舆图说》中的格陵兰

1659 年，比利时传教士南怀仁（Ferdinandus Verbiest，1623—1688）到达中国，康熙十三年（1674）撰著《坤舆图说》一书，并在此基础上制作了著名的《坤舆全图》[1]。南怀仁绘图及图说受到利玛窦和艾儒略的直接影响。《坤舆全图》与利玛窦绘图的关联显而易见，两幅地图图说的首句一致，均为“地与海，本是圆形，而合为一球，居天球之中。诚如鸡子黄在青内”。而南怀仁图籍与艾儒略地图的关系，清人指出其“大致与艾儒略《职方外纪》互相出入，而亦时有详略异

1 李孝聪:《美国国会图书馆藏中文古地图叙录》，文物出版社，2004，第 1 页，“《坤舆全图》是在其所撰《坤舆图说》资料和简图的基础上绘制的。”

同”[1]。据汪前进研究，“《坤舆全图》中的文字绝大部分来自艾儒略的《职方外纪》和利玛窦的《坤舆万国全图》”[2]。

具体到格陵兰，南怀仁在《坤舆图说》“西北海诸岛”中的记载：“近谙厄利亚国为格落兰得，其地多火，以砖石障之，仍可居，或宛转作沟通火，火焰所至，便置釜甑，熟物不须薪，火亦终古不灭”[3]。这段说明虽然个别文字有所减省，但很显然转录自艾儒略《职方外纪》“西北海诸岛”中那段译自马吉尼的文字。

（一）“瓦革了”注记辨析

1674 年《坤舆全图》为木刻，8 块条幅拼接，格陵兰图像出现在《坤舆全图》的第 2 条（图 18）和第 4 条（图 19）中，格陵兰的名称并不统一，分别意译为“青地”（图 18）和音译为“格兰的亚”（图 19）。尤其引人注意的是，在图 18“青地”上书写了大段注记，誊录如下：

> 瓦革了，本鱼名。因海中产此鱼甚多，商贩往他国恒数千艘，故以鱼名，亦名青地。地土瘠人愚，地纯沙。土人造鱼腊时，取鱼头数万，密布沙中，每头种谷二三粒，后鱼腐地肥，谷生畅茂，收获倍常土。

根据这段文字记载，大概可知“瓦革了”“亦名青地”，并且正好书写在“青地”之上，似乎“瓦革了”是格陵兰的另外一个名称。而参阅《坤舆图说》“瓦革了”条的记载，则与此段记述大同小异，但所谓“小异”却非常关键，誊录如下，以供比对：

> 有瓦革了，本鱼名。因海中产此鱼甚多，商贩往他国恒数千艘，故以鱼名。其地土瘠人愚，纯沙不生五谷。土人造鱼腊时，取鱼头数万，密布沙中，每头种谷二三粒，后鱼腐地肥，谷生畅茂，收获倍于常土。[4]

两相比较，虽有个别字词增删，但语义相同。二者的关键不同在于“亦名青地”的有无，这四个字是判断“瓦革了”是否等同于格陵兰的关键信息。

翻检艾儒略《职方外纪》，查阅到相似记载，基本可以断定南怀仁该段注记转录自艾儒略，但存在个别修订，相关记述如下：

> 又有拔革老，本鱼名也。因海中产此鱼甚多，商贩往他国恒数千艘，故以鱼名其地。土瘠人愚，地纯沙，

1　（清）永瑢：《四库全书总目》卷七一“史部·地理类四”，第 634 页。

2　汪前进：《南怀仁坤舆全图研究》，曹婉如等编《中国古代地图集》（清代），文物出版社，1997，第 102 页。

3　《坤舆图说》“西北海诸岛”。

4　《坤舆图说》“花地 新拂郎察 瓦革了 农地”条。

图 18　1674 年《坤舆全图》（第二条）局部

日本东洋文库藏南怀仁《坤舆全图》，http://124.33.215.236/gazou/index_img.php?tg=J1，2020 年 10 月 19 日

图 19　1674 年《坤舆全图》（第四条）局部

日本东洋文库藏南怀仁《坤舆全图》，http://124.33.215.236/gazou/index_img.php?tg=J1，2020 年 10 月 19 日

> 不生五谷。土人造鱼腊时，取鱼头数万，密布沙中，每头种谷二三粒，后鱼腐地肥，谷生畅茂，其收获倍于常土。[1]

谢方指出“拔革老”即《坤舆图说》中的“瓦革了”，位于今加拿大圣劳伦斯湾以北一带[2]。《职方外纪》记述与《坤舆图说》基本一致，同样无《坤舆全图》中“亦名青地”的记载。谢方在注释“拔革老”时，也指出该地名是1569年墨卡托地图中的Baccalos。循此线索，笔者发现该地名在1587年奥特里乌斯地图中标注为“Terra de Baccalaos”，位置靠近加拿大东部，位于北纬50°，而北方的格陵兰位于北纬70°。在1602年利玛窦《坤舆万国全图》中音译为“巴革老地”[3]，也是标注在加拿大东部突出的一个半岛处，与格陵兰无涉。再往前追溯，因为加拿大东北地区最早属于法国殖民地，在一幅世界上最早描绘加拿大东北地区的1556年《新法兰西》地图中，出现了Bacalaos这一地名[4]。在这幅针对该区域地理探索初期的地图中，Bacalaos也是位于今加拿大东部，北边仍绘制有不少岛屿，距离格陵兰较远。综合上述信息来看，“瓦革了”与格陵兰分处两地，并非同地异名。南怀仁根据《坤舆图说》制作《坤舆全图》时，对“瓦革了”文字内容有所增删，关键是添加了“亦名青地”的内容，导致原文语义大变，加之文字书写在“青地”之上，如果单独观览《坤舆全图》而未加审慎辨析，则极容易生出“瓦革了”等同于“青地”的讹误，误以为南怀仁新引入一段关于格陵兰地理状况的记录。实际上，南怀仁是将“瓦革了”内容错误书写在格陵兰区域，并有些让人匪夷所思地加了一句“亦名青地”的误导性语言。

（二）琼·布劳世界地图及地名对照

南怀仁著作及绘图不仅参阅了艾儒略等来华传教士的资料，同时也参阅了同时代西方的最新地理资料。以新西兰为例，1642年，荷兰探险家亚伯·塔斯曼（Abel Tasman，1603—1659）首先发现新西兰[5]，利玛窦与艾儒略来华及绘图时，西

1　［意］艾儒略：《职方外纪校释》，第134页。

2　［意］艾儒略：《职方外纪校释》，第135页，注3。

3　参见《中国古代地图集》（明代），图版77。

4　《伟大的世界地图》，第106—107页。《新法兰西》地图刊行于1556年，木刻印版，28cm×38cm，现藏于加拿大纽芬兰纪念大学。该图由加科莫·加斯托迪创作，历史上首次以“新法兰西”之名绘制的北美加拿大西北地区的法国殖民地地图。地图见该书，第107页。

5　参见菲利帕·梅因·史密斯：《新西兰史》，傅有强译，商务印书馆，2009，第25页，“只是到了1642年，艾贝尔·塔斯曼（Abel Tasman）才从巴达维亚向东航行到了塔斯马尼亚岛，他并将该岛命名为‘凡·戴蒙的土地’（Van Diemen's Land）；从这里出发，他到达了新西兰。从此，新西兰得到了一个荷兰名字，而学童们也学会了背诵：在1642年，艾贝尔·塔斯曼‘扬帆于蔚蓝的大海’，他为欧洲发现了新西兰。”

方人尚不知道新西兰的存在，也无从反映在《坤舆万国全图》或《职方外纪》等著作中，但是南怀仁将这一地理新发现绘制在《坤舆全图》中，标注为“新瑟兰的亚”。澳大利亚学者王省吾也指出，南怀仁“又在第五大洲位置上增入当时航海家最新发现的今西部澳大利亚、卡奔塔利亚湾、巴布亚、新几内亚及新西兰”[1]。

至于南怀仁参阅的西文资料，李孝聪在 1996 年指出其参阅了 1648 年荷兰琼·布劳（Joan Blaeu，1599—1673）的《世界地图》（*World Map*，Amsterdam）[2]，王省吾在 1998 年专题论文中做了更详尽的阐释，“南怀仁应曾看到布莱乌（即 Blaeu）1648 年的新版东西两半球图，又可能看见过布莱乌 1659 年的《世界大地图集》（*Atlas of Great Elector*）中的有关东南亚与太平洋部分”[3]。德国学者魏汉茂（Hartmut Walravens）在 1991 年刊发的专题论文中，也认为南怀仁地图主要参阅 1648 年琼·布劳《新世界全图》（*Nova totius terrarum orbis tabula*）[4]。

琼·布劳出身于荷兰著名的制图家族，其父威廉姆·布劳（Willem Janszoon Blaeu，1571—1638）曾作为水文地理学家任职于荷兰东印度公司，与前文提到的奥特里乌斯、墨卡托等并列为当时欧洲最著名的制图家。1638 年，琼·布劳继任为荷兰东印度公司的官方制图师，家族地图出版社占据了荷兰制图业的主导地位。1648 年，为庆祝反抗西班牙帝国统治的八十年战争（1568—1648）取得胜利，琼·布劳创作了这幅《新世界全图》[5]。这幅地图制作精良，广受欢迎，后续刊印了 1659 年版、1662 年版、1664 年版和 1665 年版等。地图中格陵兰绘制清晰，标注 Groenlandia 等地名。

图 20 是 1659 年拉丁文版地图，图 21 是 1665 年琼·布劳《世界大地图》（*Atlas Maior of* 1665）中的《北极区域图》（*Et Regtones Sub Polo Arctico*）。以这两幅琼·布劳地图与南怀仁地图比对，大致可了解中文地名的来源。图 18 中的“大斐斯海”应译自 Fretum Davis（图 20、

---

1 ［澳］王省吾：《澳大利亚国家图书馆所藏彩绘本——南怀仁〈坤舆全图〉》，《历史地理》（第十四辑），上海人民出版社，1998，第 219 页。

2 李孝聪：《欧洲收藏部分中文古地图叙录》，国际文化出版公司，1996，第 11 页。李孝聪在《美国国会图书馆藏中文古地图叙录》（卷一：世界总图、域外图、全国总图，第 1 页）中有相同论断。

3 《澳大利亚国家图书馆所藏彩绘本——南怀仁〈坤舆全图〉》，第 221 页。

4 Hartmut Walravens, *Father Verbiest's Chinese world map* (1674), published in Imago Mundi: The International Journal for the History of Cartography, Vol. 43: 1 (1991), p. 35. "As far as I can see it has been suggested from two sides that the source of the Verbiest Chinese world map is Joan Blaeu's monumental world map of 1648, *Nova totius terrarum orbis tabula*".

5 1648 年《新世界全图》图幅参见《伟大的世界地图》，第 142—143 页。该图图幅 2.43×3 米，现藏于美国得克萨斯州奥斯汀哈利·兰塞姆中心。书中将绘制者姓名翻译为胡安·布劳，未标注对应外文姓名，但根据图幅描述和生卒年，可判定即为 Joan Blaeu。

图20　1659年《完全正确的现代版整个世界地图》（局部）

巴西国家图书馆（National Library of Brazil）藏琼·布劳《完全正确的现代版整个世界地图》（*Nova et Accuratissima Totius Terrarum Orbis Tabula*），手绘彩色雕版地图，图像来自“世界数字图书馆”，https：//www. wdl. org/zh/item/170/view/1/1/，2020年10月19日

图21），今格陵兰西边的戴维斯湾。图18中的“巴非尼海”应音译自Baffins Bay（图21），今巴芬湾。图18中“铜北尔兰岛”，对应音译自图21中的Comberlants Isles，对照图18和图20中绘制的这两座岛屿的形状，都是近于圆形而东边内缩一角（图18中的“铜北尔兰湾”）。此外该大岛东南方的小岛，如图20中的The Iland of good fortun，意思为“好运岛”，南怀仁意译为“幸岛”（图18）。“幸岛”西边的“意撒伯尔峰”音译自C. Elisabeth（图21），“恩惠岛”意译自Goods merces（图21）。通过上述比对，也可基本断定格陵兰周边的绘制，南怀仁应该参阅了琼·布劳地图。

具体到格陵兰，图18中格陵兰西部有两处地名，分别为“客商岛”“即加斯德肋”。“客商岛”应译自Merchants Isle（图21），“即加斯德肋”大概译自Gilberts Sound（图21）。琼·布劳在格陵兰西部标注有众多地名，如Womens Ilands、London Coast等十余处地名，南怀仁并未译出，仅选译了上述两处地名。

而图19中的格陵兰南部和东部，“忧愁峰”应意译自C. Confort（图20、图21）；“望峰”意译自C. Farewel（图20、

图 21）；“意撒伯尔峰”应音译自 Q. Elisabeths forland（图 21），Q. Elisabeths 今天一般音译为“伊丽莎白女王”；“郎加撒纳”推测音译自 Locksland（图 21）；“福尔纳”暂未找到明确对译，但图 21 中相应位置标注有 Warwics forland，“福尔纳”似乎是 forland 的音译形式；“额辣玛”推测音译自 Alaygfioerd（图 21）。在琼·布劳地图中，格陵兰东部还有 C. good hope，Norderfioerd 等多处地名，南怀仁并未译出。

通过比对南怀仁地图和琼·布劳地图在格陵兰区域的绘制内容，可以更加确定二者之间的关系。不论从岛屿轮廓和地名标注，南怀仁地图在格陵兰绘制上，都源自琼·布劳地图。之前研究认为南怀仁地图很大程度上继承了利玛窦和艾儒略地图，这一点在格陵兰绘制上是不适用的。较之于前，南怀仁参阅了代表当时最新地理认知的西文资料，介绍了一些全新的地理发现和更多格陵兰地名，这是利玛窦和艾儒略没有接触到的。当然这得益于琼·布劳本人担任荷兰官方制图师的特殊身份，当时荷兰已经脱离西班牙统治，锐意开拓海外，在东南亚、澳大利亚及新西兰等地理探索上走在世界前列，为琼·布劳的地图绘制提供了最新的世界地理知识，包括在格陵兰众多地名的标注，这都是之前奥特里乌斯地图和马吉尼著作所未标绘的。也因此，南怀仁地图在当时传递了最新的世界地理知识和更为丰富的格陵兰地名。也可以说，南怀仁地图在格陵兰标绘上自成一派，不同于利玛窦地图和艾儒略图籍。

图 21　1665 年《北极区域图》（局部）

Joan Blaeu, *Atlas Maior of* 1665, Taschen, 2010, p. 66

五　17 世纪及之后格陵兰知识的传播

利玛窦、艾儒略及南怀仁的著述，极大丰富了明清两代的世界地理知识，同时也传播到域外日本、朝鲜等东亚地区。利玛窦地图问世后，在 17 世纪初传入朝鲜和日本。《坤舆万国全图》成图后的第二年（1603），使臣李光庭等人将之带回朝鲜，而《两仪玄览图》则在 1620 年被带至朝鲜[1]。传入日本的时间稍晚，在1605年5月9日利玛窦《致罗马耶稣会法比奥·德·法比神父》的信中，写道“更让我们感到欣慰的是，我们从日本方面获悉，所有那些用中文编著的书籍在日本也同样非常有用”，在日本的巴范济神父，“通过我寄给他的那些试用本所收到的效果便可以证实这一点。所以，现在他们还想要格列高里历、世界地图、《交友论》，尤其是我们去年在北京刊印的新版《天主实义》”[2]。

1602年原版《坤舆万国全图》目前有三件，分存于京都大学、宫城县县立图书馆和国立公文书馆内阁文库。并且，传入日本后被大量摹绘，大概有21件之多[3]，“在日本的世界地图绘制史上，17、18世纪被看作利玛窦系世界地图占支配地位的世纪”[4]。如图22所示，这幅《山海舆地全图》由长久保赤水（Nagakubo Sekisui，1717—1801）于1785年刊行，底本是1602年版《坤舆万国全图》，格陵兰部分同样延续利玛窦“卧兰的亚”的名称标注方式，虽经近二百年，并未改易。

此外，在明清两代的天下全图和清中后期的地理著述中，部分延续和继承了利玛窦等人的绘图传统和地理知识。明崇祯十七年（1644）刊印的《天下九边分野人迹路程全图》，现藏于英国国家博物馆，该图参阅了传教士编绘的世界地图[5]，这幅地图西北角标注有“卧兰得亚岛”、东北角标注有“飞私得岛”[6]，单从这两处地名标注来看，也可推定该图参阅了艾儒略绘图。另有一点值得引起注意，该图为坊间私刻售卖品，可见当时域外地理知识也一定程度传播到民间，这些当时世界上最新的地理知识，亦可为普通知识分子所获取。

清康熙六十一年（1722）刊印的《三才一贯图》，现藏于大英图书馆，其中的《天地全图》为圆形世界地图，源自明王圻《三才图会》摹刻的1600年利玛窦绘图[7]，分别在欧洲北部标绘“格落兰得”和北美东北部标绘“青地”，在格陵兰绘制上很显然源自南怀仁绘图。至18世纪末，嘉庆年间（1797—1800）《京

1 黄时鉴、龚缨晏：《利玛窦世界地图研究》，第118、119页。

2 [意] 利玛窦：《利玛窦书信集》，第228页。其中“世界地图”，译者注：“这里主要指1602年和1603年在北京先后出版的《坤舆万国全图》和《两仪玄览图》。”

3 参见《利玛窦世界地图》，第128页。

4 参见《利玛窦世界地图》，第131页。

5 参见《欧洲收藏部分中文古地图叙录》，第6—7页。

6 图幅参见《欧洲收藏部分中文古地图叙录》，附图，第二幅。

7 参见《欧洲收藏部分中文古地图叙录》，第16—17页。

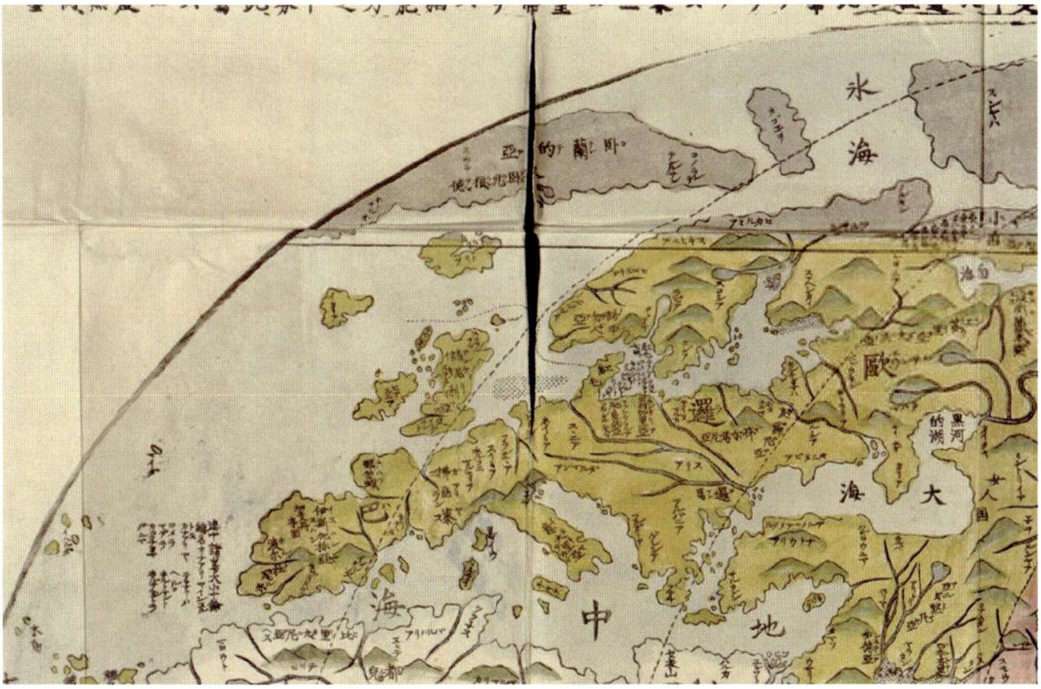

图 22　1785 年日本《山海舆地全图》(局部)

美国国会图书馆藏《山海舆地全图》，彩色，70 厘米 × 148 厘米，图像来自“世界数字图书馆”，https：//www. wdl. org/zh/item/14749/view/1/1/，2020 年 10 月 19 日

板天文全图》[1]，现藏于美国国会图书馆，其中所附《内板山海天文全图》的西北角标注“卧兰的亚大州”，而东北角标绘“寒河 ”“香峰”，这显然转绘自利玛窦地图。

另见大英图书馆藏《乾隆天下舆地图》(图 23)，该图成图年代大概为乾隆八年（1743)，就观感而言，这是一幅相当“中国化”的天下全图。与利玛窦、艾儒略、南怀仁的世界地图相比，这是一幅更符合古代中国天下观的地图，中国占据地图绝大部分图幅，域外信息仅在边角处示意性标记。但是，即使在这样一幅绘制技法、绘制理念如此“中国化”的天下全图中，也不免受到利玛窦、艾儒略等人的影响。比如，北美洲东海岸的“革利国”“加拿大国”等标绘在地图东北角，“墨是可国”（今墨西哥）绘制在地图东边一处岛屿上。南美洲的“伯西儿国”(今巴西）等标绘在地图东南[2]。地

1　参见《美国国会图书馆藏中文古地图叙录》，第 16—17 页。

2　李孝聪认为这种绘制画法首见于明崇祯十七年《天下九边分野 人迹路程全图》中，参见《欧洲收藏部分中文古地图叙录》，第 6—7 页。

图23　1743 年《乾隆天下舆地图》

大英图书馆（British Library）藏《乾隆天下舆地图》，纸本彩印，木刻套色，132 厘米 × 170 厘米，图像来自“数位方舆”，网址：https：//digitalatlas. asdc. sinica. edu. tw/map. jsp？ id = A104000001，2020 年 10 月 19 日

图西边抵达“大西洋”，在西北角上标绘“卧兰得亚岛”，东北角标绘“飞私得大岛”。通过这样一幅地图也可看到，在经过技术化处理后，包括格陵兰在内的世界地理知识被吸收进中国传统舆图。也可以说，经过主观裁剪，利玛窦等带来的世界地理知识被融入中国传统天下全图中，世界地图变成了符合中国观念的天下全图。这也体现了中国知识分子对于世界地理知识的变相接纳。

至 19 世纪中叶，道光朝鸦片战争后，国人更为关心域外状况，闽、粤沿海与海外通商日久，当地官员借地利之便，搜罗域外信息，并参以利玛窦等传教士著述，著书立说。成书于道光二十六年（1846）的《海国四说》，作者梁廷枏（1796—1861）为道咸年间广东官员，为“筹海防夷”而多有著述。《海国四说》参阅了利玛窦、艾儒略、南怀仁等人著作[1]，在欧洲部分提到“格落兰得”[2]。更为有名的徐继畬（1785—1873）曾在福建任职，留心域外地理知识，根据美国传教士雅裨理（David Abeel）提供的舆图，旁及西方杂书、报纸及中文旧籍等，于 1848 年刊刻《瀛寰志略》。作者认为“泰西人如利玛窦、艾儒略、南怀仁之属，皆久居京师，通习汉文，故其所著之书文理颇为明顺，然夸诞诡谲之说亦已不少”[3]，书中所绘《地球平圆全图》中标绘“青地”[4]，似应受南怀仁影响。

在对后世影响更大的《海国图志》中，魏源认为“谈西洋舆地者，始于明万历中泰西人利马窦之《坤舆图说》、艾儒略之《职方外纪》。初入中国，人多谓邹衍之谈天。及国朝而粤东互市大开，华梵通译，多以汉字刊成图说，其在京师钦天监供职者则有南怀仁、蒋友仁之《地球全图》”[5]。书中论及格陵兰，“又有青地，广袤二万方里，居民二万四千，冰雪长年不消，无草木食物，居民捕鱼而饮其油。其鲸油所用甚广，各国之船入夏与蛟鼍并伐取之，百姓耐艰苦”[6]，所记包含岛屿面积、居民人数及捕鲸等内容，已大大超出利玛窦等明末清初传教士的记载。

1 参见（清）梁廷枏撰，骆宝善、刘路生点校：《海国四说》，中华书局，1993 年（2013 年重印），“海国四说序”：“然当利玛窦之来，礼臣据《会典》，但知有西洋琐里，尚未知有大西洋”（第 1 页）；“合省图说序”：“欧罗巴州之有嘉亚省，利未亚洲厄日多国之有孟斐府，并见南怀仁《坤舆外纪》”（第 52 页）；另见“合省图说卷一”：“明万历二十九年，泰西利玛窦献《万国图》，始以天下分五大洲……其后，艾儒略、南怀仁、汤若望并同其说”（第 53 页）。

2 参见《海国四说》，第 56 页，“西北海诸岛，按：岛大省曰谙厄利亚、曰意而兰大、曰格落兰得，余小岛并有国土”。

3 （清）徐继畬：《瀛寰志略》，上海书店出版社，2001，第 8 页。

4 《瀛寰志略》卷一，第 2—3 页。

5 （清）魏源《海国图志》“后叙”，咸丰二年刊，光绪年重刊，页 5a。

6 （清）魏源《海国图志》卷五十八“北洋大尼国”，光绪刊本，页 11b—12a。

关于居民人数，《海国图志》记载为“居民二万四千”，言辞凿凿，然而根据1920年英国 *Greenland* 报告中记载，“根据丹麦1911年人口统计，格陵兰人口为13459人，其中欧洲人384人”[1]，“从1860年到1911年，新增人口3579人”[2]，因此1860年格陵兰人口为9880人，这与《海国图志》成书时间相近，实际人口大概为万余。此外值得注意的是，该条记载归于“大尼国”条内，“大尼国”即今丹麦，在此之前的明清地图和《海国四说》等文献记载中，基本描述格陵兰的地理状况，而《海国图志》则首次论及格陵兰的政治归属。

结 语

限于极寒天气，10世纪末欧洲人才开始踏足格陵兰，之后的三四百年间，格陵兰一直保持着与冰岛及欧洲大陆的商贸联系，至15世纪因为严寒等原因，欧洲人定居点消失了。在15世纪后期和16世纪，欧洲探险家重新来此探察。经分析16世纪具有代表性的欧洲地图来看，欧洲人此时知道格陵兰的存在，但基本认为它属于北部大陆突出的半岛或者认为是欧洲大陆的延伸，并未探明岛屿北部以及内部冰原。

16世纪末到达中国传教的利玛窦，以西方著名的奥特里乌斯《地球大观》为蓝本，编绘了包括《坤舆万国全图》在内的诸多中文世界地图，给东方尤其是古老的中国带来了前所未有的域外地理知识，极大丰富了中国人的精神世界。其中1600年编绘的《山海舆地全图》虽然已经佚失，但这应该是有确凿证据证明的最早绘制格陵兰的中文地图，并且利玛窦最早将之音译为“卧兰的亚大州”。在格陵兰东部区域，利玛窦翻译出了山峦、河流等10处中文地名，在西部区域则准确翻译了“寒河”等4处地名。地图并非完全真实地反映自然地理状况，往往会带有编绘者的主观想法和情感因素。奥特里乌斯地图中 Groclande 和 Frisland 本来绘制为两座独立岛屿，分别位于 Groenlant 的北方和南方，利玛窦在此做了减法，并未在“卧兰的亚大州”附近绘制这两座岛屿，仅是对译出了“卧匿狼德”和“飞私得岛”两个地名，而后取巧地将两个岛屿名称“异地安置”到格陵兰。冰岛宗教中心 Scalholdin 也是同样的命运。这些让人匪夷所思的编绘方式，正体现了利玛窦编绘地图的主观性。这与其来华传教的目的有关，也与其将编绘地图视为博得中国人好感的隐晦的传教策略有关。

继之东来的艾儒略编著了《职方外纪》，就地图编绘而言，基本是继承利玛

1 *Greenland*, p. 5, ‘By the census of 1911 the population of Danish Greenland was 13459, of whom 384 were Europeans’.

2 *Greenland*, p. 6, ‘From 1860 to 1911 the increase was 3579’.

窦地图，但同时又受到意大利马吉尼图籍影响，错误地标注了“卧兰的亚岛”的称谓，延续了利玛窦“飞私得岛”的标注。就著述文字而言，艾儒略根据马吉尼著作，翻译出了一段关于格陵兰地热等状况的文字，则是超越利玛窦的。

17 世纪中后期来华的南怀仁，在地图编绘中承袭艾儒略记载，将大段关于“瓦革了”的注记写入“青地”，并画蛇添足地新增了“亦名青地”的迷惑性语言。但是，总体来看，格陵兰众多地名以及格陵兰和周边岛屿、陆地的形状等，基本源自同时代欧洲著名的琼·布劳世界地图。琼·布劳曾担任荷兰官方制图师，被称为“海上马车夫”的荷兰在当时的世界地理探索上走在世界前列。琼·布劳绘制的新西兰、澳大利亚等最新地理发现，以及众多格陵兰地名，也通过南怀仁绘图传入东亚。

东方的日本、朝鲜基本同步吸收了利玛窦等人传入中国的世界地理新知，保存了部分原本并出现了一些衍生地图。而在 17、18 世纪的明朝后期及清朝的天下全图中，包括格陵兰在内的地理知识，被接纳入中国传统舆图，但是相关知识并没有像 17 世纪一样，进行同步更新，尤其是格陵兰区域，基本是延续利玛窦、南怀仁等人的知识。至 19 世纪中期，鸦片战争后，亟须了解域外信息，在《海国四说》《瀛寰志略》等地理著述中，关于格陵兰的叙事，又搬出一二百年前利玛窦等人的旧说。至《海国图志》方才又有零星格陵兰新知识的传入，明确了格陵兰的政治归属。

通过格陵兰这一个案的深入比对和研究，也可更加确定 16、17 世纪东西方图籍之间的传承关系，利玛窦中文地图基本承袭自奥特里乌斯《地球大观》，艾儒略著述则受马吉尼《现代地理图册》影响，南怀仁图籍的编绘更直接源自琼·布劳世界地图。此外，也可以看到格陵兰知识在东西方传递过程中，存在部分人为改绘、讹误等，需要在明晰传承路径基础上，进行文本和地图的仔细比对，才能查找出这些隐含着主观意愿的改动，做出符合当时历史条件的正确判断。

《形象史学》征稿启事

《形象史学》是由中国社会科学院古代史研究所文化史研究室主办、面向海内外征稿的中文集刊，自2021年起每年出版四辑。凡属中国古代文化史研究范畴的专题文章，只要内容充实，文字洗练，并有一定的深度和广度，均在收辑之列。尤其欢迎利用历史上流传下来的各类形象材料进行专题研究的考据文章，以及围绕中国古代文化史学科建构与方法探讨的理论文章。此外，与古代丝路文化和碑刻文献研究相关的文章，亦在欢迎之列。具体说明如下。

一、本刊常设栏目有理论动态、名家笔谈、器物研究、图像研究、汉画研究、服饰研究、文本研究等，主要登载专题研究文章，字数以2万字以内为宜。对于反映文化史研究前沿动态与热点问题的综述、书评、随笔，以及相关领域国外学者的最新研究成果（须提供中文译本），亦适量选用。

二、来稿文责自负。章节层次应清晰明了，序号一致，建议采用汉字数字、阿拉伯数字。举例如下。

第一级：一　二　三；

第二级：（一）（二）（三）；

第三级：1. 2. 3. ；

第四级：（1）（2）（3）。

三、中国历代纪年（1912年以前）在文中首次出现时，须标出公元纪年。涉及其他国家的非公元纪年，亦须标出公元纪年。如清朝康熙六年（1667），越南阮朝明命元年（1820）。

四、来稿请采用脚注，如确实必要，可少量采用夹注。引用文献资料，古籍须注明朝代、作者、书名、卷数、篇名、版本；现当代出版的论著、图录等，须注明作者（或译者、整理者）、书名、出版地点和出版者、出版年、页码等；期刊论文则须注明作者、论文名、刊物名称、卷期等。同一种文献被再次或多次征引时，只须注出书名（或论文名）、卷数、篇名、页码即可；如为连续不间断引用，下一条可注为“同上注”。外文文献标注方法以目前通行的外文书籍及刊物的引用规范为准。具体格式举例如下。

（1）（清）张金吾编：《金文最》卷一一，光绪十七年江苏书局刻本，第18页。

（2）（元）苏天爵辑：《元朝名臣事略》卷一三《廉访使杨文宪公》，姚景安点校，中华书局，1996，第257—258页。

（3）（清）杨钟羲：《雪桥诗话续集》卷五上册，辽沈书社，1991 年影印本，第 461 页下栏。

（4）（唐）李隆基注，（宋）邢昺疏：《孝经注疏》，载李学勤主编《十三经注疏》，北京大学出版社，1999，第 3 页。

（5）金冲及：《二十世纪中国史纲（简本）》上册，社会科学文献出版社，2012，第 295 页。

（6）苗体君、窦春芳：《秦始皇、朱元璋的长相知多少——谈中学〈中国历史〉教科书中的图片选用》，《文史天地》2006 年第 4 期。

（7）林甘泉：《论中国古代民本思想及其历史价值》，《光明日报》2003 年 10 月 28 日。

（8）［英］G. E. 哈威：《缅甸史》，姚楠译，商务印书馆，1957，第 51 页。

（9）Marc Aurel Stein, Serindia（London: Oxford Press, 1911）, p. 5.

（10）Cahill, Suzanne, "Taoism at the Song Court: The Heavenly Text Affair of 1008." *Bulletin of Sung-Yuan Studies* 16（1980）: 23 – 44.

五、（1）请提供简化字（请参照国家语言文字工作委员会 1986 年重新发布的《简化字总表》）word 电子版。如有图片，需插入正文对应位置。（2）同时提供全文 pdf 电子版。（3）另附注明序号、名称、出处的高清图片电子版（图片大小应在 3M 以上），并确保无版权争议。（如为打印稿，须同时提供电子版）。（4）随文单附作者简介（包括姓名、单位、职称、研究方向）、生活照（电子版）、联系方式、通讯地址、邮编。

六、如获得省部级及以上项目基金资助，可在首页页下注明。格式如：本成果得到××××项目（项目编号：××××）资助。项目资助标注不能超过两项。

七、邮箱投稿请以“文章名称”命名邮件名称和附件名称。请用文章全名命名，副标题可省略。

八、请作者严格按照本刊格式规范投稿，本刊将优先拜读符合规范的稿件。

九、来稿一律采用匿名评审，自收稿之日起三个月内，将通过电话或电子邮件告知审稿结果。稿件正式刊印后，将赠送样刊两本。

十、本刊已入编知网，作者文章一经录用刊发即会被知网收录，作者同意刊发，即被视为认可著作权转让（本刊已授权出版方处理相关事宜）。

十一、本刊地址：北京市朝阳区国家体育场北路 1 号中国历史研究院行成楼 220 房间，邮编：100101。联系电话：010 – 87420859（周一、周二办公）。电子邮箱：xxshx2011@yeah.net。